紀元2600年の満州リーグ

坂本邦夫
Kunio Sakamoto

紀元2600年の満州リーグ

帝国日本とプロ野球

岩波書店

プロローグ——感謝状と名刺

一枚の古い感謝状と名刺がある。東京に住む元大学教授宅に残されていたもので、感謝状は八〇年前、名刺は少なくとも六〇年以上前に作られたものだ。それらにまつわる逸話のいくつかをまずはお話しすることから、この本を始めることにしよう。

●「満州リーグ」の謎

「父がもらった賞状？ 満州（現在の中国東北部）の新聞社からもらった感謝状のことですか。それならありますよ。見に来ますか、居間にかけてありますから」

電話でそう言われ、駆け出すように東京西郊の多摩の丘陵地を訪ねたのは、もう一五年以上も前の初夏のことだ。新宿駅から私鉄とバスを乗り継いで五〇分ほど、めざすお宅は都心を遠望できる小高い丘の上にあった。

「ここは坂があるでしょう。若い頃はよかったけれど、年を取るときつくてね」

玄関先で迎えてくれた元大学教授は肩をすくめて小さく笑った。東京水産大学（現・東京海洋大学）などで長く英語を教え、研究した河野《こうの》通さん（※取材時八一歳。以下年齢はいずれも取材時）は、一九二〇年秋に日本初のプロ野球チーム「日本運動協会」を盟友押川清、橋戸信《しん》(筆名・頑鉄《がんてつ》)らとともに設立した河野安通志《あつし》のご子息(長男)だ。河野、押川、橋戸の三人は、早稲田大学野球部の草創期の中心選手で、河野は右投げのエースピッチャーだった。母校早大の講師を六年ほど務めていたこともあり、球界屈指の理論家として知られた。三人はともに野球殿堂にその名を刻む日本野球界の大功労者である。

日本運動協会は、東京の芝浦に自前の野球場を持ち、本拠地としたことから「芝浦協会」と呼ばれたが、一九二三年九月に関東大震災が起きると、その芝浦の球場が救援活動の拠点の一つとして戒厳司令部と東京市に徴発され、活動中止に追い込まれてしまう。このとき支援したのが阪急を創業した小林一三《いちぞう》で、チームは翌二四年二月には兵庫の宝塚へ移転し、以後「宝塚運動協会」を名乗り、二九年七月に解散するまで日本で唯一のプロ野球チームとして孤軍奮闘を続けた。

野球を職業にすることへの理解に欠ける時代で、試合をすれば相手チームのファンから「商売人!」と蔑む弥次《やじ》が飛び、仲間であるはずの同じ野球人からも冷たい視線を浴び続けた。あとに続くプロ野球チームが現れないまま河野らの挑戦は九年で幕を閉じた。このため日本のプロ野球チーム第一号は、読売新聞社長の正力《しょうりき》松太郎が一九三四年一二月に創設した大日本東京野球倶楽部(巨人の前身)とされ、河野らの協会チームはあくまでプロ野球の「前史」の扱いとなることが多い。

しかし早大野球部出身で学生野球の父と呼ばれ、生涯プロ野球を嫌ったことで知られる飛田穂洲《すいしゅう》(本名・忠順《ただより》)でさえ、「押川、河野以外に日本プロ野球の元祖があったり、育ての親などといふものがあったら、私は真向から反対もするし否定もする」と述べている(1)。河野らは周囲の厳しい視線に耐えながら孤独の戦いを続けたプロ野球の真の先駆者だった。

チームの解散後、河野は母校早大野球部の総務や評論活動で雌伏の時を過ごすが、一九三六年二月に読売の正力主導で巨人など七チームによる日本職業野球連盟が誕生すると、加盟チームの一つ「名古屋軍」に招かれ総監督に就任、同年末には辞任し、翌三七年には自身二度目のプロ野球団である「イーグルス」を押川らと設立して総監督になった。

「父の話と言えば、たいてい早大野球部か運動協会のことでね、イーグルスの時代のことを聞きに来る人はあまりいないんですよ。〝満州リーグ〟のことはあなたが初めてじゃないかな」

通さんはそんな話をしながら居間に案内してくれた。すぐに壁のそれが目に入った。通さんは「この方が見やすいから」と額をテーブルにおろすと、裏板を外して感謝状を取り出してくれた。感謝状は裏板に錆びた画鋲で無造作に留められていた。額縁が感謝状に比べて少し小さく、紙の四辺には折れや汚れがあった。無理にはめ込んだ形跡が見て取れた。

「〝満州リーグ〟の関係で残っているのはこれだけでね。その割には雑な扱いだなあ。わざわざ額に入れて残したわけだから、父にとって大切なものではあったんだろうけど」

通さんは苦笑しながら少し首を傾げた。

感謝状

日本野球連盟　理事河野安通志

君ハ野球生活四十余年ニ及ヒソノ間宝塚チームヲ率ヒ或ハ本社主催実満《じつまん》野球戦ノ批評ニ数度来満シ吾カ満州球界発展ニ貢献セル処《ところ》甚大ナルモノアリ　更ニ今次紀元二千六百年記念事業トシテ日本野球連盟九チ

ームヲ招キ第一回満州大リーグ戦ヲ開催スルニ当リテハ率先団長トシテ来征セラル其《そ》ノ功績亦《また》大ナルモノアリ　依《よっ》テ茲《ここ》ニ記念品ヲ贈リ感謝ノ意ヲ表ス

昭和十五年七月三十日

満州日日新聞社
大連日日新聞社　社長松本豊三

それはいまから八〇年前の一九四〇年夏、通さんの父河野安通志が「第一回満州大リーグ戦」の開催に尽力した功績に対して主催の満州日日新聞社から贈られた感謝状だった。

満州日日新聞というのは、日本統治下の満州、正確には日本の租借地である関東州と日本の傀儡《かいらい》国家であった満州国で発行されていた日本語新聞で、事実上、日本の国策遂行機関であった南満州鉄道株式会社(満鉄)の機関紙だった。日露戦争の勝利により満鉄が設立された直後の一九〇七年一一月に大連で創刊され、二七年には遼東新聞と合併して題号を満州日報と改めるが、三五年には大連新聞との合併により満州日日新聞に戻し、さらに四四年には満州新聞との合併で再び満州日報とした。その間、三八年一二月に本社を奉天(現・瀋陽市)に移転、四〇年七月には大連版を大連日日新聞と改題するとともに大連支社を表向き独立させて大連日日新聞社とし、松本豊三が社長を兼務していた。戦後の電通には満州の新聞関係者が数多く在籍したことで知られるが、松本も出版部長などを経て最後は副社長になっている。満州日日新聞は満鉄系の国策新聞社であり、主催するイベントは文字通り日本の国策に沿うものであった。

当時のプロ野球機構である日本野球連盟は、その満州日日新聞の招きに応じて、一九四〇年七月末から八月末までの約一カ月間、連盟に加盟する全九チーム(巨人、タイガース、名古屋、阪急、イーグルス、セネタース、ライオン、南海、金鯱《きんこ》)、総勢約二〇〇名で満州へ渡り、大連、奉天、新京(現・長春市)などで夏季公式戦の半分の七二試合を行った。俗に「満州リーグ」と呼ばれるもので、河野安通志はその遠征団長だった。

「感謝状に〝紀元二千六百年記念事業〟とあるでしょう。昭和一五年は神武天皇が即位して二六〇〇年に当たるとされましてね、日本中でたくさん奉祝行事があったんです。海外の植民地でもいろいろやりました。満州リーグもその一つであったということです」

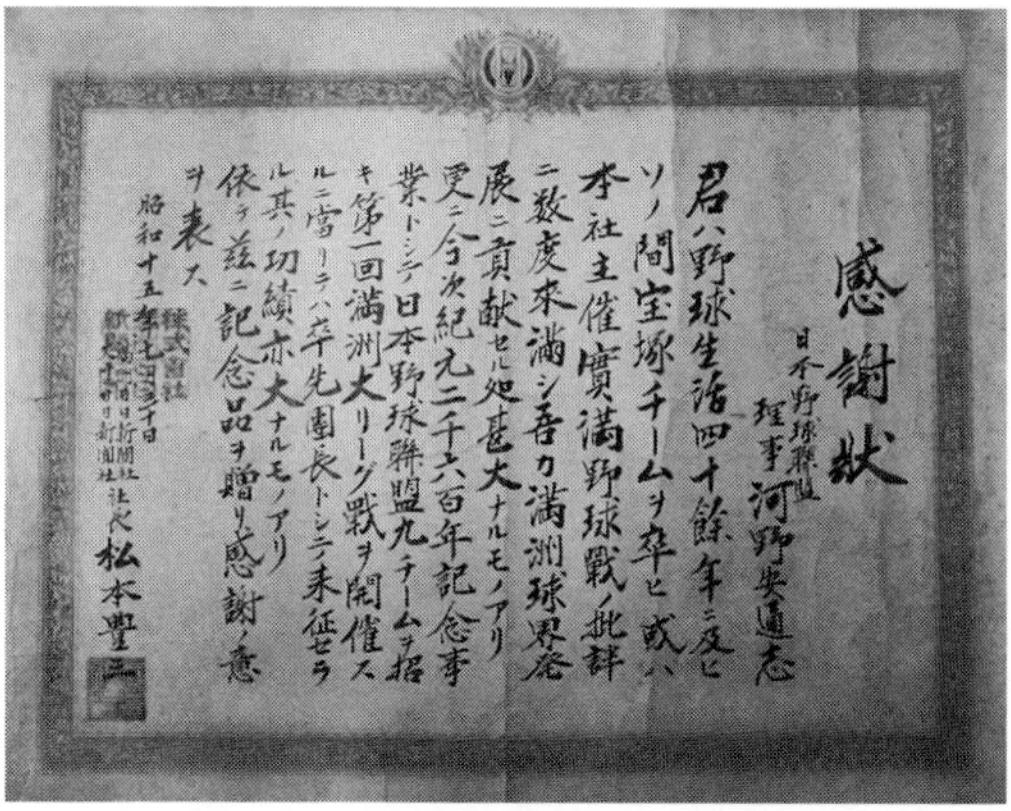
感謝状
日本野球聯盟
理事　河野安通志
君ハ野球生活四十餘年ニ及ヒ
ソノ間宝塚チームヲ率ヒ或ハ
本社主催實満野球戦ノ批評
ニ数度来満シ吾カ満洲球界発
展ニ貢献セル処甚大ナルモノアリ
更ニ今次紀元二千六百年記念事
業トシテ日本野球聯盟九チームヲ招
キ第一回満洲大リーグ戦ヲ開催ス
ルニ当リテハ率先団長トシテ来征セラ
ル其ノ功績亦大ナルモノアリ
依テ茲ニ記念品ヲ贈リ感謝ノ意
ヲ表ス
昭和十五年七月
株式会社
満洲日日新聞社
大連日日新聞社
社長　松本豊三

満州日日新聞社と大連日日新聞社から河野安通志に贈られた感謝状(提供:河野わか子さん)

神武天皇が即位したとされる年を元年とする紀年法では天皇の歴史がそのまま国の歴史となる。日本は万世一系の天皇によって統治される優れた国であるという当時の国体観念を支えるもので、キリのいい紀元二六〇〇年は、神国日本を世界にアピールするためにオリンピック(夏季=東京、冬季=札幌)と万国博覧会(東京、横浜)が同時開催されるはずだった。しかし日中戦争で開催を返上、中止せざるを得なくなり、幻となった五輪と万博の熱情はそのまま紀元二六〇〇年の奉祝事業へと振り向けられ、それこそ官民こぞってこれを寿《ことほ》ぐ、文字通り大小無数のイベントラッシュとなった。文化やスポーツも例外ではなく、多くの団体が国策に沿うべく「うちも何かやらなければ」と競うように奉祝イベントを考え、行った。

「でもね」と通さんは言う。

「父や連盟が満州へ行ったのは、それだけではなかったと思うんですよ。あのときはただのおべっかも多かったし、奉祝事業に名を借りた便乗イベントもいろいろありましたから。たとえば、なかなか予算のつかない公共事業に奉祝記念だといって税金をつぎ込んだり、いい機会だから神社の新築や改修をやってしまおうとか、そういうことですね」

「連盟も紀元二六〇〇年に便乗したということですか」

「奇貨居くべしとする思いはあったでしょうね。実際、父は満州リーグの実施に積極的に賛成していたんです、事実としてね。当時プロ野球は職業野球と言ってましたけど、とにかく人気がなかった。球場はどこもガラガラ。試合によってはスタンドのお客さんが数えられるほどでした。野球と言えば東京六大学で、職業野球は完全に下に見られていました。それに昭和一五年と言えば、日中戦争が始まってもう三年でしょう。軍がどんどん威張り始めて、外来スポーツの野球への風当たりも強くなっていた。その点、満州は野球をいじめなかったし、もともとても盛んで、お客さんがよく入ったんです。感謝状にも書いてありますが、大連の実満戦（大連実業野球団と大連満州倶楽部の定期戦）などは大変な人気でした。父は運動協会のときに何度も満州遠征を経験していましたから、そのへんの事情をよく知っていたわけです」

「つまり、新しい市場としての満州に期待したのではないか、と」

「それはあったと思いますね。ほかにも何かあったかもしれない。それは私にはわかりません。いずれにしろ、なぜ河野安通志は満州遠征をしたかったのか、しなければならなかったのか。そのあたりを突き詰めていくと、あなたなりの視点で満州リーグというものの本質、答えが見つかるんじゃないですか」

そう言う通さんの顔は、いつしか出来の悪い学生を前にした老教授のそれになっていた。

河野安通志や連盟はなぜ満州をめざしたのか――。

その問いに、サイズ違いの額縁に無理やりはめ込まれた感謝状の姿が重なった。額縁に納まっているときには見えなかった折れたり汚れたりした感謝状の四辺には、満州リーグに対する河野安通志の複雑な心情も埋もれているように思えた。

●ハングルのある名刺

「せっかく来てもらったのに感謝状一枚では申し訳ないから、もう一つ、こんなものでもお見せしましょうかね。あなたはこの人を知っていますか」

通さんはそう言うと、河野安通志の関係資料の入った平箱から、一枚の古い名刺を取り出し、テーブルの上に置いた。

大韓野球協会　顧問　孫孝俊《ソンヒョジュン》――。

はっとした。記憶の襞《ひだ》に深く刻まれた名前だったからだ。

実は河野らが作った日本初のプロ野球チームには、当時、日本の植民地支配下にあった朝鮮《チョソン》の野球選手が何人も在籍していた。レギュラーのうち四人が朝鮮人《チョソンサラム》選手だった時期もある。それはわずかな期間ではあったが、協会チームの歴史のなかでは間違いなく最強の時代であった。

河野や運動協会のことは知っていても、朝鮮人選手が在籍した事実を知る人は少ない。日本ではほとん

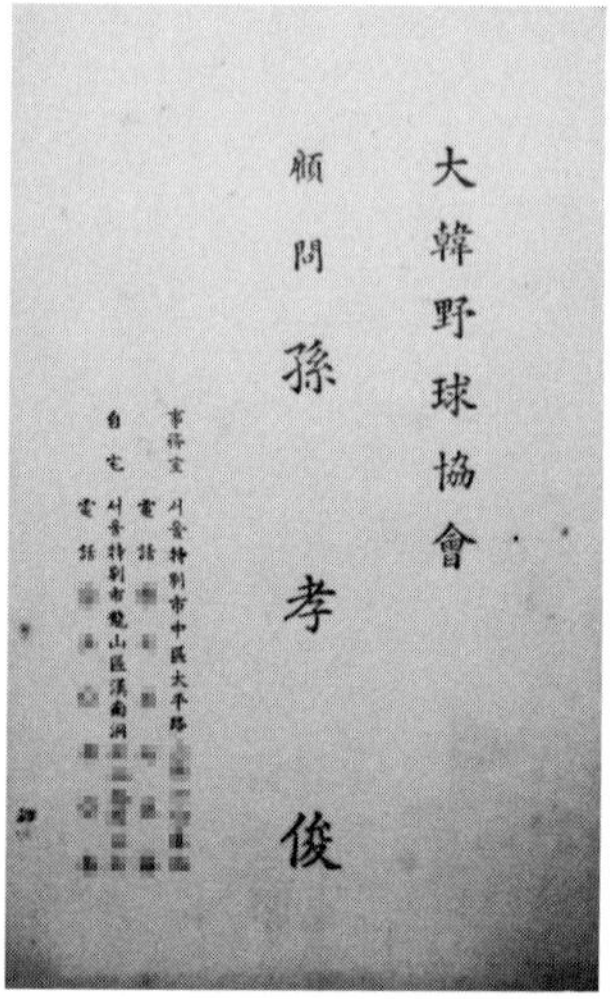

孫孝俊の名刺
（提供：河野わか子さん）

ど語られてこなかったからだ。そんな協会チームの朝鮮人選手のなかで最も活躍したのが、一九二二年六月に真っ先にチームに加入し、解散する二九年七月まで主にセンターを守り、ときには四番も打つなど強打の外野手として鳴らした、名刺の孫孝俊その人だった。河野安通志が日本で最初にプロ野球を作った男なら、孫孝俊は朝鮮で最初にプロ野球選手になった男だった。そうした事実を知ったとき、

日本初のプロ野球チームになぜ朝鮮人選手が何人もいたのか？

なぜ河野らは朝鮮人選手を迎え入れ、重用したのか？

そもそも孫孝俊とはどんな人物だったのか？

そんな疑問が次々に思い浮かんだ。それをさらに深いものにしたのは、運動協会に関する数少ない文献の一つ佐藤光房『もうひとつのプロ野球』（朝日新聞社）に記された次の一文だった。[2]

「孫の身内には抗日運動に関係して名を知られた人がいた。そのため協会チームの遠征先にまでしばしば特高の刑事が現れ、孫の様子をきくなどいやがらせをしたという」

名を知られた抗日運動家とは、いったい誰のことだろう？

そのような背景を持つ人物が、なぜ日本へ来て、プロ野球選手になったのだろう？

河野は、そのことを知っていたのだろうか？

孫孝俊が協会チームに加入したのは前述のように一九二二年六月だが、その三年前の一九一九年三月には日本統治下の朝鮮で「三・一運動」が起きている。抗日運動家が当時存命の人物であったなら、日本からの独立をめざしたこの激しい抗日闘争に関与していた可能性が高い——、そう考えた。この推測が正しかったことは後の韓国取材で明らかになる。判明した抗日運動家は、三・一運動で主導的な役割を果たし、事実上、獄中死を遂げた歴史に名を残す人物だった。

この人物については第2章で詳述するが、であればなおのこと、祖国を奪い、身内を死に追いやった日本へ、なぜ孫孝俊はわざわざやって来たのだろう。それもプロ野球選手になるために。

孫孝俊については知りたいことが山ほどあった。

その孫孝俊の名前が印刷された名刺が、いままさに目の前に置かれた。通さんによれば、その名刺は「戦後だいぶたった頃に孫さんが訪ねて来て置いていった」のだという。何の変哲もないありふれた名刺だが、事務室と自宅の住所にハングルで「ソウル」とあり、孫孝俊が韓国のソウルに居住し、わざわざ通さんを訪ねて来たことを伝えていた。驚きを隠しきれないまま疑問に思っていることを矢継ぎ早に質問した。通さんは一つひとつ丁寧に答えてくれた。それらのいくつかは、この先この本を書き進めるなかで貴重な証言として紹介できるだろう。ただ残念なことに、このとき最も知りたかった孫孝俊の身内にいたという有名な抗日運動家についてはご存知なかった。「まったく知らないし、父からも聞いたことがない」という。期待は一瞬にしてしぼんだが、それでも通さんは、孫孝俊についてこんな話をしてくれた。

「父は知っていたんじゃないかなあ、その抗日運動家のことを。それを承知で孫さんを採用した気がします。野球のうまい選手としてね。だって早稲田の野球部長は社会主義の先駆けにしてキリスト教的人道主義で知られた安部磯雄ですよ。父は野球部の選手としても大学教員としてもその薫陶《くんとう》を受けていますから、人種や民族、思想信条のようなもので人を差別するという発想はあまりなかったんじゃないかなあ」

それを聞いて、日本運動協会になぜ朝鮮人選手が何人も在籍したのか、その理由が少しわかった気がした。野球の実力を認め、公平に評価したからこそ、プロの選手として採用し、レギュラー九人のうち四人が朝鮮人選手というような状況も生まれたのだろう。

●ミッション

孫孝俊が訪ねて来たときのことを通さんはこう語っている。

「まだ品川の大井町に住んでいた頃で、走ってきたのか、汗だくでね。私を見るなり、通さん、立派な紳士になったねえ、と目を丸くして驚いていたのを覚えていますよ。運動協会が宝塚に移ったとき、私も一年半ほど宝塚にいたんです。まだ小学校に上がる前でしたけど、監督の息子ということもあってか、孫さんにはよく可愛がってもらいました。遊んでもらったり、お菓子を買ってもらったりしてね。優しくていい人でしたよ。身長が一八〇㎝もある、当時としてはとんでもない大男で、選手が並ぶと頭一つ飛び抜けてました。こっちは子どもだから、見上げるばかりの巨人でね、大きかったなあ、あの人は。それにしても、孫さんが来たのはいつだったですかねえ。戦後だいぶたっていたのは覚えているんですけど」

孫孝俊がいつ来たのか通さんの記憶は定かでなかった。「妹ならわかるかもしれない」というので、河野安通志の次女の波木井優子さん（※七八歳）を紹介してもらった。すると「孫さんが初めて会いに来たのは、確か戦後初めて韓国の高校野球チームが来日したときだったと思う」と話してくれた。調べてみると、一九六〇年の晩秋にソウルの京東《キョンドン》高校の野球部が韓国の高校野球チームとして戦後初めて来日をしていることがわかった。孫孝俊は一九五四〜五六年まで大韓野球協会（現・大韓野球ソフトボール協会）の副会長を務め、その後、名誉職の顧問になっている。このとき孫孝俊が来たのであれば、あの名刺は少なくともいまから六〇年以上前に印刷されたものということになる。

京東高校の来日を「戦後初」というのは、戦前の日本統治時代には一九二一年から一九四〇年まで毎年夏の甲子園大会に朝鮮代表が出場していたからだ。京東高校は「内鮮一体化」という同化政策のモデル校として一九四〇年に設立された旭丘中学を前身とする学校で、来日当時、野球部は韓国最強と言われ、その名は日本にも聞こえていた。看板選手は四番で捕手の白仁天《ペクインチョン》。日本の東映、太平洋、ロッテなどで長く活躍し、首位打者にも輝いたことのある、あの白仁天である。

京東高校の来日について『日本高校野球連盟三十年史』（日本高等学校野球連盟編）はこう記す[3]。

「戦後十数年を経た今日なお両国間の国民感情が十分融和されていない時に、まず、「スポーツ——野球」からということで、高校野球の親善試合を開催することは極めて望ましいことで、先方の意向も「ぜひ訪日したい」ということであったので、来日手続その他の面倒さ、打ち合わせ連絡などの不備を乗りこえてやっと実現した。一行は11月23日羽田空港着、12月13日羽田空港より帰路につくまで滞日二十一日、熊本での対鎮西の試合をふり出しに、鹿児島、宮崎、下関、徳山、姫路、京都、東京の八都市で8試合、韓国の3勝2敗3引分の成績だった」

韓国ではこの春、学生を中心とする反独裁の「四月革命」で対日強硬姿勢で知られた李承晩《イスンマン》が失脚、ハワイへ亡命した。このことが日韓スポーツ交流の追い風になったと言われている。ただし日本側の招請に韓国側がすぐに応じたわけではなかったようだ。韓国側が最も懸念したのは日韓の実力差だった。韓国系の在日社会は、一九五六年夏から在日の高校選抜チーム（在日僑胞《キョポ》学生野球団）を毎年韓国へ派遣していたが、韓国の高校チームは歯が立たなかった。この夏も在日の高校選抜チームは韓国に遠征し、一六戦一三勝一敗二分、総得点九六、総失点一四と韓国の高校チームを圧倒していた。(4)

日本の高校チームはさらに強い。日本まで行って惨敗すれば、民族の恥辱との意識があったようだ。それでも最終的に日本の招請に応じたのは、日韓融和への期待と強打の白仁天を擁する京東高校の力を信じたからだろう。実際、京東高校は日本遠征で五分以上の成績を残し、ホームランを三本放った白仁天は日本球界で大いに評価を高め、二年後の東映入りにつながった。

もともと白仁天は、巨人の長嶋茂雄に憧れ、日本に行って野球で金を稼ぎたいと考えていた。しかし反日感情の渦巻く当時の韓国では白の夢は理解されなかった。日本遠征の活躍で白仁天がプロ入りするなら「契約金二〇〇〇万円」と日本の新聞が報じると、「金で体を売るのか」と罵声を浴びたという。(5)

実は、孫孝俊が日本に渡り運動協会でプレーしたときも、祖国の人たちから「親日派」の批判を浴びている。(6) 親日派とは日本語の売国奴や非国民に近い言葉だ。孫孝俊は日本野球に挑戦する白仁天に、三八年前、三・一運動からまだ日も浅い時期に単身日本へ渡った己の姿を重ねて見たのではないか。波木井さんが言うように、孫孝俊が名刺を置いていったのがこのときであるなら、仰ぎ見る存在だった日本の野球に我が祖国はどれだけ近づいたのか、白仁天がどこまで通用するのか、この目で確かめたい――、そんな思いにかられてのことだったのかもしれない。

孫孝俊は祖国から聞こえてくる批判の声にもかかわらず日本で七年もプレーを続けた。その理由について、のちに韓国で取材した人たちは、誰もが口をそろえてこう推察した。

「より高いレベルの野球がしたかったのだろう。日本の方がお金もたくさん稼げた」

確かにそれは大きな理由であったと思う。だがしかし、それだけがすべてであったとは思えない。もっと大きなミッションのようなものを孫孝俊は自らに課していたふしがある。

それは、協会チームの解散後に孫孝俊が歩いた、執念と言っていいような野球人生が物語っている。孫孝俊は運動協会が解散すると映画会社のマキノ・プロダクションに入社し、俳優をやりながら野球を続け、二年連続で全京都の一員として都市対抗野球大会(一九三〇、三一年)に出場している。俳優として主演映画も作られるなどスクリーンでも活躍したが、労働争議でマキノ・プロが潰れると、日本が満州事変を起こして作った満州国へ渡り、満鉄系の電力会社南満州電気に就職、強豪チームの奉天満倶でプレーした後、同社が満州の電気事業を統一するために誕生した満州電業に吸収されると新京本社へ異動となり、新たに創設された満州電業チームでも主力として活躍した。

その後、同社安東支店に転勤になると、安東実業というクラブチームを立ち上げ、選手兼任監督を務めている。このときすでに齢四十を数えたが、選手としてグラウンドに立つだけでなく、見ることも勉強と思ったのだろう、よそのチームの試合でも、あれば必ず球場まで足を運び、熱心に観戦する姿が目撃されている。(7)

「安東実業に孫という外野手がいた。安東の名物男で、どんな試合でも、実業の試合でなくても必ず球場に現れた。〔中略〕体の大きな人であった」

野球に向き合う姿勢は、満州在住の日本の野球人にも強い印象を残したことがわかる。一九二二年に日本へ渡ってから日本の敗戦で祖国へ帰る一九四五年夏まで、孫孝俊はそのほとんどの時間を日本と満州で過ごし、一時帰郷をのぞけば、祖国で暮らすことはなかった。満州での生活は実に一三年に及んだ。それもまた給料がよくてレベルの高い野球のできる環境を求めたからではないか、という推測は成り立つ。十分にあり得る話だ。

しかしそれだけであったとはやはり思えない。もっと本質的な部分で野球に対する強い思いが明らかに孫孝俊にはあった。

何がそうさせたのか、何を求めて満州でも野球をやり続けたのか、それがわかれば、彼が己に課したミッションも自ずと明らかになるのではないかと思う。

孫孝俊は韓国の名門高麗《コリョ》大学の前身である普成《ポソン》専門学校出身のエリートだった。日本統治下の朝鮮の知識人には日本留学の経験者が多い。その経験は民族崛起《くっき》の原動力になったが、一方で独立をめざす方向性や考え方の違いなどから多くの葛藤、軋轢《あつれき》を生む原因にもなった。その傷はいまも深く韓国社会に残る。孫孝俊もまた祖国への切実な思いと苦悩を抱えていたように思う。

「たかが昔の感謝状一枚、名刺一枚ですけど、使いようによっちゃあね、そこから面白い話を読み解くこともできるかもしれませんよ」

その日の帰り際、通さんはそう言ってにこりと笑った。

感謝状と名刺をめぐるいくつかの逸話は、植民地統治に寄り添いながら朝鮮や満州や台湾へと野球を持ち込み、広めていった日本人による「外地」の野球史の一断面である。運動協会で出会い、七年を師弟の関係で共に過ごした河野安通志と孫孝俊。奇しくも二人の軌跡は、いつしか時を違えながら満州へと伸びていく。

なぜ満州だったのか——。

日韓二人の野球人のはるかな道行をたどってみよう。

【凡　例】

- 資料の引用に当たっては、一部、旧字体・旧仮名遣いを新字体・新仮名遣いに改め、句読点を補うなどの修正を施した。
- 引用文のなかには現在では不適切と思われる語彙や表現があるが、歴史用語としてそのまま引用した。

取材にご協力いただいたみなさんについて

取材協力者へのインタビューは、国内については主に二〇〇三～一〇年、韓国については二〇一四年に行いました。戦前・戦中の野球界を知るみなさんは、当時すでにご高齢で、残念ながらその後多くの方が泉下の客となられました。貴重な証言を寄せていただいたことに深く感謝するとともに、ご存命中に拙著をお届けできなかったことを心よりお詫び申し上げます。

故人となられた方については文中の初出箇所のカッコ内に「※」を付しました。

目　次

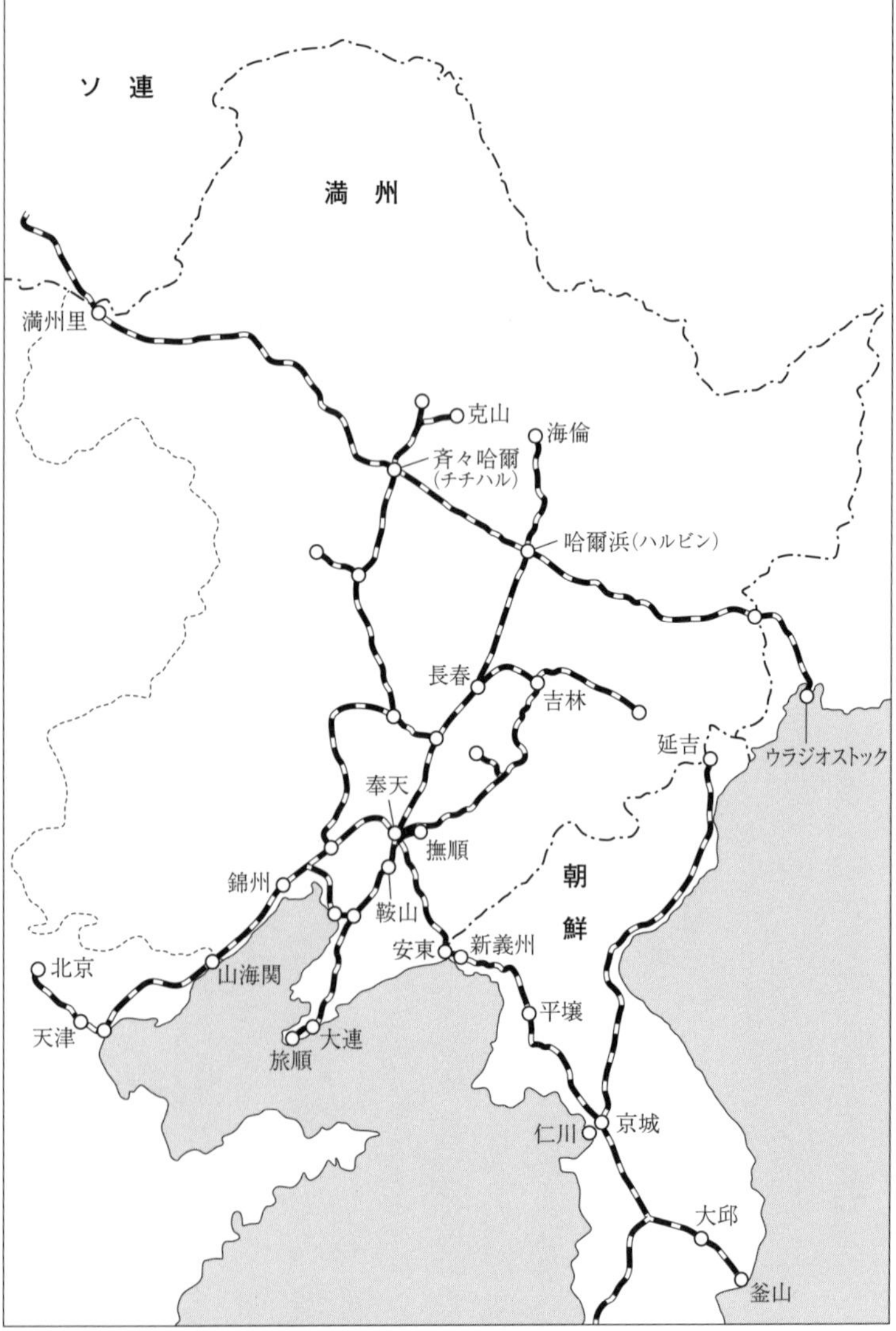

満州事変の頃の中国東北部と朝鮮半島

第1章

「武士道」をまとった「べーすぼーる」

1905年，早稲田大学野球部の第1回米国遠征時．下段中央付近でジャケツを着て腕組みをしているのが河野安通志，中央に立っているのは安部磯雄(提供：河野わか子さん)

1　アイアンコーノと呼ばれた男

●横浜で覚えた野球

「学者のような感じの人でしたね」

河野安通志を知る人は、その風貌、雰囲気からよくそんなふうに言う。早大講師の経歴や球界屈指の理論家として評論活動も多かった。雑誌『野球界』は「若《も》し野球に博士と言うものがあったら博士の称号は河野安通志氏に冠せられるであろう」と評している(1)。

河野安通志の長男通さんによれば、安通志は一八八四年三月一一日、石川県江沼郡大聖寺町《だいしょうじ》(現・加賀市大聖寺耳聞山町《みみききやま》)に生まれた。父河野通理《みちはる》半三郎(俗称・信一《のぶかず》)は加賀藩(版籍奉還後は金沢藩)の支藩の大聖寺藩士で、安通志は次男、八歳上に兄通久郎《とおくろう》がいた。大聖寺二代藩主前田利明に儒学者として召し抱えられた河野春察《しゅんさつ》の弟の玄東《げんとう》の子孫に当たる。代々男子の名に「通」の字を入れるのをならいとし、安通志もこれを守り、通の一字で長男の名前とした。

信一は藩校時習館で漢学を修めるが、明治維新後の西欧化の流れで同館が英語学習を始めるとこれを学び、加賀藩改め金沢藩が金沢中学を設立すると、ここで新時代の学問を身につけた。一八七三年、大聖寺小学校に教師の職を得て、以後、石川、富山などの小学校で働いた後、九一年には福井の私立正則英学校の英語教師となり、同校が廃校になる九六年まで務めた(2)。

信一は英語を学ぶ過程でキリスト教に接近し、帰依する。このため安通志も小児洗礼を受けている。安通志の次女の波木井優子さんは、安通志とキリスト教との関係についてこう話す。

「お酒も飲んだし芸者遊びもしたし、信仰はなかったと思います。ただ祖父を見ているので博愛的なところなどは影響を受けたようです。小さい頃は神様を信じてもいた。あるとき大聖寺で悪い友だちに川に落とされた。泳ぎを知らなかったのに神様に祈ったら泳げた。神様が奇跡を起こして下さったと思ったそうです。実際は抜群の運動神経のおかげでしょうけど」

安通志は信一が正則英学校の英語教師になった福井で福井県尋常師範学校付属小学校(現・福井大学教育学部附属小学校)に通うが、高等科四年のとき一家で横浜へ移り住み、老松《おいまつ》町(現・横浜市西区)の老松小学校に転入した。一八九七年のことだ。信一は正則英学校の廃校後、伝道の道に入り、一九〇三年には横浜孤児院の第二代院長に就任している(3)。

波木井さんによれば、「祖父が伝道師になったのは侍くずれは学問があると教会に気に入られたからで、横浜へ越したのもその関係で孤児院に教師の口があったから。伯父の通久郎が横浜にいたことも一家の横浜行きを後押しした」と言う。通久郎は東京帝国大学(現・東京大学)の法科を卒業後、横浜の生糸貿易商亀善(のちの原合名。三溪園を開いた原富太郎で知られる)に就職、フランスのリヨン、ドイツのベルリンなどの支店勤務を経て三〇歳かそこらでロシアのモスクワ支店長になった。モスクワ時代に結婚しているが、相手はのちに新劇女優となり、映画『東京物語』の老母役などで知られる東山千栄子(本名・河野せん)である。

安通志が野球に初めて触れたのはいつのことだったのだろう。波木井さんによれば、福井の小学校の高等科一年のときに、東京の中学を卒業した兄の通久郎が野球のボールを持って帰り、キャッチボールの真似事をしたのが最初だったようだ。通久郎は、後年、プロ野球の世界で苦労する弟の姿を見て、野球を教えたことをひどく後悔していたという。

「おれはお前に野球を教えたけれど、野球で飯を食えとは言わなかった。せっかく大学を出たのに、お前は財産もできないし、この体たらくだ。野球なんか教えなければよかった、と。でも、父が野球に夢中になるのは横浜に越した後のことですから、別に伯父のせいではないんですよ」

安通志は、横浜の老松小学校に転校してまもなく校内であった野球の試合に員数合わせで駆り出された。野球の試合はこれが初めてだったようだが、思いのほか楽しく、すぐに野球好きの少年たちと「日の出倶楽部」というチームを作っている。ポジションは捕手だった。(4)

横浜の子どもたちの間で野球が人気だったのには理由がある。河野一家が横浜へ転居する一年前の一八九六年五月二三日と六月五日、第一高等学校(一高、現・東大)が横浜の外国人居留地の米国人チーム「横浜アマチュアクラブ」と横浜公園の運動場(現在横浜スタジアムのある場所)で二度対戦、ともに大勝(29-4、32-9)していたのだ。(5) これは日本初の野球の国際試合と言われ、その快挙は日本人のナショナリズムを大いに刺激し、野球が広がる契機になった。(6)

六月五日の試合には横浜商業学校(現・横浜市立横浜商業高校)が全校二四〇人で応援に駆けつけ、あんパンを山と積んで差し入れた。試合後は自校へ一高選手を招き、祝賀会まで開いている。お礼に一高からバットとボールが贈られ、これがきっかけで横浜商業に野球部が誕生した。(7)

安通志は横浜に転居した翌年の一八九八年に横浜商業に入学、できたばかりの野球部に入った。最初は捕手だったが、二年になると外野手にコンバートされ、主に中堅を守った。安通志はここで青井鉞男《じゅつお》の指導を受けている。青井は一高が横浜アマチュアクラブを破ったときの投手で、当時は東京帝大の学生。請われて横浜商業の指導に当たっていた。その練習は猛烈を極め、まるで「軍隊教育」のように「紀律が立って居た」と言う。後述の一高式猛練習で、毎週土日にあり、これを足かけ五年受けた。早稲田で活躍できたのはこの猛練習のおかげと、のちに河野は述べている(8)。

●安部磯雄との出会い

一九〇二年九月、河野は突然、横浜商業を退学し、東京の明治学院の四年に転校する。しかもその明治学院をわずか半年でまた退学し、翌春早稲田大学に入学する(9)。何があったのか。

明治学院は野球が盛んで、野球部は一八八五年創部と日本でも最古参の部類に入る。河野も野球をやるために明治学院へ移ったのかと思ったが、そうではなかった。

「横浜商業では野球ばかりであまり勉強をしなかったので、このままでは大学に入れないと考え明治学院に移ったんです。要するに受験勉強のためです。だから野球はやっていないはずです」

波木井さんはそう言う。だが実際は明治学院でも河野は野球を続けた。強肩を買われて投手で起用されている。野球抜きの学生生活はもはやあり得なかったのだろう。

明治学院時代の河野については在学期間が短いこともあり、語られることが少ない。このため、その後の人生に大きな影響を与えたであろう重要な出会いがあったことも、ほとんど知られていない。河野は一九〇二年にあったその邂逅《かいこう》についてこう述べている(10)。

「明治三十五年の或る日曜日友達に誘はれて芝のユニテリアン協会へ演説を聞きに行った。片方の目の瞼が下がって居りあまり風采の上がらぬ四十歳前後の弁士の演説中に飛び込んだ。熱弁ではないが其《その》説き来り説き去るところ何かしら啓蒙的であり、私共の琴線に触れる所があった。友達は「どうだい、河野！あれの演説にや啓発せられるね」と帰りがけに云った。それから後数度安部磯雄氏の演説を聞くうちに私は悉く《ことごと》安部ファンになって居る私自身を見出した」

河野は信仰を持つことはなかったが、父信一の影響もありキリスト教は身近な存在だった。東京市芝区三田四国町（現・港区芝二丁目）のユニテリアン協会を訪ねたのもそのためだろう。ユニテリアンはキリスト教正統派の中心教義である父と子と聖霊の三位一体説に反対し、神の単一性を主張、イエスは神ではないとしてその神性を否定する。日本に入って来たのは一八八七年で、九四年には芝に惟一館《ゆいいつかん》を建て活動拠点とした。(11) 安部は日本の代表的なユニテリアンで「自由の拡張と社会問題の解決」（ユニテリアン・ミッション）をめざし、一八九八年に村井知至《ともよし》らとここで社会主義研究会を結成、一九一二年には鈴木文治らが友愛会を創立している。日本の社会主義運動と労働運動の発祥の地とされ、現在は友愛会館が建っている。

河野は、芝の惟一館で安部磯雄の演説を聞き、何に心を動かされたのだろう。河野はそれを明らかにしていないが、安部の思想がキリスト教の「自由、平等、博愛」の精神に基づく平和主義や社会主義であることを考えれば、その理想に感じるものがあったと見るのが自然だろう。

河野は一九〇三年春に早稲田大学に入学すると、橋戸信、押川清に勧誘され野球部に入った。早稲田に野球部ができたのは一九〇一年で、初代部長には河野がユニテリアン協会の演説でファンになった早大講師（のち教授）の安部磯雄が就任していた。しかしそのことを河野は知らなかった。野球部に入り初めて野球部長の安部に会ったときの驚きを、河野はこう記している。(12)

「或る日野球部長に紹介せられて見ると何《な》んと驚くではないか部長さんは〔中略〕ユニテリアンで御馴染みの安部磯雄弁士である。私は其処《そこ》で始めて早稲田に落ち付く決心が附いた。〔中略〕橋戸、押川の両君に勧められて野球部に入った時には、まだ必しも本腰で早稲田に落ち付く決心が附いて居なかったのだ」

河野は明治学院を経て早稲田に入ったが、本意ではなかったのだろう。家族の強い意向もあり野球部を退部し、東京高等商業学校（現・一橋大学）の受験に備えるつもりであったようだ。

それを知った主将の橋戸らは必死に河野の引き留めに動いた。河野は入部早々の新旧混合の試験試合で橋戸らにその力量を認められ、一年生ながらエースとして期待されていた。創部間もない時期で投手に人材を欠き、せっかく入った逸材に逃げられては困るという事情があった(13)。

当時、野球部員でのちに記者、随筆家として活躍した弓館小鰐《ゆだてしょうがく》は、橋戸と二人で「落合村の下宿先の百姓家」に河野を訪ね説得するが応じなかったので、「老巧な橋戸」が「伝手をたどって近親を説き」、やっと引き留めに成功したと書いている(14)。引き留め工作があったのは事実と思われるが、最後の決め手は河野が自ら明かしたように安部磯雄の存在だった。

●“Ironman, Kono”

河野が早稲田に入った一九〇三年当時、野球界は一高、慶応、学習院の三強時代だった。翌一九〇四年、早稲田はこの三強など東京の強豪をことごとく破り六戦全勝。野球部長の安部は「東京中の一流野球団」に全勝したら「アメリカへ遠征さしてやる」と以前から約束していた。安部はその約束を守り、翌一九〇五年（四月四日〜六月二九日）、野球部を米国へ連れて行った(15)。

早大野球部によるこの第一回米国遠征は、野球はもとより日本のスポーツ界にとっても初の海外遠征だった。安部は、神学の勉強のため海外留学中の一八九四年、米国からドイツへ向かう途中の英国で、オックスフォード大学と米国のエール大学の陸上競技の対抗戦の記事を読んだ。トルストイに心酔した非暴力、非戦の平和主義者だった安部は、「若《も》し世界各国が武力の競争を止めて運動競技に力瘤《ちからこぶ》を入れるやうになれば、人類の幸福は如何《いか》に促進されることであらう」とその報道に心躍らせた(16)。そのときの感動が早大野球部の米国遠征につながった。安部はスポーツの国際交流が、人種差別や悲惨な戦争を防ぐと信じ、その隆盛を夢見ていた。

早大初の米国遠征は、安部磯雄が非戦論を唱えた日露戦争の真っ最中に行われた。安部はスポーツによる国際交流の意義を強調したうえで、大国ロシアとの戦争中に日本の大学野球部が来たとなれば、日本は小国だが余裕があると米国は思うから損はない、とその利点を説いて総長の大隈重信を説得したという(17)。時局を考慮すべしと反対する声もあったが、「戦をやる者はほかにある。学生が見聞を広めるために外国へ行くのはいいことだ」と大隈は遠征を認めた(18)。

早大野球部の一行は、部長の安部をはじめ橋戸、押川、河野ら一三人。ロサンゼルス、シアトル、タコマと西海岸を転戦して二六試合を行い、七勝一九敗。実力差が大きい当時のことであれば、善戦と言えるが、それを支えたのは連戦連投の酷使に耐えた河野の存在だった。肩痛が限界に達するまで河野は二四試合投げ続けた。肩を休めるために複数の投手を用意するという考え方が、当時の日本の野球界にはまだなかった。来る日も来る日も河野が一人で投げ続ける姿に仰天した米国の新聞は"Ironman, Kono"(鉄の人なる河野)と呼ぶようになった(19)。

米国人にとって「Kono」は発音しやすく、また河野も渡米後に上達した英語で記者の質問にも答えたことから一躍人気者になり、マイナーリーグのチームから助っ人登板を打診されたりもしている。[20] 客寄せに利用されるのが明らかであったから安部が断ったが、もし受けていれば、河野は米国のプロ野球の試合で最初に投げた日本人になっていただろう。

この遠征は、日本ではまだ脚絆足袋《きゃはんたび》で野球をやっていた時代のことで、河野らが米国から持ち帰ったものは、その後の日本の野球界に大きな影響を与えた。たとえば、それまで内外野ともにミットを使っていたが、捕手と一塁手以外はグラブを用いるようになったり、脚絆足袋をやめてスパイクシューズを履くようになった。ワインドアップ投法やチェンジ・オブ・ペースなどの投球術のほか、バント、スクイズ、スライディングなどの戦術や打撃・走塁術、走者二塁の場面の牽制《けんせい》方法もこのとき初めて日本に伝えられた。[21] 部長の安部は、これらを早稲田だけのものにするのを潔しとせず、主将の橋戸信に『最近野球術』（博文館）を書かせ、その普及に努めた。

河野らは遠征中にマイナーリーグのパシフィック・コースト・リーグの試合を観戦している。学生野球しか知らなかった彼らにとって野球を職業にするプロ野球の存在は大きな驚きで、各チームが特定の都市に自分たちの専用球場を持って活動しているのもこのとき知った。このことが日本運動協会を創設する際、東京芝浦に自前の球場を作ることにつながるのである。

●早慶戦中止

米国遠征の成果を早大野球部が公開したことで日本の野球は飛躍的に進歩、普及したが、一方で応援合戦の過熱という副作用も招いた。一九〇六年秋の早慶戦中止はその最大の事件だ。

一〇月二八日、早稲田の戸塚球場で行われた第一戦は、河野の好投も報われず1–2で早稲田が惜敗する。慶応の応援団は喜びを爆発させ、大隈重信邸まで行進、万歳を高唱した。一一月三日、慶応の三田綱町《みたつなまち》グラウンドで第二戦が行われ、早大が3–0で雪辱した。今度は早稲田の応援団が福沢諭吉邸前で万歳を叫び、完封勝利の河野を先頭に三田の通りを行進した。先の挑発行為への報復だった。勝負を決める第三戦は慶応の三田綱町グラウンドで一一月一一日に予定されていたが、試合の数日前から両校応援団がそれぞれグラウンドのどこで応援するのか、場所の取り合いで大揉めに揉め、ついには両校折衝の席で早稲田側がこう威嚇し、席を蹴った。

「場所をくれないならくれないでいい。その代わり早稲田応援隊は、指揮官を馬六頭に乗せ、吉岡はヘルメットを被り、剣を携えて、一万人の応援隊で、慶応のグラウンドに乗り込む」(22)

吉岡というのは早稲田の応援団(当時は応援隊と言った)の創設者で隊長の吉岡信敬。猛烈な弥次を飛ばす「弥次将軍」として知られていた。早稲田の脅しに慶応は猛反発、グラウンド周辺にバリケードを築いてこれを阻止すると徹底抗戦の構えに出た。一触即発の事態に両校教員、塾長、学長までが事態収拾に乗り出すがかなわず、第三戦前日の一一月一〇日、試合中止が決まった。当初は暫時延期程度に考えられていたが、慶応側の反発が強く、早慶戦の復活には実に一九年の歳月を要することになる。

一八七〇年代に日本に入って来た野球というスポーツは、一八八〇年代半ば以降、とりわけ一八九〇年代を通じて全国に広がり盛んになるが、その過程でさまざまな問題を抱えるようになる。一九〇六年秋に早慶戦を中止に追い込んだ応援の過熱もその一つで、五年後の一九一一年には東京朝日新聞が野球の弊害を糾弾する「野球害毒キャンペーン」を展開するに至る。
一八九〇年代に野球という外来スポーツに何が起きたのか――。

2　「べーすぼーる」から武士道野球への変容

●牧歌的な「べーすぼーる」の頃

日本への野球の伝来には諸説あるが、その濫觴《らんしょう》がはっきりしているのは、外国人教師が伝えたルートと渡米経験のある日本人が持ち帰ったルートだ。

前者は一八七二年に当時、東京神田一橋にあった第一大学区第一番中学で英語や数学を教えるかたわら生徒に野球を手ほどきした米国人教師ホーレス・ウィルソン、後者は一八七六年に米国で鉄道技術を学んで帰国し、本場直伝の野球を披露した平岡熈《ひろし》がその最初とされる。

ともにその功績から野球殿堂入りしているが、黎明期の日本の野球界を直接的に牽引したのは平岡である。帰国後、工部省鉄道局技師となった平岡は、東京の新橋（品川八ツ山車庫）に芝のグラウンド（保健場）を作り、野球の用具やユニフォームも揃えて日本初の本格的な野球チーム「新橋アスレチックス倶楽部」を組織した。一八八七年に平岡が倶楽部を去り、三年後にチームは解散するが、その間に相次ぎ登場した駒場農学校、慶応義塾、明治学院、第一高等中学（一八九四年から第一高等学校）などの野球部には倶楽部と交流を持つ学生が少なくなかった。(23)

野球好きで知られる正岡子規もその一人で、八四年に大学予備門（第一高等中学＝一高の前身）に入学する

前の共立学校（現・開成高校）時代に倶楽部に顔を出し、野球の手ほどきを受けている。(24)

子規には野球を詠んだ句が多い。たとえば、「春風や　まりを投げたき　草の原」という句には牧歌的な「べーすぼーる」の原風景が鮮やかに描かれている。(25) 中馬庚《ちゅうまんかなえ》は一八九五年二月に一高の『校友会雑誌』号外付録の『野球部史』の例言（序文）にベースボールを「野球」と訳し、その名付け親になったが、本文の表題は「べーすぼーる部史」だった。一高で野球部の呼称が一般的になるのは一八九九年頃のことだ。(26) 子規が一高で野球をやった一八八〇年代はまぎれもなく「べーすぼーる」の時代であり、野球は「愉快」そのものだった。子規は言う。(27)

「愉快とよばしむる者ただ一ッあり　ベース、ボールなり」

一般的にスポーツの最も重要な要素の一つは、遊戯＝楽しく遊ぶこと、とされている。子規は野球を通して、その楽しさを知り、心躍らせ、句に詠んだ。しかし愉快で牧歌的な「べーすぼーる」は、その後、遊戯性を排除した「武士道野球」へと変質していく。背景にあったのは、欧化主義への反動としてのナショナリズムの高揚と野球の普及にともなう弊害批判だった。

●攘夷の再来

明治政府は、幕末に欧米諸国と結んだ不平等条約の軛《くびき》を脱し、日本を欧米並みの国民国家にするため文化や風俗習慣など自らの伝統を根こそぎにするような欧化主義をとった。鹿鳴館に象徴される西欧模倣は、文明開化を推進する一方で日本人の自己喪失感も募らせ、反動から国粋主義、排外主義を台頭させる。そのうねりは野球界にも及び、やがて球史に残る傷害事件となって暴発する。

一八九〇年五月一七日、一高と明治学院の試合が本郷の一高グラウンドで行われた。一高は六回までに0-6と大量リードを許し敗色濃厚。そのとき「一大洋漢」が場内に闖入《ちんにゅう》してきた。(28) 明治学院講師のウィリアム・インブリー神学博士である。守衛に入れてくれと頼むが、英語が通じず、仕方なく垣根を越えた。それを一高の応援学生たちが見咎《みとが》め、劣勢の鬱憤から襲いかかった。投石が顔面に当たり、博士は負傷。試合は中止になった。(29) 世に言う「インブリー事件」である。当時は国粋的感情から外国人排斥の気運が強く、外国人殺傷事件が相次いでいた。海外の新聞は、この事件を幕末の「攘夷の再来」と評した。(30)

それから五カ月ほどした九〇年一〇月三〇日に明治天皇の名前で「教育ニ関スル勅語」(教育勅語)が発布される。大日本帝国憲法の下、万世一系の天皇を君主、国民を臣民とする国体観念を補強するための規範で、臣民がなすべき一二の徳目を示す。一二番目は〈一旦緩急アレハ義勇公ニ奉シ〉であり、これに〈以テ天壌無窮《てんじょうむきゅう》ノ皇運ヲ扶翼《ふよく》スヘシ〉が続く。「一朝事あるときは天皇の国のために命を捧げ、これを守れ」ということだ。勅語の発布から間もない翌九一年一月九日の一高始業式。内村鑑三は勅語の奉読式で最敬礼をしなかったと生徒や教職員から非難を浴び、教職を追われた。内村は「不敬漢」「国賊」と罵声を浴び、自宅に投石、放尿までされた。(31)

このとき天皇への宗教的礼拝に抗議したキリスト者の一人に東北学院の創設者として知られる押川方義《まさよし》がいる。河野らとともに日本運動協会を創設する押川清の父である。押川清と河野は野球人として終生行動を共にするが、親がキリスト者で引き合うものがあったのかもしれない。

一高は明治政府から近代国家建設の担い手となることを期待されたエリート集団だった。明治学院との一戦は、インブリー事件で中止となったが、一高の敗戦は誰の目にも明らかだった。一高生のプライドは

傷付き、雪辱を誓った。『向陵誌　一高応援団史』にはこうある。(32)

「此《こ》の敗後に於けるベースボール会は単に弄球快戯的のものにあらずして、会員は鬱勃《うつぼつ》たる胸中の気を球に托して散佚《さんいつ》せしめんとせり。〔中略〕ベースボールは既に校技となり、吾《わが》校風亦《また》此の技によって其《そ》の英気を資せん〔中略〕責任亦重きを致し、練習頗る《すこぶ》獰猛《どうもう》を極むるに至りぬ」

野球は楽しみではなく復仇の手段となった。一高の名誉にかけて勝たねばならないとなれば、遊戯の要素は削られるしかない。「一高式」と呼ばれた猛練習の始まりである。成果はすぐに現れた。事件から半年後の九〇年一一月八日、明治学院と再戦、26－2で圧勝した。以後、一高は青山学院、慶応などをたてつづけに破り、一五年に及ぶ一高時代が幕を開ける。

●「愉快」の消失

一高は明治学院への復仇を機に一高式の猛練習を始めた。その意味ではインブリー事件は牧歌的な「ベーすぼーる」の終わりの始まりを告げる事件だったが、この時点ではまだ子規の頃の「ベーすぼーる」の「愉快」を捨て去ったわけではなかった。

一八九一年秋から冬にかけて一高の『校友会雑誌』で野球をめぐる論争が起きた。一高教授の漢学者で撃剣部部長の塩谷《しおのや》時敏が、撃剣〔剣術〕は「士気を養い」「心胆を練」るので「一旦緩急の際」に国の役に立つ。手足を動かすだけの「児戯の労働」とは違う、と野球を揶揄《やゆ》したのに対し、野球部の中馬庚は、ほんとうの運動は「愉快」を感じるもので、健康上の観点から言えば「撃剣柔術」も「ベースボール」も変わりはなく、あとは好みの問題である、と反論した。(33) 撃剣を国益にかなうものとして神聖視する一方で、外来スポーツの野球を見下す塩谷の主張は、欧化主義への反動としての排外主義や国粋主義が勅語とまっすぐ連結していたことを示すものだが、あわせて注目したいのは、明治学院への復仇に燃えてすでに一高式の猛練習を始めていた中馬が、ほんとうの運動は「愉快」を感じるものだ、と語っていることだ。そこには子規の頃の「べーすぼーる」の残り香がまだ感じられる。

では、一高野球部から「愉快」が消え失せたのはいつなのか。これについては、一高が「武士的野球」を掲げるようになった時期ともあわせて、坂上康博『にっぽん野球の系譜学』(青弓社)が詳細に論じている。同書はその萌芽を一八九四年の日清戦争の頃とし、明確に「武士的野球」へと変容して愉快と決別するのは、一高が『校友会雑誌』の号外として二冊目の『野球部史』を出す一九〇三年頃としている(34)。この一〇年は、甲午農民戦争から日清戦争、その後の三国干渉、義和団事件、不平等条約改正交渉などを経て日露戦争へと突き進む、日本人の集団的自我を強く刺激する出来事が相次いだ時期である。

一高が横浜アマチュアクラブを29-4で撃破し、日本のナショナリズムを大いに刺激したのは一八九六年五月二三日で、まさに日清戦争後のことであった。安部磯雄はスポーツによる国際平和を理想としたが、スポーツは勝敗で優劣が示されるため、しばしばナショナリズムと結びつく。当時は治外法権が撤廃される前であったからなおさら日本人は一高圧勝の報に沸いた。それは三高(第三高等学校、のち京都大学)から届いた祝電に凝縮、象徴されていた(35)。

「ケトウ、シカモ二十五センリョウ(点差《ママ》?)トハユカイ」

一高は相手の求めに応じ、六月五日に再戦、32-9と大差で退け、再び喝采を浴びている。

ナショナリズムの高揚は復古ブームを招いた。江戸風俗研究者の岡本昆石(経朝)は一九〇三年刊の『近世百物かたり』で、明治維新の後に野蛮として見捨てられていた相撲や撃剣、柔術、武士道などが日清戦争後に再評価される様を描き、「日本の文明」が「逆戻し」になったと書いた[36]。新渡戸稲造が英語で書いた『BUSHIDO : The Soul of Japan』が米国フィラデルフィアで出版されたのは一九〇〇年(一八九九年説あり)。以後、日本でも武士道本の出版が相次ぐ。

一高野球部出身の久保田敬一が『野球年報』第一号に「雑観」を寄せ、野球を「男らしく」「神聖なるもの」とすべし、と書いたのは一九〇二年、ちょうどそんな時期だった[37]。

●野球の普及と弊害批判

野球は一八九〇年代以降、中等学校へも急速にすそ野を広げ、全国に普及していく。それをもたらしたのは中等学校の急増と先の一高の快挙だった。一八九二年に六二校、一万六一八九九人だった中等学校の学校数、生徒数は、一九〇五年には二七一校、一〇万四九六八人へと、それぞれ四倍強、一〇倍近くも伸びた[38]。一八九六年の一高による横浜アマチュアクラブ撃破は、日本人のナショナリズムを刺激するとともに急増する中等学校に続々と野球部が作られる契機となった。

ただし野球の普及は副作用をともなった。応援が過熱し、しばしば応援団同士が衝突した。その原因について明治大学野球部出身の中沢不二雄は、「一年一回、あるいは春秋各一回の試合によって年度の勝敗を争う制度を採用したため、試合にのぞむときは、出陣の気構えに等しく、昔の武道式精神で、「勝たずば生きてかえらじ」「倒れて後止む」といった一本勝負式の試合傾向が見られるようになった」と指摘している[39]。中沢は一九二七年の第一回全日本都市対抗野球大会に大連満州倶楽部を率いて優勝、戦後はプロ野球のパ・リーグ会長を務め、野球殿堂にも入った人物だ。

ごく限られた対戦で年度の勝者を決めるとなれば、どうしても勝負へのこだわりが強くなり、応援も過熱する。これを両校の地域感情が煽る。中沢は明大時代に五高（現・熊本大学）対七高（現・鹿児島大学）の審判を頼まれるが、竹槍を持った応援団がいて危険なので断ったという。[40] 一九一〇年代前半の話だ。このような荒っぽい応援を全国に広めたのは一高の応援団である。[41]

「一高応援団の本質は一貫して野次隊であった。〔中略〕その発するところは、むしろ、敵を野次り、罵倒し、動揺させ、攪乱することに終始した。脳裡にはつねに源平の合戦があり、道具だても大時代がかった旗さしものに陣太鼓、法螺《ほら》、巨大なのぼり、幾百の白の小旗に加えて、金だらい、石油缶、竹棹、シーツ、時には消火用のポンプとホースまで動員した」

今日プロ、アマを問わず繰り広げられる鳴り物応援の淵源はまさにここにある。当然、世間は批判したが、その野蛮な応援スタイルは、当時日本最強と謳われた一高野球部を支えるものとして評価され、全国の高等学校や専門学校のほか中等学校へも波及した。それにつれ中等学校でも野球の弊害が言われるようになる。多くは応援の過熱や選手の学業不振に関するものだった。

飛田穂洲が水戸中学時代の一九〇三年、郁文館中学と同校グラウンドで対戦したときのこんな逸話を残している。終盤、水戸中が大きく試合をリードすると、郁文館の弥次は「猛烈に怒号」するものとなり、ついにはライトの飛田に「さあ小僧、今度タマが来たときそれを捕ったら許さん、殺してしまう、それ、これを見ろ」と言って仕込杖《しこみづえ》を抜いて見せた。飛田は無視して飛んで来たボールを捕った。斬られはしなかったが、「さかんに小石をお尻のあたりに御馳走になった」という。[42] 勝利至上主義に毒された応援がいかに異様なものであったかわかる。

審判の判定が原因で乱闘になったり、負けた腹いせに対戦相手の学校の生徒と揉め事を起こすなど、対抗戦をめぐるトラブルは頻繁に起きた。全校生徒への一致団結した応援の強要や、野球部によるグラウンドの占有使用など、学内からの批判も少なくなかった。

中等学校で野球選手の学業不振が問題視された背景には、加熱する受験競争があった。中等学校がその数を急増させたのに対し、高等学校の数は増えなかった。合格の門は年々狭くなり、一八九五年に一・五倍程度だった競争倍率は、一九〇一年には約三倍、一九〇八年には五倍を超えた(43)。立身出世を願い、高等学校への進学をめざす者にとっては過酷な時代で、浪人も珍しくなかった。

一高、三高など難関の高等学校への進学を諦め、学制上、当時はまだ専門学校だった早稲田や慶応などへ入学した者も少なくない。河野安通志は横浜商業から明治学院、早稲田と進んだ後も東京高商の受験を考えていたが、こうした時代状況を知るとだいぶ事情も見えてくる。

そんな受験競争の時代であればこそ、学校としては野球で成績が落ちるのは看過できなかったのだろう。成績不振から素行不良に陥る学生もおり、野球への風当たりは父兄や地域からも強まっていった。対外試合を禁止にする学校も現れた。飛田は少年時代を回顧してこう言う(44)。

「すべてのものが野球の反対者であり、排斥者であった。学校も家庭もこぞって忌みきらった。当時の選手というものは、教育者からまるで不良少年のごとき扱いをうけていた」

久保田敬一が一九〇二年の『野球年報』第一号で野球は「男らしく」「神聖」なものであるべきと訴えたのは、そうした弊害批判をかわし、野球を守る意図があったと思われる。当時、野球はチャラチャラした奢侈《しゃし》虚飾の舶来遊戯と見られていた。そこで久保田は、振る舞いでは男らしさや慎み深さ、プレーでは華麗より堅実を求め、撃剣などの伝統武術のような神聖さを獲得すべきと考えた。ナショナリズムの高揚で称揚されるようになった武士道が念頭にあったのだろう。

『校友会雑誌』の号外として一高の二冊目の『野球部史』が出たのは翌一九〇三年二月のことで、名二塁手と言われた平野正朝《まさとも》を中心に編纂された。平野は京大へ進み、卒業後は満州へ渡り、かの地の野球の嚆矢《こうし》に深くかかわる人物だ。一高野球部はその平野を中心に編まれたこの『野球部史』で、野球はただの「愉快」な運動ではない、伝統武術と同様に「武士的精神」を涵養《かんよう》する精神修養の方途である——、と高らかに宣言する。(45)

ナショナリズムが高揚するなか、一高野球部の関係者は、野球の「日本化」をはかることで、不当に貶められてきた舶来の「児戯の労働」批判を封じ、応援の過熱や学業不振などの弊害批判に対する手盾とした。そのために彼らは「愉快」を捨て、武士道をまとったのだ。

一高野球部の練習は、明治学院に復仇を誓って以来、猛練習で知られたが、武士道野球へと変容を遂げて以降、これに拍車がかかった。飛田は後年、その凄まじさをこう書き残している。(46)

「一高の練習には痛いといふ言葉が禁制になってゐた。空脛《からはぎ》、素足の選手の向脛《むかはぎ》が鉄球に襲はれる。普通の人間なら悲鳴を挙げながら痛みを訴へるに相違ないのであるが、彼等は多くの場合一語も発しない。まさに痛みを噛み殺して仕舞《しま》ふ。〔中略〕凍《い》てた寒風の中を切る球、時々指間を裂いて鮮血に染まるも顧みるものがない。尊い血染めの球はいつまでも右に左に飛ぶ。これが彼等の修業であった」

彼らの掲げた武士的修養は、過剰にストイックで、人間性の配慮にも欠けるところがあった。子規が心躍らせ句に詠んだ「べーすぼーる」の「愉快」はそこにはもうなかった。

一九〇〇年代に入って以降の一高の猛練習の背景には、早慶の台頭という事情もあったように思う。入試難からなかなかいい選手が入らなくなり、逆にいい選手は早慶に流れるようになった。それまで以上に選手を鍛え上げる必要があったのではないだろうか。実際、一九〇四年には早慶に連敗し、一五年に及ぶ一高時代は終焉を迎え、早慶時代が到来する。早大野球部の草創期に河野や押川、橋戸といった球史に残る名選手が揃ったのはおそらく偶然ではない。

橋戸信『最近野球術』の序文には、一高の『野球部史』をなぞるように、野球は伝統武術と遜色のない武士的競技であり、若者の心身を鍛えるのに最適との記述がある。筆者は早大出身の冒険作家押川春浪《しゅんろう》。押川清の兄だ。春浪の主張もまた「日本武士的の精神」をまとうことで野球を「一遊戯と侮る者」への反論とし、世間の弊害批判にも応えるかたちになっている(47)。

しかし一高に始まる野球の日本化の動きは弊害批判に応えることにはつながらなかった。それどころか一九〇六年秋の早慶戦中止が世間を騒がす大事件になったことから、弊害批判は前にも増して激しくなった。野球害毒論争が起こるのは、この五年後のことである。

3　野球害毒論争

●義兄穂洲

河野安通志の評価は、同じ早大野球部出身でも橋戸、押川、飛田に比べて低い。これについては河野だけ主将を務めていないからとする説があり、実際、そうした声を意識したのか、安部磯雄も人材豊富な時期で河野を主将にしてやれなかったことを非常に残念がっていたという(48)。

早慶戦中止の翌一九〇七年七月、河野は商科の第一回生として早稲田を卒業するが、このとき一緒に卒業した押川清とともにそのまま大学の研究科に残り、野球部の試合にも出場した(49)。

同年一二月、河野は一年志願兵で入営、翌一九〇八年一一月末で除隊となるが、直前の一一月二二日に行われた早大対リッチオールアメリカンの試合にはまだ入営中にもかかわらず軍服姿で顔を出し、ゲームの前に後輩部員たちにシートノックをして観衆を驚かせている(50)。

河野は軍隊から戻ると、以前より交際中の東京女学館出身の才媛武村與禰子《よねこ》と結婚し、東京日本橋の伊勢清呉服店に就職している(51)。仕事は庶務係。商科を出た河野は主に経理方面を担当したようだ。次女の波木井さんによると、後年器用に反物を扱ったというから、算盤を弾いてばかりではなかったのだろう。店の主人は早大英文科を出た河野の同窓。創業二五〇年の老舗で店員は一八人ほど(52)。同年暮れの読売新聞には同店の新築落成の広告が掲載されている。河野はそれに合わせて採用になったのかもしれない。

同店には野球部があり、河野も監督兼任でプレーした。たとえば一九一〇年の元旦には日比谷公園で三田の呉服商や金物業などからなる紅倶楽部と対戦、17－7で勝っている。この試合に河野は二塁手で出場している(53)。企業やクラブの社会人野球が本格的に勃興するのは一九二〇年前後のことだが、庶民の間に野球は着実に浸透し、町場のクラブチームはその一〇年以上前から活発に活動していたことがわかる。中等学校への野球の普及がこの状況を生んでいたのだろう。

河野は一年半ほどで伊勢清呉服店を辞めると出身校の横浜商業で教鞭をとった後、一九一一年四月六日、母校早稲田大学の講師に迎えられ、簿記を教えた。かたわら野球部の監督も引き受け指導に当たった[54]。

子ども一人生まれ、順風満帆の人生を歩み出していた河野であったが、突然、愛児を亡くす不幸に見舞われ、その悲しみも癒えぬうちに父信一が他界(享年六一)、妻與禰子まで病気で亡くす。読売新聞は薄命の妻の最期をこう伝えた[55]。

「片瀬の海岸に立って「安通様妾《わたし》も長くない」と絶望の声を放った時剛投手河野の目には一ぱいの熱い涙が溢れてゐた嗚呼《ああ》大正二年一月十日城北戸塚の寒い暁、長い間の情を幾度か感謝しつつ賢婦人與禰《ママ》子さんは安らけく眠りについた」

一九一三年一月一〇日、與禰子永眠。享年二三。愛児に続き、父と妻を続けて亡くした衝撃から河野はしばらく魂が抜けたようになったという。あまりに憔悴した姿に周囲も心配し、再婚を勧めたのだろう、翌一四年、新たにいゑを妻に迎えている。早大野球部の後輩で学生野球の父と呼ばれた飛田穂洲の妹で、このとき二〇歳だった。母いゑについて波木井さんはこう語る。

「父が早稲田の学生のとき飛田のいた水戸中に野球の指導に行ったんです。それで親しくなり、のちに飛田から妹をもらってくれないか、兄弟になろうと言われ、父と母は結婚するんです」

二人の野球人はこうして義兄弟になるが、河野はプロ野球、飛田は学生野球に生涯を捧げたことで知られるように、野球に対する考え方には違いがあった。通さんによれば、「父は飛田の妹を妻にしたが、飛田との行き来はほとんどなかった。野球観で相いれないものがあった」という。

二人はある出来事がきっかけで疎遠になるのだが、それについてはまた後で述べる。

●野球害毒批判の真相

学生野球界で名を馳せた河野安通志が、再び世間の耳目を集めたのは、河野が早稲田大学の講師になった一九一一年の夏から秋にかけて巻き起こった野球害毒論争のときである。

河野は当時を振り返り、のちにこう述べている(56)。

「本当に日本中の野球が潰れるかと思った。私が二十七、八歳の頃です。私なんか真先に槍玉に上げられまして、えらい騒ぎの起きたことがあるのです」

球史に残る野球害毒論争は、一九〇六年の早慶戦中止以降、いっそう批判の声が高まるようになった応援の過熱や学業不振などの野球の弊害批判が、東京朝日新聞の仕掛けたキャンペーン記事によって一気に噴き出し、一大センセーションを巻き起こした事件だった。

事の発端は前年の一九一〇年一一月二五日に東京朝日新聞が掲載した早慶批判の記事だった。一高の野球は「神聖な校技」であったが、覇権を奪った早慶は、これを学校の宣伝に利用し、入場料を徴収するなど野球の俗化と興行化をもたらしたと批判したのだ。河野はその記事で、初の米国遠征から帰国後に着用した「海老茶に大きくWと黄色に編出したジャケツ」が「青年学生の幼い虚栄心を煽り立てた」と名指しで批判された。河野が「真先に槍玉」に上げられたというのはこの記事をさす。同紙は一一月二七、二八両日の紙面でも両校選手を攻撃した。

日本の週刊誌第一号とされる雑誌『サンデー』によれば、そもそも東京朝日のこの野球批判を仕組んだのは社会部長の渋川玄耳《げんじ》、美土路《みどろ》昌一《ますいち》（戦後に朝日新聞社長）、名倉聞一《もんいち》（のち社会部長、校閲部長）の三人で、それまで手薄だった運動関連の記事で社会面に新味を出そうとした渋川の意向のもと、入社二年目の名倉が野球のことなどろくに知りもしないのに「野球熱の勃興」の負の側面だけをあげつらい、その元凶として早慶両校を槍玉に上げ、「野球の入場料が何《ど》うの、選手の服装が何うのと愚にもつかぬ詮議立てを始め」たものであったという(57)。

東京朝日は翌一九一一年になっても早慶両校への批判の手を緩めなかった。早慶両校は「此《この》馬鹿らしい記事」に「烈火の如く憤慨」し、同紙記者の野球場への入場を拒絶するに至った。これを知った社会部長の渋川は、「生意気だ遣《やっ》付けろ」と名倉に命じ、同年八月二〇〜二四日に「野球の諸問題」を集中連載し、重ねて入場料の使途や私学による野球の宣伝利用、早慶両校の授業より海外遠征優先の姿勢などについて痛烈に批判した。

これに猛反発したのが、八月二三日の記事で京浜電鉄(現・京浜急行電鉄)と結んで羽田運動場を作り、野球選手を煽動、利用していると名指しで批判された天狗倶楽部の面々である。天狗倶楽部は一九〇九年五月に生まれたスポーツ社交団体で、リーダーは押川清の兄春浪。早稲田系のバンカラな人物が多数参集し、弟の清や河野、橋戸、飛田ら早大野球部の草創期を飾るメンバーも顔を揃えていた。京浜電鉄には天狗のメンバーの中沢臨川《りんせん》がおり、その協力を得て羽田運動場を建設した。野球人気が庶民にも広がるなか、東京近郊には手軽に使える本格的な貸しグラウンドがなく、野球振興にはその建設が不可欠と考えたのだ。

それを東京朝日は野球選手を煽動、利用するものだと批判した。春浪は東京朝日に抗議するとともに雑誌『運動世界』『野球界』両誌の同年九月号に「運動界の鼠輩《そはい》を誅せよ」と題する同文の反論原稿を寄せ、同紙の指摘にことごとく論駁を加えた。春浪の猛反発に驚いた渋川らは連載中止で手打ちを図るが、恩着せがましいその態度が許せなかった春浪はこれを拒否した(58)。そっちがその気ならと東京朝日が「野球と其《その》害毒」（同年八月二九日〜九月一九日）の連載を始めるのはその直後のことで、早慶や天狗連に仕掛けた意趣返しという側面が多分にあったようだ。

●野球商売人を軽蔑するものに非ず

『サンデー』によれば、連載の開始に当たって東京朝日は、あらかじめ「野球の弊害六箇条を挙げた印刷物を全国各地の中学校長、高等学校長、師範学校長、商業学校長に宛てて配布し」、弊害を裏付ける意見だけを採用、「野球賛成の意見は空《むな》しく没書籠の中に葬り去」ったという。

最初から野球を叩くのが目的であったのは明らかだ。しかも野球叩きに偏するあまり、連載記事には、信憑性に欠ける情報や事実誤認、談話の恣意的改変など粗雑な点が目につく。

意見を寄せた面々が野球をどれだけ理解していたかは疑問で、「対手を常にペテンに掛けよう、計略に陥れよう、塁を盗もうなどと眼を四方八方に配り神経を鋭くしてやる遊び」（一高校長・新渡戸稲造）、「掌《てのひら》へ強い球を受けるが為めにその震動が腕より脳に伝はって柔かい学生の脳を刺激して脳の作用を遅鈍ならしめ異状を呈せしめる」（順天中学校長・松見文平）など首を傾げたくなる主張が少なくない。東京朝日はそれに「巾着切り《きんちゃくきり》〔すり〕の遊戯」「徴兵に合格せぬ」などの小見出しをつけ野球への忌避感を煽った。

事実誤認ではたとえば、「私が知ってから既に十年になる。毎年落第して居ることと思はれる」（府立一中校長・川田正澂《まさずみ》）とした選手が、慶応幼稚舎からの純慶応出身で、選手として優秀だから長年その名を知られていたにすぎないことがわかり、東京朝日は談話を取り消している。

談話の恣意的改変では、連載八回目（九月五日）に「旧選手の懺悔《ざんげ》」の中見出しで登場した河野安通志の談話が大問題になった。河野は「後悔して居る」という小見出しの文中で、「私も早稲田なぞへ入らずに高等商業へでも入ったらば、と時々思はぬでもない」と述べ、「其《その》罪を懺悔す」の小見出しでは、「〔明治〕三十八年〔一九〇五年〕の渡米から帰った時浅い考へから妙な服装をして其風が日本全国へ伝播するに至ったのだ、〔中略〕今から考へれば私は其罪を懺悔せずには居られない」と語っている。

早慶時代を到来させた立役者の一人で現職の早大講師、しかも野球部監督の河野が、野球で進路を誤り、華美な弊風の原因を作ったことを後悔していると述べたのだ。野球関係者に衝撃が走った。憤激した河野はすぐさま東京日日新聞（九月八日）に「野球に対する余の意見」を寄稿、「小生が記者に対して云いたる事と相違し居る」として東京朝日の談話を否定した。

河野は「野球に対する余の意見」で、東京朝日への反論のほかに選手制度や入場料問題などについても言及している。のちに河野が日本初のプロ野球団を創設することを考えたとき、なかでも特に重要と思われるのは「野球商売人」、つまりプロ野球選手についての論考である。

東京朝日は「野球の諸問題」の第三回（八月二三日）で早大野球部出身の獅子内《ししうち》謹一郎（河野と同期）と泉谷《いずみたに》祐勝《すけかつ》（河野の一年先輩）を名指しで取り上げ、「学校卒業後野球の半商売人となって生活している」と批判した。河野はそれを受けてこう述べている。

「朝日新聞にては獅子内氏を野球の半商売人なりと書きしとか、獅子内氏は純然たる京浜電車会社員なり、かく云ひたればとて余は決して野球商売人（若《も》し日本に出来たりとすれば）を軽蔑するものに非《あら》ず、野球に熟達する者が学校卒業後野球商売人になりたればとて何故に不可なりや、学生は卒業後学校に於《おい》て学びたる学問を直に応用する職業を選ばざる可《べか》らずと云ふか、職業は学問とは別物なり、学問は学問の為の学問にして職業の為の学問にあらず若し野球商売人を下等なりと云はば教育ある者が銀行にて毎日々不潔なる紙幣の勘定のみなし居る職業は更に下等なるに非ずや、職業には貴賤なし、学問と職業とは全然別物なり」

獅子内は京浜電鉄の社員として同社が経営する羽田運動場の管理をしていた。早稲田や天狗倶楽部などが野球の試合に利用しており、早大OBで天狗の一員だった獅子内もこれに出ている。東京朝日はその行為を「半商売人」と貶めた。これに対して河野は、「獅子内氏は純然たる京浜電車会社員」で野球で収入を得ているわけではないと一蹴した。だからと言って河野は「野球商売人」を否定したわけでは無論ない。真意は全く逆で、もし日本にプロ野球ができたら、自分は決して「野球商売人」を軽蔑しないと断言。学問と職業は別物であり、野球のうまい者が卒業後プロ野球選手になることの何がいけないのかと特技などを生かした職業選択の妥当性を示すとともに、すでに堅い仕事とされていた銀行員を例にそもそも職業に貴賤はない、と訴えた。

河野は一九〇五年の米国遠征で野球を職業とする人たちの存在を知った。その体験があったからこそ、世間とは違う偏見のない目で「野球商売人」を考えることができたのだろう。

いずれにしろ河野は、害毒論争のあった一九一一年九月の時点で野球を職業にすることを肯定的にとらえており、カッコ内に記された「若し日本に出来たりとすれば」にあえて注目するなら、すでにこのときプロ野球チームの創設を密かに夢に見始めていたのかもしれない。

後で述べるように河野らは、学生野球の弊害は過剰な人気に多くの原因があり、それを解消するにはプロ野球を創設してその人気を移す必要があると考え、日本運動協会を設立する。害毒批判に晒《さら》された河野が、弊害の解消策を模索するなかで、すぐに実現できるかどうかはともかく、米国で見たプロ野球にその答えを求めたことは十分に考えられるのではないだろうか。

●竹久夢二の憧れだった河野安通志

東京朝日は野球の弊害批判の当初から一高野球を理想として早慶の野球を批判したが、そもそも一高が武士道野球を掲げた背景には、ナショナリズムの高揚に加え、弊害批判に応える意味もあったわけで、早慶もそれにならっている。野球観に大きな違いがあったわけではない。

それでも東京朝日が野球の弊害の元凶として執拗に早慶を攻撃したのは、野球の普及と受験競争を背景に台頭著しい早慶などの私学が、野球を学校の宣伝に利用し、その俗化と興行化をもたらしたと考えたからだ。その意味では害毒論争の本質は官学による私学批判であったとも言える。

野球害毒論争ではこれに新聞社の販売競争が加わり、一層議論が沸騰した。東京朝日の「野球と其害毒」の連載が二二回に及んだのに対し、ライバル紙の東京日日は「学生と野球」を二三回、読売新聞は「問題となれる野球」を一六回にわたって連載、押川春浪や安部磯雄、中沢臨川、河野安通志などを迎えて野球擁護の論陣を張った。読売新聞は紙面に加え、「野球問題大演説会」(一九一一年九月一六日、神田青年会館)も主催し、東京朝日に対抗した。また天狗倶楽部も九月二三日には自ら神田青年会館で演説会を開いて東京朝日の不買と広告不掲載を決議している。(59)

野球関係者の反撃に防戦一方になった東京朝日は、九月一九日に突如として「野球と其害毒」の連載を二二回で打ち切った。雑誌『サンデー』は害毒キャンペーンが不買運動を招くなどかえって東京朝日を苦境に陥れたとしたうえで、こう書いた。

「之《これ》には渋川も大いに狼狽した、初めから確たる見識があってした事ではない、「遣付《やっつ》けろ！」という私情に駆られて仕出かした事である、彼は社内、社外の非難漸《ようや》く熾《さかん》ならんとするの形勢あるを見て急に筆を納め、〔中略〕「朝日」は野球を撲滅せんとしたものではない、其《その》弊害を矯正せんとしたものであると苦しい弁解でお茶を濁した」

害毒論争の背景としてもう一つ触れておきたいのは、その底流にあった国粋主義的、排外主義的な野球観である。それはたとえば「柔剣道は軽佻浮薄《けいちょうふはく》の風や虚栄心を圧《おさ》へると同時に尚武の気を養ひ胆力を大ならしめる。〔中略〕撃剣を勧めて野球の如きハイカラ遊戯を駆逐したい」とした九月二〇日の古瀬安俊（文部省学校衛生係嘱託医学博士）の談話に象徴的に現れている。

それは勢いを増していたナショナリズムの反映でもあったろう。当時の明治政府は、日露戦争の「果実」として満州経営や朝鮮統治を押し進める一方、国内では日露戦争の反対を機に高揚した社会主義運動に弾圧を加え、一九〇八年には「赤旗事件」で堺利彦や大杉栄らを獄に送り、二年後の一九一〇年には「大逆事件」で多数の社会主義者、無政府主義者を明治天皇の暗殺を企てたとして逮捕し、うち二六名を大逆罪で起訴、二名を除いて証拠のないまま死刑を宣告、翌一九一一年一月には幸徳秋水、大石誠之助、管野スガら一二名を処刑している。

「大逆事件」は明治政府が主導した一大フレームアップ事件として知られるが、このとき一時拘束された人物の一人に、幸徳らが起こした平民社の『平民新聞』や『直言』などで挿絵を描いていた竹久夢二がいる。夢二は大の野球好きで河野安通志のファンだった。このため河野の投げる姿を絵はがきや挿絵に数多く描いている。たとえば『野球美談』（東草水、有本芳水著、実業之日本社、一九一三年）には河野が右手にボールを持ち、振りかぶっている挿絵が使われている。

夢二が処女画集『夢二画集　春の巻』（洛陽堂）を出したのは大逆事件の起こる前年の一九〇九年で、その序文には実に印象深い存在として河野が登場する。

「十六の春、私は都会へ出た。

その頃、私は画工になるつもりではありませぬでした。（中略）白亜高き銀座の街を、伏目勝《ふしめがち》に歩みながら波うつ胸を抱いて、革命、自由、漂泊、自殺等の奔放な歌を低唱してゐた。

河野君が、あの赤いジャケツをきてプレートに立って球を投げてゐた頃でした。私は学校をエスケープしては、運動場の若草のうへに寝ころんで、早稲田に連なる目白一帯の高原を眺めて、色深い空に漂ふ白雲に、どんなに遠き思《おもい》をよせたことでせう。

私は詩人になりたいと思った」

夢二は河野と同じ一八八四年生まれで一九〇二年に早稲田実業に入学、一九〇五年には同校専攻科に進学している。河野が「赤いジャケツ」で投げたのは早大初の米国遠征から帰国後の一九〇五年六月末以降なので、夢二が見たのは早実専攻科の学生時代のことになる。

夢二にとって戸塚のグラウンドに舞う白球は、若草に寝転び見上げた真っ青な空に漂う白雲のように「自由」の象徴だったのではないだろうか。それを明治国家は、廃すべきものとして「駆逐」しようとした。東京朝日が野球撲滅に走ったのは、そんな時代であった。

●「夏の甲子園大会」の創設

害毒論争は東京朝日の敗北で終わった。しかしそれは、野球の弊害批判の終わりを意味したわけではなく、その後も学校関係者などの批判は続いた。そうしたなか害毒論を逆手に取る形で「学生野球を善導する」として一九一五年に大阪の朝日新聞本社が創設したのが「全国中等学校優勝野球大会」、すなわちいまに続く「夏の甲子園大会」(全国高等学校野球選手権大会)である。

「わずか四年前に野球を叩いた朝日がなぜ?」と思うが、もともと「野球と其害毒」は本社の大阪朝日には掲載されていなかった。渋川の独善的で攻撃的な取材指揮は、以前から社内外の批判を浴びており、そのことが影響したようだ。このため大阪朝日は、害毒論争ではいわば無傷だった。夏の甲子園大会の創設理由について朝日新聞の社史は、新聞の「販売政策上の見地」から「全国大会」を作ったと明記している(60)。しかし東京朝日が野球を学校の宣伝に利用しているとして早慶両校を叩いたことを思えば、いかにも具合が悪い。そこで学生野球の商業利用批判をかわすために用意したのが、大阪朝日の「野球善導論」だった。

三高の『野球部史』に、甲子園大会創設にまつわる村山龍平《りょうへい》(朝日新聞社長)のこんな言葉が載っている(61)。「さきに東京朝日が野球亡国論を起こして学生スポーツ界に問題を提起したが、本社はここに考えるところあり、学生の純真なアマチュア精神を善導して青年の意気高揚をはかりたい」

堂島河畔の大阪ホテルで開かれた一九一五年の第一回大会前夜祭での村山の言葉だ。

大会の標語は「凡《すべ》てを正しく、模範的に」。何をもって正しく、模範的とするかと言えば、大阪朝日はそれを「武士道的精神」に求めた(62)。大会は、第一、二回は豊中グラウンド、三から九回は鳴尾球場、一〇回大会以降は甲子園球場で開催され、鳴尾に変わった第三回大会からは開会式のとき選手が軍隊式の分列行進で入場するようになった。これはいまも続いている。

野球の弊害の根っこには、中沢不二雄が指摘したように、一本勝負式の試合傾向があった。夏の甲子園は、負ければ終わりのトーナメント大会である。大阪朝日は勝利至上主義の弊風を抑えるため、敗れた学校にも光を当て、「ケガを押して最後まで正々堂々戦った」式の美談を掲載、敢闘精神を称えるようになる。美談の量産は、野球と大会を擁護するための新たな物語の創出だった。

河野安通志はこの第一回大会で、ルールに詳しい権威者として審判委員に招かれ、野球規則の整備で中心的役割を果たした。このため大阪朝日から入社を懇望されるが、固辞し、代わりに橋戸信を紹介している。(63) 応じていたなら日本運動協会が誕生することはなかったかもしれない。

4 早大講師を辞す

●中国人留学生選手と京城基督教青年会チーム

河野安通志の早大野球部監督時代に目を向けてみよう。河野は、早大講師になった一九一一年四月からその職を辞して大学を去る一九一七年二月まで、早大野球部の監督を約六年務めた。

監督としての最初の大仕事は、一九一二年一月下旬から二月中旬にかけてフィリピンの謝肉祭に招かれ、マニラ遠征を行ったことだ。主力の不参加や慣れない気候などで成績は二勝三敗と精彩を欠いた。(64) 河野は帰国後、フィリピンを植民地統治する米国に対するマニラの人々の怨嗟《えんさ》の声を書き残している。(65) 河野には植民地支配される人々に寄り添う眼差しがあった。

河野が監督になった当時は、早慶の覇権が確立して実力のある選手が続々と入部し、野球部が大所帯になってきた時期だった。そこで河野は一九一二年九月以降、選手の二分制を採用した。その理由を早稲田の野球部史は、「技倆《ぎりょう》伯仲せるもの多かったので、試合出場の公平を期する為《た》め、選手を按配《あんばい》して二チームを造り、交互に出場対戦せしめた」と説明している。(66) 河野は早大に加え早実でも英語や簿記を教えていた。教育者としての学生への配慮だったのだろう。

関連する話で言えば、河野はその大所帯の部員のなかから実力を正当に評価し、中国人留学生の趙士倫という選手を外野のレギュラーに抜擢している。趙は早大野球部初の留学生レギュラーで、主にセンターを守り、学年が上がるとクリーンアップを打つなど主力選手として活躍した。(67)

早大野球部は、河野が通訳兼任で一九一六年に第三回米国遠征(三月二五日〜七月一七日)を行い、九勝一九敗の成績を残している。このときの遠征メンバーには浅沼誉夫《よしお》(捕手、主将)、岸一郎(投手)、市岡忠男(捕手)、佐伯達夫(遊撃)など球史に名を残す大物が多い。外野陣にも実力のある選手がかなりいたが、そのなかで趙は外野の一角を占め、打線の中軸を担った。米国遠征ではチームトップの打率二割九分七厘とよく打った。(68) 趙は早大専門部政治経済科を卒業、三井物産に入社し、広東三井物産に勤務した。(69)

趙がレギュラーになった一九一二年の一〇月末、朝鮮人の野球チーム「京城基督教青年会」が来日した。朝鮮の野球は、一九〇四年にソウル(漢城)鍾路の皇城YMCA(皇城基督教青年会)の総務として着任した米国人宣教師フィリップ・ジレットが青年会員に野球を教えたのが起源とされる。(70) ジレットの指導で生まれた皇城YMCAチームはやがて朝鮮最強と呼ばれるようになる。この皇城YMCAに東京在住の朝鮮人留学生チームのメンバーを加えて事実上の全朝鮮野球団として来日したのが、京城基督教青年会チームだった。

日露戦争を経て朝鮮統治を進めた日本は、一九一〇年八月に当時の大韓帝国と日韓併合条約を結び、朝鮮半島を併呑、植民地支配を完成させた。大韓帝国は日本の一地方に組み込まれ「朝鮮」となり、ソウル(漢城)は京城に改称された。京城基督教青年会の来日はその二年後のことで、早大は彼らのために入場料一〇銭を徴収し、旅費の半分を負担した。その理由について『早稲田学報』は、早大が米国遠征で野球を通じた日米交流を果たしたように「帝国の新附属地」となった朝鮮とも同様の交流を深めることが「統治上多少の貢献」になると考えたからだとしている(71)。

野球部長の安部磯雄は、のちに「植民地統治は単に民族と民族間の感情を損傷させ、人類の平和を攪乱させるにすぎない」と日本の植民地政策を批判し、「朝鮮同胞よ! 落胆せず最後まで闘え!」と朝鮮の独立を支持する論考「自覚的運動、朝鮮の春遠からじ」を『東亜日報』(一九三〇年四月一日)に寄稿し、朝鮮総督府警務局の検閲で差し押さえ処分を受けている。ただし安部は朝鮮の即時独立を支持していたわけではない。「各民族の自主独立を理想とする」が、それには「多くの日時を要することは自然の理で」、急ぐあまりの「盲目的行動」を戒め、「社会の現実を充分に研究すると同時に実力を養成して独立を準備して時期を待つのが上策」と考えた(72)。日本の差別的な植民地政策は批判したが、植民地統治そのものは事実上、追認していた。

とはいえ支援の真意が朝鮮の統治に貢献するためであったとは考えにくい。スポーツによる国際交流が持論の安部が望んだのは、野球で日本と朝鮮の親善をはかることであったはずで、河野もそれに共感していたはずだ。それはのちに河野が朝鮮人選手を何人も日本運動協会に迎え入れたことを見ても明らかだろう。当時早大野球部は、七月の明治天皇の死去にともない有料試合を自粛していた。それを自ら破り、遠征旅費を支援したのは、初の米国遠征時の自分たちの境遇と重ね、力になりたいと強く望んだからだろう。ただし、安部や河野の思いがそうであったとしても、日本が朝鮮を植民地統治している状況で野球による親善をはかることは、結果的に朝鮮人の不満を抑え、朝鮮を日本化するための内鮮融和の国策にそのまま回収、利用される恐れを含んでいたのも事実だろう。植民地統治を追認した状況で差別の解消を求めることは、そのまま朝鮮を日本化する道に通じていた。

皇城ＹＭＣＡの強さは日本にも聞こえていたため、留学生を加えた京城基督教青年会チームの日本遠征は大いに注目を集めたが、結果は一勝五敗一分に終わった。朝鮮と日本の野球レベルの差は大きく、早稲田には０‐23と大敗、遠征中の最多失点で零封負けを喫した。

監督の河野は遠来のチームに敬意を表して主力の精鋭メンバーを並べ、手加減もしなかった。趙士倫もこの試合に出ている。京城基督教青年会チームは大敗したが、その経験は朝鮮野球界のその後の発展につながったと評価され、朝鮮野球史の重要な一頁として記録されている。

●早稲田騒動

「河野安通志氏は今回実業界に投じ関西方面に活動する事となり昨六日辞表を提出せり」――。

早大野球部が第三回米国遠征から帰国してわずか半年余り後の一九一七年二月七日、河野の早大辞職を東京朝日新聞が伝えた。実業界へ転じる背景については後述するが、最終的に引き金を引いたのは、米国遠征から帰国後に起きた「早稲田騒動」であったように思う。

早稲田騒動は、早大学長の座を巡り、高田早苗前学長の復帰を望む「高田派」と、天野為之《ためゆき》学長の留任を望む「天野派」に大学の教職員、学生、校友らが分かれて激しく争った紛擾事件だ。一九一五年八月、第二次大隈内閣の改造人事で当時早大学長だった高田早苗が文部大臣に起用され、後任の学長に天野為之が就任した。ところが翌一九一六年一〇月に第二次大隈内閣が倒れ、高田が無役になると、高田に学長復帰を求める声が教職員の間から上がり、これに反対して天野留任を主張する一派と対立、学生や卒業生を巻き込む大騒動になった。

最後は大隈の勧告で、天野は任期満了にともない辞任、高田が就任を固辞したため、一九一八年一〇月、商科の教授で温厚な平沼淑郎《よしろう》が学長に就任することで決着がついたのだが、そこに至るまでの両派の攻防にはメディアや政界も巻き込んで激しいものがあった。

『早稲田大学百年史』によれば、「教授・職員はこぞって高田派」で、「中外の信望の厚かった浮田和民・安部磯雄の両教授も、明確に強き高田支持であった」という。学校経営者として高田がはるかに優れていることは天野派の人たちも認めていた。にもかかわらず天野を支持したのは「道義と情誼の問題」だったようだ。文相の声がかかったら「学長の椅子を弊履《へいり》の如く捨てて」おきながら、文相を辞めた途端、再び自分が学長の地位に戻るというのは「甚だ手前勝手の仕打ち」であると考える者が学生や学外関係者に多かったのだ。(73)

安部には大隈や高田への恩義もあった。大隈は野球部の渡米を承認するなど思想的な違いは措いて支援してくれた。高田は安部の電気、水道、ガスなどの国有化論に対して関連企業から大学にクレームが入っ

たとき、教授個人の見解を止めることはできないとこれを突っぱねている。(74)

では河野はどちらを支持したのか。恩師の安部をはじめ教職員がこぞって高田を支持するなか、天野を支持した。早稲田騒動の核心には大隈家排除の是非があったとされ、一九一六年暮れに起きた「大隈侯夫人銅像事件」はその発端になったと言われている。大隈夫人綾子の銅像を大学内に建てる計画に対して、大学に直接功労のない者の銅像を建てるのはおかしいと若手教員や学生が反対し、建設中止に追い込んだ事件である。このとき河野も反対の意思を示している。

高田派と天野派の争いが激しくなるのはその半年後で、この時点ではまだ水面を揺らす程度であったが、河野はそれから間もない翌一七年二月に大学に辞表を出す。大学にとどまれば、高田派の恩師安部と学内で激しく対立することになる。それを避けたかったのではないか。

騒動が山場を迎えるのは一七年九月に入ってからだ。同月四日に天野派の永井柳太郎など五教授が解任され、学生にも退学処分者が出た。天野派は同月一一日、早稲田劇場で高田派を弾劾する演説会を開催、大学の民主化、天野教授の留任、免職教授の復職、放校学生の復学などを要求した。石橋湛山、西岡竹次郎、尾崎士郎らとともに河野安通志も弁士として演壇に立った。

石橋は当時、東洋経済新報編集長で、朝鮮の独立に理解を示し、台湾、朝鮮、満州の放棄を主張する小日本主義を唱えるなどリベラルな言論人だった。西岡はのちに参院議長を務める西岡武夫の父親で、当時弁論部。尾崎はこの騒動を舞台に出世作『人生劇場』を書くことになる。天野派には粛軍演説(一九三六年)や反軍演説(一九四〇年)などでファシズムに抵抗した斎藤隆夫もいた。

弁士の演説終了後、石橋や河野らが満場の学生を先導して怒濤の如く行進、大学を占拠した。石橋と警視庁第一方面監察官正力松太郎との交渉で「警官の学内不導入を条件」に彼らが退去したのは二日後の一三日夜のことだ。(75) 河野と正力の因縁の始まりだった。

●生き甲斐を求めて

河野の長男通さんのお宅に古い石橋湛山の写真が残っていた。河野は写真の整理をしなかったようで、いつどこで誰を撮ったのか、わからないものが多い。石橋の写真もそうだった。「早稲田騒動のとき天野側で一緒にやりましたからね、その関係でしょう」、通さんはそう推察した。

次女の波木井優子さんは早稲田騒動が飛田穂洲との関係にヒビを入れたと、こう話す。

「子ども心に父と飛田に付き合いがないのが不思議でした。それで母に聞いたら、早稲田のお家騒動で父は安部先生や飛田と違う人を押した。それで仲たがいしたと言ってました。飛田は恩師と敵対する父が許せなかったんでしょう。疎遠だったのは野球観の違いだけじゃないんです」

河野は早稲田騒動のごく早い段階で大学を辞めているが、実際にはもっと前から考えていたのではないかと思う。河野が一九二八年に雑誌『野球界』に寄せたこんな文章がある。(76)

「十数年前の或る日曜日私は友人二人と森ケ崎で終日碁《ご》を打って遊んだ事がありました。〔中略〕帰へりがけに誰云ふとなしにこんな話が出ました。「吾人は単に食ふと云ふ事のみの目的で働くのは実際つまらぬではないか。〔中略〕其《その》職務が真実国家の為めになると自覚しつつ働くか、或《あるい》は其職務が趣味と一致するか、少なくとも一緒に働く者の多くが気のあったものであるとか何とかでなくては人間生き甲斐がないではないか」。三人共涙ぐましきまでに真剣でありました。其後数年ならずして一人は死し、一人は店をやめ一人は幸福にも己が趣味と一致し而《しか》も国家的事業なりと自覚する職務に従事する事が出来ました。そして其幸福なる一人は斯《か》く云ふ私でありました」

掲載時から十数年前であれば、早稲田騒動が起こる前の一九一五、一六年頃のことと思われる。その頃に河野は「生き甲斐のある仕事がしたい」と考えるようになった。河野の人生に針路変更を促すほどの何かがあったのではないか、そう思い調べた。二つの出来事が浮かんだ。

一つは、一九一五年暮れから翌一六年一月にかけて早大野球部が豊中運動場で冬合宿を行った際に、阪急の創始者小林一三からプロ野球創設について意見を求められたことだ。野球部は付近の中等学校を相手に練習することを条件に、小林から合宿費用の支援を受けていた。河野は言う。(77)

「冬期練習中の或る一日、小林さんがグランドに見えて、河野君、アメリカでは職業野球といふのが非常に盛《さかん》なやうだが、日本にも職業野球を起したらどうかネ、と話かけられた」

河野はその問いに「時期尚早」と答え、逆に小林の「大卒者を二年保証で相当の高給で抱え、野球に専念させる」という構想を聞き出している。これに対する河野の考えは不明だが、名のある事業家がプロ野球経営を考えていると知ったときの驚きは相当に大きかったと思われる。

もう一つはその直後に行われた早大野球部の第三回米国遠征（一六年三月二五日～七月一七日）である。自身二度目の渡米であった河野は、帰国後、新聞の取材に応えて、今回の遠征で最も参考になったのは、シカゴでやっていたメジャーリーグの試合を観戦したことだったと述べ、インディアンスとホワイトソックスの名前をあげている。(78) 遠征中、シカゴであった両チームの試合は五月二八日にコミスキー・パークであったダブルヘッダーだけで、二試合とも本拠地のホワイトソックスが2-0で勝っている。(79) 河野が見たのはこのいずれか（あるいは二試合）と思われる。河野はフリーバッティングのときの投手の投げ方から内外野の連係、打者の立ち位置やバッティングフォーム、さらには正しい判定を下すための審判のベストポジションまでさまざまな新知識を得たと述べている。メジャーの野球に触れた喜びにあふれたコメントだ。

河野は小林との会話やメジャーの試合を見たことで、生き甲斐のある仕事がしたいと強く願うようになり、害毒論争を通じて心の片隅に芽生えたプロ野球創設による日本野球の改革と発展を、より具体的な目標として考えるようになったのではないか。それこそが大学を辞めた一番の理由で、早稲田騒動は決断を促した最後の一押しだったように思う。

一九一八年春、新聞に河野の近況を伝える記事が載った(80)。

「彼《か》れは昨年（一九一七年）早大の講師を辞して一度岡山の大正工業会社の支配人となったが故あって三共株式会社に転じ更に東京海運に転じ今は某外国航路の船に乗って印度洋にあると云ふ事である」

早大を辞めて以降、わずか一年余りの間に三つの会社に籍を置いたことがわかる。翌一九一九年暮れに出た小泉葵南《きなん》『野球ローマンス』（実業之日本社）にも河野の近情が載っている(81)。

「今では久しく馴れた教鞭を擲《なげう》って東京海運会社に入り、汽船の事務長などを勤めたりなどして余りグラウンドへは顔を見せないが、夫《そ》れでも好きな野球は廃められないと見えて、未だに斯術《しじゅつ》の研究丈《だ》けは忘れないさうである」

河野が橋戸信、押川清らと日本初のプロ野球チーム「日本運動協会」を立ち上げるのは、小泉がそう書いてからわずか一年後のことである。

第2章

日本初のプロ野球チームの主力はなぜ朝鮮人選手だったのか

日本運動協会の結成時のメンバー．後列左端が山本栄一郎，その隣が小玉与太郎．1922年2月，芝浦球場にて（提供：河野わか子さん）

1 日本運動協会の誕生

●大戦景気と戦後恐慌が育てた社会人野球

河野安通志が橋戸信や押川清らと日本初のプロ野球チーム「日本運動協会」を創設したのは一九二〇年秋のことで、一一月一五日夜には東京の築地精養軒で披露会が開かれている[(1)]。

それにしても小林一三にプロ野球創設について聞かれ「時期尚早」と河野が答えたのはわずか五年ほど前のことだ。その間に日本の野球界に何があったのか。

一九一〇年代、野球界は害毒論争に象徴されるように弊害批判の時代として幕を開けたが、それを逆手に取る形で一九一五年に大阪朝日が「野球善導」を掲げて全国中等学校優勝野球大会を創設した頃から潮目が変わる。学生野球の経験者が増え、社会人によるクラブや企業などを母体とする実業団チームが各地で台頭し始め、野球は次第に社会から肯定的に見られるようになった。

社会人の野球が盛んになる契機となったのは、第一次大戦(一九一四年七月~一九一八年一一月)にともなう「大戦景気」だった。『都市対抗野球大会40年史』(毎日新聞社)は、「大正五、六年(一九一六、一七年)ごろ、日本の経済界は好景気に恵まれた。このため会社、銀行、官庁などに野球チームが生まれ、また同好の士によってクラブ・チームがつくられ」たと記す[(2)]。

欧州が戦場になったことで軍需物資や日用品などの注文が日本に殺到し、輸出が大幅に伸びた。船成金の言葉が生まれるほど海運、造船が活況を呈した。河野が入社した東京海運も一九一七年創業の大戦景気組だった[3]。新設の船会社にとって、二度の渡米経験に加え、英語も経理もできた河野は、願ってもない人材であったはずで、待遇もよかったに違いない。河野は日本運動協会の設立時に多額の出資をしているが、海運業界への転身はその資金を蓄えるためではなかったか。

社会人野球の勃興には新聞の果たした役割も大きかった。新聞の競争が激化した時期で、各紙とも積極的に野球を取り上げたり、大会を後援するなどしてその大衆化に拍車をかけた。

クラブチームは野球好きの集まりなので目的は明らかだが、では企業や官庁などは何のために野球チームを作るようになったのだろう。これには主に二つの目的があったようだ。

一つは宣伝である。明大野球部出身の小西得郎は、一九年春に大学を卒業すると兜町の広瀬大吉商店に就職、社長の命で会社の宣伝のために野球部を作っている。「大学出の月給が四十五円くらい」のときに「八、九十円から百円」出したのでいい選手が集まったという[4]。小西は、戦前は大東京(ライオン)や名古屋、戦後は松竹の監督を務め、解説者としても人気を博した人物だ。野球殿堂にも入っている。

もう一つは労務対策である。企業などが野球チームを持ち始めた大戦景気の時期は、「深刻な熟練労働者の不足に対応するために、熟練工の丸抱え採用と、定型訓練および長期的確保をめざす政策を優先的に採用する時代」で、「コーポレート・アイデンティティを必要とする初めての時期」だったとされる[5]。産業構造の変化で工場労働者やホワイトカラーが増え、従業員の確保や育成、一体感の醸成などが必要になったとき、野球は対外的な宣伝だけでなく、体力向上による生産性の向上や愛社精神の涵養にもつながる有益なものと考えられるようになったのだろう。

大戦景気は一九二〇年代を迎えると同時に終わり、一転大不況(戦後恐慌)に陥った。解雇や賃下げ、工場閉鎖が相次ぎ、労働争議が頻発するようになる。以後、実業野球は労働運動対策の色合いを強める。たとえば八幡製鉄所は一九二〇年二月に起きた大争議を機に野球の効用に注目するようになった。八幡製鉄所野球部の育ての親とされる児玉晋匡《ゆきまさ》の回想にこうある。(6)

「たまたま中学チームと製鉄選抜軍が試合をしたとき、思想的に左翼の闘士といわれる男が、製鉄所側が一点リードすると躍り上って喜ぶのを見てこれは長官の訓示より効果がある。野球を通じて愛所心即愛国心を喚び起こさねばと決意した」

当時官営の八幡製鉄所は農商務省の管轄でトップは長官。児玉は、その長官の訓示より野球は労働運動対策に使えると考えた。企業スポーツはこの頃から「思想健全化」のツールの一つとなる。

こうした諸々の事情から社会人野球は台頭した。その結果は次の一文が雄弁に語っている。(7)

「有《あら》ゆる方面に倶楽部、実業団の組織せらるるもの数限りなく、東京大阪の如き実業大会は各百十余チームの参加するあり、横浜市の倶楽部大会又数十チームを算し、力士にチームあり、俳優然《しか》り、奇術団然り所謂《いわゆる》猫も杓子《しゃくし》も野球に親み、野球チームを組織するに至った」

日本運動協会が登場するのは、まさにそんなクラブ・実業野球の勃興期であった。

●芝浦の埋立地にかけた夢

河野らは日本運動協会の「創立の趣意」に、「運動競技」の弊害に「戒飭《かいちょく》」(注意して慎ませること)を加え、「本邦運動界の指南車となり、羅針盤」となるために「合資組織の下に日本運動協会を設立」したと書いた。(8) ここで言う「運動競技」が主に野球を指しているのは明らかで、のちに河野は創設の理由をより具体

的にこう述べている。(9)

「目的とは何ぞや即ち日本にも米国の如く職業野球団を作る事でありました。野球の益々盛《ますますさかん》になる事は吾人の最も喜ぶところでありますが此《この》盛なる機運に乗じて職業野球団を作らざれば学生の野球のみ盛となり遂に日本の野球は変態となりはせぬか。此変態的旺盛とならんとするを押さへれば野球は沈衰し、沈衰すれば所謂角を矯《た》めて牛を殺す事になると云ふのが吾人が職業野球団を起さんとした主張の一で而《しか》も其《その》重なるものであった」

このままでは学生野球だけが盛んになって日本の野球は変態化しかねない。それを押さえつければ野球が潰れてしまう。だからプロ野球を作ったのだと。では学生野球の変態化の危機はなぜ起きたのか。それは、学生野球が社会人の娯楽の対象になっているのが根本原因と河野は考えた。野球が盛んになれば、米国のようにプロ野球ができてしかるべきなのに日本にはない。だから学生の対抗試合であることを忘れて、「単なる娯楽」として、それこそ「一杯機嫌で芸妓の手踊でも見て居るやうな心持」で学生野球を見てしまう。(10)そこで河野らは、プロ野球を作り、社会人の野球ファンに良質なエンタテイメントを提供することで、彼らを学生野球からプロ野球に移し、学生野球を本来の対抗試合に戻そうとしたのである。

河野らが夢に描き、その実現をめざした日本運動協会とはどのようなものだったのか。「合資会社日本運動協会定款」の第一章総則第二条の事業目的を見ると、野球などのスポーツ経営からグラウンドの設計・施工、運動用具の製造販売まで手広く掲げていたことがわかる。野球の事業化に当たり将来を見据えて関連ビジネスを広く、トータルで考えたのだろう。実際、河野らは専属のプロ野球チームの運営だけでなく、日本運動倶楽部というスポーツクラブの経営も行った。日本野球協会ではなく日本運動協会とした

芝浦球場の概景図(出典：『運動界』1921年8月号)

のはそのためと思われる。

設立に当たり橋戸と押川は無限責任社員としてそれぞれ五〇〇〇円、河野は有限責任社員として二〇〇〇円を出資している。当時の銀行大卒初任給は約五〇円、現在のそれが約二〇万円とすれば、二〇〇〇円は約八〇〇万円、五〇〇〇円は約二〇〇〇万円に相当する。[11] 出資者には山脇正治《まさはる》、飛田穂洲など早大野球部関係者のほか大村一蔵(鉱山技師)、針重敬喜《はりしげけいき》(『武侠世界』主筆)、三島弥彦(第五回ストックホルム五輪短距離代表)など天狗倶楽部の面々もいた。飛田や針重らは一九二〇年に雑誌『運動界』を創刊し、日本運動協会を誌面を通じて支援した。私情や野球観を超えたところで飛田には河野らの挑戦に感じるものがあったのだろう。

日本運動協会は、よく時代を先取りしていたと評されるが、それは米国プロ野球に範をとって最初から「芝浦運動場」(芝浦球場)という自前の本拠地球場を所有したことが大きい。起業予算九万円のうち八割以上の七万五〇〇〇円余りを東京芝浦の埋立地(約六〇〇〇坪)の借地権購入に充てた。スタンドやフェンスなども含む運動場全体の建設には、二次予算も含めて約三万七〇〇〇円が投じられた。建設工事が始まったのは一九二〇年一一月初旬。同月二〇日にはまずグラウンド部分が竣工、翌二一日には運動場開きとして天狗倶楽部対記者団の試合が行われた。秋晴れの運動日和で観衆多数。天狗は河野が投げて5-4で勝った。[12] 球場全体の完成は翌二一年二月下旬。三月一三日には後述の「三《み》田《た》稲門《とうもん》戦」が球場開きで行われている。

日本運動協会は芝浦運動場を本拠にしたことから「芝浦協会」と呼ばれた。運動場は現在の東京都港区海岸三丁目の区立埠頭公園のあたりにあった。当時の雑誌『運動界』に運動場の概景図が紹介されている。[13]形状はほぼ正方形であったようで、これは関東大震災後の空撮写真でも確認できる。[14]河野はホームから左翼後方の塀まで「約五十間」(約九〇m)と記している。[15]ほぼ正方形であれば右翼までも九〇m程度で、左中間、右中間にはふくらみがなく、中堅までは一二〇m程度であったと思われる。一、三塁側の内野とバックネット裏に約六〇〇〇人収容可能な木造のスタンドがあり、外野も含めると二万人は収容できたようだ。また右翼後方にはテニスコートが六面、さらにその後ろには二階建てのクラブハウスが作られた。

クラブハウスは日本運動倶楽部の会員用で、日本運動協会の専属野球チームの合宿所を兼ねた。このため管理は運動協会が当たった。日本運動倶楽部はスポーツ愛好家の社交クラブで、入会金二〇円、年会費一二円を納めて会員になると、テニスコートや運動場、クラブハウス(娯楽室、更衣室、浴室、食堂などの設備あり)を自由に利用できた。発起人には日本運動協会の出資者のほとんどのほか、中沢不二雄や内村祐《ゆう》之《し》(のち第三代プロ野球コミッショナー)、桜井弥一郎(慶応草創期のエース。のち野球殿堂入り)、岩永裕吉(のち同盟通信社初代社長)なども名を連ねた。

河野らは日本運動協会の収入源として、事業の柱である協会専属の野球チームによる試合、海外の野球チームの招聘試合、運動場の賃貸、運動場内の売店権利金、外塀の広告などとともに日本運動倶楽部の入会金と年会費をあげている。倶楽部は重要な財源の一つだった。

専属チームは、一年目を選手の育成期間として、二年目からデビューさせた。その間は専属チームの興行収入がないため、運動協会では早稲田と慶応の野球部OBに現役を加えた「三田稲門戦」を企画、貴重な収入源(全収入の五割が協会の取り分)とした[16]。一九二一年三月一三日に芝浦球場の球場開きで行われた三田稲門戦は、一九〇六年秋の早慶戦中止以来の疑似早慶戦とあってファンの熱狂的な支持を集め、球場は満員になった[17]。以後、三田稲門戦は、協会の大事な収入源となるとともに、一九二五年秋の早慶戦復活まで日本球界の重要な年中行事となる。

海外からの野球チームの招聘では、早くも一九二一年秋にカナダの日系人チーム「バンクーバー旭」とアフリカ系の米国人チーム「シャーマン・インディアン」を招いている[18]。

中沢不二雄は、河野らが芝浦に運動場を作り、有料試合を開催したことで「社会人に心易く野球を観賞する機会を与えたので、芝浦で野球を覚えた人が相当多数」であったとその意義を述べている[19]。また河野らはスポーツ振興のためにしばしばこの運動場を無料で開放した。

●無名の選手たち

日本運動協会が専属野球チーム(以下「協会チーム」)の選手募集をすると新聞が伝えたのは一九二一年七月半ば過ぎのことだ[20]。その後、新聞広告が何度か打たれた。たとえば東京朝日では同年九月二六、二八、三〇日の夕刊に「野球見習選手募集」の広告が確認できる。

河野らは選手募集に当たり、「本協会専属のチームは、実に本邦最初のプロフェッショナルチームである」と宣言し、「技倆、人格ともに、大学チーム以上の、日本野球界の指南車となり、来日チームと対等に戦える強チームを作る必要がある」と述べている[21]。

世間の関心を学生野球からプロ野球に振り向けるには何より強くないといけない。優れた技量が求められたのは当然だが、河野らはあわせて人格や学力も重視した。募集要項には「学歴　中等教育を受けたるもの」が要件の一つとして記されていた。野球の弊害批判は表向き鎮静化していたが、学業不振などを問題視する風潮が消えたわけではなかった。また当時の野球界は大学野球界がリードしていたから、ある程度の学歴がないと軽く見られるという思いもあったのだろう。給与は見習選手で月一五円、本選手の初任給は、学歴、人格、技量、年齢等を斟酌して月五〇〜一〇〇円。成績により昇給、賞与もあった。[22]

選手募集には約二〇〇人の応募があった。[23] ただし学生球界で名の知れた選手の応募はなかった。海の物とも山の物ともつかない日本初のプロ野球を見る世間の目は冷ややかだった。野球を職業にすることへの蔑視や忌避感も強かった。のちのことだが、早大野球部出身で大連満州倶楽部の選手として一九二七年の第一回全日本都市対抗野球大会で優勝した芥田《あくた》武夫（旧姓・氷室）は、同年春の卒業時に河野から勧誘されたが、「全くその気がなかったので」断ったという。[24] 協会チームの九年の歴史で大卒選手は、一九二八年に加入した早大野球部出身の原口清松（投手）ただ一人である。

河野らは書類と面接、実技の選考を経て一四人を採用したが、ほとんど無名の若者だった。[25]

投手　山本栄一郎（19歳。島根商業、三菱倉庫）、篠崎勉（22歳。栃木・下野中学中退、根室銀行）
捕手　片岡勝（16歳。大連商業中退）
一塁手　原山芳三郎（22歳。横浜英語学校、長野・安茂里小学校教員）
二塁手　大井手東繁（19歳。佐世保中学）
三塁手　清水鷹治郎（22歳。長野・野沢中学、小学校教員）

遊撃手　小玉与太郎（17歳。山形県出身、東京電気）
外野手　大賀六郎（18歳。姫路中学中退）、御所名映二（18歳。天王寺中学）、小沢寛（16歳。静岡県出身、大連満鉄）、中沢薫治（27歳。秋田・大舘中学、京浜電鉄、マネジャー兼任）、矢田真太郎（18歳。東京物理学校）、奥村融（17歳。横浜商業付属補習学校）、黒田正平（14歳。東京市出身）

このなかで掘り出し物と言われたのは山本栄一郎だ。島根商業から神戸の三菱倉庫に就職。そこで神戸球界の元老格の加藤吉兵衛に出会う[26]。横浜商業、早大で河野の後輩に当たる人物で、山本は加藤の紹介で応募した。河野の長男の通さんによれば、実技試験でその実力を確信した河野らは「これはめっけ物だ」と喜んだという。山本は初代主将で投打の中心を担う。協会を離れた後は、満州の大連実業野球団で活躍したほか、正力の作る巨人の創設メンバーにも名を残す。

もう一人注目したいのは、のちに河野が名古屋軍やイーグルスの総監督を務めるとき、片腕となる小玉与太郎である。小玉の次女の草場厚子さん（五九歳）はこう話す。

「祖父は山形の地主の息子でしたが、事業に失敗してしまい、父は親戚に預けられて肩身の狭い思いをしたようです。勉強ができたのに小学校を卒業すると東京へ出て働かざるを得なかった。そんなあるとき選手募集の広告を見て応募したと言ってました。野球経験はなかったはずです」

小玉は当時一七歳。幼いときに父親と離れ、一人で懸命に生きている若者だった。河野らが重視した技量や学歴には欠けていたが、選手としての素材のよさや知性、人格に優れたものを感じ、評価したのだろう。小玉は河野らの期待に応え、貴重な戦力として育って行く。

●合宿生活

採用された選手のうち地方出身者は、芝の増上寺の前にあった押川清の家に身を寄せ、球場付設のクラブハウスが完成すると、他の選手とともにその二階に居を移し、合宿生活に入った。

合宿生活は厳しく規律正しいものだった。午前中は九時から一一時まで自習（読書必須）、午後は一時から四時まで練習、夜は八時から九時（または一〇時）まで講義、となっていた。(27) 練習は河野ら首脳陣が主導したが、投手、打撃、走塁、守備などにそれぞれ専任のコーチがついた。たとえば中沢不二雄は走塁を指導した。「教えるほうも、習うほうもまことに熱心であった」とのちに回想している。(28) 早大野球部の後輩の市岡忠男などもコーチについた。

読書や講義に多くの時間を割いたのは、学歴を補い、引退後の第二の人生も考えてのことであった。河野が野球理論のほか簿記や英語などを教え、さらに東京物理学校を出た矢田や小学校の教員だった原山、清水が数学や漢文などを教えることもあった。実現はしなかったが、将来的にはこの講義を「私塾にまで拡張し一般の希望者を収容する予定」であったようだ。(29)

日常生活のしつけや礼儀作法にも厳しく、記録係、衛生係、秩序係、警備係、応対係などを選手が交代で分担し、日誌の作成や掃除、戸締り・火の用心から来客の取次・応対まで一人一人が責任をもって行うようにした。河野の長男の通さんによれば、「飲酒は厳禁で、入団するときに誓約書を書かされた。選手が外出する際には許可が必要で、袴《はかま》に鳥打帽《とりうちぼう》の着用が決まりだった」という。早大野球部は安部磯雄の教えで飲酒禁止だった。それを踏襲したのだろう。

河野はこうした厳しい生活指導の理由についてこう述べている。

「些細なことも棒大に布《し》れたがる人の目は、鋭く監視して熄《や》まないものである。（中略）腕は第一に必要ではあるが、素行が修らねば、選手として真の価値は認め得られない」

世評の怖さは東京朝日の害毒批判で誰よりも河野が身に染みて知っていた。技量だけでなく人としてあるべき素養も身につけなければ、いつ世間の指弾を浴びるかわからない。それを恐れた。

厳しい生活指導なども含めた合宿生活は、結果的にかなりストイックなものになった。それは学生より学生らしい生真面目で面白味に欠ける野球につながり、社会人への良質なエンタテイメントの提供という自ら掲げたプロ野球の理想との矛盾を深めることになる。

2　「満鮮遠征」と孫孝俊の加入

●腕試しの大陸遠征

選手の育成に目途が立ったと判断した河野らは、腕試しに一九二二年六月二一日から七月二五日まで朝鮮、満州（関東州と満鉄付属地）へ大陸遠征を行う。初期には「満鮮遠征」、その後は「鮮満遠征」と呼ばれ、運動協会が解散する一九二九年まで毎年行われた遠征興行である。

日清戦争で台湾を獲得した日本は、日露戦争を経て朝鮮半島を支配下に置き、中国の遼東半島先端の関東州（大連や旅順などを含む地域）を租借し、植民地としたほか、長春（寛城子）以南の鉄道と付属地の利権を掌握した。また第一次大戦に参戦し、ドイツの極東における根拠地である青島を攻撃、山東省の権益を奪い、対華二十一カ条要求でこれを中国に認めさせた。

日本人は版図の拡大という国策に促され、それらの「新領土」へ続々と渡って行った。自らその尖兵を任じる者もいれば、国策など興味はなく（あるいは信じてもおらず）、組織の命令に従っただけの者もいただろうし、野心満々に一攫千金を夢見たり、経済的社会的成功の踏み台ととらえた者もいたはずだ。定住する気の人もいれば、そんな気などさらさらない人も少なくなかったに違いない。個々の思いはどうであれ、それが結局は国策に回収されたことは、そうやって多くの日本人が新領土に渡ることで、日本が植民地経営の基盤を整え、やがては満州全域を含む広大な植民地帝国を形成したことを見れば明らかだろう。

後で見るように、植民地の日本人は、遠く故郷を離れ、異郷に暮らす不安や寂しさから、無聊《ぶりょう》を慰めるために野球を持ち込み、好んでやるようになった。それを見て企業や官庁も労務管理や対外宣伝のために野球を奨励、利用するようになる。日本が朝鮮統治や満州経営を本格化させた一九一〇年代は、害毒論争が起きるほどに野球が中等学校へも普及した時期と重なる。このことが日本統治下の朝鮮、満州、台湾に野球が広がる一つの背景になっている。

河野らがこれらの地を腕試しに選んだのは、日本に比べてレベルは落ちるが、日本人の手で盛んに野球が行われ、対戦相手に困らなかったのと、娯楽が少ないため日本から来る野球チームは関心が高く、興行先として魅力があったからだ。一方で、もし国内を転戦して負けが込めば、日本初のプロ野球の名に傷がつく。レベルの落ちる大陸ならそのリスクも小さかった。

大陸遠征を提案したのは、おそらく押川清と橋戸信である。二人は一九一六年九月に天狗倶楽部の一行一三人が朝鮮、満州に遠征したときのメンバーで、大陸の野球事情に通じていた。天狗倶楽部の遠征は、天狗の先輩で、吉林と長春を結ぶ吉長鉄道の支配人だった内垣実衛《じつえい》の招待によるものだった。(30)長春の満鉄には京浜電鉄から転じた獅子内謹一郎もいた。天狗の遠征メンバーには橋戸信（大阪朝日）、飛田穂洲（報知新聞）、阿武《あぶ》天風《てんぷう》（冒険世界）など新聞、雑誌の関係者が多かった。内垣は満州と満州野球界の宣伝を期待したのだろう。その背景には植民地を実際に見てもらい、就職先、移住先として考えてほしい現地の統治機関や国策企業の思惑があった。

この目論見は当たった。天狗の遠征は話題となり、翌一七年七月には早大野球部が大学球界初の大陸遠征を行い、以後、他大学も続くようになった。それにつれて学生野球界の有名選手も続々と満州へ渡るようになる。天狗の遠征は、日本球界が満州に目を向ける先駆となった。

日本運動協会の第一回大陸遠征には、当初の採用メンバーから病気で二人（黒田、奥村）が抜け、新たに尾崎昇治郎（外野）が加わり、計一三人が参加した(31)。監督を務めた押川清は、勝敗は二の次で、試合慣れと実践を通じた練習成果の確認が遠征の目的であったと述べている(32)。

遠征の模様は、メンバーが雑誌に寄せた遠征記で詳細に知ることができる(33)。朝鮮の釜山を皮切りに大邱、京城、仁川、平壌と転戦したのち満州に入り、長春、奉天、撫順、大連の各都市で試合を重ねた。全一七試合を行い一二勝五敗。当時朝鮮で一番強いと言われた京城の龍山満鉄には二戦二勝（10-7、4-3）、遠征中最強とされた大連の大連実業野球団（大連実業）と大連満州倶楽部（大連満倶）に対してもそれぞれ一勝二敗（3-2、3-7、2-6）、一勝一敗（0-3、3-2。第三戦は雨天中止）と善戦した。満州の野球界については第3章で詳述する。

いずれにしろこの第一回大陸遠征は、無名選手ばかりの結成一年にも満たない新チームの腕試しとしては上々の結果であった。客の入りもよく興行的にも成功だった。

●名を知られた抗日運動家

メンバーの遠征記に個人の打撃成績が出ている。ひと際目を引くのが、清水に次ぐチーム二位の打率三割一分を記録した「孫」という選手だ。当初の遠征メンバーにはなかった名前だ。

実はこの人物こそが、本書の冒頭で紹介した「孫孝俊」という朝鮮人選手なのである。孫が協会チームに合流したのは、おそらく朝鮮を転戦し京城に入ったときで、初めて試合に出たのは六月二七日の龍山満鉄戦だった。この試合で孫は六回表の守りから御所名に代わって右翼に入っている。御所名は尾崎に代わって二塁にまわり、孫は尾崎が退いたあとの六番に座った。孫に打席がまわって来たのは七回裏。小玉の遊撃ゴロで一死後、孫は一、二塁間を破るヒットを放った。初打席初ヒットだ。これをセンターがエラーする間に孫は一気に三塁を陥れた(34)。

押川はその打撃を高く評価し、翌二八日の龍山満鉄戦に四番右翼で先発起用すると、以後、右翼の定位置を与え、打線の中軸を任せるようになる。遠征中一番の強敵であった大連の実業、満倶との対戦でも四番か五番を打たせた。孫孝俊とはいったい何者で、なぜチームに加わったのか。

一枚の写真がある。一九一四年四月八日、東学(天道教)の第三代教主である孫秉熙《ソンビョンヒ》の五三歳の誕生日にごく親しい一族縁戚の者が集まり、祝ったときのものだ。写真中央、小さな子ども二人を抱えるように座るあご鬚《ひげ》を伸ばした人物が孫秉熙だ。一九一九年三月一日に発生し、その後、朝鮮全土で激しい抗日独立闘争となった「三・一運動」で指導的役割を果たした人物である。民族代表三三人の連名で発表された独立宣言書の筆頭署名者としても知られる。

孫秉熙一族縁戚．前列右から２人目が孫孝俊（提供：孫春澤さん）

本書の冒頭で記した孫孝俊の身内にいた「名を知られた抗日運動家」とは、まさにこの孫秉熙のことで、この写真に孫孝俊も家族とともに写っている。前列右から二番目の少年が孫孝俊で、当時一三歳。朝鮮は早婚であったからすでに妻帯（金氏）しており、後列左から五番目がそうだ。父親は孫在鏞《ソンジェヨン》、母親は全鏞嬅《チョンヨンファ》。二人は、長男孝俊、次男禧俊《ヒジュン》、三男泰俊《テジュン》と三人の子どもを授かった。孫秉熙の前で赤ん坊を抱いているのが父在鏞で、赤ん坊は生後間もない禧俊。母全鏞嬅は後列左から二人目。三男泰俊はまだ生まれておらず、当時の孫孝俊の家族はこの写真にすべて写っている。

写真を提供してくれたのは、ソウルから南南東へ約一三〇km、高速バスで約一時間四〇分の忠清北道の道都清州市に暮らす孫《ソン》春澤《チュンテク》さん（五〇歳）。孫秉熙の直系の子孫だ。清州は一八六一年に生まれた孫秉熙の郷里で、生誕の地には生家が復元され、記念館が作られている。孫孝俊は一九〇一年九月二四日、この孫秉熙の家で生まれた。孫孝俊の甥（孫泰俊の長男）に当たる孫熙《ソンヒ》澤《テク》さん（七六歳）によれば、「伯父（孫孝俊）は四歳までその家にいて、一九〇五年にソウルへ移ったと聞いている」という。

孫孝俊はなぜ孫秉熙の家で生まれ、幼少期を過ごしたのか。少し長くなるが事情はこうだ。

万人平等を説いた東学は、李朝政府の統治原理である身分制度を脅かす存在として厳しい弾圧を受けた。一八九四年には地方官吏の虐政に反発して東学信徒の農民が武装蜂起(甲午農民戦争)。制圧に失敗した政府が清に援軍を要請すると日本も対抗して出兵、朝鮮支配をめぐる日清戦争に突入する。東学農民軍は政府軍と日本軍を相手に戦うが、日本軍の圧倒的な火力の前に鎮圧された[35]。

清の敗北で冊封《さくほう》体制から脱した朝鮮が国号を大韓帝国と改めた一八九七年、孫秉熙は第三代教主となるが、弾圧はさらに強まった[36]。日本の「近代」に圧倒されて以来、開化思想へ接近した孫秉熙は一九〇一年春に日本へ亡命[37]。多くの若者を日本へ留学させるとともに日本との同盟による祖国変革を構想する[38]。日露戦争では進歩会という組織まで作って日本に協力した。

だが進歩会は、親日団体の一進会に吸収され、韓日合邦を促す宣言書を発表して世論の反発を招く。批判の飛び火を恐れた孫秉熙は一九〇五年一二月、東学を天道教へと改称、一進会関係者を教団から追放した。祖国へ戻るのは翌一九〇六年一月下旬[39]。皮肉にも前年一一月の第二次日韓協約で大韓帝国が日本の保護国となり東学への弾圧がやんだ。それでかなった帰国だった。

以上のような経緯から、孫秉熙は一九〇一年春より一九〇六年一月下旬まで日本に亡命していた。孫熙澤さんによれば、「そのとき清州の留守宅の管理を任されたのが私の祖父母(孫在鏞夫妻)だった。伯父(孫孝俊)が清州で生まれて育ったのはそのため」という。

孫秉熙が留守宅を託すほどなら、孫在鏞は縁戚でもよほど近い関係なのかと思うが、実はそうではない。韓国で天道教関係者や密陽孫氏全国宗親会などの協力を得て二人の関係を調べたところ、孫在鏞から六代遡った長祖《チャンジョ》という人物が、孫秉熙から四代遡った命祖《ミョンジョ》という人物と兄弟であることがわかった。続柄は説明するのも難儀なほど遠い[40]。それでも孫在鏞は、あの写真のど真ん中に孫秉熙とともに写っている。その理由を孫熙澤さんはこう話す。

「祖父は縁戚のなかで図抜けて優秀だったようです。だから信頼を得て、側近として秘書のような役割を担った。そう聞いています。日本への亡命中に生家を託されたのもそのためでしょう」

日本から戻った孫秉熙は、人材育成と庶民啓蒙のために教育事業と出版事業に尽力した。廃校寸前だった普成学院を取得し、小学校、中学校、専門学校までそろえた私立学校を運営したほか、普書館や普成社などの出版印刷会社も経営した。孫熙澤さんは、「祖父は天道教の出版社で働いていた。月菴という号もあった」という。孫在鏞は普書館などで編集責任者の立場にあったようだ。また孫孝俊は孫秉熙の経営した普成専門学校(現・高麗大学)、弟の孫禧俊は米国人宣教師が作った延禧《ヨンヒ》専門学校(現・延世《ヨンセ》大学)に学んだという。いまの韓国で高麗、延世と言えば、ソウル大学(旧・京城帝国大学)と並ぶ名門であり、当時の朝鮮にあっては高等教育の象徴だった。

孫秉熙には五人の妻がいたが、三番目の妻朱鈺卿《チュオクギョン》が孫在鏞の次男禧俊を養子に迎え、孫秉熙の家の祭祀を行う奉祀孫としている。これもまた孫在鏞一家への厚い信頼を物語るものだろう。

三・一運動は、日清、日露の戦争を経て日韓併合で朝鮮半島を飲み込んで以来、強権的な武断統治を続けてきた日本に対する積もり積もった恨みや不満が噴出した民族の総反抗ともいえる独立運動だった。当時、朝鮮軍司令官だった宇都宮太郎は、その原因を「納得せざる婦女と無理に結婚せしが如く」強行した併合とその後の差別に求め、三月一日の日記にこう書いた[41]。

「今日鮮人の怨嗟動揺は自然の数なり。〔中略〕第一鮮人を馬鹿にし、社交上(殆《ほと》んど社交なく、殆んど没交渉也)にも、又《ま》た俸給や任用等にも極めて愚劣なる差別不公平を極めて無分別に現実し、上下平然として泰平の夢に酔ひつつあるが如き、誠に非常識の極みなり」

その怨嗟の奔出を日本政府や朝鮮総督府は武力で鎮圧した。孫秉熙は懲役三年の刑を受け西大門刑務所に収監された。獄中で病を得、重篤になった後に保釈され、一九二二年五月一九日に六二歳で亡くなった。『天道教』(天道教中央総部)には「獄中の拷問によって病にかかり」とある[42]。事実上の獄中死であったようだ。六月五日に東大門外の天道教本部で営まれた天道教葬は「王侯を凌ぐ程の盛儀」であったという[43]。

孫孝俊が朝鮮を転戦中の協会チームに合流し、初めて試合に出たのは、孫秉熙の葬儀からわずか三週間後の六月二七日のことだ。幼い頃から知る一族の偉人の死は、祖国を奪った日本の弾圧によるものであった。日本に対する感情がどのようなものであったかは容易に想像がつく。

なぜ孫孝俊は日本に渡り、日本初のプロ野球チームに加入したのだろう。

●愛国啓蒙運動と野球

日本が朝鮮を併呑する旧韓末から日韓併合前後の時代、朝鮮では武力による義兵闘争とともに、教育や産業の振興を通じて国権の回復をめざす愛国啓蒙運動が行われた。孫秉熙の教育事業や出版印刷事業がまさにそうだ。日本の軍事警察力の前に敗北するが、野球はそんな時代に朝鮮に伝わった。旧韓末を舞台にした二〇〇二年公開の韓国映画『爆裂野球団』(原題:YMCA野球団)は、皇城YMCAの野球チームがモデルで、メンバーに

宝塚運動協会時代の孫孝俊(提供:河野わか子さん)

抗日運動家がいるという設定になっている(44)。

一九〇九年夏、朝鮮の東京留学生が野球チームを組織して帰国した(45)。留学生の多くは、日本の侵略に強い反感を抱く一方で、日本の近代化に強く憧れてもいた。東京留学生で独立運動家の趙鏞殷《チョヨンウン》は愛国啓蒙の切なる思いをこう記した(46)。「ああ、わが二千万同胞よ。〔中略〕我が大韓帝国の独立を復することを欲するものは、願う、今は学に務めよ」――。複雑な感情に収まりをつけるには日本に学び、超えるしかなかった。彼らは日本が取り入れた西洋近代スポーツも学んだ。野球もその一つだった(47)。東京留学生チームはたびたび帰国し、皇城ＹＭＣＡを倒すなど朝鮮球界を刺激し、五星《オソン》学校、中央《チュンアン》学校、培材《ペジェ》学堂などに野球部が続々誕生する契機となった(48)。

もともと朝鮮の野球界は、皇城ＹＭＣＡをはじめ朝鮮人の方が組織だったチーム作りが早かった。日本人の間でも官庁や企業に野球チームはあったが、野球好きが集って練習したり、試合の真似事をする程度で、対外試合をするようなチームはなかった。内地に比べて学校が少なく、選手のなり手も限られる。野球を毛嫌いする雰囲気もあった。内地の弊害批判が影響したのだろう。

日本人社会で初めて対外試合をしたのは東洋協会専門学校京城分校だった。一九一二年夏のことで、相手は東京留学生と皇城ＹＭＣＡの連合チーム。二度対戦して一勝一敗だった。これに自信を得た連合チームは同年秋に日本遠征を行う。早大が旅費を支援したのは既述の通りだ。東洋協会は、日本の植民地政策を支援する民間団体で、前身は台湾協会。一九〇〇年に移植民者の養成教育を行う台湾協会学校（のち拓殖大学）を創設し、一九〇七年には東洋協会専門学校に名称変更、京城に分校を開いた。満州にも大連商業学校、奉天商業学校などを開校している(49)。

朝鮮のチームと初めて対戦したのが移植民者の養成学校だったというのは何とも意味深長である。日本の野球は朝鮮より三〇年以上も長い歴史があるのに朝鮮では劣勢だった。京城分校としては面白くなかったに違いない。野球を通じて統治民族の威厳を示すつもりだったのだろう。ところが一つしか勝てず、面目を失う。これが契機となり、日本人社会は野球振興に舵を切る。翌一九一三年には朝鮮銀行、総督府中学校(のち京城中学)などのチームが台頭したほか、朝鮮総督府鉄道局に龍山鉄道倶楽部が誕生、瞬く間に日本人チーム最強と言われるようになる。創設の立役者であり中心選手でもあったのは、早大野球部出身の投手、荻野喜代志。河野安通志の教え子だった。

この年、龍山鉄道倶楽部は、朝鮮人チーム最強の五星倶楽部と二度対戦して連勝した。ところが翌一四年一〇月一〇日、三度目の対戦では13−14で五星にサヨナラ負けを喫した。朝鮮人の観客約三〇〇人は狂喜乱舞した。憤懣やるかたない日本人の一部観客が、それを見て五星の選手に襲い掛かり、朝鮮人の観客と大乱闘になった。警察が動員され、事態は収拾したが、双方に負傷者を出す紛擾事件になった。朝鮮に野球が入って来た旧韓末以来、野球は抗日運動と不可分の関係で普及してきた。試合の勝敗は、民族の優劣、自尊心に直結していた。

●朝鮮で最初にホームランを打った男

一九一九年に三・一運動の激しい抵抗を目の当たりにした総督府は、武力による朝鮮支配の限界を悟り、武断政治から文化政治への転換をはかった。軍の憲兵に警察を兼務させる憲兵警察制度を廃止したほか、新聞紙法や出版法の運用を緩和し、言論・出版の自由を拡大した。このため朝鮮語による新聞や雑誌が数多く刊行されるようになった。『朝鮮日報』や『東亜日報』などもこのとき創刊されている。朝鮮人の不満をやわらげ、内鮮融和を進めるのが狙いであったが、前提となったのは朝鮮の日本化であり、朝鮮人の日本人への同化だった。内鮮融和に差し障りがあると判断すれば、総督府は容赦のない言論弾圧を加えた。『東亜日報』は一九二〇年四月の創刊から一九四〇年八月の強制廃刊までの二〇年間に無期停刊処分四回、発売頒布禁止六三〇回、押収四八九回、削除二四二三回、また『朝鮮日報』は創刊後三カ月足らずの間に三〇回に及ぶ差押処分を受けている(50)。

朝鮮の知識人や独立運動家は、三・一運動の挫折を通じて、朝鮮の独立を求める声に国際社会が耳を傾けなかったのは民族として力がないからだと考え、日本の文化政治への転換を機に、まずは実力を養い、独立は漸次的にめざそうという実力養成運動を展開するようになる。三・一運動を主導し、厳しい弾圧と監視を受けた天道教も実力養成のための「新文化運動」に新たな活路を求めた。よく知られているのは、出版文化運動、子ども運動、女性運動などだ(51)。

出版文化運動では、たとえば韓国初の総合雑誌である月刊『開闢』を創刊した。誌面を通じて社会評論や文学活動などを幅広く展開し、朝鮮近代の思想的先導役を果たしたとされる雑誌だ。東京留学生で三・一運動の引き金になった二・八独立宣言を起草した李光洙《イ グァンス》が、「民族改造論」を発表し、批判を浴びたのもこの雑誌だ(52)。孫孝俊が協会チームに加入した後に打撃論を寄せたりもしている。一九二六年に発行禁止になるまで発売禁止三四回のほか、数多の削除、罰金、停刊などの弾圧を受けた。天道教は『開闢』の発禁後も『別乾坤』『彗星』『衆声』『新女性』など多様な雑誌を次々に発行し、民族自立と自己変革を促す啓蒙活動を続けた。

子ども運動や女性運動はかの地の人権運動の先駆である。子ども運動に関していえば、それまで「アイ」や「オリンゴッ」(幼いやつ)と呼ばれていた子どもの人格を認めて尊重するため「オリニ」(幼い人、子ども)という言葉を作った方定煥《パンジョンファン》が、その先導役を果たした。方定煥は孫秉熙の娘婿で、孫秉熙の誕生日の集合写真にも写っている(前列左から二人目)。

天道教は新文化運動の一環としてスポーツにも力を入れた。主役は青年会体育部の野球団で、孫孝俊はその中心選手だった。活動を後押ししたのは一九二〇年七月に創設された朝鮮体育会だ。前年二月に朝鮮在住の日本人が朝鮮体育協会を設立したのに刺激を受けて作られた朝鮮人によるスポーツ振興団体で、スポーツを民族崛起の手段とする実力養成運動を担った。野球人が主導して結成されたことから野球振興に熱心で、同年一一月には第一回全朝鮮野球大会を開催している。

天道教青年会チームは第一回大会から出場しているが、孫孝俊が協会チームに加入する一つのきっかけになったのは、翌二一年秋に行われた第二回大会での活躍ではなかったかと思う。一〇月三一日、青年会チームは一回戦で仁川漢勇団と対戦、9-8で勝つのだが、この試合で四番に座った孫孝俊は一回裏に二点本塁打を放っている。これは公式に記録された朝鮮初の本塁打とされている(53)。孫孝俊はこの一発で朝鮮野球界にその名を知らしめることになった。

●野球で祖国の力に

長く野球記者を務め、『韓国野球人名辞典』などの編纂でも知られる洪淳一《ホンスンイル》さん(七四歳)は、孫孝俊の日本運動協会チームへの加入の経緯をこう話す。

「孫孝俊は野球のうまい選手として当時の韓国（朝鮮）野球界では有名でした。芝浦協会を作った河野安通志が韓国で選手を探していて、その当時、早稲田の野球部にいた徐相国《ソサングク》という選手に誰かいないか尋ねた。二人は早稲田の先輩、後輩ですね。それで孫孝俊を紹介した。徐相国はもともと孫孝俊の父親と親交があった。それもあって話がうまくいったんでしょう」

徐相国は日本へ留学して中等教育を受け、一九二〇年四月に早大政治経済科に入学、二四年三月に同科を卒業している。朝鮮人で初めて早大野球部員になった人物で、レギュラー組が一九二一年三月下旬から七月下旬まで米国遠征を行ったとき、留守チームの一員として四月八日に芝浦球場で行われた極東大会予選の法大戦に五番センターで出場しているのが確認できる。(54)徐相国には抗日運動家の顔もあり、警察の監視対象になっていた。三・一運動の発生直後には吉野作造に招かれ、朝鮮の独立を切望し、到底日本には同化できないと主張している。(55)

徐が早大に入学したとき、すでに河野は大学を去っていたが、練習に顔を見せることはあったから、河野が安部の薫陶を受けた早大野球部の大先輩で、教養ある人物であることは知っていたはずだ。信頼できる人物と思ったからこそ、孫孝俊を紹介したのだろう。

では孫孝俊はなぜ河野の誘いに応じたのだろう。孫秉熙直系の孫春澤さんはこう推察する。

「あの時代、頭のいい人や運動のできる人はみんな日本へ行きました。野球先進国の日本で野球がしたかったんでしょう。イチロー選手が米国のメジャーリーグをめざしたのと同じですよ」

孫孝俊の甥の孫熙澤さんもこう話す。

「野球が上手だったから、レベルの高い日本でやりたかったんだと思いますね。それにお金も韓国（朝鮮)よりたくさんもらえました。家族も助かったと聞いています」

孫孝俊は日本へ来てしばらくして一人娘の慶子《キョンジャ》を授かっている。協会チームの給料が朝鮮よりよかったのは間違いない。より高いレベルで野球がしたかったのもその通りだろう。だがそれだけではなかったはずだ。孫孝俊は、実力養成運動に力を入れていた天道教青年会チームの中心選手だった。彼が協会チームに入った一番の理由は、やはり日本野球界の重鎮の一人である河野のもとで先進の日本の野球を学び、それを祖国の野球界に還元することで朝鮮民族崛起の一助になりたいと切望したからではなかったか。一族の偉人を死に追いやった日本へ渡り、長くプロ野球選手を続けることになった、それこそが最大の理由であったと思う。

河野が初めて孫孝俊に会ったのは、おそらく一九二二年春だ。河野はこの春に二度、遠征興行の交渉のため京城と大連を訪ねている(56)。孫孝俊とはその二度の機会に面談や実技試験などを行い、採用を決めたと思われる。孫孝俊が何者であるかは当然調べたはずだ。そのうえで実力を評価して採用した。人道主義者であった安部磯雄の教えの影響もあったのではないか。

当初、遠征の交渉は難航した。朝鮮体育協会や満鉄にプロ野球への理解がなく、学生チームなら就職先の候補として考えてもらうため「修学旅行」の名目で招聘できるが、プロではそれが難しいと難色を示したからだ(57)。最終的に合意できたのは、河野の熱意と、日本初のプロ野球という物珍しさが異郷に暮らす日本人に新たな気慰みを提供してくれることを招聘側が期待した結果であったように思う。

河野らは同年五月五日の東京朝日の夕刊に「野球投捕手募集」の広告を出している。大陸遠征は連戦が続く。守りの要の投手と捕手が駒不足であったため、補強したかったのだろう。しかし期待した応募はなかったようだ。その点、孫孝俊はもともと捕手だった。加入後は強肩強打を買われ、ほとんど外野で起用されたが、マスクをかぶることもあった。その意味でも貴重な存在だった。

東京には一九二一年二月に天道教の支部が組織され、方定煥など旧知の者がいた。孫孝俊の日本行きを幾分か心安くしたはずだ。ただし天道教は厳しい監視対象だった。同年二月三日の東京朝日の朝刊は、同支部が「在京二千余の朝鮮留学生等に対して勧誘に務め居る由《よし》を探知せる警視庁特別高等係にては厳重調査をなし彼等を戒飭《かいちょく》」していると書いた。孫孝俊にも特高の刑事が張り付いて、遠征先にもしばしば現れ、様子をうかがうなどの嫌がらせをした。それでも長く日本に留まったのは、差別を許さない河野らの指導も大きかったようだ。河野の長男の通さんは言う。

「最初は朝鮮人に野球ができるのかとみんな馬鹿にしていたそうです。ところが孫さんは大変な実力者で、何より父や押川さんなどが差別をしなかった。それでみんな態度を改めたようです。孫さんはとにかくいい人でしたから、それもみんなの心を動かしたんじゃないですか」

韓国を代表する遊撃手だった河一《ハイル》さん（六九歳）は、孫孝俊の人柄についてこう話す。

「穏やかで、物腰の柔らかい方でした。野球人からとても尊敬されていました。グラウンドによく顔を見せて、やさしく見守っていた姿を思い出します。とても姿勢のいい美男子でした」

甥の孫熙澤さんも、「伯父はとても温和な人だった」と言う。

「それでいて勇気があって快活な好男子でもありました。とても義理堅い人で父（泰俊）に会いに来るときは、たばこ好きの父のために必ずたばこを一カートン手土産に買ってきてくれました。人とは仲良くしなさい、目上の人を大事にしなさい、よくそう言われたのを覚えています」

穏やかだが、勇気があって快活、人との交わりを好み、また大切にする――。そんな人物像が浮かぶ。その一方でこんな道化を演じて協会チームのメンバーの笑いを取る術も持ち合わせていた。一九二三年新春の奈良での冬合宿。原山芳三郎は一月一九日の日記にこう記している(58)。

「夜は雑談やハーモニカを吹いて無聊を偲ぶ、孫さんなんぞはハーモニカに合わせて奈良に於て考案になった臀《しり》振りダンスをして喝采を博す等近頃にない愉快な日を送る事が出来た」

人に好かれるタイプだったのだろう。これもまた日本で長く野球ができた理由と言えそうだ。

3　運命を変えた関東大震災

●一躍評価を高めた早大戦の惜敗

大陸遠征から帰った協会チームは、慰労休暇の後、一九二二年八月一一日から一七日間、野球部長の安部磯雄のはからいで早大二軍の軽井沢合宿に合流し、押川の監督のもと練習に励んだ(59)。

早大一軍は一九一九年暮れから監督を務める飛田穂洲が率いて北海道合宿を行っていた。二軍の面倒を押川に頼む代わりに合同合宿を安部が提案したのだろう。早大二軍には徐相国がいた。来日間もない孫孝俊にとって同胞野球人の存在は心強かったに違いない。軽井沢合宿で協会チームは早大二軍と五度対戦し、三勝二敗と勝ち越した。安部は協会チームの成長に目を細めるとともに選手たちの起臥《きが》行動に心から感嘆して、早大一軍が日本での最初の対戦相手になることを快諾した(60)。

試合は九月九、一〇日に芝浦球場で行われた。九日の初戦は日本初のプロチームと強豪早大との対戦とあって大変な人気を呼び、球場は満員の観衆で溢れた。入場料は一等一円、二等五〇銭。先発投手は早大が球史に残る名左腕の谷口五郎(のち岩瀬姓)、協会チームは山本栄一郎を立てた。両投手の好投で互いに譲らず迎えた延長一〇回表、早大が二死二塁から田中勝雄の左中間二塁打でもぎ取った一点を、その裏谷口が抑えて勝った。山本は散発七安打に抑えたが、チームは谷口の速球と縦に割れるカーブの前に手も足も出ず、三振二〇個を喫し、一本のヒットも打てなかった。協会チームの初陣は、延長一〇回、ノーヒットノーランでの惜敗だった。

孫孝俊は翌二三年五月、天道教の雑誌『開闢』(第三五号)に寄せた打撃論のなかで、谷口から喫した二〇個の三振を例に、速球と変化球の緩急に対応するにはそれを予測する頭脳と眼力が重要になる、と指摘している。孫はこの論考で、打席では体を動かさずに投球を待つ、選球眼を身につける、甘いコースのボールを狙って強く叩く、など九つの「打撃の心得」を披露している。

孫孝俊はその後も新聞に観戦記を寄せるなど運動記者としても高く評価された人物だった。たとえば一九二六年九月五日の『東亜日報』では、日本で当たり前の野手のバックアップが朝鮮の野球界ではなされていないなど連係プレーの成熟度が低いことを指摘している。プロ野球選手として日本で学んだことを祖国の若い野球人に還元しようと努めていたことがわかる(61)。

強豪早大と0-0で延長まで持ち込んだ協会チームの戦いぶりは、無名選手の寄せ集めチームの評価を一変させた。翌日の第二戦も4-0で早大が勝ち、協会チームは連敗したが、初戦の与えた衝撃は大きく、以後、興行的にも順調に対戦相手が決まる。年末までに横浜巨人、法友クラブ(法大OB)、広瀬大吉商店、スター倶楽部(早大系)、ダイヤモンド倶楽部(慶応系)、東京鉄道局、大毎野球団などと試合を重ねた。クラブチームの横浜巨人には中沢不二雄、広瀬大吉商店には小西得郎、ダイヤモンド倶楽部にはまだ神戸商業の学生だった浜崎真二がいた。

これらの対戦チームのなかで最も強かったのは大毎野球団である。一九二〇年春に大阪毎日新聞社の専属チームとして生まれ、二九年春に解散するまで実業野球界で日本最強と謳われた強豪チームだ。(62)新聞拡販のために試合をするセミプロで、創設以来、小野三千麿《みちまろ》、新田恭一など慶応色が強かったが、渡辺大陸《たいりく》、湯浅禎夫《よしお》などの加入で次第に明大色が加わった。

協会チームは一〇月末にこの大毎と対戦し、1-6で敗れた。強豪の早慶明と大毎野球団は、協会チームが越えなければならない大きな壁となる。ただし河野らの母校早大以外の大学は、プロ野球に対する蔑視感情から対戦を忌避したため、すぐには試合ができなかった。慶応や明治が試合に応じるようになるのは協会チームが宝塚に移転した二四年以降のことである。

なお河野らと日本運動協会を立ち上げた橋戸信は、この年の暮れに協会を去った。のちに雑誌『野球界』は「事、志と違うこと頻《しき》りにして、橋戸氏早く転じて安全地帯に逸し去」ったと書いている。(63)以後、協会チームは河野と押川の二人を中心に運営されていく。

●奇術の天勝野球団

協会チームは一九二三年の年が明けると、約一カ月、奈良の三笠山麓春日野グラウンドで冬合宿を行った。(64)帰京後の二月一一日、芝浦球場で稲門(早大OB)と対戦、3-1で下すと、三月下旬には同じく芝浦球場で早大と二試合行い、初戦は1-5で敗れたものの、第二戦は打線が爆発し、8-2で快勝、初めて早大に勝った(65)。五月には東北、北海道へ遠征し、東北遠征中の早大と五月二七日に仙台で再戦、3−1で接戦をものにしている(66)。三月に続く早大戦の連勝は大きな自信になった。

協会チームは六月一八日から七月一八日まで第二回大陸遠征に出ている。遠征中、最も注目を集めたのは、京城で行われた天勝野球団との対戦である。奇術の松旭斎天勝《しょうきょくさいてんかつ》一座がクラブ・実業野球の人気にあやかり、二一年初めに一座の宣伝のために作ったチームだ(67)。大毎野球団よりプロに近く、実際、世間はプロと見ていた。メンバーには鈴木関太郎(慶応)や山田義孝(立教)など大学野球の出身者が並んだ。世は大戦後の不況で就職難。高給で駆り集めたようだ(68)。

一番の大物は中沢不二雄。一六年に明大商科を卒業すると、大戦景気で活況の東洋汽船に入社、東西貿易を経て二一年には独立。当時は横浜市内で貿易雑貨商の金港商会を経営していた。次女の小出眞千代さん(七八歳)によれば、「金港商会ではスポーツ用品を扱っていた」という。中沢は自分の仕事があったわけだから、フルタイムでの参加ではなかったのだろう。

天勝野球団の名を一躍高めたのは、この年の三月に大毎野球団を3−2で破ったことだ。さらに、天勝は四月から六月下旬にかけて大陸遠征を行い、二一戦二〇勝一敗という驚異的な勝率を残した。大連の実業、満倶も倒した(69)。協会チームは六月二一、二四日の両日、京城の龍山満鉄グラウンドでこの難敵と対戦、一勝一敗で星を分けた(5−6、3−1)。主戦投手山本の肘の故障が響いた。協会チームはその後、朝鮮から満州へと転戦。大事な大連では、満倶に二勝一敗一分(0−2、8−5、5−5、7−5)と勝ち越したものの、実業には二戦二敗(3−6、0−12)で終わった。遠征の通算成績も一三試合六勝六敗一分と前年に比べ精彩を欠いた(70)。監督の押川は、不振の原因は山本の故障と選手の慢心にあったと述べている(71)。

大陸遠征から日本へ戻った協会チームは、そのまま九州を転戦、七月末に帰京した。しばらく休養した後、活動を再開、八月三〇日には芝浦球場で天勝野球団と決着をつけるべく第三戦に臨んだ。雑誌『野球界』は「日本に現在二つしかない職業野球団同士の、内地に於ける初顔合せは、〔中略〕相当の人気を集め、ファンは、両スタンドを埋めた」と書いた(72)。

野球を職業にすることを蔑む時代であったから、プロとみなされていた天勝との試合に多くのファンが詰めかけたのを見て、河野らは安堵し、将来への展望を明るくしたに違いない。試合は、協会チームが山本の好投とヒット七本ながら相手のミスをうまくついた効率のよい攻めで得点を重ね、5－1で快勝した。孫孝俊は、この記念すべきプロ同士の「決勝戦」で四番サードで出場し、五点目を叩き出す痛烈なセンター前ヒットを放っている(73)。

天勝との対戦は、選手や首脳陣に自信を与えたに違いないし、何より今後の協会の経営面を考えたとき、早大、稲門戦に並ぶ芝浦球場の人気カードになる可能性があった。そうなれば、世間の見る目も少しは変わり、大学球界からプロをめざす若者が一人、二人と出てきたかもしれない。

だが、すべての希望はこの試合からわずか二日後に起きた未曽有の惨禍で潰えてしまった。

●理不尽な芝浦球場の徴発

一九二三年九月一日午前一一時五八分、関東地方をマグニチュード七・九、最大震度七の巨大地震が襲った。関東大震災である。死者・行方不明者一〇万人以上、全壊全焼流出家屋二九万余に上り、電気、水道、道路、鉄道などのライフラインにも甚大な被害が出た。協会チームの原山芳三郎によれば、埋立地にあった芝浦球場は、「マウンド後方二米《メートル》位の処を幅三十センチ程の亀裂が東西に約百米位生じ、そこより地下水が猛烈ないきほひで噴き出し」ていた(74)。液状化が起きていたことがわかる。

関東大震災では九月二日から一一月一五日まで戒厳令が敷かれた。選手や首脳陣に震災による被害はなかったが、何よりの痛手となったのは芝浦の球場とクラブハウスが戒厳司令部配給班と東京市社会局に臨時徴発されてしまったことだ(75)。東海道以西への避難は船によるしかなく、芝浦は避難民輸送の拠点だった。物資供給の面でも芝浦は重要拠点となり、国の内外から続々と救援物資が運び込まれた(76)。芝浦の球場とクラブハウスは、その救援物資を配給するために戒厳司令部と東京市によって徴発され、司令部として使われたのだ。

河野の長男の通さんによれば、「運動協会は被災した人たちのために球場と合宿所を喜んで提供し、選手は協会の役員の家などにしばらく身を寄せた」という。しかし震災の惨状は目を覆うばかりで、すぐに野球ができるような状況では到底なかった。食糧事情も悪い。そこで河野らは、いったん協会チームの活動を休止し、選手は実家や故郷へ帰り、芝浦の球場とクラブハウスが使えるようになったら、また活動を再開することにした。選手が帰省したのは九月一二日(77)。孫孝俊も朝鮮の京城へ帰った。通さんは河野から聞いたというこんな話をしてくれた。

「捕手の片岡さんの故郷が大連で、京城まで孫さんと一緒に行ったんです。あのときはひどいデマが流れて朝鮮の人がたくさん殺されたでしょう。それで孫さんも朝鮮人とわかると危険だというんで、列車や船のなかではバレないように片岡さんがずいぶん気を遣ったようです。事件のことは朝鮮にも伝わっていて、京城の家に着いたときはご両親が泣いて喜んだそうです」

関東大震災では朝鮮人が暴動を起こすというデマが広範に流れ、自警団による「朝鮮人狩り」がいたるところで起きた。日本放送協会（ＮＨＫ）のスポーツアナウンサーとして活躍した志村正順《まさより》さん（通称・せいじゅん。※九〇歳）は、当時小学生だった。東京下町で竹槍を持った鉢巻き姿の殺気だった男たちが、見かけない人が通ると誰彼かまわず「ガギグゲゴと言ってみろ」と問い詰めている場面に遭遇し、「底知れぬ恐怖を感じた」という。

「朝鮮の人は鼻濁音がうまくできなくてね。それでやらせる。うまく言えないと、貴様できないのか！と言って、竹槍で突き刺して殺してしまうんです。狂気ですよ」

戦前は国民新聞の運動記者、戦後は日本経済新聞の運動部長を経てセ・リーグの事務局長を務めた金子家基さん（※九〇歳）も当時やはり小学生だったが、「朝鮮人が攻めてくるというので父親と一緒に日本刀を手にして襲撃に備えたのが忘れられない」と語る。鎌倉での話だ。

内務省が各地に送った「朝鮮人は各地に放火し、不逞《ふてい》の目的を遂行せん」としているという電報は、ありもしない朝鮮人暴動のデマを裏書きし、非常事態を煽った。そして流言を信じ、お墨付きを与えたのは、当時、警視庁官房主事の正力松太郎だった[78]。その正力は、芝浦が避難と物資供給の拠点と化すことを促した当事者でもあった。警視庁は震災直後に次の宣伝ビラを東京市中に配布している[79]。

「芝浦へ！！！芝浦へ！！！
　芝浦埋立地には、横川工場、高等工芸学校に約一万人の収容力あり
　尚《なお》、其《その》地より、関西方面に対し、毎日避難民に無賃軍艦輸送の便あり」

このビラで芝浦に避難民が押し寄せた。芝浦が避難と物資供給の拠点になった要因の一つであり、結果

的に協会チームが活動の拠り所をなくし、翌早春、芝浦を去る原因になった。河野らの未来への希望を打ち砕いたのが、のちに読売新聞社主として巨人を旗揚げし、「プロ野球の父」と呼ばれるようになる正力であったことは、歴史のめぐり合わせの残酷さと言うしかない。

●無念の解散

芝浦の球場とクラブハウスが臨時徴発されてひと月半ほどした一〇月半ば、河野らはそれらの返還の目途が立たないまま、こうしていても始まらないと考え、仙台での合宿を計画し、帰省した選手たちに「十一月一日仙台に集合せよ」と電報を打った(80)。

一一月一日、指定の宿に選手が続々到着した。震災前に新加入した投手の大貫賢もいた。荏原《えばら》中学を中退した一七歳だった。夜には押川も来た。翌二日には帰省先の大阪で野球の試合中にケガをした大賀六郎を除く残りの選手もやって来た。だが孫孝俊だけ現れない。そこでこの日改めて「デンミタカセンダイスグコイヘンマツ」と電報を打った。一週間後の九日の午前中、孫孝俊がはるばる朝鮮から仙台にやって来た。最初の電報は届かず、次の電報で仙台合宿を知り、急ぎ駆けつけたという。原山芳三郎は「孫君が五尺八寸の体をグラウンドにあらわした時は一段の賑かさがあった」と日記に書いた。翌一〇日には河野が合流。二六日にはケガの癒えた大賀も加わった。

合宿は東北体育協会グラウンドで一二月七日まで行われ、その間、函館太洋倶楽部や仙台鉄道管理局などと試合を行った。大貫は仙台鉄道戦で初登板を飾っている。孫孝俊は合宿終盤に三九度の大風邪をひいて寝込み、そのまま合宿を終えている。協会チームは、一二月八日に東京の戸塚球場で行った駿台(明大

OB)戦を最後に納会とし、選手は再び故郷へ帰った。芝浦の球場とクラブハウスは徴発されたままだったが、年明けには集合して練習を再開する予定だった。しかしこの駿台戦が、日本運動協会専属チームとしての最後の試合になった。

戒厳司令部の配給業務は、一一月一五日の戒厳令の解除後、内務省と東京市に引き継がれ、球場とクラブハウスの徴発もそのまま続いた。球場はその姿を無残なものに変えた。柵が外され、スタンドが取り壊され、グラウンドには割栗、砂礫が埋められた。たちまちバラックが建ち並び、倉庫になった(81)。河野らは野球シーズンの開幕を考え、一九二四年一月末までに球場とクラブハウスを返還するように内務省と東京市に求めていた。そのために何度も足を運んだが、呆れるばかりの図々しさで居座り続け、梃《てこ》でも動かなかった(82)。返還の意志がないことは明らかだった。

ここに至り河野らは、芝浦の土地の借地権がまだ一年以上残っていたにもかかわらず、日本運動協会の解散を決め、同年一月二三日、東京運動記者倶楽部所属の記者たちを招いて、その旨報告した。河野は目に涙をためながら、協会設立すでに三年、選手もようやく世間から認められてきたとしたうえで、経営の行き詰まりについて、こう無念の思いを語った(83)。

「損失に損失を重ね、今後の目先きがつきかねる次第となりました。無理をすればマダ二年位は継続出来ると思いますが、見込のない事業を継続して多数の株主諸君、及び選手に迷惑をかけることは、私共として忍び難いことなので、茲《ここ》に涙をふるって解散と決した次第です」

解散の理由として河野は、経営状態の悪化だけをあげ、徴発されたままの球場とクラブハウスの返還問題については一切触れていない。経営的には何と言っても職業野球蔑視の風潮で早大、稲門、大毎、天勝くらいしか客の呼べる魅力的な対戦が組めなかったのが痛かった。

注目すべきは迷惑をかけられない相手として選手とともに株主をあげている点だ。実は日本運動協会の役員のなかに、解散に反対するだけでなく、河野らを横領があったとして告訴し、協会から追い出し、自分のものにしようとする者があった。そのために人を使って株主総会の妨害まではかった。経営状態や本拠地の返還問題のほかにもやっかいな問題を抱えていたのである。[84]

腕試しの大陸遠征から一年半。その間、日本運動協会専属野球チームは、一〇三試合を行い、六七勝二七敗九引き分けの記録を残して、ここにその第一幕を閉じた。

4 再 生

●宝塚で復活した協会チーム

協会チームの解散の報が伝わると、早大や天勝に勝つまでになったチームのあまりの短命を惜しみ、選手の前途を気にかける声が溢れた。[85] 八幡製鉄など対戦したチームから誘いのかかる選手もあった。[86] そうしたなかチームを丸ごと引き受けるといち早く手をあげたのが、かつて河野にプロ野球の可能性をたずねた小林一三だった。河野は当時を回想し、こう述べている。[87]

「いきなり小林さんから電報が来て、阪急で全部引き受けやうぢゃないか、君が監督で宝塚にやって来ないか、といふことである。私達も渡りに船と、宝塚に移った」

阪急は一九二二年七月に宝塚新温泉に宝塚運動場を開設していた。[88] 運動場内には約一万人収容可能な野球場（以下、宝塚球場）があった。[89] 阪急はこの宝塚球場の専属チームの創設を考えていた。[90] そんなとき協会チームが解散した。小林が救済に乗り出したのは、もともとプロ野球経営に関心があったのに加え、そうした経営戦略上の事情もあった。

もう一つ、小林一三と安部磯雄の関係もあったかもしれない。小林は以前から安部に私淑し、安部もまた小林を高く評価していた。大衆的な芸術や娯楽は「水商売」として貶められ、宝塚少女歌劇も「非芸術」「変態」などと言われた。小林はそんな差別や偏見に立ち向かった最初の実業家とされる。[91] そこに河野らの挑戦と重なるものを見たのか、安部は宝塚少女歌劇の熱烈なファンだった。[92] 安部は早大一軍との対戦を喜んで引き受けるなど河野らの力になってきた。小林に支援を頼んだ可能性は十分にあるだろう。あるいは安部の心中を小林が察したか。

小林は経営課の風間健治（のち後楽園販売部長）に引き受け交渉を一任した。震災で東海道の移動が困難であったため、風間は芝浦まで船を使った。[93] 河野は交渉で一つだけ条件を出した。それは学問も教えて人として陶冶する選手指導の継続だった。小林はこれを快諾した。[94]

協会チームが新生「宝塚運動協会」として設立されたのは一九二四年二月二五日。[95] 小林一三が社長、押川清が相談役、河野が監督になった。[96] チームは事実上、河野が一人で見た。押川は兄春浪が一四年一一月に没して後、押川家の家督を継いでおり、年単位で宝塚へ長期赴任するのは難しかった。このため月に一度宝塚を訪ね、選手の指導に当たった。

チーム救済の吉報を受けた選手たちが東京に集合し、宝塚へ向かったのは二月二六日。孫孝俊の姿もあった。[97] 阪急の傘下に移ったことで選手の給料は上がった。たとえば小玉与太郎の給料は、六五円が七五円になり、その後も毎年昇給して二九年の解散時には一二〇円になっていた(98)。当時の銀行の大卒初任給は七〇円。月給一二〇円は上等の部類だった。

●いわれなき中傷

選手たちは当初、宝塚球場のネット裏にあった二階建てのクラブハウスに入ったが、外野の後ろに合宿所が完成すると、そちらに転居した。河野も一九二八年春に家族を呼び寄せるまで選手たちと寝起きを共にした。河野が親子で宝塚に暮らしたのは一年半ほどで、長男の通さんには孫孝俊に遊んでもらった思い出が、また次女の波木井優子さんには家族で見た花火の記憶が鮮やかに残っている。

河野は芝浦時代にも増して「授業」に熱を入れた。のちに河野はこう述べている(99)。

「宝塚の六年間は午前中は学問(と云ふ程では無論ないが)の先生、午後は野球の先生であった。〔中略〕私は宝塚に私の私塾を持って居たと云ってもよい位で、あんなに愉快に、そしてあんなに理想的に青年を養成し得た事は、私の一生涯中忘れ得ざる所である」

河野は選手の生活指導にもそれまで以上に厳しい態度で臨んだ。宝塚には少女歌劇があり、緑色の袴をつけた宝塚音楽歌劇学校の生徒たちが群をなしていた。河野は、正月のおトソも許さない厳格さで、禁酒禁煙や外出時の袴の着用などを求めたという。そして口を酸っぱくしてこう言い続けた(100)。「日本で初めての職業野球というだけで、世間からは色目で見られる。それに場所が宝塚だ。行動には、くれぐれも気を遣ってくれ」——。選手も自覚し節度をもって生活した。

それでもチームはいわれのない中傷を受けた。たとえば飛田穂洲は、一九二六年春に協会チームが早大、稲門に連敗したとき、「少女歌劇の楽屋口から出入りして享楽をほしいままにし乍《なが》ら、強くなろうと思ってもそれは無理だ」と酷評した。(101) 楽屋口云々は事実ではなかったが、飛田は噂を真に受けて筆誅を加えた。のちに雑誌『野球界』はこう書いた。(102)

「協会軍を歌劇団に結付《むすびつ》けて色々の憶測を試むる岡焼連も多かったが、事実は之《これ》に反し、問題を起したのは他から訪れる選手で、協会選手は河野氏の引卒の下に学生らしき真面目な合宿生活を営んで何等過ちのなかったことは特筆大書するに足るであらう」

だが厳しい生活指導は、選手に息苦しさを与えたり、精神的な萎縮をもたらし、結果的にプレーに個性や伸びやかさを欠く原因にもなった。雑誌『運動界』は、「職業選手は皆、感じが良い。だから其《そ》の試合振りを見ても気持ちがよい。けれども元気が欠けて居る。丁度、一高チームから熱を引き去った様なものだ」と協会チームを評した。(103) 記事はさらに河野、押川の指導になるので早大に似ているが、「巧味がない」「名手がいない」とも述べ、華のない早大の劣化版という印象を語っている。学生野球より華がない野球に物足りなさを感じていたのだろう。

しかしそれは学生球界の有力選手を獲得できず、無名の選手を早慶に伍して戦えるまでに育て上げることこそが当面の目標であった河野らにしてみれば、あまりに酷な指摘でもあった。

●山本の退会と六代目菊五郎

宝塚に移転して初めて迎えた一九二四年シーズン。協会チームは五月に上京し、稲門(4-9)、早大(0-3)に加えて立教大学(2-0)とも対戦した。これは早大以外の主要大学との初めての対戦だった。雑誌

『運動界』は、この遠征で孫孝俊と小玉与太郎に注目し、攻守にわたり著しい成長を見せ、いまやチームの中堅をなしていると絶賛している。(104) 立大戦が契機となり一一月には再び東上、法政(17-11)、慶応(6-3)、明大(2-4)との初対戦も実現している。(105)

この年、協会チームは、春と秋の東京遠征の間に大陸遠征を行っている。三度目の大陸行で、河野が初めて監督として引率した。七月末から九月中旬までの四〇日間の旅程で、二六試合一九勝七敗。協会チームの実力をはかる定点観測地である大連では、大連実業に一勝二敗(8-4、4-6、0-12)、大連満倶には二勝一敗(1-8、7-1、1-0)と勝ち越した。(106)

大連満倶には天勝にいた中沢不二雄が加入していた。次女の小出眞千代さんによれば、「関東大震災で横浜の家も店も焼けてしまい、途方に暮れていたところへ満鉄から話があった」のだという。震災前に天勝は大陸遠征を行っており、大連満倶と試合をしたのが縁になったようだ。

また大連実業には協会チームの初陣を延長一〇回ノーヒットノーランで封じた早大の谷口五郎が新たに加わっていた。勤務先は両替商の仁来銭荘。この年大連実業にはもう一人、天才と言われた田部武雄が広陵中学から入っている。勤務先はやはり両替商の東華銭荘だった。(107)

協会チームは、第三回大陸遠征から帰国すると、しばらく休養した後、活動を再開するが、そこに山本栄一郎の姿はなかった。九月末で退会したのだ。後任の主将には清水鷹治郎が選ばれた。

山本は河野に退会を申し出たとき、「どうにも苦しくて居られません。あまりにも宗教的で酒も少しも飲めませんし、協会以外の野球選手が羨ましいのです」と泣きながら訴えたという。(108) あまりに禁欲的な合宿生活にもはや耐えられなかったのだ。山本は、歌舞伎の六代目尾上菊五郎の家で半年ほど世話になると、翌二五年春に大連へ渡り、大連実業の一員になる。

震災で東京の興行界は壊滅的な被害を受けた。映画や演劇、漫才などの世界でも関西へ拠点を移す動きが相次いだ(109)。菊五郎も下谷二長町の市村座が焼失、本拠地を失うと、震災の翌年二月に初めて宝塚の劇場に出演、三月は名古屋で公演し、四月にはまた宝塚で演じた(110)。

河野の次女の波木井優子さんによれば、「菊五郎さんは、そのとき宝塚球場で練習している協会チームを見て野球が好きになった。父や協会の選手が菊五郎一門に野球を教えた」という。

山本が菊五郎の家にやっかいになったのは、退会を申し出たとき「辞めてどうする」と河野に聞かれ、「次を決めて辞めるような卑怯なことはしません」と答えたため、河野が菊五郎に世話を頼んだからだ(111)。だがこのとき山本はすでに大連実業への入団を決めていた。遠征で何度も対戦した大連実業の主将安藤忍(明大野球部出身)から「困ったらいつでも来い」と言われたのを思い出し、手紙を出して話をまとめていたのだ(112)。山本はすぐに渡連するつもりでいたが、菊五郎から一門の野球チームのコーチを頼まれ、大連行を翌春まで延期したのである(113)。

宝塚で野球を覚えた菊五郎は周囲が呆れるほど夢中になったが、あるときピタリとやめてしまった。妻の寺島千代はその理由を「或る時、ある人から、六代目は売名の為に、野球の選手を可愛がっていると云われたのです。この一言で、急に厭気がさしてしまったようです」と述べている(114)。「この一言」を言ったのは、おそらく河野安通志である。波木井さんはこう証言する。

「菊五郎さんが六大学野球に菊五郎杯を出そうと思うんだが、と父に相談したんです。父は職業野球なら喜んでもらうけれど、学生野球が役者から優勝杯をもらうのはいかがなものかと反対した。プライドを傷付けられた菊五郎さんは怒ってしまい、それから二人はつき合いがなくなったようです」
六大学野球の創設は早慶戦が復活した一九二五年秋で、翌年には明治神宮球場もできて空前の六大学ブームが巻き起こる。菊五郎杯の話はちょうどその頃のことだ。河野は娯楽の対象になっている学生野球を改めるために協会チームを作った。しかし、一代の名優、六代目菊五郎の名を冠した優勝杯が贈られたら、六大学野球はますます娯楽性を帯びるに違いない――、そう考え、反対したようだ。そのとき野球ブームに便乗した売名行為云々の話も出たのだろう。

宝塚に移転後、選手の退会が相次いだ。雑誌『野球界』に掲載された一九二四年一一月現在の「宝塚運動協会選手略歴」を見ると、創立メンバー一四人のうち山本をはじめ大賀、御所名、小沢、中沢、矢田、奥村の七人がすでにチームを去っていたことがわかる。[115] 山本がそうであったように厳しい選手管理が理由の一つだったのではないか。宝塚移転後の募集で新たに加入した選手の名前もあるが、その後活躍した者は少ない。このことが新たな朝鮮人選手の獲得につながったのではないかと思う。

●新たに加入した朝鮮人選手

一九二五年春、協会チームは戦力補強のために新メンバーを四人加えた。一人は野原五郎。家庭の都合で慶応商工を中退、満州へ渡り、ハルビンの全哈爾浜《ハルビン》で二塁手だった選手だ。[116] 小玉与太郎がこの年一月に兵役で入営しており、その穴を埋めるための内野手の補強だった。

それから朝鮮人選手が新たに三人加わった。徽文《フィムン》高等普通学校の遊撃手だった鄭麟奎《チョンインギュ》、捕手だった金《キム》貞植《ジョンシク》、培材《ペジェ》高等普通学校の捕手だった咸龍華《ハムヨンファ》の三人だ。[117] 鄭麟奎はやはり小玉の穴埋め、金貞植と咸龍華は正捕手片岡勝の入営(一九二六年一月入営)を見越した補強だった。もっとも金貞植は、強肩強打俊足を買われ、右翼で起用される。中堅の大賀が昨秋チームを去っており、右翼の孫を中堅にまわして、最初から右翼で使うつもりだったのかもしれない。

河野が三人の朝鮮人選手の獲得に動いたのは、震災の直前に行われた一九二三年夏の第九回全国中等学校優勝野球大会で旋風を巻き起こした徽文の活躍が大きかったと思われる。

夏の全国中等学校優勝野球大会に朝鮮が参加したのは二一年の第七回大会から。この年満州とともに参加を認められ、二三年の第九回大会からは台湾も参加する。朝鮮の参加は内鮮融和の観点から、すでに第二回大会当時には計画されていたが、朝鮮総督府学務局は勝敗が対立感情を煽るのを恐れ認めなかった(118)。一四年に五星倶楽部と龍山鉄道倶楽部の試合で起きた紛擾事件などが念頭にあったのだろう。それが二一年になり許されたのは、三・一運動後の文化政治への転換で、総督府も朝鮮の参加が内鮮融和につながると考えるようになったからだ。

出場校は帝国日本の地図上に視覚的にマッピングされる。北海道の私や福岡の私と同じように、日本の一地方としての朝鮮の私、台湾の私、満州の私を意識付ける。全国中等学校優勝野球大会は、植民地の同化を促すとともに帝国の版図を可視化することで国策に付き従う「国民」の養成に一役買った。

第九回大会の朝鮮予選決勝は、二三年七月二七日、徽文と京城中学との間で行われた。徽文は旧韓末期に作られた朝鮮人経営の私立学校で、野球部の創設も早い古豪だ。一方、京城中学は朝鮮在住の日本人子弟のために朝鮮総督府が作った朝鮮一の官立名門校で、前年の第八回大会の朝鮮代表だった。強豪同士の対戦は注目を浴びたが、終わってみれば、10−1と徽文が圧勝した。大阪朝日新聞は徽文の勝利を「日鮮融和」の見地から歓迎した[119]。

徽文は選手全員が朝鮮人のチームだった。選手が朝鮮人だけの学校が朝鮮代表になったのは後にも先にも徽文だけである。このときの徽文には、のちに協会チームに加入する選手が三人もいた。前述の金貞植、鄭麟奎の二人と、もう一人、李鯨九《イギョング》という外野手が二七年春に加入している。

監督は朴錫胤《パクソギュン》。三高、東大と進み、二三年に朝鮮に帰国、徽文で教鞭をとるかたわら野球部の監督を務めた。三高野球部で活躍した左腕投手で、のちの満州国高官の古海《ふるみ》忠之や満鉄理事の折田有信らと一緒にプレーした[120]。徽文はその朴の指導で力をつけ、朝鮮代表の座を勝ち取った。

第九回全国中等学校優勝野球大会は、翌年から甲子園球場が会場になるため、鳴尾球場で行われる最後の大会になった。徽文は一回戦が抽選の結果不戦勝となり、八月一七日の二回戦から登場した。相手は東洋協会が設立した満州代表の大連商業。満州の野球界は日本人が自分たちのために育て、発展させたもので、中国人が野球をやることはほとんどなかった。大連商業も日本人のチームだった。試合は、徽文が一一安打と四つの四球に七盗塁の機動力をからめて9-4で勝ち、準々決勝に駒を進めた。粗削りだが、奔放な野球は見る者を魅了した。ただしこの試合で二安打三盗塁と活躍した捕手の金貞植が足を負傷し、次戦欠場になったのは痛かった。徽文は一八日の立命館中学との準々決勝に5-7で敗れ、大会を終えた。

徽文の火の出るような元気のいい野球は日本の野球関係者に鮮烈な印象を残した。大会後、ライバル紙の大阪毎日新聞が自社の大毎野球団のメンバーによる大会評を掲載しているが、揃って好チームとして名をあげたのが徽文で、選手では金貞植を激賞している[121]。

河野安通志はこの大会で審判を務め、大会後には大阪朝日新聞(一九二三年八月二一日)に総評を寄せている。大半は優勝した甲陽中学に割いており、徽文については一言も触れていないが、心を奪われた選手がいたであろうことは、のちに自身のチームに三人も獲得した事実を見れば明らかだろう。あえて触れなかったのは、まるで自分の見つけた宝物を誰にも知られたくなかったかのようだ。

二五年春に協会チームに入ったもう一人の朝鮮人選手の咸龍華は、培材の捕手兼主将として二四年夏の朝鮮地区予選決勝で京城中学と対戦、0-9で敗れている。培材は徽文と並ぶ私立の強豪で、七回終了までは4-3で勝っていた。ところが八回裏に逆転を許すと、九回表に突如、棄権を申し出て規定により0-9で敗者となった。試合放棄とは尋常ではない。何があったのか。

日本語新聞の朝鮮新聞は培材が選手の疲労を理由に棄権を申し出たとしているが、培材が「日本人に有利な審判に耐えかねた」とする説もある。[122] 昨夏の予選で徽文に敗れた京城中学にしてみれば、二年連続で朝鮮人チームに負けるのは耐え難い屈辱であったろう。一方で培材サイドは日本人の主催大会であるがゆえに最初から審判の判定に不信を抱いていた可能性がある。

真相は不明だが、培材の不信感を強く刺激するような判定があったのかもしれない。

●差別と親日批判

鄭麟奎、金貞植、咸龍華の三人が協会チームに加入したとき、雑誌『運動界』は、「新たに京城の徽文中学より一昨年鳴尾の全国中等学校の大会に出場せし折の遊撃手西松、捕手であった西村、培材中学より池田捕手を迎えて春の新陣容を堅め」と、まるで日本人が加入したように伝えた。[123]

鳴尾の大会の出場記録や朝鮮大会の予選の記録のほか、河野の長男通さんの手もとに残る資料などで

「西松」は鄭麟奎、「西村」は金貞植、「池田」は咸龍華だと確認できる。のちに加入する李鯨九には「中山」という名がつく。咸龍華だけは「池田龍三」というフルネームがあった。『運動界』は協会チームの提供した情報で記事を書いているはずだから、朝鮮人選手の日本名は明らかに河野の意向である。なぜ河野はそうしたのか。通さんはこう推察する。

「日本人には朝鮮の人への強い差別意識がありました。プロ野球はお客さん商売だから、朝鮮の選手が三人、四人となると、興行するのに具合がよくないと考えたのかもしれない。協会チームは関西で集客に苦労していたし、ずいぶん汚い弥次も浴びました。それを考えると朝鮮の選手を守る意味もあったかもしれませんね。朝鮮の人だとわかるとひどく弥次られたでしょうから」

一足先に加入していた孫孝俊も汚い弥次を浴びていたのだろう。河野はそれに心を痛めていた。だから新加入の朝鮮人選手には日本名を名乗らせた。あり得る話だ。しかしたとえそうであったとしても、また理屈の上で彼らが納得したとしても、朝鮮人としての自分の名前を隠し、日本人のふりをしないと試合に出られないというのはやはり恥辱であったに違いない。

孫孝俊に対する差別は河野や押川の指導でなくなったようだが、新加入の鄭麟奎らに対してどこまでそれが徹底していたかはわからない。『韓国野球史』には彼らが日本人の同僚選手から過酷な差別を受け苦しんだとある。(124) 宝塚に移った後、芝浦時代を知らない日本人選手が増えたが、指導は河野が一人で行っていた。目が行き届かなくなった可能性は十分にある。

また球場での差別的な弥次は抑えようもなかった。たとえば一九二五年の大陸遠征で朝鮮を転戦中の六月末、対龍山鉄道戦で協会チームの朝鮮人選手が打席に立ったとき、「しっかりやれ、相手はヨボだ」と弥次が飛んだ。[125]ヨボは朝鮮人に対する蔑称である。龍山とは二試合行い、孫、鄭、金の三人が二試合とも出場、5–0、5–4で連勝している。劣勢の腹立ちまぎれに飛び出した陋劣《ろうれつ》な弥次は、内鮮融和の内実がどのようなものであったか、よく示している。

協会チームの朝鮮人選手は祖国の同胞から親日派の批判も浴びた。三・一運動後の一九二〇年代半ば以降、サッカーやボクシングなどと違い、野球では日本人に勝てないことから、野球を親日派の象徴と見るような動きが現れた。『韓国野球史』は、そんな朝鮮の野球人にとっての野球を、不義密通の罪と罰に生きた女性を描いたナサニエル・ホーソーンの小説にたとえてこう書いた。「親日問題は日本の植民地統治下の朝鮮で宿命のようについて回った『緋文字』であった」と。徽文を鳴尾に導いた朴錫胤は、一九二四年に朝鮮の基督教青年会チームの一員としてハワイへ遠征したとき、現地の朝鮮独立運動家たちから浜辺に呼び出され、砂にナイフを突き立て、これで自決せよと強要されるほどの親日批判を受けている。[126]

朴錫胤は、総督府系の毎日申報の副社長などを経て満州国の外交官僚としてワルシャワ駐在満州帝国総領事を務めるなど、日本の植民地統治下で最高のエリート知識人として栄達の道を歩むが、戦後はその経歴が問われ、親日派の民族反逆者として北朝鮮で処刑されている。[127]

●不服従

三人の朝鮮人選手が加入した一九二五年は、協会チームの歴史のなかで最も強かったシーズンである。山本、大賀が去り、小玉が兵役で抜け、新主将の清水も病を得てシーズン当初を棒に振った。それでも強かったのは、エース大貫の奮闘と新戦力の金貞植らの活躍があったからだ。

1925 年，大陸遠征直前の宝塚運動協会．前列右から 2 人目金貞植．中列右から 3 人目孫孝俊．後列右から 2 人目咸龍華，4 人目河野安通志，5 人目押川清，左端が鄭麟奎（提供：河野わか子さん）

それを象徴するのは六月一六日から八月一八日まで約二カ月かけて行った朝鮮、満州、天津への長期遠征である。芝浦時代から数えると四回目となるこの大陸遠征で、協会チームは二六試合二五勝一敗という驚くべき成績を残した。鄭麟奎は清水に代わって三塁の定位置をつかんだ。清水は投手兼任で二塁へコンバートされ、野原、富塚一男と併用、二塁の大井手は小玉の抜けた遊撃に回った。大賀の抜けた中堅には右翼の孫孝俊がまわり、その後釜には金貞植が入った。選手の入れ替えにともない内外野の守備位置がシャッフルされた。咸龍華は外野の控えだった[128]。

協会チームは、自らの技量を確認する意味で大連の試合を重視したが、今回は大連満倶とのみ対戦し、二勝一敗（0‒4、4‒2、7‒2）と勝ち越した。大連実業との対戦がなかったのは、昨秋チームを去った山本栄一郎がこの春から実業でプレーしており、河野が対戦を嫌ったか、球界の長老の河野に配慮して実業が遠慮したのではないか。山本の大連での就職先は国際運輸。撫順炭鉱や大連港などの労働者を独占的に手配していた日本側の苦力調達機関だった。

一九二五年の秋以降で特筆すべきは、大毎野球団に初めて勝ったことと、朝鮮にこの年二度目の遠征を行ったことである。大毎とはそれまで一分四敗だったが、九月二三日に宝塚球場で行われた六度目の対戦で10-3と快勝、初勝利を上げた。続く第二、三戦は4-10、0-2で落とすが、初戦の勝利は球界に衝撃を与え、「東京の大学リーグ中の強チームとも甲乙なき腕前」と評価されるようになる[129]。大毎もその実力を認め、翌二六年から年一回の定期戦が始まった。

二度目の朝鮮遠征は一〇月下旬に行われた。九月に早大の招きで来日したシカゴ大学野球部が、日本で早大や協会チーム、大毎などと対戦した後、京城日報や朝鮮新聞社の招きで朝鮮まで足をのばすことになり、これに協会チームが帯同したのだ。協会チームは日本と朝鮮でシカゴ大学と四度対戦している。第一、二戦は一〇月一五、一九日に宝塚球場で行われ、6-7、5-8。第三、四戦は同月二三、二六日に朝鮮の京城運動場で行われ、6-9、4-7。四戦全敗だった[130]。

シカゴ大学は朝鮮で、同月二四日には在住日本人の全京城を14-4で破り、二八日には朝鮮人による全京城を11-2で退けている。この朝鮮人チームには協会チームの孫孝俊、鄭麟奎、金貞植、咸龍華の四人のほか、一九二七年に加わる李鯨九もいた。彼らが朝鮮球界屈指の実力者であったことがわかる。このチームの四番を務めたのは孫孝俊を河野に紹介した徐相国だった[131]。

京城運動場は、二五年一〇月、朝鮮総督府が皇太子裕仁の結婚記念事業として李朝時代の訓練院(練兵場)のあった場所(現在の東大門歴史文化公園)に建設したもので、総合競技場と野球場の二つからなっていた。協会チームが遠征する直前の同年一〇月一五日に開場式が行われ、朝鮮体育協会はそれに合わせて第一回朝鮮神宮競技大会を一五～一八日まで開催した[132]。総督府は国家神道を朝鮮に浸透させるため一九年七月に京城の南山に朝鮮神社を創建するが、これを二五年六月に朝鮮神宮へ改称し、一〇月一五日には鎮座祭が行われた。京城運動場の開場式や第一回朝鮮神宮競技大会の開催はその関連行事だった[133]。

川村湊『異郷の昭和文学』(岩波新書)によれば、日本人は植民地都市の真ん中に「駅、官公庁、軍事施設、そして神社」を作ったという[134]。日本人はそれらを使って植民地を統治した。京城運動場の完成から一年後の二六年一〇月には朝鮮王朝の王宮であった景福宮の前に朝鮮総督府の庁舎が竣工している。植民地の神社は精神的支配の象徴で、その数は終戦時に六六六(朝鮮八〇、台湾六八、満州三〇二、関東州一一、中華民国五〇、樺太一二七、南洋二七)を数えた[135]。

川村のあげた四つに何か一つ加えることが許されるなら、野球場をあげる。京城には京城運動場の京城球場、大連には大連満倶球場に大連実業球場、台北には圓山運動場の圓山球場……、日本の植民地都市の真ん中には必ず野球場があった。それは豪壮な総督府などの建築物や鉄道などと同様に日本が手にした近代の象徴であり、たんに植民地の日本人に娯楽を提供するだけでなく、植民地の人々に対して日本の先進性や優越性を示す文化的装置の役割も果たした。

朝鮮人の体育振興団体の朝鮮体育会は、第一回朝鮮神宮競技大会など朝鮮神宮の鎮座式関連行事にぶつける形で、一〇月一五～一七日、第六回全朝鮮野球大会を培材高等普通学校の校庭で行った。それは朝鮮の野球人による国家神道への不服従の表明だった。孫孝俊はこの大会に審判で招かれ、決勝戦(ソウルクラブ11-5大邱青年会)の球審を務めている[136]。孫孝俊は宝塚球場で行われた一五、一九日のシカゴ大学戦に出場しているので、一七日の決勝戦の審判のためだけに京城まで行ってとんぼ返りをしたことになる[137]。孫孝俊の祖国への思いが伝わる逸話だ。

●早慶戦の復活

協会チームがシカゴ大学と第二戦を戦った一九二五年一〇月一九日、東京の戸塚球場では一九年間途絶していた早慶戦が復活、その第一戦が行われ、11-0で早大が圧勝した。

早慶が対戦しない変形の早慶明三大学リーグが始まったのは一九一四年。一七年に法政、二一年に立教が加わり五大学リーグとなったが、変則的なリーグ運営の解消を求める声が強まり、頑なに早大との対戦を拒否していた慶応もやっとこれに応じ、早慶戦が復活。この年の秋には東大も加入したことから、変形リーグを脱した東京六大学リーグがついに発足した(138)。

翌二六年一〇月には明治神宮球場が竣工、同月二三日には球場開きで六大学選抜の紅白戦が奉納試合として行われた。このとき皇太子裕仁が台臨《たいりん》、野球奨励のためとして東宮杯(摂政杯)が下賜された(139)。弊害批判に晒されてきた野球界は、皇室の後ろ盾を得た思いだっただろう。菊五郎が六大学野球に菊五郎杯を提供したいと河野に相談したのは、この東宮杯の話を受けてのことだったと思われる。

早慶戦の復活と明治神宮球場の誕生は、六大学野球の人気を沸騰させ、中等野球の選手たちの憧れの的になった。有力選手が続々と入学するようになり、それがまた六大学の人気と実力を高め、有名選手は映画俳優並みのスターになっていく。それは河野が危惧した学生野球の変態化そのものであった。河野はそうした時代の奔流に抗い、孤独なプロ野球の闘いを愚直に続けた。

協会チームの大井手東繁は、シカゴ大学との対戦を控えたこの年の秋、大陸遠征の圧倒的な好成績で自信を得たのだろう、充実したプロ野球生活をこう書き残している(140)。

「秋晴れの日に汗して技を練る私等の生活は幸福そのものに等しい、全員併《あわ》して十九名、終日試合に接戦を演じ夕にその戦跡を語る合宿生活の楽しみ出来得るならば此生《この》活を一生涯続けて行きたい」

早慶戦の復活と都市対抗野球の誕生で空前の「野球狂時代」に突入する前夜のことであった。

5 斜陽

●不振

一九二六年一月九日、協会チームは小雪が舞う宝塚球場に早大を迎え、新年初試合を行った。1－4で敗れたこの試合で協会チームの捕手を務めたのは孫孝俊だった。創設以来、正捕手を務めた片岡勝が前年暮れに九州小倉の歩兵第十四連隊に入営するためチームを離れたからだ(141)。

河野の長男の通さんによれば、片岡は入営するとすぐに「河本《こうもと》大作から隊の野球部に入れと言われた」という。河本は一九二八年六月、関東軍が満州の直接占領を目論み、蔣介石の北伐で北京を追われた張作霖の乗る列車を奉天駅近くで爆破して殺害した「張作霖爆殺事件」の首謀者とされる人物だ。片岡の入隊当時は小倉歩兵第十四連隊の連隊長代理の任にあった。当時の小倉の連隊は気風の荒い札付き連隊で、不祥事が頻発していたらしい。野球好きの河本は気風改革に野球を用いた。各中隊に野球チームを作らせ、中隊対抗、大隊対抗の大会を開き、親睦融和をはかった。片岡は河本の命でチームに入ると、コーチも務めた。河本は二六年三月に大佐に昇進し、関東軍参謀として満州へ渡る(142)。張作霖爆殺は二年後のことだ。

河野は、片岡の抜けた穴を埋めるため、この春また朝鮮から白孝得《ベクヒョドゥク》という捕手を獲得している。昨秋、孫孝俊が球審を務めた第六回全朝鮮野球大会の決勝で敗れた大邱青年会の中心選手で、おそらく孫が声をかけたのだろう。新年最初の強豪早大との試合に孫孝俊を捕手で使ったということは、河野は当初、片岡の代わりは捕手が本職の咸龍華ではなく、孫を使うつもりだったのかもしれない。しかし春以降、正捕手には咸龍華を起用し、孫は中堅に戻った。その結果、レギュラー九人のうち、捕手咸龍華、三塁鄭麟奎、中堅孫孝俊、右翼金貞植と四人が朝鮮人の選手になった。白孝得は捕手の控えにまわった(143)。

協会チームは一九二六年四月に東上し、早大(0－4)、稲門(2－3)、立教(3－2)、東大(6－0)と対戦、二勝二敗の五分だったが、早大には完敗、稲門にも惜敗した(144)。飛田穂洲が「少女歌劇の楽屋口」云々と書いて協会チームを批判したのはこのときで、特に内外野の心細さとともに貧打を酷評した。この点については雑誌『運動界』も指摘していることだが、そんな貧打のチームにあって打撃を高く評価されたのが野原、尾崎、孫孝俊の三人で、特に孫は「大きな図体で守備に強く、打撃も図抜けて痛烈な当りをする。芝浦時代は体を持余《もてあま》してうろうろしていたが技量の進歩に伴って体の動きが速くなり堂々たる選手に数え得られる様になった」と絶賛されている。他の三人の朝鮮人選手は総じて打撃が粗かった(145)。それでも時折見せる快打は魅力で、特に鄭麟奎は稲門戦で四番を任されるなど河野が期待を寄せていたことがわかる。

東京から帰った協会チームは、四月下旬から五月上旬にかけて大毎との定期戦に臨んだ。4－3、1－2の一勝一敗で迎えた第三戦は、内外野が六失策を記録する守乱で0－6と落とした。雑誌『野球界』は、元来守備のチームがこのザマでは勝てっこないと突き放した(146)。

春先からの協会チームの不振の原因としては、①前年の大陸遠征(二五勝一敗)による慢心、②大貫の登板過多による故障や不調、③創設メンバーの入営離脱とベテラン化による緊張感の欠如、④芝浦時代を知らない選手の増加と朝鮮人選手の重用による一体感の喪失、などが可能性としては考えられるが、大貫の故障や不調以外は、資料や証言で裏付けられた話ではない。

ただし事実として一つ指摘できるのは、河野が期待していた鄭麟奎が、四月二五日の大毎との第一戦を最後に試合に出場した形跡がない、という点だ。この夏、朝鮮で行われた朝鮮人のクラブチームの試合には出ていることが確認できるので、故障による離脱は考えにくい。チームを去ったと考えるのが自然だろう。やはりチームにまとまりを欠くような何かがあったのではないか。

●孫孝俊の一時帰郷

協会チームは一九二六年夏も七月末から八月中旬まで大陸遠征を行った。遠征先は満州の大連だけで、朝鮮には秋に出かけている。大連では昨年対戦のなかった大連実業に連敗(1-2、1-2)、大連満倶とは一分二敗(1-2、1-1、1-2)だった。[147] 実業の山本栄一郎は松江連隊に入営中で、その姿はなかった。[148]
実満相手に一分四敗。この年以降、協会チームは大連でなかなか勝てなくなる。日本から戦力補強を重ねる実満両チームの実力がさらに強大になったからだ。それでもこの年の遠征は、僅差のロースコアを見ればわかるように、肩痛を抱えながら大貫がよく投げた。敗因は明らかに打線にあった。痛かったのは中軸を担う孫孝俊の不在である。何があったのか。
雑誌『運動界』は「超弩級《どきゅう》孫君が遠征前より病を得て遂に不参」と書いた。[149] これだけなら別に驚くこともないが、八月二三日に東亜日報が報じた「孫孝俊君帰京」の見出しの記事には「家庭の事情により宝塚協会を離任し二一日夜帰京した」とある。この時期、協会チームを離れて朝鮮に帰らなければならなかった「家庭の事情」とは何だったのだろう。

孫孝俊は祖国朝鮮に妻と幼子を残していた。それを考えたとき、同年六月に朝鮮で起きた「六・一〇万歳運動」の影響を考えないわけにはいかない。共産党が天道教や学生らと起こそうとした第二の三・一運動であったが、天道教の孫在基《ソンジェギ》宅でビラと檄文が発見されたことで発覚し、共産党員や天道教徒などが多数検挙された(150)。詩人の李《イ》相和《サンファ》が天道教の雑誌『開闢』（第七〇号、一九二六年六月号）に民族の抵抗詩「奪われた野に春は来るのか」を発表した頃のことだ(151)。

孫在基は孫秉煕の長兄の孫に当たり、孫秉煕の誕生日の写真にも写っている。孫孝俊の左隣にいるのがそうで、孫孝俊も幼い頃からよく知る人物だった。三・一運動に続いて再び天道教が事件に深く関与した以上、日本や朝鮮で天道教関係者への監視が厳しさを増したのは疑いようがない。孫孝俊はもちろん、朝鮮の妻子もそうであったはずだ。孫孝俊が家族を心配したのは当然のことで、病気は表向きの理由だったのではないか。朝鮮に帰った孫孝俊は、東亜日報主催の名門四クラブ対抗戦の審判を務めるなど朝鮮の野球界にかかわっていたようだが、妻子の身辺が心配したほどの状況になかったからだろう、晩秋の頃にはチームに復帰したと思われる。

暮れの大阪毎日新聞に「宝塚のローカル・カラーを現して面白いのは宝塚音楽学校に鮮人女生徒が二人ゐることと鮮人野球選手が四名住まってゐることである」との記事が載った(152)。二人の朝鮮人女性は、この春、宝塚音楽歌劇学校に一番と二番の成績で合格した朝鮮の金海公立普通学校出身の白星子《ベクソンジャ》、白春子《ベクチュンジャ》の従姉妹(153)。朝鮮人野球選手は、孫孝俊が不在であれば、金貞植、咸龍華、白孝得の三人のはずで、四人ということは孫孝俊が復帰したと考えるのが妥当だろう。

協会チームは、この年の一〇月中旬、朝鮮遠征を行ったが、夏の満州遠征同様に成績は振るわなかった。

殖産銀行に一つ勝っただけで、龍山鉄道との三試合は一分二敗に終わった。大貫が肩痛で満足に投げられず、年初来、不振を極めた打線は孫孝俊の不在でいっそう得点力が落ちた。不振に喘いだこの年、唯一と言ってもいい明るいニュースは、大貫に代わるエースとなる山口茂次が秋に新加入したことである。佐世保海軍工廠で同僚だった大井手の紹介だった(154)。

なお、この年の夏頃から協会チームに関する記事が激減する。チームの不振に加え、早慶戦の復活と六大学リーグの開始で野球界の関心がそちらへ移ってしまったのだ。翌二七年には全日本都市対抗野球大会も始まる。アマチュア野球界が全盛を迎えるなか、協会チームは存在感をなくしていく。

●深刻な投手不足

一九二七年の協会チームは、小玉与太郎が除隊となり復帰したほか、新たに朝鮮から李鯨九が加入した。李には「中山」という日本名がついた。一方で創設メンバーの原山芳三郎が結婚を機に退会、金貞植も祖国へ帰った。白孝得も出場機会を得られないままチームを去った。レギュラーで試合に出場した朝鮮人選手は、孫孝俊と咸龍華の二人で、李鯨九は外野の控えだった。

この年の最大のトピックは、四月の九、一〇、一七日の大毎との定期戦に二勝一敗(3-0、0-1、1-0)と勝ち越し、関西に覇を唱えたことである。立役者はエースの大貫。肩痛を抱えながらも縦に割れるカーブを効果的に使い、大毎打線を封じた(155)。それでも大毎側は「大貫級のピッチャーがもう二、三人いないと駄目だ」と大貫頼みの協会チームに厳しい評価を下した(156)。チームの状態は、この大毎との定期戦がピークだった。八月に恒例の大陸遠征を行っているが、格下チームには勝っても、大連の強豪には今年も苦しんだ。大連満倶に連敗（5-9、0-1）し、大連実業とは一勝二敗（4-2、3-4、4-5）に終わっている。[157]遠征では大貫が肩痛で投げられず、主に山口茂次が投げた。また遠征メンバーに孫孝俊の名前はあるが、出場した形跡はない。故障や体調不良でなければ、控え選手の育成機会と河野が考えたのだろう。

このときの大連満倶は、東京日日新聞がこの年創設し、八月上旬に神宮球場で開かれた第一回全日本都市対抗野球大会で優勝した日本一のチームだった。監督は中沢不二雄、四番は河野の勧誘を断り、早大から入ったばかりの芥田武夫だった。大連実業には兵役から帰った山本栄一郎が四番に座り、第二、三戦は先発で投げた。協会チームにとっては山本が退会して以来、初めての対戦だった。山本は三試合で一二打数五安打とよく打ったが、先発した二試合は協会チームも意地を見せ、それぞれ四点、三点を奪い、マウンドから引きずり降ろしている。協会チームはこの年一〇月と一二月に和歌山中学と三度対戦し、一分二敗（2-3、0-1、0-0）と一つも勝てなかった。相手のエースがのちに早稲田で活躍した小川正太郎であったとはいえ、プロの看板を掲げたチームとしては屈辱以外の何ものでもなかった。[158]

●丸山戦死

一九二八年のシーズンを前に中継ぎ投手の丸山守次郎が兵役で松本第五十連隊に入営した。震災前の芝浦時代に加入した丸山は、打撃のよさから外野でも起用される貴重な存在だった。また創設メンバーの大井手東繁と定位置をつかめなかった李鯨九が退会、ともに朝鮮の京城府庁に職を得た。二人は京城府の野球チームに迎えられ、大井手は遊撃、李は左翼のレギュラーになった。正捕手は一足先に退会した金貞植が務めており、レギュラー三人が元協会の選手だった。[159]

一方で片岡勝が除隊になり復帰した。河野は捕手の咸龍華を評価しており、片岡は大井手の抜けた三塁へコンバートされた。春には協会チームの歴史上唯一の大卒選手となる早大野球部出身の投手、原口清松が加入している。二二年の第八回全国中等学校優勝野球大会に満州代表の南満工業の投手として出場。(160)その後、早大に進み、野球部では藤本定義(のち巨人監督)の控えだった選手だ。

大貫の肩はすでに投げられる状態ではなかった。原口への期待は大きかったが、実は早大で肩を壊していた。河野はそれを承知で獲得し、当初はじっくり治して秋以降に使うつもりでいたようだ。ところが苦しい台所事情から早くも六月には試合で投げさせている。故障が癒えないまま投げ続けた原口は、結局、思うような投球ができず、十分な戦力になれなかった。(161)朝鮮から培材高普出身の韓基俊《ハンギジュン》という投手も加入したが、やはり活躍できないままチームを去っている。

そんな投手不足のチームに丸山戦死の悲報が届いたのは同年五月下旬のことだった。(162)

「宝塚協会野球選手の投手であった丸山守次郎君は本年一月松本第五十連隊へ入営後直に南満州守備として柳樹屯に赴き今回済南に出動して五月七日の済南城占領の際名誉の負傷をして済南病院で加療中であったが去る二十日午前一時ついに永眠した」

蔣介石の国民革命軍が北上し、満州軍閥の張作霖軍と衝突したとき、日本軍が居留民保護を口実に青島、済南に警備出兵、蔣介石軍と衝突、済南を完全占領した。丸山はこの済南事件(第二次山東出兵)で負傷、戦死した。致命傷は右胸部貫通銃創で、右腋窩動脈を損傷したため、済南の野戦病院で右上腕の切断手術を受けた。野球選手の命と頼む右腕を失くしたと知ったとき、「ああ、もう野球も出来ないかなあ」と丸山は思わず悲痛な嘆息を洩らしたという。この痛ましくも切ない逸話を伝えたのは、「地方球界美談集」

という『野球界』の特集で、丸山のそれには「天ッ晴軍人の亀鑑丸山選手——済南病院に於ける哀話」という見出しがついていた(163)。

記事は、いまわの際にありながら動かぬ右手を動かし武装を整えようとする姿に看護する者は暗涙を催し、これぞ帝国軍人の鑑と称えたとして、最後をこう結んだ。

「天下幾百万の好球児諸君よ。ともに丸山選手の忠死を悼まうではないか」

丸山守次郎の戦死追悼記念写真（提供：河野わか子さん）

〈一旦緩急アレハ義勇公ニ奉シ以テ天壌無窮ノ皇運ヲ扶翼スヘシ〉——。丸山の死を「美談」にして伝える記事から聞こえて来たのは、「忠死」を称える戦争の時代の足音だった。

なお東京ドーム敷地内にある戦没プロ野球選手を慰霊する「鎮魂の碑」に丸山の名前はない。「第二次世界大戦に出陣し、（中略）戦塵に散華した選手」（建立の趣旨）が慰霊対象で、大戦前の一九二九年に解散した協会チームの選手は、プロであったにもかかわらず、そもそも対象外なのだ。

●観衆寥々

一九二八年七月上旬、協会チームは大毎との定期戦に一勝二敗(3-5、7-5、0-5)と負け越した。雑誌『野球界』は、宝塚協会の現状は六大学のBクラスで、大貫クラスの投手がもう一人いないと大毎には勝てないと断じ、選手をやめた後も本社の阪急で働けるようにして、中等野球の有力選手が安心して加入できるようにすべきと提案している[164]。恒例の大陸遠征は、七月半ば過ぎから八月下旬にかけて行われ、二〇試合一四勝六敗。大事な大連での試合は、大連実業には連勝(4-3、5-2)したものの、大連満倶には連敗(4-9、0-2)した[165]。大連実業は八月の第二回全日本都市対抗野球大会に満州代表で出場して優勝。前年の大連満倶に続く大連二連覇のチーム。実業に連勝は大健闘だった。

大陸遠征から帰った協会チームは、休養後の九月上旬、東都遠征に出たが、六試合を戦い、一勝しかできなかった。雑誌『野球界』は、協会チームの不甲斐なさを投手力の弱さを中心に酷評。選手を可能な限り優遇し、将来を保証していい選手を補強すべきと重ねて提案している。非力な投手陣は誰の目にも明らかで、それは協会チームの世評にも直結していた。ファンの関心は薄れ、見に来る客もすっかり減った。頼みの綱であった早大戦でさえ客はまばらで、「観衆寥々《りょうりょう》」と形容されるほどうら寂しいものであった[166]。

都市対抗が創設されたことで、小学校から中等学校、大学、さらには卒業後も働きながら好きな野球が、安心して、しかも目標をもってやれる環境が生まれていた。この状況で先の保証のない協会チームが、大毎や早慶明に勝てる一流投手を補強するのは事実上、不可能だった。

九月の東都遠征に監督の河野は不在で、主将の清水が代わりに指揮を執った。河野は大阪毎日新聞の依頼でワールドシリーズの観戦記を書くため渡米していた。ヤンキースがカージナルスを四連勝で破り優勝したシリーズで、河野はレギュラーシーズン終盤の試合も数多く観戦している。河野は優勝の可能性がなくなったカブスが、まだ優勝の可能性のあるジャイアンツに勝ちを譲ることなく、正々堂々闘い、破ったことに感銘し、「亜米利加《アメリカ》の商売人は八百長をやらない。カッブスはジャイアンツを負かした。実に私は感心したのであります」と書いている(167)。

なお一九二八年限りで尾崎昇治郎、野原五郎、渡邊剣が退会した。三人は撫順の満鉄に入り、野球部で活躍した(168)。野原はのちに大連実業に転じ、一九三三年の第七回都市対抗に出場している。

6　解　散

●最後の大陸遠征

一九二九年の二月から三月にかけて関西四球団連盟による二回総当たりの春季試合が行われた。同連盟は昨秋、宝塚運動協会、大毎野球団、ダイヤモンド倶楽部、スター倶楽部の四チームで発足したもので、大毎が六戦全勝で優勝。協会チームは四勝二敗で二位だった(169)。

その大毎野球団が、この連盟戦の直後に突如、解散した。関西では無敵だったが、前年から不振が続いており、内部的にも主力選手がチームを去るなどきしみを生じていた。このため慶応の浜崎真二などを採用し、協会チームのようなプロ化を模索する動きもあったようだ(170)。

しかし一九二七年の金融恐慌以来、打ち続く大不況に加え、チームの杜撰《ずさん》な経理も発覚したことで大阪毎日は解散を決めた。浜崎真二によれば、直前まで大毎野球団は米国遠征の計画を進めており、この春満鉄入りが決まっていた浜崎も入社を先送りして参加する予定だったが、出発間際に「野球団の経理がめちゃくちゃ」なことが発覚し、即日解散になったという。(171)

大毎野球団は二〇年の創設以来、四〇一勝一二七敗一二分、勝率七割五分九厘という圧倒的な戦績を残して解散した。協会チームの大毎との対戦成績は、六勝一六敗一分だった。(172)

四月下旬、協会チームは朝鮮に遠征した。五試合行い三勝二敗。四月末に九州へ帰ると、そのまま九州を転戦、宝塚に戻ったのは五月の上旬だった。それから一カ月余り、河野と阪急首脳陣の間で大毎野球団の解散による影響を踏まえ、今後のことが話し合われた。阪急ではプロの看板を下ろして選手を大学出身の選手に置き換え、これを阪急社員にして大毎野球団のようなセミプロ方式でチーム運営することも検討されていたという。(173) 解散を前に大阪毎日はプロ化を、阪急はセミプロ化を模索していたことになる。

当時、プロ野球チームの運営には、選手二〇人として月給一人平均一〇〇円で年二万四〇〇〇円、賞与をその半分として計三万六〇〇〇円。これに用具代四〇〇〇円を加え、最低でも年間四万円必要との試算があり、実際、阪急は年間三万円ほど協会チームのために負担していた。(174) 不況もあり、結局、阪急の首脳陣は、協会チームの存続に見切りをつけた。六月下旬、河野は、「七月の大連遠征を最後にチームが解散することになった」と選手たちに伝えている。(175)

ここまで河野らを追い詰めたのは世間のプロ野球に対する差別意識だった。雑誌『野球界』は、運動を職業にするという意味では、学校の体操教師も庭球家(テニスプレーヤー)もゴルファーも柔剣道家も同じなのに「世人は何がゆえに職業選手を卑しむか」とその不合理を嘆いた。(176) 河野らは本来味方であるはずの野球人からも冷たい視線を浴び続けた。強豪チームのなかには協会チームの非力をあからさまに罵倒、侮蔑し、遮二無二立ち向かえば、「生意気千万」と嘲笑する者さえあった(177)。

山本、大貫が登板過多で潰れたのは、力のある二番手、三番手の投手を用意できなかったことによるが、よい投手ほど大学、社会人の強豪チームと獲得競争になる。本人が興味を示しても、周囲の野球人から「あんなところへ行くのか」と諭され、翻意するケースが多かったようだ。

将来への不安から選手の退会が相次ぎ、一九二八年秋の東都遠征の頃には選手のやる気に翳りが生じていた。雑誌『野球界』は「選手がその将来に対する生活不安や世人の職業選手蔑視の風潮やが、聽《やが》て選手の離散と無気力とを誘致し、次第に不振の勢を為し今日に至った」と書いた(178)。

宝塚運動協会最後の記念撮影．宝塚球場にて(提供：河野わか子さん)

協会チームは二九年七月九日から一七日まで大連遠征を行った。実業とは二勝一敗(6-3、1-4、1-0)、満倶とは一勝二敗(3-4、3-2、3-8)だった(179)。満倶の中沢不二雄は、こう書き残している(180)。

「最後の試合を、大連に決した河野監督は、歓迎会の席上、「芝浦から宝塚、吾等《われら》のチームを最も了解し、愛撫された此《こ》の大連の球界、満州遠征は吾等成長の糧であった。最後のゲーム、大連を措いて他になしと直感した」と述べられた。(中略)大連に於いて六戦三勝三敗、最後の試合に思い出を包んで十七日離連した彼等は、いつ迄もいつ迄も甲板に並んで埠頭を見入っていた。さみしそうに、なつかしそうに」

●選手のその後

協会チームの芝浦時代からの通算成績は、四六八試合三二二勝一三一敗一五分、勝率七割一分一厘。河野は解散に際してこう述べている(181)。

「協会が野球団体であると同時に精神団体であったことは、よし世間の人は認めてくれなくとも、自分は満足です。単なる野球団体ならば、解散と同時に消滅して何物も残らないであろうが、私共の団体は野球の団体としては消滅しても、精神の団体としては自然残在します」

害毒論で叩かれた河野は、娯楽化した学生野球を正すため、大衆の楽しみとしての野球の受け皿はプロが担うべきとして運動協会を創設したが、学生球界から有力選手を獲得できなかったことから、プロとしての良質のエンタテイメントの提供がかなわず、ひたすら無名選手の技量を鍛えるとともに、現役引退後も見据えた学歴の補塡としての人格教養の陶冶に集中せざるを得なかった。結局、協会チームは、河野自身が語ったように人格教養を備えた野球人を養成するための河野の私塾であったのだろう。解散の辞にはそれを誇りとした河野の思いが溢れている。

協会の解散後、河野は選手の再就職に奔走した。長男の通さんによれば、「片岡さんや大貫さん、小玉さんなどの主力選手は、阪急本社や系列の百貨店、ファミリーランドなどに就職が決まり、他の選手の就職先も父がすべて世話をした」という。河野が教えた簿記などが役に立った。

解散から一カ月余りたった九月九日、「宝塚ベースボールクラブ」というクラブチームが誕生した。雑誌『野球界』の記述によれば、メンバーは、［投手］大貫賢、原口清松、［捕手］片岡勝、［一塁］小林、堀、［二塁］川崎、本田、［三塁］富塚一男、［遊撃］小玉与太郎、［左翼］横沢四郎、［中堅］西村兄、西村弟、［右翼］藤井、［補欠］岡中、北本。(182) 小林は明大出身の小林次男（旧姓・横沢）。宝塚移転後の協会チームで一時控えの左腕投手だった。横沢四郎はその実弟。のちにプロ野球のセネタースに入った横沢三郎、七郎も小林の実弟である。小林の兄弟は横沢四兄弟と言われ球界では有名だった。

最後のエース山口茂次は、八月の第三回都市対抗に満州代表で出場する大連満倶のスカウトを受け、大会直前に合流、浜崎真二の控え投手で好救援、二度目の優勝に貢献している。(183)

小玉与太郎は、阪急百貨店に二年ほど勤めた後、野球部を創設した静岡島田の東海製紙に監督として招かれた。一九三一年頃のことだ。小玉の長女の福王美智子さん（七二歳）によれば、「東海製紙が野球部を作ったのは、時間を持て余すと若い工員がよくない遊びをするから、それを防ぐ目的があった」という。労務対策が理由であったようだ。小玉は尊敬する河野と同じやり方で指導し、大石綱（イーグルス）、鈴木秀雄（名古屋）、長持栄吉（戦後のセネタース）という三人のプロ野球選手を育て上げた。三六年に河野が名古屋軍の総監督になると、小玉はマネジャーとなり、以後、河野のプロ野球人生を陰で支え続けた。

最後まで協会チームに留まった朝鮮人選手は、孫孝俊と咸龍華の二人だった。孫孝俊は協会チーム解散後、朝鮮に帰り、徽文の野球部でコーチをしていたが、この年の暮れに京都の映画会社のマキノ・プロダクションから声がかかり、前述の小林次男、横沢四郎、大貫賢とともに就職し、俳優をしながら野球を続けることになる。詳しくは第3章で述べる。

咸龍華は朝鮮に帰り、総督府の逓信局に職を得て、同局チームで活躍した。金貞植や李鯨九もそうだが、帰国後も日本人のチームでプレーしたのは、給料のよさだけでなく、高いレベルの野球環境に身を置き、成長することが朝鮮球界への貢献につながると考えたからだろう。

一方で彼らを迎え入れる側にも理由があった。一九二七年に都市対抗が始まると、朝鮮の植民地統治にかかわる官庁や国策企業などは、統治の成果を示し、移植民や投資を促すために野球チームを強化するようになった。咸龍華らは協会チームで実力が証明済みの即戦力の助っ人だった。朝鮮人選手がチームにいることで朝鮮のチームとわかるし、内鮮融和のアピールにもなった。

さて、河野安通志はどうしたか。協会チームが解散になったとき、小林一三は宝塚音楽歌劇学校の監事の職を用意した。長男の通さんによれば、「おれは野球をやりに来たんだから、ほかのことはやらない」と言って断ったという。だが長女の波木井優子さんが河野から聞いた話は少し違う。

「良妻賢母を作る学校ならやるけれど、歌ったり踊ったりする学校の校長はやらない、そう言って断ったと聞いています。野球と芸能は違う、という意識が強かったんだと思います」

波木井さんは、菊五郎杯に河野が反対したのも、学生野球の娯楽化を心配しただけでなく、「野球と芸能を一緒にするなという差別的な意識があったのでは」と推察している。安部磯雄の薫陶を受け、早大講師を務めた河野も、芸能差別の長い歴史から自由ではなかったのかもしれない。

協会の解散から一カ月後の八月三〇日、河野は早大野球部の総務として迎えられ、母校に復帰することが発表された。(184) 総務は河野を迎えるために新設されたポストだった。監督は教え子でもあった市岡忠男。この人事が長く続く二人の確執を生むことになる。

第3章

満州の野球人になった孫孝俊

1929年，第3回全日本都市対抗野球大会に優勝した大連満倶(出典：小林完一編『満州倶楽部野球史』満鉄会，1969年10月)

1　孫孝俊のマキノ映画時代

●映画俳優になった孫孝俊

一九二九年暮れ、宝塚運動協会の解散後、祖国朝鮮に戻っていた孫孝俊のもとへ京都の映画会社マキノ・プロダクションから「俳優をしながらマキノの野球チームでプレーしないか」と声がかかった。

関東大震災後の二四年八月、牧野省三のマキノ映画は経営難から東亜キネマに吸収されるが、経営方針などをめぐり対立、翌二五年六月に牧野らが退社し、新たに京都に創立したのがマキノ・プロダクションだった。(1) 京都には震災後、松竹や日活も撮影所を移転していた。

協会の解散当時は六大学野球の絶頂期だった。人気のお株を取られたのが映画の常設館で、いくら宣伝しても朗《ほが》らかな日和と球場のどよめきには対抗できない。しかも世の中は金融恐慌から世界恐慌、昭和恐慌と続く不況の時代だ。不入りに喘ぐ映画館では、観客へのサービスで早慶戦の試合経過を伝えていたという。野球の人気を利用した苦肉の集客策だった。(2)

マキノ・プロは、野球人気に便乗して早速、『早慶戦時代』と『特急本塁打』という野球映画を二本作るなど新しいタイプの作品作りに乗り出していた。暗黒街を舞台にしたギャング映画のような作品もその一つで、見栄えのする、がたいのいいスポーツマンタイプの俳優が必要になった。そこで目をつけたのが阪急のファミリーランドに就職していた大貫賢と宝塚ベースボールクラブにいた横沢四郎で、二人は孫孝俊より一足先にマキノ・プロに入社していた。(3)

京都日出新聞の夕刊に「キネマ春秋」という映画のコーナーがある。二九年一二月一二日付夕刊の同コーナーに孫孝俊のマキノ・プロへの入社を示唆する記事が載った。

「野球選手大貫憲、横沢四郎両君が俳優としてマキノに入社したことは既報の通りであるが今回又々前明大選手小林次男君がマキノ工作所の十六ミリ映画制作部主任として入社、続いて宝塚協会の強打者某や、高松商業の某君等も俳優として入社のうはさ頻々《ひんぴん》――」

大貫はマキノ・プロでは本名の大貫賢ではなく大貫憲（または憲二）の芸名を名乗った。小林次男は横沢四郎の実兄、「宝塚協会の強打者某」とは言うまでもなく孫孝俊のことである。孫の入社はこの記事が出た直後であったようだ。同月二四日付の東亜日報に掲載された同紙記者李吉用《イギルヨン》に宛てた孫孝俊の手紙には、すでにマキノ・プロで映画の撮影に入っているとあるからだ。

「突然マキノ・プロに入社してすでに二つの映画を撮影中です。〔中略〕久しぶりに戻った故郷を再び去らなければならないのはとても辛いことです。野球界に対しては申し訳ないことですが、その代わりに映画という別の世界で贖罪を果たすつもりでいます。〔中略〕今年中に出る映画は「運命線上に躍る人々」と「総動員」で、新年早々、人気を博すだろうと信じられているようです。主演は明大にいた横沢と協会（宝塚）にいた大貫、そして私（孫）の三人で、皆新入社員であり、また皆球界選手です」

この手紙で孫孝俊は、朝鮮を去るのは辛いし、野球界に申し訳ないと述べている。それは日本で学んだ野球の技術を朝鮮野球界に還元することこそが朝鮮民族崛起のため自らに課した使命であり、野球界を離れることでそれがかなわなくなったと考えたからだろう。それでも映画界へ転じるからには、この新しい世界で何とか祖国へ報いたいと気持ちを切り替えている。

それにしても不思議なのは、孫孝俊がマキノ・プロの野球部について触れていないことだ。後述するようにマキノ・プロは当時、会社の宣伝や日活との定期戦などのために野球部の強化に力を入れており、孫孝俊や大貫賢らのスカウトには戦力補強の意味合いもあった。彼らはみな野球ができるからこそマキノ・プロの誘いにも応じたはずだ。なぜ孫孝俊は、そのことに触れなかったのだろう。協会チームでプロとして野球をやっていた孫孝俊から見れば、それは仕事の片手間にする趣味の野球であり、語るのが憚られたのかもしれない。元プロの矜持ではなかったか。

孫孝俊が手紙を送った李吉用は、一九三六年、ベルリン五輪のマラソン競技で優勝した孫基禎《ソンギジョン》の表彰式の写真から胸の日の丸を消した東亜日報の「日章旗抹消事件」で知られる人物だ。この事件で東亜日報は朝鮮総督府から九カ月の停刊処分を受け、李吉用は事実上、言論界から追放された。孫孝俊と李吉用は、協会チームの朝鮮遠征などを通じて以前から交流があった。たとえば一九二五年六月末に協会チームが大陸遠征で朝鮮を訪れた際、歓迎会の案内を書いたのは、当時、東亜日報を一時期離れ、朝鮮日報の記者をしていた李吉用である(4)。

年が明けた一九三〇年一月一三日付の京都日出新聞朝刊の「映画のページ」にマキノ現代劇部の三新人として横沢四郎、大貫賢とともに孫孝俊も紹介されている。芸名は孫孝雄。協会チームでは本名でプレーできたが、映画界では日本風の名前がつけられた。

「錚々《そうそう》たるスポーツマンで、蹴球、庭球、籃球《らんきゅう》〔バスケットボール〕、スケートなんでもやるが、特に野球に秀で、前宝塚協会の強打者として名高かった。一種の風格を帯びたその巨大な体軀は映画界の珍品と称して良くバンクロフト張りの暗黒街ものをやらせれば、恐らく天下一品だろう。身長五尺九寸二分、体重十九貫目、年齢二十六歳、第一回出演映画は「運命線上に躍る人々」、第二回出演映画は「総動員」――」

身長五尺九寸二分、体重一九貫目は、約一七九cm、約七一kg。孫孝俊は一九〇一年九月二四日生まれだから三〇年一月時点では二八歳だ。二六歳としたのは若々しさをイメージさせたいマキノ・プロの意向であったか。バンクロフトは、ギャング映画の嚆矢といわれる『暗黒街』(一九二七年)で主人公を演じたジョージ・バンクロフトのこと。孫孝俊はマキノ・プロで以下の六作品に出演しているが、実際、その巨体を生かした和製バンクロフト風の役どころが多かった。

・総動員(監督/川浪良太、一九三〇・二・一)
・運命線上に躍る人々(監督/久保為義、一九三〇・二・一四)
・学生三代記(「天保時代」監督/阪田重則、「明治時代」監督/マキノ正博、「昭和時代」監督/マキノ正博、一九三〇・四・一〇)
・悪に咲く華(監督/川浪良太、一九三〇・五・八)
・こんな奴を警戒しろ(監督/稲葉蛟児、一九三〇・一二・一二)
・泥だらけの天使(監督/マキノ正博、一九三一・三・二二)

映画『悪に咲く華』に出演した孫孝俊(出典:『マキノプロダクション』1930年5月号)

当時はまだ無声映画の時代であったから、役者の経験がなく、日本語のネイティブ話者ではない孫孝俊でもセリフの心配はなかったが、いくらカメラを回しても表情が作れないと監督から嘆かれたという。(5) たとえば主役を務めた『悪に咲く華』で孫孝俊は銀行強盗に明け暮れていた強悪なノッポの傳吉を演じた。警察に捕まったのを機に真人間になると決意し、獄を出た後、急ぎ妻のお六を訪ねるが、行方が知れない。そんなときかつての盗賊の親分にお六に会わせてやるから一度だけ盗みを手伝えと言われ、ある家に押し入るが、家人に騒がれ殺してしまう。その家人こそが探していた妻のお六だった——、そんな筋立ての映画だ。(6)

『キネマ旬報』の映画評は孫孝俊の演技をこう評した。(7)

「孫孝雄の傳吉はバンクロフトの役回りながら、此人《この》は豪快さが不足なので、こうした役で芽を出すには一寸《ちょっと》無理な様に思へる」

孫孝俊を知る人は、みな一様に温和でおとなしい人だったと証言している。役者としての経験不足もあるが、ならず者を演じるには地が優しすぎたのかもしれない。

●全京都で都市対抗に出場

孫孝俊は、普成専門学校(現・高麗大学)で高等教育を受け、プロ野球選手になり、朝鮮初の総合雑誌『開闢』に野球論を寄稿し、『東亜日報』に野球評や観戦記を寄せ、映画俳優にもなった。当時の朝鮮はもとより日本にあっても間違いなく時代のトップランナーの一人だった。

孫孝俊はマキノ・プロで映画俳優をやりながら野球部の選手としても活躍した。雑誌『野球界』は「映画人の野球」という記事で、時代の先端を行くスポーツとスクリーンは相性がよく、作品中にスポーツが織り込まれたり、スポーツマンから映画界に転じて成功している人もいるとして、マキノ・プロに入社した孫孝俊、大貫賢、横沢四郎、小林次男の名前をあげている。(8)

マキノ・プロが野球部を強化したのは、野球熱を背景に会社の宣伝に利用しようとしたほか、京都名物になっていた日活との定期戦にいっそう力を入れるようになったのが大きい。(9) 一九二九年夏、日活は五〇〇円の基金を作り、明大野球部出身の二出川《にでがわ》延明をコーチに迎え、野球部の活動を本格化させた。(10) マキノ・プロが孫孝俊らを入社させ、チームの強化に本腰を入れるようになったのは、日活のこの動きに刺激されてのことであったようだ。

映画界では他社も野球に力を入れており、三〇年には日活、マキノ・プロ、東亜キネマの三社で映画人野球連盟が組織され、リーグ戦が行われるようになった。秋には片岡千恵蔵プロダクションと帝国キネマも加わっている。雑誌『野球界』によれば、映画人の野球の試合は、スター俳優が生で見られるとあって女性ファンに大変な人気で、盛んに黄色い声援が飛んだという。(11)

孫孝俊らが加わったマキノ・プロの野球部は強かった。一九三〇年に行われた京都実業野球大会（京都実業野球連盟主催、京都日出新聞後援）の第九回、一〇回大会を連覇し、翌三一年の一一回大会は惜しくも準決勝でライバルの日活に敗れた。(12) 横沢は遊撃で一番、小林は中堅で二番、大貫は投手か一塁で五番、孫孝俊は捕手か左翼で三番か五番を打つことが多かった。

彼らの実力は京都球界にあっては抜きん出ていた。このため孫、大貫、小林、横沢の四人は、全京都のメンバーに選出され、三〇年の第四回全日本都市対抗野球大会に出場している。

都市対抗野球大会は、日本一を決める権威ある社会人野球の大会がないことに注目した東京日日新聞社が、一九二七年八月、都市対抗という形式で創設した大会だ。大会の実現に奔走したのは、かって河野らと日本運動協会を作った橋戸信。大学を卒業すると各地の実業大会でプレーするしか道がない六大学のスター選手に、もう一度中央の檜舞台を用意したいとの思いから、各地にスター選手を集めたクラブチームを編成し、神宮球場で日本一を争う方式を考案した[13]。

都市対抗は、小学、中学、大学、クラブ・実業団という野球界の構造と選手の供給ルートを確立させ、学生野球の選手に野球人としての卒業後の大きな目標を提供した。社会人野球の環境整備は、のちに正力松太郎の読売主導で創設されるプロ野球の大事な選手供給源をつくることにもつながるが、一方で「社会人野球を辞めてまでプロに入るつもりはない」というプロ入り拒否の理由にもなった。

主催の東京日日新聞は「健棒《けんぼう》の雄を揃えて　悠揚《ゆうよう》迫らぬ堅陣」の見出しで全京都チームを次のように分析、紹介している[14]。全京都は打撃のチームであり、孫、大貫、横沢らの当たりは「相手の投手を脅すに充分」。投手陣を担うのは「早慶戦復活時の竹内、宝塚に大きな足跡を残して今はマキノキネマの人気俳優になりすました大貫」の二人。竹内は京都の仏具屋の御曹司で早大で活躍した竹内愛一《よしかず》。守備では特に捕手登録の孫孝俊を取りあげ、「本塁を守る孫君は大貫君と共に宝塚で重きをなした人」と注目している。戦い方としては打撃のチームなので、相手を三、四点に抑え、五、六点取って勝つ展開に持ち込みたい、と。

三〇年八月七日、全京都は一回戦で長野市代表の長野保線倶楽部と対戦した。主催の東京日日新聞は、マキノ・プロの俳優陣の登場で、「洋装のモダンガールや、粋筋《いきすじ》の姐さんなど繚乱《りょうらん》花と咲いて〔中略〕、時々随所から女学生の一団がはなやかな声援をおくっ」たと書いている[15]。

狙い通り打線は九安打六点とよく打った。四番捕手で出場した孫孝俊は三打数二安打一四球二打点一盗塁と大活躍した。協会チームでプロ選手だったとはいえ、都市対抗のような球界中央の檜《ひのき》舞台での活躍はこれが初めてと言ってよかった。横沢は無安打に終わったが、小林が二安打、大貫も二安打を記録。マキノの三人でチームの全九安打のうち六安打を叩き出した。しかし先発の竹内が打たれすぎた。四回までに八失点。五回以降、大貫が球威不足を老獪《ろうかい》さで補い、一失点に抑えただけに惜しまれた。下馬評は全京都有利だったが、6-9で力尽きた。東京日日新聞は概評で、孫らの上位打線は凄いが、主力投手がこれでは勝機はつかめないとくさした(16)。

全京都は翌三一年の都市対抗(第五回大会)にも出場する。マキノ・プロからは孫孝俊と大貫賢の二人が二年連続で選ばれた。投手と捕手に若手を起用したことで、竹内は控え、大貫は一塁、孫孝俊は右翼にまわった。バッテリーが若いだけに前年以上に打線の援護がカギとされた。八月五日の一回戦で当たったのは神戸市代表の全神戸。若手投手が序盤に大量失点、打線は初回にあげた一点に抑え込まれ、1-7で完敗した。孫孝俊は三番右翼で出場し、三打数二安打一四球一盗塁と一人気を吐いた。大貫は一塁一番で出場したが無安打一四球に終わった。それでも雑誌『野球界』は、孫、大貫のプレーは「さすがに群を抜いていた」と称えた(17)。

なお三〇年の大会には元協会メンバーの片岡勝(全神戸)と山口茂次(大連満倶)、三一年の大会には片岡、山口に加え、山本栄一郎(高崎高陽倶楽部)の姿もあった。

●マキノ・プロ倒産

孫孝俊は、マキノ・プロに入社し、映画俳優をしながら会社の野球部でプレーすることになったとき、

「これから野球は仕事の片手間にやる趣味」と考えたのだと思う。だからこそ李吉用への手紙で朝鮮の野球界にもはや貢献できないことを申し訳なく思った。

ところがマキノ・プロの野球部でプレーを続けたことで社会人野球の最高峰の大会である都市対抗野球への道が開けた。この大会は朝鮮、台湾、満州からも代表が参加する。全京都のメンバーとして孫孝俊が出場することは当然祖国朝鮮にも伝わった。都市対抗には学生野球界で活躍したスター選手が数多く参加する。二年連続で一回戦で敗退したとはいえ、新たな経験、学びを得るまたとない機会になったはずだ。俳優稼業の片手間にやるはずだった趣味の野球は、孫孝俊を野球人としてさらに成長させてくれる、プロ野球の世界とはまた別の道に通じていた。年に一度の都市対抗野球大会に孫孝俊は野球人としての新たな希望を見出したに違いない。

だがそれは、マキノ・プロの倒産であえなく潰えてしまう。二九年七月二五日に牧野省三が亡くなり、三七万円の巨額の負債が残った。折からの不況で映画館の閉館が相次ぐなど逆風が追い討ちをかけた。翌三〇年八月には従業員への給料遅配が発生、一二月にはついに未払いとなり、従業員はストライキに突入。以後、労働争議は泥沼化し、マキノ家側は、翌年六月に新会社のマキノ映画会社を設立して再起を図るが、映画制作は行われないまま同年一〇月に解散した(18)。

給料の未払いが発生すると、泥船から逃げるように俳優やスタッフの退社が相次いだ。孫孝俊は三一年九月に朝鮮で行われた名門クラブ対抗戦に徽文クラブの一員として出場している。同年八月の都市対抗が終わった後、会社を辞め、故郷の朝鮮へ戻ったのだろう。

孫孝俊は朝鮮野球界とかかわりを持ちながら、職探しに奔走する。協会チームの仲間だった咸龍華や金貞植、李鯨九は朝鮮に帰り、総督府の逓信局や京城府庁に就職し、そこの野球チームの主力選手になった。孫孝俊はすでに三一歳になっていた。マキノ・プロで給料の未払いを経験し、安定した職場の有難みを身に染みて感じていたはずだ。給料がよく野球も盛んな逓信局や京城府庁、殖産銀行、京城電気、鉄道局などへの就職を希望していたのではないか。うまくすれば都市対抗への出場のチャンスもある。孫孝俊は友人知人などを頼りにずいぶん求職活動をしたようだ。

しかし当時は朝鮮も不況の真っ只中で深刻な就職難だった。だからこそ友人知人などの支援を期待したのだろうが、あまり力にはなってくれなかったらしい。毎日申報はこう書いた。[19]「孫君はどれだけ落胆し、周囲の無力ないし冷淡さを憤慨したことか。暖かいだろうと思い戻ってきた故郷をどう感じ、懐かしく迎えてくれると信じた知友をどう思うようになっただろう」と。温和な孫孝俊が憤慨したというのだからよほどのことだ。理由はわからない。野球人への親日批判が影響したのか、映画俳優をしながら都市対抗にも出場したことが嫉みでもかったのだろうか。

孫孝俊は鬱々としたなかで半年近く彷徨した。そんなある日、突然、新しい道が開けた。東亜日報は「奉天満鉄に就職」、毎日申報は「満鉄に就職し奉天に」と書いた。[20]記事にある奉天の満鉄は、満鉄本体の鉄道ではなく、子会社の南満州電気株式会社(以下、南満電気)のことである。二六年六月に満鉄の電力事業を分離、独立させた会社で、孫孝俊はこの南満電気の奉天支店に採用になった。奉天には満州球界でも強豪に数えられる奉天満倶があった。満鉄の奉天鉄道事務所傘下の社員を中心に満鉄系列の会社のメンバーも加えることで編成されていた。孫孝俊は南満電気の奉天支店に勤めながら奉天満倶でプレーすることになった。

奉天満倶には元協会メンバーの田村正夫と香川春幸が主力選手として活躍していた[21]。田村は大貫賢の後継者と期待されていた控え投手で打撃もよかった。香川は協会チーム終盤にレフトのポジションをつかんだ実力者だった。孫孝俊の境遇を知り、奉天満倶入りに力を貸したのだろう。満州にはほかにも撫順の満鉄に尾崎昇治郎、野原五郎、渡邊剣、大連の満鉄には都市対抗にも出場した山口茂次がいた。彼らの支援もあったかもしれない。

一九三二年三月八日夜、孫孝俊は京城駅発一〇時四〇分の列車で奉天へ向け北行した[22]。甥の孫熙澤さんは「伯父は家族と一緒に奉天へ行った。一人娘の慶子は八歳だった」という。前年九月の満州事変を経て、この年三月一日に「満州国」が建国されてから一週間後のことであった。

2　満州野球史

●満州野球の濫觴

孫孝俊の満州時代をお話しする前に満州の野球史を整理しておきたい。

満州の野球は満鉄(南満州鉄道株式会社)と不可分の関係で始まり、広まった。日露戦争に勝利した日本は、一九〇五年九月のポーツマス条約で遼東半島の関東州(大連や旅順を含む地域)の租借権と長春(寛城子)以南の鉄道および付属地の利権をロシアから譲り受けた。満鉄は翌一九〇六年一一月、それらをもとに満州経営を行うために作られた半官半民の巨大国策企業で、翌一九〇七年四月から営業を開始した。本社は大連、初代総裁には台湾総督府の民政長官だった後藤新平が就いた。後藤は台湾総督府で財務局長などを務めた腹心の中村是公《これきみ》（通称・ぜこう）を副総裁に据えた。

満州の野球の歴史は、この満鉄とともに始まる。満鉄は一九〇七年九月に人材育成のために満鉄本社に満鉄見習夜学校（のち満鉄育成学校）を開設するが、翌一九〇八年三月、この学校に野球部が結成され、若葉会と名づけられた(23)。若葉会は八月には平野正朝をコーチに迎える。一高、京大から満鉄入りした平野は、一高野球部の名二塁手として鳴らし、一高二冊目の『野球部史』を編纂したことでも知られる。若葉会は平野直伝の「一高式の一際目立ったプレー」を見せたという。日本野球の草創期にその名を残した平野は、満州野球の嚆矢にも深くかかわっていた。秋には若葉会の発会式を兼ねた野球大会が開かれた。これが満州の野球の濫觴《らんしょう》である(24)。

若葉会は、翌一九〇九年九月六日、大連に入港した米国東洋艦隊と親善試合を行い、3-9で敗れている。これは満州で行われた外国人チームとの最初の野球の試合だった(25)。後藤の後を継いだ満鉄第二代総裁の中村是公は、艦隊歓迎のためこの試合を観ている。そのことは、この日大連に着いた夏目漱石が「満韓ところどころ」で触れている(26)。漱石は一高以来の親友の是公に招かれ、九月初旬から一〇月中旬まで満州と旧韓末期の朝鮮を旅しており、「満韓ところどころ」は東京朝日に連載したその旅行記だ。是公が漱石を招いたのは、満州の紹介や満鉄の事業の宣伝を期待してのことであった。漱石もそれに応え、たとえば撫順では、案内された先進の建築群について、まるでロンドンの美術雑誌『Studio』にでも載りそうだと褒め上げている(27)。

以後、満鉄や満蒙文化協会（満州の宣伝工作機関。一九二〇年設立）は、著名な作家や詩人、俳人、画家、学者などの文化人をしばしば満州に招いて、その宣伝に努めている。一九一六年の天狗倶楽部の大陸遠征も同様の趣旨で招かれたものであった。

●満鉄が野球を奨励した理由

満州の野球は若葉会に始まり、その後、大連、奉天、営口、遼陽、撫順、長春の各主要駅に野球チームが作られた。それぞれ野球のできる運動場も整備された。(28) 一九一五年には満鉄社員の小日山《こひやま》直登（のち満鉄総裁）らの提唱で満州野球大会が創設され、第一回大会では長春が優勝している。翌一六年には満鉄の機関紙である満州日日新聞主催の関東州野球大会も始まった。(29)

満鉄は創業以来、一貫して社員のスポーツ、特に野球を奨励した。満鉄創業期は、日本で野球害毒批判が猛威を振るった時期に重なるが、植民地で野球は歓迎されたのだ。その理由として、一つには異国の植民地都市に暮らす若者の不安や怯え、寂しさなどを慰め、不健全な生活に堕すのを防ぐことがあった。当時の読売新聞にこんな記事が掲載されている。(30)

「南満州鉄道が種々の殖民政策中青年子弟を善良に誘導する為《た》め諸種の運動殊《こと》に野球を奨励して居ることはあまり知られてゐない。台湾総督府が野球を激励してから青年の花柳病者の減少した事は顕著な事実だが、満州でも夏は野球、冬はスケートと格好な運動を奨励し始めてから風土病、花柳病、懐郷病等の患者が減じつつあるという」

植民地では娯楽が少ない。無聊を慰めるために「飲む、打つ、買う」の自堕落な暮らしに陥り、風土病や花柳病（性病）にかかったり、懐郷病（ホームシック）から日本へ帰ってしまう若者が少なくなかった。台湾総督府はその対策として野球を健全な娯楽として奨励し効果をあげた。後藤新平と中村是公は、台湾統治での成功体験をそのまま満州に持ち込んだのである。

そこには帰心矢の如き思いを抑え込んで満州に定住を促すという狙いもあった。これが二つ目の目的である。後藤は五〇万～一〇〇万人の日本人を満州移住させることを提唱していたが、満州の日本人は出入の激しい流動性の高い集団であったとされる。「渡満の目的は永住ではなく、金をかせぐことにあったので、目的を達成すれば帰国するのは当然の選択」であり、多くは満州に骨を埋める気はなかった(31)。満鉄も創業から一九一〇年代末までは離職率が高かった(32)。

満州経営を考えたとき根無し草の集団では困る。そこで野球を奨励した。野球はチームスポーツだから仲間ができる。職場や地域の絆、つながりが深まる。試合があれば、選手でなくても観て楽しむことができる。自分の所属する会社や商店、まちへの愛着も育てられる。野球は満州で一番の娯楽となり、組織や地域への帰属意識を醸成し、定住を促す役割を期待されたのだ。

満鉄が野球を奨励した背景には、後藤新平の掲げた「文装的武備」という経営方針もあった。植民地統治は武力だけでは不可能で、教育、学術、衛生など幅広い「文事的施設」を活用することで、現地の人たちに日本人への畏敬の念を抱かせれば、他国の侵略を防ぐ何よりの盾になるという考え方だ(33)。満鉄はこの方針に従い、鉄道、炭鉱、港湾事業などのほかに学校、図書館、病院、ホテル、運動施設などの文化や社会インフラの整備を進めた。満鉄沿線の主要都市の真ん中に次々と作られた野球のできる運動場は、アジアでいち早く手にした日本の近代を象徴していた。

もっとも満州で野球をやったのは日本人だけで、ごく一部の例外を除けば、中国人が野球をやることはなかった。大連は日本人が最も多く居住した植民地都市だが、総人口約六六万人のうち日本人は約一七万人にとどまる。[34] 最終的に四千数百万人を数えたとされる満州国の総人口に占める日本人の割合は、最大でも三%に満たなかった。[35] 満州の野球は、このごく限られた日本人の間だけで行われた。このため朝鮮、台湾と違って満州の野球史には日本人しか登場しない。

朝鮮では、甲子園大会が象徴するように内鮮融和に野球が利用された。紙数の関係で深くは踏み込まないが、台湾においても、旋風を巻き起こした能高団や嘉義農林の事例が示すように、日本の統治政策(理《り》蕃《ばん》政策)を通じて台湾原住(先住)の人たちの間でも野球は行われた。

しかし満州では中国人と直接かかわる形で野球が植民地統治に利用されることはなく、もっぱら在満日本人の無聊を慰め、定住を促すとともに、移植民を促進する手段として活用された。具体的には宣伝とリクルートだ。これについては後で述べるが、そもそも在満日本人の活動範囲は多くの場合、日本人の間に限られ、中国人と接する機会はほとんどなかった。仕事で中国人と接する人などを除けば、中国語を話せる人も極めて少なかった。[36] それでも統治が可能だった。日本人の活動範囲を越えてまで野球を通じて中国人とかかわる必要はなかったのである。

●実業と満倶が牽引した大連野球界

一九一〇年代半ば、満州野球大会が創設された当時、満州最強と言われたのは長春である。河野と早大野球部で同期だった獅子内謹一郎がエースで、長春駅長の岩永裕吉(のち日本運動倶楽部会員、初代同盟通信社長)が自らグラウンドに立って猛練習を行った。前述の平野正朝がいた撫順も強かったが、満州野球界の中心点は明らかに長春にあった。それが一九一八年頃から大連に移っていく。[37]

日本の満州経営は、満鉄という帝国日本の巨大国策機関と、それを支えた商社や銀行、数多の中小商工業者などによって進められた。満州野球界の中心点を大連へと牽引したのは、まさにその両者を背景として生まれた大連満倶と大連実業であった。

大連満倶の前身は、一九一二年に大連の満鉄社員や市中の野球愛好家が大連の敷島町にあった基督教青年会を拠点に作った「青年会野球団」で、翌一三年に「満州倶楽部」と改めた。大連の満州倶楽部ということから大連満倶（さらに縮めて満倶）が通称となり、メンバーを満鉄社員だけにして文字通り大連の満鉄を代表するチームにしたのは一六年のことだ。このとき正式名称を「大連満鉄野球部」としたが、その後も大連満倶（満倶）を名乗ることが多く、呼称として一般化した。大連の満鉄には用度課、地方課、電気作業所など職場ごとに野球チームがあり、満倶はその精鋭で構成されていた。満鉄の系列会社に野球部ができると、そのメンバーも加えた。西公園（のち中央公園。現・労働公園）に「西公園グラウンド」（のち満倶球場）ができたのは一四年。しばらく大連実業と共用した。[38]

大連実業は、日本の満州経営にともない進出した満鉄以外の会社や商店などを母体とした。市中の野球愛好家によって前身となるチームができたのは一二年で、翌一三年に「大連実業野球団」が正式に組織された。満鉄と違い、市中の経営者や商店主は当初、野球を道楽と見なし、従業員がグラウンド通いをするのを好まなかったが、選手の熱心さにほだされたのと、従業員の定着など野球の効果に気づいたことで、やがて支援をするようになった。グラウンドは数度の移転の後、二〇年に満倶と同じ西公園内に専用球場を建設した。満倶と実業が初めて対戦したのは一三年六月二二日。9－8で実業が勝った。実満戦（実業と満倶の定期戦）の始まりである。[39]

一九二〇年代の実業チームの選手の所属先を見ると、高田商会、三井物産、鈴木商店、福昌公司、国際運輸、五葉商会、仁来銭荘、東華銭荘、逓信局、市役所などの名前が見える(40)。

高田商会は当時、三井物産、大倉組と並ぶ大手の商社。鈴木商店は台湾で樟脳《しょうのう》、砂糖貿易で成功し、満州に進出した商社で、大豆油の製造子会社の鈴木油房にも野球部があった。福昌公司と国際運輸は、撫順炭鉱や大連港などの労働者を独占的に手配していた日本側の苦力調達機関である。福昌公司の経営者は大連商業会議所の会頭も務めた相生《あいおい》由太郎。苦力用の長屋などがある碧山荘を経営したことでも知られる。相生は日本人が苦力を牛馬の如く扱うさまに憮然とし、衣食住の保障と賃金の支払いを確実にするために碧山荘を作ったとされるが、中国側では港湾労働者の管理と搾取のためだったと断じている(41)。相生は大連実業の理事長を長く務めた。

五葉商会は、実業チームの中心選手だった安藤忍の実家が営んでいた運送会社で、福昌公司や関東州庁が得意先だった。安藤忍には茂、勝と二人の弟がおり、いずれも大連実業の選手だった。三兄弟は長兄忍から順に「大安、中安、小安」と呼ばれ、大連野球界の名物だった(42)。

仁来銭荘、東華銭荘は両替商。仁来銭荘には早大出身の谷口五郎、東華銭荘には広陵中学出身の田部武雄が職を得ている。また、朝鮮と同様に逓信局や市役所など大連の行政機関にも野球チームがあった。大手の商社や中小商工業者などに加え役所関係のチームも大連実業にメンバーを供給していた。

一九一八年頃から満州野球の中心点が長春から大連に移っていった原因は、一つには皮肉なことに長春チームによる日本内地からの選手補強があった。満州野球大会や関東州野球大会が創設されたことで、当時、自他ともに認める満州野球界の雄であった長春チームは、一六年頃から「中学卒業程度の意志堅固な青年選手を物色して満州に伴い、立派な社員に取立てるのだ」という強化方針から日本内地でのスカウト活動に力を入れるようになった[43]。これに刺激を受けたのが大連の野球界で、「長春のチームでは有力な選手をどしどし入れてゐたので、大連でも負けては居られない」と翌一七年頃から日本内地の選手を満州に引っ張って来ることに俄然力を入れるようになった[44]。長春はこの選手獲得競争に敗れたのである。内陸の長春に比べて大連は満州の玄関口にある港町。しかも満鉄が総力をあげて整備を進めていたモダンな植民地都市だった。大連に魅力を感じる者が多かったのは無理もなかった。

その流れに大きな影響を与えたのは、前にも述べた一九一六年九月の天狗倶楽部の大陸遠征だった。大連満倶の草創期の功労者である猪子《いのこ》一到《かずゆき》(三高、京大)は、「天狗の来満によって我満州野球界は内地に紹介せられ爾後《じご》年々内地の各野球団が来満する様になった」と述べている[45]。

一七年七月には早速、早大が大陸遠征を行い、大連では満倶と実業を相手に四戦全勝。実満両チームともに早大の左腕岸一郎に苦も無く捻られた[46]。翌一八年八月には左腕内村祐之の活躍で突如復活した一高が大陸遠征を行い、実満相手に一勝二敗。満倶のエースは早大を卒業し、この春満鉄に入社した岸一郎だった[47]。実満両チームの名は大連の強豪として日本球界に知れ渡り、翌一九年八月には慶応も渡満するなどその後の有力チームの大陸遠征の流れを決定づけた。それとともに日本内地の有力選手も続々と大連に渡るようになった。満倶では前述の岸一郎(早大)をはじめ、大門勝(明大)、真田金蔵(九大)、岩崎高(法大)など、実業では中島謙、大澤逸郎、安藤忍(以上、明大)、出口修二(慶応)、石本秀一(関西学院)などがそうで、いずれも一九一七〜二〇年頃に大連へ渡り、満鉄や市中の商店、企業に就職している。

有力選手の加入は大連の野球人気を盛り上げた。一六年の第一回関東州野球大会の観客はせいぜい一試合あたり五、六百人で、主催の満州日日新聞の社員が来場を呼び掛けて歩いたほどだったが、一八年頃になると人々は満州日日が出す入場券や招待券を我先にと競って入手するようになった(48)。

では、当時の日本人の満州を見る眼差しはどのようなものだったのだろう。初の大陸遠征を行った早稲田(一九一七年)と慶応(一九一九年)の野球部の主力選手のこんな言葉が残っている。

「満倶球場へ行く時我々は馬車に乗って行った。五銭支払ってやりぐつぐつしたら殴ってやる積《つも》りであった。所が案に相違して大いに喜んで謝々という。変だと思って後で聞いて見ると五銭は高すぎるとの事。〔中略〕当時として多かったのであろう(49)」

「大連は全く日本の勢力範囲で、日本人が全権をもってゐる。支那人も居るが、さらに勢力はない。人力車に乗っても、支那人へ、十銭、十五銭やればすむ。欲の深い支那人は、一つや二つ頭をなぐられても一銭でも余計に金を欲しがる。車へ乗った時には、コッチから十銭か十五銭をあてがひ、グズグズ云へば、なぐれば済んでしまふのである(50)」

そこにあるのは中国人に対する驚くべき差別意識とそれに対する無自覚だ。支配民族としての傲慢さはしかし、けっして彼らだけのものではなかったはずで、それはむきだしの差別がまるで面白おかしい旅の自慢話や失敗談のように新聞雑誌に掲載されたことを見ても明らかだろう。

そもそも日本人が中国人車夫に運賃を払う場合、日本は金建てだが中国は銀建てなので金銀比価変動の影響を受けるが、日本人の多くはそれを知らなかった(51)。彼らの倨傲《きょごう》な態度は、差別意識に加え中国人社会への無知、無理解も重なった結果であった。

●満州の宣伝のための野球

実業と満倶は日本内地の有力チームの招聘に力を入れた。それは、一つには六大学の早慶明に代表されるような強いチームと対戦することで満州野球界の発展につなげたいという思いがあったからだ。招聘はどのように行われたのか。中沢不二雄の詳細な証言がある。(52)

「当時は大連の満倶と実業が招聘責任者となり、筆者がスケジュールを作製、A球団は朝鮮経由で陸路安東、奉天、鞍山を経て大連到着、試合後、新京、ハルビン、撫順をまわる。B球団は海路大連に到着して大連の試合をふり出しに全満をまわる。B球団が大連を出発するとC球団が海路来連する。A球団が陸路大連に来る頃、D球団が朝鮮経由で来満するといった日程で各地の試合、宿舎までとりきめるしギャランティと乗車のバスも手配する。当時のギャランティは、早、慶、明、大毎、宝塚など一流チームで四千円(現在の金にすれば約百六、七十万円程度)、二流チーム(人員が少ない)で三千五百円から三千円程度、それで毎年十球団平均招いていたから進歩、発展したのである」

中沢は関東大震災で被災後の一九二三年暮れに大連に渡り、満鉄の消費組合に就職、満倶の選手、監督として活躍した。中沢が招聘日程の作製管理を任されたとすれば、入社してすぐということはないだろう。大毎と宝塚運動協会の名前があることも考えれば、これは一九二〇年代後半の昭和初期の話と思われる。現在価値の金額は記事掲載時の一九五五年当時のものである。

実業と満倶が有力チームの招聘に熱心だったもう一つの理由は、満州を宣伝し、日本内地からの移植民を促すためである。協会チームが二六年夏に大陸遠征で大連を訪れたときこんなことがあった。八月一一日の夜、河野ら協会チームの面々は同じく滞連中の同志社大学野球部の選手と一緒に満鉄社長名で催された大連ヤマトホテルでの歓迎会に招待された。宴席には満倶の選手も招かれた。このとき満鉄の人事課長入江正太郎(のち東京支社長)はこう挨拶した。(53)

「満州の野球界は逐年発展して今日の盛大を見るに至ったのは各方面から有力な外来チームを迎へて切磋琢磨のお陰である。〔中略〕由来満鉄に於て野球方面に努力する所以《ゆえん》は青年社員の生気潑剌を希《ねが》ふからであって願くは此《この》機会に於て内地帰還後は充分に満州の真相を宣伝して戴きたい」

有力チームの招聘は満州の宣伝と人材確保の大事な手段の一つだった。入江の言葉はそれを直截に語っている。河野は、協会初の大陸遠征の下交渉が難航した際に、それを理解した。『大連実業野球団二十年史』に寄せた祝辞のなかで河野は、植民地大連の在満日本人に健全な娯楽を提供し、野球の試合を通じて内地の学校に満州視察の機会を与えたことは国家的にも有意義である、と実業を賛じている。河野らが植民地都市の統治機関から期待されたのもまさにそれで、健全な娯楽を提供するとともに、遠征を通じて植民地の情報が日本の新聞雑誌に載るようにすることであった。

国策に沿う意識がどの程度河野にあったかはわからない。ただ一つ言えるのは、大陸では在留邦人が河野らを歓迎してくれたことだ。特に大連ではどこよりも温かく迎えてくれた。日本でいじめられた協会チームにとって大連は心から野球を楽しめる大事な場所だったのだろう。

有力チームの招聘が満州への移植民にどの程度役に立ったかは不明だが、野球人に限って見れば、学生時代に大陸遠征を経験したことで満州へ就職した人はかなりの数にのぼるはずである。たとえば六大学野球で明大が春秋四連覇(一九三七〜三八年)を達成したときの立役者の一人で、一九四一年に満州電業(満州国誕生を機に全満の電気事業を統一する形で一九三七年に誕生した巨大な国策電力会社)に入社し、野球部で活躍した児玉利一さん（※八四歳）は、「昭和一三年（一九三八年）に鮮満遠征で満州の雄大な大地を見てから内地のこせこせした生活が嫌でね。それで満州に行きたいと思った。給料もよかったしね」と述べている。植民地の官公庁や企業の従業員には外地手当てがついたから、給料は内地のおよそ倍になった。二九年春に満鉄に入社した浜崎真二の給料は、「本俸八〇円、いろいろの手当てがついて、一切合切で一六五円」だったという。[54] 銀行の大卒初任給が七〇円の時代だから、その倍以上である。それで好きな野球も強豪チームでできる。内地以上に条件がよかったのだ。

一九二〇年代から三〇年頃にかけて実業と満倶に加入した有力選手は次の通りである。

［大連満倶］児玉政男、井上正夫、芥田武夫（以上、早大）、中沢不二雄、木原慶次郎、北川一士、永沢武夫（以上、明大）、竹中二郎、二神武（以上、立教）、浜崎真二（慶応）、疋田《ひきた》捨三《すてぞう》（法大）

［大連実業］谷口五郎、横道一郎、竹内愛一（以上、早大）

六大学の実力者が続々と渡連したことがわかる。三一年の第五回都市対抗野球を前に、主催の東京日日新聞が都市別に出場チームの選手の最終学歴を調べたデータを掲載している。[55] 六大学出身が多いのは圧倒的に東京（東京倶楽部）で二五人。次いで多いのが大阪（全大阪）の一五人。三番目に多いのが大連（満倶）で八人を数える。有力チームの招聘に力を入れてきた結果である。同じ植民地都市でも京城（龍山鉄道局）は一人、台北（台北交通団）は二人。野球のレベルや遠征経験――台湾遠征は少なかった――、先輩の有無などが影響したと思われる。

●地元の選手が育たなかった満州

実業、満倶が大学球界の実力者を次々に獲得したのは、少年野球は盛んなのに中等学校の野球は振るわず、なかなか地元の選手が育たないという在満日本人社会の野球事情もあった。

日本でクラブ・実業野球が盛んになるのは一九二〇年前後で、一八年に少年用の軟式野球ボールが開発されたことから、少年野球も二〇年代に入ると急速に普及するようになった。大連でも日本人の通う各小学校にたちまち野球チームができ、大連市主催の少年野球大会が毎年開かれるようになった(56)。一九三〇年には大連市の代表として朝日小チームが東京の戸塚球場で行われた第一一回全国少年野球大会に出場し、二回戦まで駒を進めている。三四年からは満州日日新聞社の主催で「大連全市学童軟式野球大会」も始まっている(57)。

戦後プロ野球の審判として長く活躍した谷村友一《ともいち》さん(七二歳)は、大連の南山麓小学校で野球に夢中になった一人だ。三菱商事に勤める父親の仕事の関係でニューヨークに生まれ、神戸で幼児期を過ごし、大連には小学校の一年から四年の二学期まで暮らし、その後、京都で育った。「満鉄と仕事をする商社勤めの子弟が大連にはけっこういた」と谷村さんは話す。

「大連は少年野球がほんとうに盛んでね。娯楽がないですから、夏は野球、冬はアイススケートにみんな夢中でした。学校に広いグラウンドがあったので野球はそこでやりました。スケートはグラウンドとは別にテニスコートが二面あって、冬になるとそこに木で枠を作って水を張り、スケート場にして、アイスホッケーやフィギュアスケートをやりました。南山麓に弥生ヶ池という池があって、そこが凍るとスピードスケートができた。よく滑りに行きました」

谷村さんの話からも大連の日本人の少年たちの間で野球が盛んであったことがわかる。ところが、その少年野球の熱気は在満日本人の中等学校の野球に連結されることはなかった。なぜか。そこには在満日本人の教育熱と満州の教育関係者の野球疎外方針があった。

親が満州経営に深くかかわる満鉄や官公吏の場合、経済的に余裕があることから子どもの教育に熱心で、多くが日本内地の大学進学を強く希望した[58]。このため日本人の子弟が通う中等学校、特に官立の学校では野球を毛嫌いし、対外試合を禁じたり、新設校では絶対に野球部を設けないという不文律まであった。満州の中等学校の野球は、大連商、大連工、旅順中の三校が三つ巴となって覇を争うことで盛んになり、一九二六年の第一二回全国中等学校優勝野球大会では大連商が準優勝にも輝いたが、これが最盛期で以後、急速に衰退、対外試合もできないことから大連工、旅順中が野球部を解散、好敵手を失った大連商も三六年には野球部を解散している[59]。

野球を推奨した満鉄と違い、学務当局や学校長などには害毒論者が多かったのかもしれない。野球に夢中だった少年も中等学校に上がれば、受験勉強優先の生活になり、多くは野球をやめた。実業や満倶が大学の有力選手を内地から補強し続けた理由の一つである。

●球都大連

「かつての日本の植民地の中でおそらく最も美しい都会であったにちがいない大連」――。一高、東大時代を除き、大連で生まれ、暮らした作家の清岡卓行《たかゆき》は、芥川賞受賞作の『アカシヤの大連』(一九七〇年)をそう書き起こし、日本の敗戦で永遠に失われた故郷への郷愁をまるで昔の恋人を語るように描いた[60]。

第2回全日本都市対抗野球大会(1928年)で優勝した大連実業
(出典：立石武三，宮崎愿一，安藤忍共編『大連実業野球団二十年史』安藤商店発行，1932年7月)

欧州を思わせる洋風建築の街並み、トイレは水洗、電話は呼び出しではなくダイヤル通話、煮炊きはガスで暖房はラジエターの集中暖房……。戦前、大連に暮らした人たちの昔語りには、初夏を彩る白いアカシヤ(ニセアカシヤ)の花とその甘い香りの記憶とともに、美しき先進都市を誇らしげにスケッチしたものが多い。たとえば浜崎真二の長女の佐野慶子さん(※七八歳)は、大連弥生高等女学校在学中の一九四〇年、夏休みを利用して日本へ帰り、神戸の港に着いたとき、「家やまちが貧相なのに驚いた。大連の家は水洗トイレ、日本は汲み取り。その差に衝撃を受けた」と述べている。佐野さんは八歳から二二歳まで大連で過ごした。『アカシヤの大連』が描く郷愁は、幼少青年期を大連で過ごした人たちにある程度共通して見られる傾向のように思う。

そこにはしかし、中島敦が未完の小説『D市七月叙景(一)』で描出した異郷の植民地都市に暮らす日本人の不安や怯えや懐郷心、あるいは日本の統治下で悲惨な暮らしを強いられる被植民者としての中国人の姿はない[61]。あるのはひたすら郷愁につながる美しき大連だ。

大連に住む日本人の不安や怯えの淵源は、そこが被植民者の中国人の悲惨な暮らしに支えられた植民地都市であり、自分たちの生活は日本の植民地政策次第でこの先どう転ぶかわからないという不確かさにこそあったのではないかと思う。それがまた異郷に暮らす彼らの懐郷の念をいっそう募らせた。だからこそ満州経営を担う満鉄は、野球を奨励し、在満日本人の不安や怯え、寂しさなどを慰撫することで定住を促す必要があった。無聊を慰める健全な娯楽としての野球は、満州経営を下支えするための、ある意味、国策そのものであったとも言える。

その大連の野球が、日本内地にあまねく知れ渡ったのは、一九二七年創設の全日本都市対抗野球大会で第一回大会から三連覇したときであったろう。第一、三回大会は大連満倶、第二回大会は大連実業が優勝した。第一回大会の満倶は、主戦投手の児玉政男を芥田武夫、二神武、疋田捨三、井上正夫らの強力打線が支えた。第二回大会の実業は、エース谷口五郎が大活躍し、バックも好守好打で盛り立てた。四番一塁で出場した元協会チームの山本栄一郎は、決勝までの四試合で一七打数八安打と打ちまくった。第三回大会の満倶は、新戦力の浜崎真二と永沢武夫らの活躍もあり、まさに天下無双。元協会チームの山口茂次も児玉、浜崎の控えで奮闘した。

一高時代に野球部に籍を置き、戦後はプロ野球の日本野球連盟、のちセ・リーグ事務局で働いた経歴を持つ清岡卓行は、この大連勢による三連覇についても郷愁を込めてこう書いている(62)。

「かつて野球はある時期、大連の日本人の生活のいわば近代化の夢の象徴にさえなっていたのだ。〔中略〕大連代表の満クまたは実業団のチームは第一回から連続三年優勝し、大連の日本人は、黄海を越えて何回も渡ってくる優勝の黒獅子旗に、都市近代化の誇りを覚えたのであった」

浜崎真二の長女の佐野慶子さんは、「都市対抗三連覇で大連に定住することを考えたり、より深く根を下ろす人もいたのではないか」という。第一回大会で優勝した大連満倶の監督中沢不二雄は、閉会式で次のように挨拶し、後世の語り草となる。(63)

「任俠ある江戸ッ子ファンよ、男ッ気の江戸ッ子ファンよ、黒獅子旗とらざる……。黒獅子旗、海を渡るとも悲しむなかれ。玄界灘を渡り、黄海を過ぎ、遼東半島の一角にへんぽんとひるがえる黒獅子旗を見て、わが同胞二十万は如何《いか》ばかり士気を鼓舞することか」

中沢のスピーチは、都市対抗が日本を離れて大連に暮らす日本人に「我がまち」の誇りを与え、植民地経営を下支えする装置として働いたことを雄弁に物語るものだ。

●実満戦の熱狂

都市対抗三連覇で実業対満倶の定期戦は、大連の日本人をいっそう熱狂させるようになった。

一九一三年に始まった実満戦は、戦局悪化で開催不能となる一九四二年まで、関東州野球大会の実施にともなう一九一六〜二〇年の中断期間を除いて毎年行われた。実満戦の舞台となった実業、満倶のそれぞれの球場は、大連駅から南へ徒歩一五分ほどの緑山の麓、当初は西公園と呼ばれ、二六年に所管が関東庁から大連市に移管されたのを機に中央公園と改称された大連中心部の公園内にあった。満倶球場は屋根付きスタンドのある立派な球場で、内外野で二万人は収容できた。三塁側スタンドの外野寄りには音楽堂があり、その後方の山麓には日露戦争で没した将兵を慰霊する忠霊塔があった。実業球場は、満倶球場の西側、公園内を歩いて五分ほどの場所に地面を掘り下げる方式で作られた。収容人員は一万七〇〇〇人ほどだった[64]。

中央公園は戦後、大連市の労働公園となり、両球場ともずいぶん前に取り壊された。実業球場のあった場所は園内の薔芳園という区画に整備され、満倶球場の跡地は中国鉄道部瀋陽鉄路局大連分局の総合運動場になっている。また忠霊塔のあった場所には巨大なサッカーボールのオブジェが設置されている。大連はプロサッカーチームの大連一方（前身は大連実徳）があるサッカーの盛んなまちで、このオブジェは大連のシンボルになっている。

実満戦は当初、春秋二季で行われたこともあるが、二三年以降は毎年六月に三回戦制となり、三一年からは五回戦制となった。二七年からは都市対抗の関東州予選を兼ねるようになった。三連覇のあとは優勝こそなかったが、実満両チームは毎回優勝候補にあげられ、満倶が第五回大会で初戦敗退した以外はともにすべてベスト4に残り、満倶は準優勝二回、実業は準優勝一回という圧倒的強さを誇った。あまりの強さに「こら満州の馬賊、また優勝旗を持っていくのか」と弥次られたほどだ[65]。寄せ集めのクラブチームより年中同じ釜の飯を食べる大連満倶のような企業チームの方が強いとの見方が広がり、都市対抗が企業主体の大会へ変わる契機にもなった。

実満戦は、満州の早慶戦と呼ばれ、毎年、大変な熱狂を呼び、大連在住の日本人社会を二分する一大イベントだった。双方のファン同士が口論から刃傷沙汰に及んだこともあれば、満倶のファンが「ネット裏に派手な衣装の〝夜のオネーさん〟を数人座らせて、黄色い声で叫んだり、チラリチラリの妨害戦術を試み、怒った実業ファンが首謀者を袋叩きにした」こともあった[66]。

実満戦は、大満鉄vsその他の商店や会社の対決であり、さながら「町奴《まちやっこ》と旗本との抗争に似たような趣きがあった」という。満鉄は「大連に君臨する百万石の雄藩」で、藩士(＝満倶)は街中を肩で風を切って歩く。それをいまいましく思い、「二本差してるからって威張るんじゃねえぞ。抜けるものなら抜いて見やがれそのナマクラ」と向かって行くのが町奴(＝実業)というわけだ(67)。

そう言えば、満倶の後援会長は、張作霖爆殺事件を起こした河本大作だった。河本は事件後に予備役編入になり、満鉄の理事を務めた。慶応監督の腰本寿と親しかった関係で慶応の山下実を満鉄に入社させ、満倶の主砲に据えるなど満倶との関係は深かった(68)。

満鉄を後ろ盾とする満倶は資金も豊富だが、実業はそうではない。その差はそのまま球場の設備にも表れた。「満倶のスタンドはコンクリートで屋根付きだったが、実業は違った。実業の方が弱かったから、判官びいきで実業を応援する人も少なくなかった」と佐野慶子さんは言う。

大連の野球ファンを二分した背景には満鉄消費組合と市中の日本人小売商との対立もあった。満鉄消費組合は一九一九年一〇月、第一次大戦期の物価高騰から従業員を守るために満鉄が設立したもので、大量仕入れなどにより市価より安くさまざまな商品を提供したため、在満日本人の半分近くを占める満鉄社員は、もっぱら消費組合で買い物をし、日本人の商店を利用しなくなった。苦境に陥った日本人の商店主などは、以後、満鉄消費組合の撤廃運動を繰り返し起こした(69)。

第一回都市対抗で優勝した大連満倶の監督中沢不二雄は、当時、満鉄消費組合に勤務しており、恐らくその関係もあったのだろう、満倶のメンバーには消費組合の野球チームから大量一二人も選出されていた(70)。こうしたことも町奴と旗本の抗争の一因になったのではないだろうか。

3　孫孝俊の奉天・新京時代

●五族協和の内実

一九三一年九月一八日、関東軍は奉天（現・瀋陽市）郊外の柳条湖で満鉄線を爆破し、これを中国軍の仕業だとして一斉に軍事行動を開始した。満州全域の占領を狙った満州事変の勃発である。

二九年に発生した世界恐慌などの影響で、満鉄をはじめ在満日本人の経済界は深刻な不況に見舞われていた。しかし在満日本人の間では、国民党政府と張作霖爆殺事件を機に国民党に合流した張学良による満鉄包囲網（満鉄併行線敷設や葫蘆島築港）や関税政策（戻し税廃止による大連港二重課税）などの排日政策こそが不況の元凶であり、局面の打開には関東軍による軍事干渉もやむなしとするほどに中国側への不満が高まっていた。[71]満州事変の背景の一つである。

関東軍は一九三二年二月のハルビン占領で東北三省（奉天、吉林、黒竜江）の制圧を完了すると、熙洽や張景恵ら満州軍閥の地域政権が自ら中国から分離独立する体裁を整え、彼らによる東北行政委員会の名前で二月一八日に独立宣言、三月一日には満州国の建国を宣言させた。九日には清朝最後の皇帝溥儀を執政（一九三四年に皇帝）に据え、一四日には首都に定めた長春を新京に改称している。王道楽土、五族協和を掲げ、政府の要職には中国人を起用したが、それは名目に過ぎず、実権はすべて関東軍と日本人官吏が握る、まぎれもない傀儡国家だった。

アニメーション作家の持永只仁《ただひと》は、満州国ができた当時、朝鮮から鴨緑江を渡って満鉄線に入った列車のなかで目にした「みっともない日本人の天下」について記している[72]。

日本人は我が物顔で座席を占有し、譲らない。中国人は仕方なくデッキなどに立ち続け、荷物は車両の連結部などに置いた。その荷物を邪魔と思った一人の日本人が、洗面所の窓から外に投げ捨てた。荷主の中国人は「あいや！」と叫ぶと走る列車から飛び降りた。荷物はおそらく大事な出稼ぎ道具だった。「ほうり投げたいやらしい日本人の男の笑い顔が今でも忘れられない」――。

満州国の掲げた五族協和の、それが内実だった。日本は翌三三年二月、リットン調査団の報告書が満州国を認めなかったことに反発し国際連盟総会から退場、三月には国際連盟を脱退する。それは、第一次大戦後に日本の大陸進出を牽制するために米国の主導で成立した、東アジアの国際秩序を定めたワシントン体制に対する公然たる挑戦であった。以後日本は外交的孤立を深め、米国との関係を急速に悪化させながら、満州の権益を守るために隣接する内蒙古や北支（現「華北」＝河北、山西、山東、河南の四省にわたる地域）へと勢力圏の拡大をはかり、やがて日中戦争へと突入する。

●奉天満倶に迎えられた孫孝俊

満州事変が起きた当時、日本は大不況の真っ只中で、失業者がまちに溢れ、労働争議が頻発していた。一九三一年の大学（法経文）就職率は約三割[73]。貧しい農村部では娘の身売りも相次いだ。そんなとき満州事変が起き、満州国が建国された。絶望の淵にあった人々にとって満州は希望の地に思えた。就職や開業の案内書が次々に出版され、満州ブームを煽ったことも手伝い、渡満する者が急増した。空宣伝に乗って一山当てようと満州国へ渡る者も多かった[74]。

渡満ブームは朝鮮半島でも起きた。経済不況や農村部の困窮は朝鮮でも深刻で、朝鮮総督府は農民の満州国への移民を積極的に進めたほか、生活苦に喘ぐ多くの若者や民族資本家などが立身出世や一攫千金を夢見て続々と満州国へ渡った。小林英夫、張志強編『検閲された手紙が語る満州国の実態』(小学館)は、その背景として朝鮮人は、満州国の掲げた五族協和のスローガンと「日本帝国臣民」という立場によって、満州国に行けば民族としてのアイデンティティが保障され、日本人に次ぐ地位が与えられるかのような幻想や錯覚を与えられていたと指摘している(75)。

一九三一年一二月一日付の朝鮮新聞夕刊に、奉天発の「満鉄最初の試み　朝鮮人を採用」という小さな記事が載った。「満鉄は今回初めての試みとして朝鮮人三十名を駅員として採用した。今後は更にその範囲を広げ事務員にも多数採用のはずである」と。満鉄の社員の職制は「職員、雇員、傭員」の三段階で、時期によっては準職員が置かれた。またこれらの社員のほかに日雇や請負などの「社員外従業員」もいた(76)。満州事変の頃までは下級職の傭員の二割ほどを中国人が占め、朝鮮人については「不採用主義」をとっていた。ところが満州事変の緊急動員で人手不足に陥ったことから、三一年一一月末に鉄道工場に朝鮮人の職工を四、五人試験的に採用したところ結果がよかったので、下級職への朝鮮人の採用に踏み切ることになったという(77)。

南満電気の奉天支店に就職が決まり、孫孝俊が故郷朝鮮を後にしたのは、満州国の建国宣言から一週間後の三二年三月八日のことであった。朝鮮でよい仕事が見つからず、周囲の冷たさに憤りさえ感じていた彼もまた満州に希望を見たのだろう。南満電気への就職には、元協会メンバーの田村正夫と香川春幸による奉天満倶関係者への働きかけがあったと思われるが、一方でこうした満鉄本体の朝鮮人採用の動きも追い風になったのかもしれない。

奉天満倶に迎えられた孫孝俊は、主に三番か五番を打ち、センターを守った。協会チームにいた香川は不動の一番レフト、田村はエースでしばしばクリーンアップを打った。田村は三三年に同志社高商（現・同志社大学）の主戦投手だった小島多慶男が加入すると、ダブルエースとして活躍した。田村と小島は奉天鉄道事務所の貨物方の事務職でともに傭員。(78)香川の所属は不明。

孫孝俊が加入した三二年の奉天満倶は、シーズンを通して貧打に苦しんだ。六月末の州外野球大会（関東州外の大会。のちの全満大会）では、やっとの思いでたどり着いた優勝戦に零封負けを喫している。中軸を任された孫孝俊も打撃不振で快音の聞かれない試合が多かった。七月二四、二五日に行われた奉天満倶を主力とする全奉天対大連実業の試合では、相手の先発の木下博喜と谷口五郎に二日続けてノーヒットノーランを食らう屈辱まで味わった。(79)

翌三三年のシーズンは、小島が加入して投手陣が田村と先発二枚を確保できたことで、ロースコアでも試合が作れるようになり、接戦をものにするケースが増えた。五月二八日、六月四日の大連満倶との試合では田村と小島が圧巻の投球で、ともに2‐0のスコアで連続完封している。(80)孫孝俊も加入二年目でチームに馴染んだのだろう、打撃不振から脱し、よく打った。

三四年も孫孝俊は打線の中軸を担った。雑誌『野球界』は奉天満倶について、「俊英小島を中心に宝塚の孫、松本商業出の大橋が軍の花形として活躍している」と書いている。(81)

大連の関東州とは別枠で満州国にも都市対抗の出場枠が一つ与えられたのは翌三五年からで、大会名の頭にあった「全日本」が消えた。関東州は日本だが、満州国は日本ではない。満州国の代表が参加するのに「全日本」はおかしいというのが理由の傀儡隠しであった。奉天満倶はこの記念すべき最初の代表チームだったが、メンバーに孫孝俊の名前はなかった。

●満州野球界の地殻変動

一九三三年春、満州球界を揺るがす事件が起きた。大連実業の元選手で重鎮だった中島謙が休眠状態にあった奉天実業団を再興することになり、同年五月一七日にメンバーを発表したのだが、そのなかに古巣の実業から無断で引き抜いた大貫賢、木下博喜、津田四郎の三人の名前があったことから実業側が激怒したのだ。特に元協会チームの大貫は、この春撫順満鉄から実業に移籍したばかりだった。

満州球界からも奉天実業団への反発が強まり、選手への処断や試合拒否を訴える声が相次いだ。こうしたなか実業は、満州日報の六月一日付夕刊で中島との絶縁を発表する。前年の三二年まで実業は満倶に四年連続で負け越していた。実満戦を目前に控え、今年こそはというときに主力を三人も引き抜かれた。中島は実業の大先輩であり、チーム事情はよくわかっているはずなのに、奉天実業団の編成にかかわっていることを隠し、実業の主力の引き抜きを画策した。事情をよく知る大先輩であるがゆえに実業としては一層許せなかったようだ。

実業と中島の確執が氷解するのは一年後のことで、三四年六月二六日付の満州日報朝刊に奉天実業団改め奉天日満実業野球団の新陣容が発表された。慶応から水原茂、法政から倉信雄が加入したほか、昨春実業から引き抜いた大貫賢、津田四郎の名前もある。ただし木下博喜の名前はない。絶縁騒動に嫌気がさしたのか、台湾に渡り台北交通団でプレーする道を選んだ。内野に柳澤騰市という名前があるが、京都の日活にいた選手で、孫や大貫とは全京都で一緒だった。

のちに水原、倉、津田は巨人へ、大貫はセネタースから河野安通志のイーグルスへ、木下は台北交通団から金鯱へと、いずれも正力松太郎が主導して三六年に創設するプロ野球に参加する。

中島謙の実業選手引き抜き事件は、満州事変以降の満州球界の地殻変動を知らせる最初の鳴動だった。新たな版図の獲得と新国家の建設で、満鉄やその関連会社など満州進出企業の活動範囲も全満へと広がった。大連の野球界では組織変更や人事異動などで奉天や新京(長春)などへ転勤になる選手が増えた。また、渡満ブームで内地から有力選手が続々と満州へ渡るようにもなった。

満州国建国以降に大連を含めて満州に渡った主な有名選手には、次のような人たちがいる。

[大連満倶] 汐崎勇、五十嵐倉蔵、宇佐美一夫、荒木八郎(以上、横浜高商)、永沢光、今木二郎(以上、早大)、櫻井義継、伊藤庄一、加藤春夫(以上、明大)、水谷則一(慶応)、戸倉勝城(法大)、本田正二郎(名古屋高商)、武宮敏明(熊本工)

[大連実業] 吉田要、円城寺満、矢野信男(以上、法大)、田部武雄、松木謙治郎、鈴木銀之助(以上、明大)、内田肅雄、北原昇(以上、立教)、岡見吉博(早大)　＊田部は復帰

[奉天満鉄] 小島多慶男(同志社高商)

[奉天日満実業] 水原茂(慶応)

[奉天電電] 迫畑正巳(明大)、鷲野満之介(専大)

[新京電電] 恒川道順、野村武史(明大)

[満州電業] 児玉利一(明大)

［満州国］水原義明（早大）、二木茂益（明大）
［撫順満鉄］川崎徳次（久留米商）

これには満州国建国以前に渡満した谷口五郎、芥田武夫、竹内愛一、浜崎真二、永沢武夫など数多くの名選手は含まれない。中沢不二雄は、満州球界の草創期まで遡って数えれば、その数は「二百名を越える」と述べている。(82) 雑誌『野球界』は、いまや満州国は「野球人の就職の鳳翼《ほうよく》を伸ばす職場としても好適地」であるとしてこう書いた。(83)

「東都六大学の檜舞台を明粧《めいしょう》した人々又《また》甲子園を踏んだ英球児達が滔々《とうとう》と押し寄せて、満州球界は百花繚乱たるものであり、今後益々盛大になるであろう」

満州国では企業活動の拡大や選手の流入などを背景に、奉天実業団を皮切りとして、新京の満州国政府、鞍山の昭和製鋼所など新チームが続々と誕生する。三五年に都市対抗の出場枠が満州国にも一つ与えられたことが満州球界を一層活気づけた。新チームは内地の英球児たちの受け皿になった。

チームが増え、全満各地で試合が行われるようになったことから、翌三六年三月一日、満州野球連盟が発足した。従来、日本内地からの遠征チームの日程調整などは大連満倶が代表して行っていたが、チーム数の増加でこれを全満規模で取り扱う機関の必要に迫られた結果であった。

連盟は関東州と南満（奉天地区、錦県地区）および北満（新京地区、ハルビン地区）に分かれ、都市対抗は関東州から一枠、南満代表と北満代表が対戦しその勝者が満州国代表として一枠を与えられた。関東州は大連の実満戦の勝者が代表になった。本部は奉天に置き、会長には猪子一到が就任、幹事には満州球界の先輩、知名人士が選任された。各チームから代議員が一名ずつ選出され、毎年三月初めに総員出席のうえ連盟総会を開催、四～九月の大会行事、試合日程を決定することになった。後述するように三四年に満鉄東京支社勤務になった中沢不二雄は、連盟の東京代表になり、内地の各チームとの折衝に当たった(84)。

三六年の連盟創設初年度の加盟チームは、大連満倶、大連実業、昭和製鋼所、奉天満鉄、奉天日満実業、撫順満鉄、安東満鉄、全四平街、新京満鉄、満州電業、満州電電、満州国、全ハルビンの一三チーム。以後、奉天電電、錦県鉄路局、安東実業、吉林鉄道、満州重工業、満州映画協会などが毎年のように新規加盟し、四三年には二六チームを数えるに至った(85)。

なお満鉄社員で作るチームは、通常、奉天、新京など満州各都市の名前を冠して「〇〇満鉄野球部」(略称・〇〇満鉄)、これに系列会社などの選手を加えた場合は「〇〇満鉄倶楽部」(略称・〇〇満倶)や「〇〇倶楽部」などと称した。大連の満鉄だけはそれらの別なく大連満州倶楽部(略称・大連満倶)の呼称を用い、系列会社などの選手を含まない場合でも正式名称の大連満鉄野球部(略称・大連満鉄)を名乗ることは稀だった。

●変動の直撃を受けた大連満倶

満州事変が満州球界に与えた影響について、一九三五年六月の満鉄社員会機関誌『協和』はこう書いている(86)。「今年程満州球界に変動のあった事はあるまい。それは日本人発展の一大転機となった満州事変が、日本のあらゆる事象に対して大なり小なりの影響を与えずには置かなかったことに起因する」と。なかでもその変動の直撃を受けたのは大連満倶であった。

満倶は第一回都市対抗で優勝した頃は消費組合の選手が中心だったが、その後、南満電気の選手に主力が移った。ところが南満電気は、満州国の誕生にともなう全満の電力事業合同で三四年一二月、本社を新京に置く新会社の満州電業株式会社(以下、満州電業)に再編され、翌三五年四月には野球の新チームも作られた。このため選手も移籍したことから、満倶はチームの主力を失うことになった。

中沢不二雄は三三年限りで満倶の監督を退任した。この年の実満戦で中島謙の引き抜き事件に見舞われた実業相手に二連勝の後に三連敗して都市対抗出場を逃した責任を取ったとされるが、采配やチーム内のだらけた空気、金銭管理の杜撰なマネジャーに対する管理不行き届きなどを問題視した重鎮の猪子一到が更迭したとする説もある(87)。中沢は翌三四年七月に満鉄東京支社に転じた(88)。のちに中沢は「大学や実業野球団を内地から招いた立場から、満州側の要請に従って東京から送り出す方に廻」ったと述べている(89)。戦力の落ちた満倶が、櫻井義継、伊藤庄一、加藤春夫ら明大の強者を獲得できたのは中沢の働きが大きかったのではないか。

満鉄東京支社での中沢の仕事は、満州の宣伝をするための「満鉄博覧会」の開催で、次女の小出眞千代さんによれば、「日本各地はもちろん台湾にも出かけていた」という。満鉄OBで作る満鉄会の『満鉄会報』には、中沢が「満日に転出するまで、満鉄博覧会工作のヌシ」だったとある(90)。中沢が満鉄から満州日日新聞の東京支社長に転じるのは一九四〇年七月初旬(91)。同紙の招聘でプロ野球全一二球団が渡満し、「満州リーグ」を開催するのはその直後のことである。

大連実業は、球界変動の最初の犠牲者だったが、意外にも立ち直りは速かった。満鉄社員会の『協和』は、三三年設立の満州電信電話(以下、満州電電)が選手の受け皿になり「選手難を一挙に解決」したほか、満州国ブームで在満各社の積極経営もこれを助けたと記す(92)。満州電電は満州国と関東州の電気通信事業

（放送も含む）を独占的に行った国策会社だ。三五年の実業選手一七人の勤務先を見ると、実に八人が満州電電である。(93) 実業が中島謙と一年で和解したのは、満州電電の存在に加えて、松木謙治郎（明大－名古屋鉄道局）や吉田要（法大）などの有力選手の獲得に成功し、三三年の実満戦で五年ぶりに勝ち越し、都市対抗でもベスト4まで進出できたことと、翌三四年も鈴木銀之助（明大）が加入するなど補強が成功したことが大きかったようだ。(94)

●孫孝俊の満州電業移籍

満州国誕生後に生まれた新興チームのなかで最も期待を集めたのは、南満電気の選手を中心に一九三五年四月に結成された新京の満州電業だった。

南満電気の奉天支店勤務だった孫孝俊は、奉天満倶の中心選手の一人だったが、満州電業が誕生すると新京本社へ異動となり、この新設チームに加わった。同年夏の第九回都市対抗に満州国の初代表として出場した奉天満倶のメンバーに孫孝俊の名前がなかったのはそのためである。

電業チームの編成を任された元南満電気の杉谷彦三朗は、若い選手を中心に一から新チームを作るつもりでいたが、担当役員から「各地支社支店に居るベテランの選手達を新京に集めて、最初から強いチームを作れとの強い命令」があったという。このため新チームは、南満電気時代に大連で活躍していた選手を中心に「奉天、新京満倶で健闘していた選手」、さらに新入社員四名を加え、総員一四名で編成されることになった。(95) 孫孝俊は、この「奉天、新京満倶で健闘していた選手」の一人として新チームに加わった。

奉天満倶の花形三人の一人に数えられるなど実力は健在だったが、一九〇一年九月生まれの孫孝俊はすでに三十路も半ばに近かった。奉天満倶としては若手に切り替える必要も感じていたのではないか。一方、満州電業にとっては、役員の強い意向もあり、旧南満電気の支社支店にいる実績のあるベテラン選手が必要だった。強豪の奉天満倶の中心選手だった孫孝俊は、その筆頭であったに違いない。両チームが納得できる移籍だった。また孫孝俊にとっても、満州電業はこの先十分に都市対抗を狙える強豪チームであったから、移籍は悪い話ではなかった。

ただし、奉天実業がそうであったように、満州電業もすんなりとチームが始動したわけではなかった。当時新京には満州国チームと新京満鉄主体の新京倶楽部（新京満倶）の二つのチームがあり、三三年頃から定期戦が行われていた。新京の野球ファンを二分するほどの人気で、大連の実満戦を髣髴《ほうふつ》させるものがあった。問題は新京倶楽部には満鉄系の南満電気新京支店から選手が三人出ていたことで、電業チームの誕生で彼らが抜けるのは新京倶楽部にとって痛手だった。電業チームができると、満州国との定期戦や遠征チームとの試合日程も組みにくくなるとの思いもあったようだ(96)。

このため新京倶楽部は電業チームの出現を快く思わず、電業の満州野球連盟加入の際には強烈に阻止する動きに出たという。それでも三五年春の州外野球大会で奉天満倶などを破って優勝した実績と、満州球界発展のためにも加盟承認をと粘り強く説得したことで、電業は三五年だけ新京倶楽部に応援参加し、翌三六年には連盟への加入が認められた。このとき同じく新京で新チームを結成した満州電電も加盟が承認されている。

移籍一年目の孫孝俊は、センターのレギュラーで主に三番を打った。春の州外野球大会の優勝にも貢献している。ところが孫孝俊はこの年限りでチームからリストラにあう。チーム結成時の平均年齢は約三〇歳。老巧さや勝負強さは満州球界随一とも評されたが、編成担当の杉谷がもともと若手主体のチーム作りを主張していたこともあり、シーズン終了後に三〇歳以上のベテラン選手を中心に勇退、社業専念が断行された。この年三四歳になった孫孝俊もその一人だった。

翌三六年、満州電業、満州国、新京倶楽部、満州電電で春秋の新京リーグ戦が始まった。同年五月二三日に大新京新聞に発表された春の新京リーグ戦の電業チームのメンバーはわずか一二名。平均年齢二一歳と一気に若返りをはかったが、なかには軟式野球の経験しかない者もいた。春の新京リーグ戦の結果は散々で、一位が満州電電(五勝一敗)、二位が新京倶楽部(三勝三敗)、満州電業は満州国と並んで三位(二勝四敗)に終わった。「電業は弱くなった」と言われた(97)。

それからまもなく孫孝俊らリストラされたベテラン選手が何人かチームに復帰した。あまりの弱体ぶりに会社の上層部から批判が出たのだろう。打撃が活発になり、チームは不振を脱した。グラウンドに戻った孫孝俊は、右翼に入り、二番や六番などで出場、しばしば快打を飛ばした。ただしチームの若返りの方針は基本的に変わることはなく、ベテランの復帰はあくまで一時的なものであったようだ。シーズンが終わるとチーム関係者が内地に足を運び、精力的にスカウト活動を展開、部員は一八名に増えた。孫孝俊らベテランは再びお役御免になった。

すでに孫孝俊は三五歳になっていた。グラウンドを去った孫孝俊は、以後、満州電業の仕事に専念、満州野球界の表舞台からは消えた。ところが三年後の三九年春、孫孝俊は劇的に満州野球界に復帰する。場所は鴨緑江を隔てて朝鮮と接する国境のまち安東(現・丹東)。孫孝俊はこのまちで安東実業というチームを立ち上げ、選手兼任監督として最後の一花を咲かせることになる。

●衰退する球都大連

内地から押し寄せる野球人、増え続ける満州野球連盟加盟チーム、都市対抗出場をかけた全満各地の熱戦――。満州球界は一見すると活気に溢れていた。しかし満州事変以降の球界変動で球都大連の野球熱は次第に冷めていった。満倶の浜崎真二は当時こんな発言をしている。[98]

「満州に於ける野球界も茲《ここ》数年来は年次衰微の傾向を辿り、一般にファンも選手も野球に対する熱が低下して来た事は否めない事実で球界の前途は甚だ面白くない現象です」

選手もファンも野球に対する熱が低下してきたとは、どういうことなのだろうか。おそらくその答えと言ってよい文章を清岡卓行が『大連港で』（福武文庫）に書いている。[99]

清岡にとって野球は、租借地大連で進められた「近代化の実験という平和な夢」を象徴するものだった。しかし満州事変を機にそれは所詮、「他国の侵略をも行って膨張し続けようとする国家主義と結局は不可分のものであったのかという無残な疑問を、心ある市民たちはやがて抱か」ざるを得なくなって、「野球に近代化の実験の夢を明るく反映させることはしだいに空しくなり、野球そのものが市民一般の生活感覚にとってあまりおもしろくなくなってきた」のだという。

これはつまり、それまで大連在住の多くの日本人が植民地都市の暗部として目を背けてきた帝国日本の侵略性が満州事変でむき出しの暴力となって眼前に立ち現れたとき、「心ある市民」は明るくモダンな球都大連は満州侵略の前進拠点であり、野球はそれを維持するためのツールであったという事実に気づかされ、それまでのように楽しめなくなった、ということだろう。

清岡は大連の野球熱が冷めたのは優れた選手の減少も原因だとして、①時局の変化で満州北方へ転勤になる者が出てきた、②兵役の招集を受ける者が出てきた、③内地の職業野球創設で主力選手が引き抜かれるとともに新卒学生を取りにくくなった、などの理由をあげている。

大連の野球界は、満州国誕生にともないチーム数が増えたことで相対的にその地位を低下させた。実業選手の引き抜き事件や、満倶の主力だった南満電気の選手の満州電業への流出は、それを象徴している。一九三七年には日中戦争が始まり、戦場に送られる選手が出てくる。また、内地の倍と言われた満州の給料に惹かれて多くの選手が渡満したが、三六年に正力松太郎主導のプロ野球が始まると、その契約金や給料は満州より高額で、内地から選手を取りにくくなっただけでなく、逆に満州球界の有力選手が内地のプロ球団に引き抜かれるようになった。浜崎が「球界の前途は甚だ面白くない」と言ったのは、特にプロ野球の登場とその影響を危惧してのことであったようだ。

こうしたなか大連の野球ファンの間からは、都市対抗に勝つためには実満戦の勝者が負けたチームから優秀選手をピックアップして「全大連」を作るべきという声が出てくる。冷めてきた大連の野球熱をいま一度熱くするための方策だった。三五年四月二〇日の満州日報朝刊は、「実満が合同すれば正に天下無敵」で、「大連のファンは熱望している」。選手からも「オール大連をつくる時期に来ているのではないか」という声がある、と報じた。

しかしこうした議論に対しては、浜崎真二のように、「実満双方の中心選手は、たとえ負けてもどうせ俺は全大連に選ばれるからと考え、実満戦に臨む気持ちがダレてしまう」として実満戦の変質を危惧する声も少なくなく、結局、実現することはなかった。

第4章

河野安通志、苦難の再挑戦

結成間もないイーグルスの春季キャンプ．前列左から2人目森茂雄．後列左から5人目山脇正治，6人目押川清，7人目河野安通志，2人置いて小玉与太郎．1937年，小田原小峰球場にて(提供：河野わか子さん)

1　「野球狂時代」が生んだ「統制令」と「プロ野球」

●野球界への文部省の介入

一九二〇年代後半、日本の野球界は早慶戦の復活と六大学リーグの誕生で空前の「野球狂時代」を迎える。特に早慶戦の人気は凄まじく、映画や演劇、漫才などが競って題材にした。

マキノ・プロが映画『早慶戦時代』を作ったように、演劇では新国劇が「早慶戦」を舞台化している。花道と舞台の間にバッテリーを立たせて、息詰まる試合の雰囲気を劇中に再現した。(1) 河野安通志も登場人物の一人で、金井謹之助が演じた。河野の次女の波木井優子さんはこう言う。

「舞台を観た母の話だと、父はいつも腕時計をチョッキのポケットに入れていて、必要なときはそれを出して見ていたんですが、金井は父のその癖をよくつかんで演じていたそうです」

漫才では、六大学リーグの人気をパロディにしたエンタツ・アチャコ(横山エンタツと花菱アチャコ)の「早慶戦」がインテリ漫才として大人気になった。落語では三代目三遊亭金馬が「仮名手本忠臣蔵」の四段目を改作した「野球小僧」という落語をやっている。(2)

野球ブームを熱狂的なものに変えた要因の一つは、ラジオによる実況中継だった。一九二七年八月一三日、第一三回全国中等学校優勝野球大会の一回戦第一試合、札幌一中対青森師範。この試合を大阪放送局が甲子園球場からラジオ中継したのが、日本のスポーツ放送の始まりである。

六大学の野球中継が始まるのは同年一〇月一五日。(3) これが六大学リーグの人気をさらに煽った。野球実況の草分けの松内則三アナウンサーが吹き込んだレコード『早慶野球争覇戦』が一五万枚も売れた。(4) 有名選手の人気は沸騰、ブロマイドまで発売され、映画俳優並みのスターになった。

過熱する野球ブームは、六大学リーグに莫大な収入増をもたらした。春秋二期の約三〇試合で六大学リーグが稼ぐ金額は五〇万円を下らないとされ、うち約二五％（一二万五〇〇〇円）を球場使用料やリーグの取り分として内務省や六大学野球連盟などに納め、残りの約七五％（三七万五〇〇〇円）を試合当日の対戦校で折半していた。(5) 早慶明のような人気校ほど収入も多かった。

莫大な入場料収入は、チーム強化のための選手争奪戦に投入された。中等学校の有力選手の獲得のために授業料や合宿費を無料にするのは当たり前で、小遣いまで支給するケースもあった。(6)

六大学各チームの選手獲得競争は、中学生だけでなく小学生まで巻き込んでいた。作家の虫明亜呂無《むしあけあろむ》は、「東京の野球の上手な児童たちは、〔中略〕まず当時あった高等小学校（二年で卒業）に入り、都内の高等小学校野球大会に出場し、そこで技量がたしかなものとみとめられると、強力な後援者や旦那がつき、彼らの生活は援助され、野球の強い中学、商業に編入」されたと書いている。(7)

それを新聞社や電鉄会社の商業主義がさらに煽った。春の選抜中等学校野球大会（のちの選抜高等学校野球大会）を主催する大阪毎日新聞は、一七年の第四回大会から優勝チームに米国旅行をプレゼントし、幼い球児の夢を刺激した。地方の新聞社も盛んに中等学校の野球大会を主催して新聞の拡販に利用した。電鉄会社も強い中等学校を招いて沿線の自社グラウンドで試合を開催し、運賃を稼いだ。大会が乱立するようになり、これに目をつけた野球ブローカーが、試合日程を組んで主催者に売りつけたりもした。(8)

なかには報酬を受けて遠征試合を行う学校もあった。三七年に明大を卒業、国民新聞の運動部記者になった金子家基さんによれば、「人気のある学校は一試合一〇〇〇円くらいとっていたし、年間七、八十試合はやっていた。小学校のチームでさえ県外まで遠征していた」という。

実力のある選手はそれだけで有名な中等学校から六大学の早慶などに金銭的な支援を受けて進学し、未曽有の不況下でも一流の会社に就職できた。雑誌『野球界』は、「不景気風に祟られて、大学の卒業生は、就職口がないのに困っている。〔中略〕野球選手ばかりは、就職口過多に苦しんでいる」と書いた。(9)

では、野球選手はなぜ就職に強かったのか。

当時の学生の左傾化や産業界で頻発する労働争議を背景として、野球選手が「思想健全」で厳しい練習にも耐えてきた「堅忍持久」の精神の持ち主として好まれたからだ。共産党員などが大量検挙された二八年の三・一五事件では多くの大学生も検挙された。飛田穂洲は、彼らは「建国の精神」を忘れた「悪思想」「危険思想」の持ち主だと断じた上で、これまで野球選手からは一人の危険思想家も出ていない、野球は日本精神を正道とする青少年を作るよき教育機関であるからだ、と主張した。(10)それは、野球は武士道精神で堅忍持久の心を養うだけでなく、若者の「赤化防止」にも役立つとの自賛にほかならなかった。

飛田が思想健全を野球に強く価値づけたのは、再び野球界を襲うようになった弊害批判に対する立論強化の側面もあったのだろう。野球ブームが過熱するなか、学生野球の興行化や選手のプロ化などへの批判が噴出するようになっていた。野球選手を「稼ぎ人」「マネキン」と揶揄し、「猿芝居の猿」と蔑む声さえあった。(11)河野らはこのような事態を恐れたからこそ日本運動協会を創設したが、野球を職業にすることへの蔑視もあり、その流れを修正できなかった。学生野球の統制を求める声が強まった。

そこで文部省は、三二年三月二八日、訓令第四号「野球ノ統制並施行ニ関スル件」、いわゆる「野球統制令」を発令した。①全国大会は春夏の甲子園大会と明治神宮体育大会に限る、②入場料を取る試合は文部省などの公認がある場合に限る、③留年した選手は出場禁止、④外国チームやプロ選手との試合禁止、等々さまざまな規制が盛り込まれた。学生野球界の弊害を浄化するのが目的とされたが、文部省には学生スポーツの頂点にあった野球を統制下に置くことで、スポーツによる思想善導の推進役にしたいという思惑があったようだ。それを予見した河野は、東京朝日（一九三〇年一〇月一四日朝刊）の取材に応え、文部省主導の野球統制に反対を表明している。しかし学生野球の生殺与奪の権を握った文部省は、やがて試合運営などにさまざまな形で介入するようになる。

統制令の実効性はどうだったのだろう。大沢啓二元日本ハム監督の実兄で、国学院大学から名古屋軍に入り、戦後も中日、大洋、広島などで活躍した大沢清さん（※八六歳）は、こう語る。

「昭和九年（一九三四年）に神奈川商工を卒業するとき、明治の監督の岡田源三郎さんから誘われてね。月謝も合宿費もタダで、試合に出れば手当てで五円くれるという話だった。国学院は堅い学校で、そういう優遇は一切なかったけれど、学校で世話になった先生が国学院出身で断れなかった」

その明治大学に一九四〇年に入学した三宅宅三さん（※八二歳）は、こう証言する。

「野球部の同級生で月謝と合宿費の免除のほかに、いまのお金で月一〇万円くらい小遣いをもらっているのがいましたよ。ぼくは野球で入ったわけではなかったから合宿費だけ免除でした」

統制令発令後も六大学の潤沢な資金を背景に選手争奪戦が続いていたことがわかる。三宅さんは玉島商時代に砲丸投げで全国制覇した有名選手で、日中戦争の開戦により幻に終わった四〇年の東京五輪の有力な代表候補だった。大会返上でその夢がかなわなくなり、野球に転じていた。

統制令の発令から半年後の三二年九月、ほぼ同じ内容の訓令が朝鮮でも出された。中等学校の全国大会は朝鮮神宮競技大会と夏の甲子園大会の朝鮮地区予選に限るとされたため、朝鮮人の全国大会の全朝鮮野球大会は、学生の部がなくなり、一般の部だけのミニ大会に転落した(12)。

●統制令が生んだプロ野球

野球統制令にはさまざまな批判があるが、なかでも物議をかもしたのは営利企業による大会主催を原則禁止としながら、夏の甲子園と春の選抜は文部省後援で認められたことだ。このため各地で大会を主催していた地方の新聞社からは、地方新聞の大会を潰して経営を圧迫するために大阪朝日と大阪毎日が文部省の役人を抱き込んだのではないか——、そんな批判も出た(13)。

野球統制令によって学生野球が外国チームやプロ野球選手との試合を原則禁止されたことについても「大阪朝日と大阪毎日 vs 読売新聞」という構図が描ける。

読売新聞は、三一年一一月にルー・ゲーリックら大物選手を含む大リーグ選抜チームを招聘、日米野球を開催した。日本は六大学選抜で全日本チームを組むなどして対戦、一七戦全敗に終わるが、各地で大変な人気を博した。日米野球はしかし、純真な学生チームが野球を商売にする米国のプロチームと試合をするのは学生スポーツの品位を汚し、その精神を壊すものだとして批判も浴びた。背景にはプロ野球への偏見とともに、日米野球の直前に起きた満州事変以降、外来スポーツの持つ自由な雰囲気や合理的な面などを欧米的として目の敵にするような排外主義や国粋主義の台頭があったことも見逃せない(14)。統制令が外国チームやプロ選手との対戦を原則禁止にしたのは、日米野球からわずか四カ月後のことだ。

読売新聞は以後、統制令のこの禁止規定によって米国から大リーグ選抜を招聘しても六大学の選手などを試合に起用できなくなった。それを考えたとき、統制令を作成した野球統制臨時委員会のメンバーのうち新聞社の人間は、東京朝日新聞嘱託の飛田穂洲と東京日日新聞(大阪毎日傘下)社員の橋戸信の二人だけだったことはなかなかに興味深い事実と言えるだろう(15)。

もっとも読売新聞社長の正力松太郎は、その禁止規定をあっさり無力化して見せた。三四年一一月、読売はベーブ・ルースを含む豪華メンバーを揃えた大リーグ選抜チームを再び招聘した。禁止規定で学生選手が出場できないならと、社会人の精鋭を集めて全日本チームを結成したのだ。メンバーには浜崎真二(慶応、大連満倶)、三原脩(早大、全大阪)、水原茂(慶応、奉天日満実業)、苅田久徳(法大、東京倶楽部)など六大学出身の大物のほか、沢村栄治(京都商)やヴィクトル・スタルヒン(旭川中)もいた。沢村とスタルヒンの二人は読売が強引に口説き落とし、中等学校を中退させてメンバーに入れた。

日本は大リーグ選抜に一六戦全敗(東京倶楽部の一試合を含む)とまたもや圧倒されたが、ベーブ・ルースの来日は全国の野球ファンを熱狂させた。沢村がルー・ゲーリックのソロ本塁打の一点だけに抑えた一一月二〇日の静岡草薙《くさなぎ》球場での好投は、いまも日本野球史に伝説として残る。

日米野球に合わせて結成された全日本チームは、プロ化を前提に編成されたものだった。三一年の日米野球の成功と翌三二年の統制令の発令を受けて市岡忠男や鈴木惣太郎らは、米国大リーグの選手とも試合のできるプロ野球チームの創設を構想するようになった。

市岡は後述する河野安通志との確執から三〇年秋に早大監督を辞任し、読売新聞の運動部長に転じていた。鈴木は早大商科に進むが結核を患い中退、その後、大倉高商(現・東京経済大)の英語科を卒業して横浜の貿易商に入社、ニューヨーク支店長を務めた。その関係から米国大リーグの事情に通じるようになった。早大時代には河野に野球の手ほどきも受けている(16)。読売新聞の大リーグ選抜招聘の際には同社嘱託として米国側との交渉役を務めたことで知られる。

市岡らは正力が再び大リーグ選抜の招聘に成功したのを機に正力に働きかけ、プロ化が前提の全日本チームを編成し、日米野球終了後の三四年一二月二六日にこれを母体として大日本東京野球倶楽部を旗揚げした。このチームが翌三五年の米国遠征を経て「東京巨人軍」になる。

正力はプロ野球の先駆者の河野らが孤立無援で失敗したのを教訓に、最初からリーグ戦を構想していた。そこで第一、二回の日米野球に協力した阪神電鉄、新愛知新聞にプロ球団設立を呼びかけた。両者がこれに応じる動きを見せると、ライバル社の阪急電鉄と名古屋新聞も対抗して創設に乗り出した(17)。阪急の小林一三は、河野らの協会チームを宝塚で再生して経営するなどもともとプロ野球への関心は高かった。関西私鉄による電鉄リーグ戦構想を提唱したこともあった。

各社の動きに刺激を受け、三六年二月までに東京巨人軍(読売新聞)、大阪タイガース(阪神電鉄)、名古屋軍(新愛知新聞)、東京セネタース(有馬頼寧、西武鉄道)、阪急軍(阪急電鉄)、大東京軍(国民新聞)、名古屋金鯱軍(名古屋新聞)の七チームが相次いで生まれ、日本職業野球連盟が発足した。各球団の親会社は、すべて鉄道、新聞だった。国民新聞の記者だった金子家基さんは、「それまで読売は全くの二流新聞で、社屋も小さかったが、日米野球とプロ野球で大きく躍進した」と言う。読売の販売部数は第一回日米野球の三一年当時二七万部。プロ野球開始後の三九年には一二〇万部と四倍以上に急増した(18)。

だが正力のプロ野球もまた、河野らがそうであったように世間の根深い差別意識に終始苦しめられることなる。その最初の苛烈な洗礼は正力の遭難であった。大日本東京野球倶楽部が米国遠征に出帆した直後の三五年二月二二日、正力は右翼に襲われ瀕死の重傷を負う。犯人は武神会の構成員で、その犯行理由としてあげたのは、①読売新聞が天皇機関説を支持した、②正力が大リーグ選抜を招聘して神宮球場を使用し、神域を穢《けが》した、などであった(19)。

事件の背後にはライバル紙の存在があったとされるが、血盟団事件や五・一五事件など満州事変以降に台頭した排外主義や国粋主義の動きが無関係であったとは思えない。満州事変は大正デモクラシーの余熱を断ち切り、日本社会の空気を一変させた。正力主導のプロ野球がスタートした三六年にＮＨＫに入局し、プロ野球実況の草分けとなった志村正順さんは言う。

「あるとき神宮で六大学の中継をしていて、試合の間に、金鯱と名古屋の試合結果をお知らせします、とやったんです。そうしたら、神聖な神宮の学生野球の放送のなかに穢れた職業野球の結果を放送するとはけしからん、と抗議の投書が来ました。職業野球蔑視はひどかったですよ」

プロ野球への差別意識は、神宮を神域として神聖視する当時の国体観念とも結びついていた。プロ野球を見る世間の冷たい視線は、各チームのスカウト活動においても大きな障害となった。

2　草刈り場になった満州野球界

●確執の始まり

河野安通志は一九二九年七月の協会チーム解散後、早大野球部総務の肩書で母校に復帰した。当時の野球部監督は市岡忠男。飛田の後を受けて二六年からその任にあった。市岡は河野が率いた早大の第三回米国遠征（一九一六年）のときの選手で、協会チーム創設時にはコーチも務めている。

ところが河野が復帰したことで二人の関係はおかしくなる。

「早大総務は入場料の管理などが本来の仕事でした。なのに父は選手の指導までやってしまった。越権行為です。市岡さんにしてみたら上に総監督が来たようなもので、面白くなかったと思いますよ」

河野の次女の波木井さんはそう言う。実際、読売新聞は「早大野球部総監督に河野氏」と報じていた。[20] 総務というポストを世間は総監督と見ていたことがわかる。

二人の関係に亀裂が生じたのは、二九年秋のリーグ戦前に起きた松江商業の福田宗一投手の進路をめぐる対立だった。福田は大阪鉄道局（以下、大鉄）への入社が内定していたが、市岡の教え子で大鉄監督の藤本定義が、福田は実は進学希望なので早大で取ってほしいと願い出た。当時早大は小川正太郎を体調不良で欠くなど投手難であったから、市岡は喜んで受け入れるつもりだった。これに河野が待ったをかけた。二人の間で「どうしてですか」「断じていかん」と激しいやりとりがあったのを野球部員が聞いている。

河野が反対したのは、宝塚運動協会が解散したとき、選手を何人か大鉄に引き取ってもらっていたからだ。河野は大鉄に恩義を感じていた。[21] それでも最後は河野が折れる形で、福田は翌三〇年春、早大に入学し、野球部の一員になっている。

三〇年九月二三日、法政との一回戦を翌日に控え、突然、市岡が早大監督を辞任した。在任五年目で優勝わずか二回。ＯＢの間に不満が燻《くすぶ》っていた。[22] 潮時と思ったのかもしれない。

ただし河野との確執が一因だったのは疑いようがない。辞任に際して市岡は「最も敬愛する河野安通志」を総務に迎えたいまこそ退任の時宜であり、今後早大野球部は「河野総務によって益々進展する」に違いないと述べている。[23] それは自分を軽んじた早大野球部と河野に対する皮肉以外の何ものでもなかった。市岡はその後、読売新聞の運動部長に迎えられ、前述のように東京巨人軍の創設において中心的役割を果たすことになる。

●河野が満州で語ったプロ化の動き

一九三二年一二月二五日、河野は早大野球部総務の職を辞し、早大を去った。市岡の辞任以降、その任に居心地の悪さを感じていたのかもしれない。河野は以後、野球評論を中心に活動する。

三四年六月八日、河野は満州日報の招きで実満戦の観戦記を書くために大連を訪れた。大連港では満倶の主将浜崎真二や実業の谷口五郎のほか協会チームにいた野原五郎（実業）や山口茂次（満倶）の出迎えを受けた。また実満戦の審判の一人は元協会の尾崎昇治郎だった。[24]

河野は着連早々、読売が日米野球を機にプロチームの編成に動いていることを伝え、こう述べている。[25]「斯《し》界《かい》の先輩連並《ならび》に一般の輿論も或程度迄《まで》その実現を希望している現状であり最早《もはや》時期尚早でもなく成功するだろうと思う」と。読売に続くプロチームの登場はまだ見えない状況であったから、リーグ戦構想には触れていないが、将来性については確信していたことがわかる。

河野は実満戦が終わると満州各地の野球事情を視察している。奉天には孫孝俊、田村正夫、香川春幸、大貫賢、撫順には尾崎がいた。河野は元協会メンバーとの再会を喜んだに違いない。

各地の視察を終え大連に戻った河野は、二八日午後七時より大連ヤマトホテルで満州日報主催の「野球を語る会」に出席している。河野を囲む座談会で満倶の浜崎や実業の谷口など満州の野球関係者が二十数名参加した。この模様は翌七月に一五回にわたり満州日報に連載された。現地での関心が高かったせいだろう、河野は六、七日掲載分でプロ野球の必要性とそれを阻む「職業野球蔑視」について語り、八日掲載分では改めて読売のプロ野球構想について触れている。六月三〇日、河野は野球関係者など多数の見送りを受け大連を後にした。

入れ違うように七月八日に大連に入ったのは、プロ化を前提とする読売の全日本チームの選手集めに奔走していた三宅大輔だった。慶応の捕手で鳴らし、全日本チームでは総監督の市岡忠男のもと、浅沼誉夫（早大第九代主将）とともに監督を務めた人物だ。小林一三が作った阪急軍の初代監督でもある。三宅の渡満を満州日報は警戒感を露わにこう伝えた。(26)

「大日本東京野球倶楽部の取締役支配人に擬せられている創立委員三宅大輔氏は八日入港の扶桑丸で来連したが、同氏は過般《かはんらい》来各都市の選手のピックアップに奔走しており今回の来満も岩瀬、山下等の大連野球界の引っこ抜きに来たものと噂され、大連ファンの耳目を刺激している」

満州野球界は日本のプロ野球の草刈り場になるのではないか――。

満州の野球界やファンの懸念は現実のものとなる。

●プロ野球が蔑まれた時代

三宅大輔は、門司鉄道局の新富卯三郎《しんとみうさぶろう》、朝鮮殖産銀行の李栄敏《イヨンミン》、大連満倶の浜崎真二を勧誘、承諾を得た足で奉天日満実業の水原茂を訪ねた。麻雀賭博で検挙され、慶応野球部を除名された水原は、慶応監督の腰本寿の勧めで満州に渡るが、奉天での暮らしは慶応のスターだった男には刺激がなさすぎた。無聊を託《かこ》っていた水原は二つ返事で全日本チーム入りを承諾した(27)。

日米野球を目前に控えた同年秋には市岡忠男も満州を訪ねてスカウト活動を行っている。最終的に満州からは浜崎、水原のほかに倉信雄(奉天日満実業)と山下実(大連満倶)の四人が全日本に参加した。総勢三〇人のうちの四人だが、彼らはいずれもチームの主力選手となる。

それにしても市岡らはなぜ朝鮮や満州にまでスカウトの手を伸ばしたのだろう。おそらく朝鮮では強打の李栄敏の一本釣りで、ほかには獲得をめざす有力選手はいなかったと思われるが、満州の野球界には内地の大学球界の有名選手が多数渡っていたため実業、満倶を筆頭に全日本候補が揃っていた。市岡らが目を向けたのはある意味当然であったが、実はほかにも理由があった。プロ野球に対する世間の差別感情から日本の内地だけでは有力選手を確保できなかったのだ。

このとき全日本チームに志願して入った選手は二人しかいない。元協会メンバーの山本栄一郎と米国ロサンゼルスからやって来た日系二世の堀尾文人《ふみひと》(ジミー堀尾)である。山本は当時、埼玉熊谷のクラブチームにいたが、全日本チームの結成を知り、芝浦でコーチを受けた縁を頼りに市岡に参加を直訴した。堀尾もロサンゼルスの新聞で全日本の結成を知り自ら売り込んだ(28)。二人を除く二八人はすべて市岡らに口説き落とされて参加した選手だ。「野球がだめになったさいには読売新聞社で採用」という将来保証までした(29)。それでも日米野球終了後の三四年一二月二六日に結成された大日本東京野球倶楽部(巨人)には三〇人のうち一九人しか残らなかった。「職業野球なんて御免被る」という選手が多かったからだ。

世間がプロ野球を見下す時代を経験した関係者の証言は枚挙にいとまがない。たとえば水原茂は「プロ野球に入るようなやつは就職もできない、どこの会社も雇ってくれない、いわばやくざの道に入ったかのように非常に軽蔑した目で見ていた(30)」と言い、松木謙治郎は「女郎に身を売ったというように、変な眼で見られたものです。プロ野球に加入したということで六大学クラブから除名されたり、かなり迫害されました(31)」と述べている。

志村正順さんは「学生野球に比べて職業野球は潔癖さに欠けると思われた。野球で食べるというのが、軽業師なんかと同じに見えたのではないか」と言う。また中沢不二雄は、プロ野球についての認識不足とともに、球団結成を急ぐあまり、在学選手を誘ったことが多くの学生野球関係者の反感を招いたという点を指摘している(32)。プロ野球を見る学生野球界の眼差しは刺すように厳しいものがあった。それは太田四州《ししゅう》(本名・茂。志蹴の筆名もある)が雑誌『改造』に寄せた次の一文を見れば明らかだ(33)。

「大学野球の蒙《こうむ》る痛手は、過去現在に丹誠した蕾《つぼみ》や満開の枝を伐り去られなければならないと共に、将来を期して居た中等野球からの苗木をも横取りされるのである」

大学で定位置をつかめなかった二軍の選手がプロに入った途端にレギュラーになったことから、実力的にも一段下に見られる傾向が強かった。これもまた嘲弄、侮蔑につながった。

プロ野球を見る世間や球界の目というのはかくの如くで、最初は「参加したい」と言っていた選手も最後はたいてい「家庭の事情」を理由に拒否した。家族や周囲の理解が得られないのだ。八幡製鉄所では市岡から大岡虎雄ら主力選手五人に勧誘があったが、全員が断っている。当時からアマチュア球界屈指の強打者と言われた大岡は、戦後の一九四九年に三七歳でプロ入りし、大映、松竹で太く短く活躍して球史に名を残したが、戦前はプロの誘いに応じることはなかった。「ボールを投げたり捕ったりしてメシを喰うな。お前が一生喰っていけるだけのものは遺してやるから、じっと製鉄所にいろ」、父親にそう反対されたからだ。[34]

もっともそれだけ世間や野球人から侮り、軽蔑されていたからこそ、プロの世界に身を投じた選手の面々は、「よけいに男の意地というか、よしっ、今に見ていろ、この道でおれたちは必ず成功してみせるという真剣さがあった」と後年、水原茂は語っている。[35]

「あの当時を回想してみると、今プロ野球の恩典に浴するといってはおかしいけれども、生活している人たちがいるが、その人たちは当時われわれを軽蔑していた。それが時勢の変わった今日プロ野球さまさまだと言う。僕らにしたらおかしくてしょうがない」

荒野に道を拓いた男たちの矜持であったが、振り向けばそこには河野らがつけた一条の獣道のような隘路もあったのだ。それを語り継ぐ者はあまりに少ない。

●「外地」と「日系」の野球人

プロ野球が白眼視された時代、巨人がそうであったように後続の各球団も選手集めには苦労を強いられた。大学生や社会人の実力者の多くは周囲の強い反対もあり、プロ入りを拒否した。そこで各球団が目を向けたのはやはり巨人と同様、満州をはじめとする「外地」と「日系」の選手だった。人材豊富な満州には及ばないが、朝鮮や台湾にもいい選手はいた。また巨人の堀尾文人が先鞭をつけたことでハワイや米国本土の日系人選手にも注目が集まるようになった。

戦前戦中にプロ野球の各チームに入団した主な「外地」と「日系」の選手をまとめると次のようになる[36]

（選手名は入団時の登録名。本名、愛称等はカッコ内に記した。出身、所属は主なチームのみ記載。日系選手は、日本生まれや日本育ち、日本の大学出身など米国から直接プロ入りしたケース以外を含む）。

▽「外地」の選手

【満州】水原茂（奉天日満実業－巨人）、倉信雄（奉天日満実業－巨人）、津田四郎（奉天日満実業－巨人）、大貫賢（奉天日満実業－セネタース）、石井秋雄（奉天実業－イーグルス）、石田政良（四平街満鉄－名古屋）、松木謙治郎（大連実業－タイガース）、松尾五郎（大連実業－タイガース）、川崎徳次（撫順満鉄－南海）、北原昇（大連実業－南海）、水谷則一（大連満倶－大東京）、山下実（大連満倶－阪急）、【朝鮮】朴賢明《ぼくけんめい》（朴賢明《パクヒョンミン》：平壌実業－タイガース）、金光彬夫《かねみつあきお》（金永祚《キムヨンジョ》：早大－朝日）、【台湾】漆原《うるしばら》進（台北工業－大東京）、黒田健吾（台北交通団－金鯱）、木下博喜（台北交通団－金鯱）、呉波《ごは》（呉波《ウーボウ》：嘉義農林－巨人）、伊藤次郎（羅道厚《ルオダオホウ》：法大－セネタース）、岡村俊昭（葉天送《イエティエンソン》：日大－南海）、【中国】劉瀬章《りゅうせしょう》（劉瀬章《リウライヂャン》：法大－南海）

▽「日系」の選手

堀尾文人（ジミー堀尾：巨人）、高橋吉雄（サム高橋：名古屋）、松浦一義（ジョージ松浦：名古屋）、本田親喜《ちかよし》（チック本田：名古屋）、亀田忠（テッド亀田：イーグルス）、長谷川重一（カウボーイ長谷川：イーグルス）、野上清光（キヨ野上：阪急）、上田藤夫（阪急）、山田伝《でん》（フランク山田：阪急）、若林忠志（ボゾ若林：タイガース）、田中義雄（カイザー田中：タイガース）、亀田敏夫（トシ亀田：タイガース）、古川正男（マサオ古川：タイガース）、平川喜代美（スリム平川：金鯱）、濃人渉《のうにんわたる》（金鯱）、森口次郎（セネタース）、尾茂田叶《おもだかのう》（セネタース）、上田良夫（ヨシオ上田：南海）

これらの選手を見ると、正力の主導で始まったプロ野球が、外地と日系の選手によって支えられていたことがよくわかる。プロ入りした選手のなかには、大連実業にいた山本栄一郎や田部武雄のように外地の野球界を経験した後、内地へ戻り、学生や社会人の野球を経てプロ入りした外地経験者もいる。そうした選手も含めれば、外地の選手の数はさらに増える。台湾の伊藤(羅道厚)、岡村(葉天送)などは日本留学後のプロ入りで、「日系」の若林忠志らと同じケースだ。

なお、戦前戦中のプロ野球には日本の植民地統治にともない朝鮮から日本へ移住し、日本名でプレーし、のちに日本国籍を取得した選手がいるが、ここには含めなかった。

3　名古屋軍総監督として手掛けた先駆的取り組み

●日本プロ野球への河野の提言

巨人が第一回米国遠征に出た一九三五年二月、河野安通志は読売新聞運動部の顧問に就任している[37]。市岡との関係を考えると奇妙にも思えるが、プロ野球への道を走りだした正力にとって先駆者の経験は顧問に迎えるほどに貴重だったのだろう。

河野が読売入社後に『中央公論』に寄せた「日本職業野球への註文」という一文がある[38]。そこで河野は、協会時代や渡米経験を踏まえて六つの提言を行っているが、なかでも特に重要と思われるのは「ショウマンシップ」と「日米プロ野球選手権」に関する論考である。

河野はあるべきショーマンシップの模範を明大の岩本義行に見ている。「岩本外野手は必ずしも技倆に於てリーグ中のスターでないかも知れん。然《しか》し彼の闘志満々たる所、彼の野球に熱心なる所、彼れ《ママ》の試合の最初より最後まで緊張し切って居る所、彼は多くを語らないが、或る場面に於て真からくやしそうに見える所、そこに同君のショウマンシップがある」。技術は超一流でなくても最後まで闘志溢れる姿で試合に臨む――。六大学のスターが背を向ける状況にあって、それはプロ野球がファンの心をつかむための一つの大事な方向性を示すものであった。

河野はまた、自分の「希望」だとして、チーム数を増やしてその優勝者と米国のパシフィック・コースト・リーグの優勝者で毎年チャンピオンシップを争うことをめざそうと提案している。日米が毎年覇権を争うようになれば、「大学の野球など自然に浄化し、アマタリズムとプロフェッショナリズムは判然と区別せられて確立し、其処《そこ》に始めて日本の野球界は先《ま》づ究極の目的が達せられ、日米親善にもよいし、吾等数十年野球に志したものも安心して瞑目《めいもく》する事が出来る」――。

それは安部磯雄のスポーツによる国際平和という教えを受けた河野が、プロ野球の未来に託した見果てぬ夢であった。正力が神宮の神域を穢したとして右翼に襲われ瀕死の重傷を負ったのはその年二月二二日。河野がこの文章を書いたのは二週間後の三月五日である。日米親善に触れたのは、台頭する国粋主義や排外主義への河野なりの異議申し立てではなかったか。

●我ら遊芸稼ぎ人にあらず

正力遭難から一年。一九三六年二月二六日、天皇親政をめざす陸軍皇道派の青年将校によるクーデター事件が起きる。内大臣斎藤実、蔵相高橋是清らを殺害、国会議事堂や首相官邸周辺を占拠した二・二六事件だ。以後、軍部は政治的発言力を強め、戦争体制へ突き進んでいく。

正力主導のプロ野球が始まるのはこの春のことで、三月半ばには飛田穂洲と市岡忠男による職業野球論争が起きた。飛田は「学生野球と興行野球」を東京朝日新聞に連載し、プロ野球は商売のための見世物野球で邪道、観客を呼ぶだけの魅力も実力もないとこき下ろした。市岡は読売新聞に「球界の暴論を駁《ばく》す」を寄せ、学生野球の弊害をなくすにはプロ野球の台頭が必要と反論した。その主張は、河野らが日本運動協会を創設したときの論理と同じであった。プロ野球を見る世間の目は冷たかった。だからこそ市岡ら巨人の関係者は、選手の振る舞いに特段の注意を求めた。これもまた河野らが協会チームのメンバーに求めたものと同じである。「巨人軍は常に紳士たれ」という言葉がある。巨人の捕手だった楠《くすのき》安夫は、その謂れについて「早稲田の安部磯雄先生の「野球選手はゼントルマンでなければならない」という教育方針が市岡忠男氏から巨人軍に生かされたものである」と述べている(39)。安部はこう説いた(40)。

「野球選手は壮士ではない。従来の如く東洋流の豪傑を気どり、粗暴に流れるやうでは選手たるの資格がない。大学選手は少なくとも紳士でなければならない。スポーツマンには節度がなければならぬ。如何《いか》にグラウンド上で活動しても、その内面生活に正しさがなければ、選手として何等《なんら》尊重されるべきものがなく、世間はいつ迄も野球を歓迎するやうにはならない」

安部の言葉は、明治の時代に激しい野球の弊害批判を経験した野球指導者の切なる願いではなかったか。安部の薫陶を受けた河野や市岡らは指導者になってもその教えを忠実に守った。しかも二人が始めたのは世間から賤業視されていたプロ野球だった。選手が何か問題でも起こせば、やっぱり野球を商売にするようなやつは、と必ず言われる。指導は厳しくならざるを得なかった。

日本職業野球連盟は創設時に連盟所属の各チームの監督や選手を「職業野球の監督、選手」として警視庁に届け出た。ところが「そんな職業があるか！」と一喝され、下りた鑑札《かんさつ》（許可証）は役者や落語家や芸者などと同じ「遊芸稼ぎ人」だった。慌てた連盟は、警視庁出身の正力や庄田良（巨人取締役）が古巣に掛け合い、その鑑札を取り消してもらい、代わりに連盟独自の身分証明書を発行した(41)。

鈴木惣太郎は、「職業野球を単なる娯楽」とするならば、「監督や選手はどうしても此《こ》の鑑札を受けなければなら」ないが、「それが実にいやな事だった」としてこう述べる(42)。

「私共が日本に職業野球を建設するに当たって一つの大きな苦心があった。それは選手として「遊芸稼ぎ人」の鑑札を受けさせぬようにする事であった。〔中略〕職業という名称を冠しても、野球は単なる遊芸ではないという強い信念の下に、私共は此の日本野球人の持つ伝統的の矜持はどうしても失い度《た》くないのである。〔中略〕日本の野球選手は「遊芸稼ぎ人」に非《あら》ず――」

当時のプロ野球関係者の思いを一言で言うなら、おそらくこうだ。芸人と一緒にされてはかなわない――。それは河野が菊五郎から優勝杯の相談を受けたとき、役者からもらうのはどうかと否定的に答えた差別意識に重なる。「遊芸稼ぎ人」の鑑札を受けることは、諸芸で身を立てる芸能の世界の人たちと同じと自ら認めることを意味し、断じて容認できなかったのだろう。

連盟は、野球の商売人と見られることを恐れ、新聞広告も出さなかった。その理由を金子家基さんは、「新聞に広告を出すのは商品の広告と同じと考える人が多かったから」と言う。

「六大学は広告なんてしなくても神宮球場が満員になって、それがニュースになる。だから職業野球もニュースになるように頑張ろうという人が多かった。河野さんはその代表格でしたね」

同様の指摘は、もともと無声映画の弁士で、当時、連盟の関西支部長だった小島善平もしている。連盟が入場券などにタイ・アップ広告を始めたとき、「サムライ中のサムライ」だった河野は「商人とタイアップするなんて、もってのほか」と強く反対したという[43]。協会チームで「商売人」の罵声を浴びた河野は、商業主義と映るような行為は極力避けるべきと考えたのだろう。

なお一九四〇年二月には芸能その他の興行の統制を強化し、戦争動員するため警視庁の「興行取締規則」が改正され、俳優や演奏家などの技芸者は所轄の警察署に「技芸者届」を行い、「技芸者之証」の発行を受け、興行中の携帯が義務付けられた(同年一二月には大阪でも同様の府令公布)。技芸者之証は遊芸稼ぎ人鑑札に代わるもので、創設時に頑強に抵抗してその対象外だったプロ野球も「競技者」として「技芸者届」を行い、「技芸者之証」の発行を受けなければならなくなった。手続きは、球団が一括して行ったため選手が個人で行うことは通常なかった[44]。

●二つの独自路線

「協会が潰れて子どもたちは喜びました。野球の遠征で家にいないことが多かった父が、一緒に遊んでくれるようになったからです。芝居に映画に遊園地。花月園や多摩川園、洗足池にあった小さな遊園地にはよく行きました。家ではトランプをしたり、独楽《こま》をまわしたり。父は手妻《てづま》(手品)が好きで、とても上手でした。横浜商時代の友人が来ると決まって碁打ちでしたね」

河野の次女の波木井優子さんは、早大総務時代の河野の様子をそう語る。協会チームが解散したとき三歳だった波木井さんは、「小学校の三年生くらいまでは父と遊んだ記憶が多い」と言う。しかしその後は「だんだん少なくなった」。河野が再びプロ野球の世界に戻ったからだ。

一九三六年一月一五日、新愛知新聞が名古屋軍を創立した。河野が常務取締役兼総監督として名古屋軍に入ることが決まったのは前年秋のことで、月の半分は名古屋という生活が始まった。河野は盟友の押川清と協会時代の教え子である小玉与太郎をともない名古屋軍に入った。押川は相談役兼顧問兼マネジャー。実際のマネジャー業務は小玉が担った。監督は早大の後輩の池田豊に決めた。後年、小玉がスポーツ紙に語った河野の名古屋軍入りの経緯はこうだ。(45)

新愛知新聞の主幹で名古屋軍代表の田中斉《ひとし》は、自身が明大出身であったことから、当初は明大出身者中心のチーム編成を考え、監督には岡田源三郎を考えていた。ところが一足違いでライバル紙の名古屋新聞が作った金鯱にとられてしまった。ならばと早大系に方向を転じて大鉄から東京鉄道局に移っていた藤本定義を狙うが、こちらも巨人入りが決まっていた。そこで白羽の矢を立てたのが当時、読売新聞運動部顧問だった河野で、田中は正力に仁義を切ってもらい受けた——。

河野は田中から話があったとき、「私の理想を実現させてくれるなら」と条件を出した。田中は「一切お任せする」と快諾し、名古屋軍入りが決まった。(46) 河野が名古屋軍総監督となって手がけた理想のチーム作りは、時代を先取りした画期的な取り組みであったとしていまでも評価が高い。

当時は短期間に七つのプロ野球チームが生まれ、有力選手は争奪戦になった。これは河野の最も苦手とすることだった。それで協会時代もチーム編成に苦労した。特に投手難は深刻だった。

「父はもっぱらグラウンドで野球をやり、野球と向き合う人でした。それも真摯に、フェアプレーの精神で。だから生き馬の目を抜くような選手の獲得競争なんて無理なんですよ」

波木井さんはそう言う。大東京軍の球団代表だった鈴木龍二(のちセ・リーグ会長)も、河野は試合のある日に連盟の会議が長引くと、「さあ、これまでにして試合に行こう」と真っ先に口を開いてみんなを球場へ連れ出すような野球に対して純真な人で、「情実を使って選手をとるということは嫌いなほうだった」と述べている。(47) だから河野は、他チームと競合しないように二つの独自路線をとった。公募により若い養成選手を採用するとともに、チームの中心選手を米国に求めたのである。

それは選手を公募し、孫孝俊ら朝鮮人選手を中心に据えた協会チームと同じ編成方針であり、野球を通じた日米親善をも念頭に置いたものだったのではないかと思う。

●殿堂入りした養成選手

養成選手の募集は、一九三五年秋に新愛知新聞と傘下の国民新聞の紙面を通じて行われた。中等学校を出た若い選手が対象で、入団テストは名古屋の鳴海球場と東京の芝恩賜公園で実施された。(48) 大和球士《やまときゅうし》『プロ野球三国志　第二巻』（ベースボール・マガジン社）は、公募の結果を次のように伝えている。

名古屋では約四〇人が参加し、愛知一中出身の浅原直人が採用になった。陸上部の短距離とやり投げの選手で、遠投と一〇〇m走は他を圧倒したが、打撃や走塁はうまくなかった。監督の池田は不合格を主張したが、河野が「野球の技術は仕込めばいい」とその身体能力を高く評価し合格となった。のちに浅原は名古屋軍から大東京軍に移籍し、一時は四番を打ち、戦後も東急などで活躍した。

東京のテストにも約四〇人が参加した。このなかにひょろりと背の高い一人の少年がいた。肩が強く足も速い。打撃も伸びそうだ。ただ年齢がまだ数えで一五だった。「子どもすぎる」と池田は反対したが、ここでも河野は「大物になる素質がある」とほれ込み、入団させた。この少年こそ、戦前戦中は投手、戦後は打者として大活躍し、首位打者一回、打点王一回、引退後は中日の監督を務め、野球殿堂にも入った西沢道夫であった。西沢は一八〇cm超の高身長から巨漢力士の出羽ヶ嶽文治郎《でわがたけぶんじろう》にちなんで「ブンちゃん」の愛称で親しまれた。三七年春に国学院大学を中退し、名古屋軍に入った大沢清さんは、当時、入団二年目で「グラウンドを走らされてばかりだった」西沢のことをよく覚えていた。

「試合に出ない選手は二軍扱いで遠征に行かないんですよ。当時六、七人いたかな。ブンちゃんはその一人でした。試合に出るようになったのは昭和一三年(一九三八年)からで、最初は投手だったけど肩を壊してね。打者に転向して開眼したのは戦後ですよ。河野さんは見る目があったんだな」

西沢は六四年に中日の監督になり、四年間務めた。一年目こそ最下位だったが、翌六五年からは三年連続二位と手腕を発揮した。そのときの優勝はいずれも巨人。九連覇の始まった時期だった。西沢の監督就任と成功を誰よりも喜んだのは小玉与太郎であったかもしれない。小玉の次女の草場厚子さんによれば、小玉は河野から「大学を出ていないので監督にはさせられない」と言われていたという。当時のプロ野球は、六大学出身者が監督になるのが当たり前で、そうでないと縁故と情実頼みの選手集めができなかったり、選手がついてこないといった事情があったようだ。

「河野先生の片腕として働いていましたし、東海製紙の監督経験もあった。本音ではやりたいわけですよ。それが河野先生もわかるので、変な期待を持たせてもいけないと思ったんじゃないですか。そういうことがあっただけに西沢さんが監督になったときはとても喜んでいました」

西沢でも監督になれた。時代は変わった。そう思えたのだろう。

●日本初の助っ人外国人選手

河野が採用したもう一つの独自路線は、チームの主力を米国に求めたことだ。獲得したのはロサンゼルスの日系人チーム「L・Aニッポン」の主力選手だった日系二世の高橋吉雄（サム高橋、遊撃）、アンドリュー・ハリス・マクギャラード（捕手）、それに「パラマウント・カブス」のハーバート・バスター・ノース（投手）の三人。獲得に際しては米国通で阪急の監督になった三宅大輔、巨人のマネジャー鈴木惣太郎、そのビジネスパートナーのフランク大江の三人に協力を仰いだ(49)。捕手のハリスはバッキーの愛称をつけて「バッキー・ハリス」で登録された。ハリスとノースは、日本のプロ野球が迎え入れた日系人を除く初の米国人選手だった。

ただしノースは制球力に難があり、三六年六月にはL・Aニッポンのエースだった松浦一義（ジョージ松浦）を緊急補強した。これが奏功した名古屋軍は、翌七月に東京、大阪、名古屋で行われた「連盟結成記念全日本野球選手権（夏季）」の東京大会で一回戦は巨人を9-8、準決勝は阪急を13-3、決勝はセネタースを1-0で退け、見事優勝している。この大会は第二回米国遠征から帰国した巨人も参加し、初めて七球団が顔を揃えた公式の大会だった。

松浦は三試合すべてに登板し、勝利投手になっただけでなく、打者としても一〇打数六安打とチームを牽引した。L・Aニッポンでバッテリーを組んでいたハリスが松浦をよくリードし、遊撃の高橋は決勝戦の一発を含む大会二本塁打と爆発した。米国から来たこの三人が優勝の立役者だった。続く大阪大会はベスト4、名古屋大会は敗者復活戦で敗退した(50)。

当初、東京大会は会場が決まっていなかった。プロ野球に対する学生野球界の反発から神宮球場が使えず、ほかにプロ野球の興行が行える適当な球場がなかったからだ。そこで河野や市岡の母校である早大の戸塚球場を使わせてもらうのだが、前述の市岡と飛田の大論争もあって、大会の直前まで早大の承諾が得られなかった。鈴木龍二は回顧録で、日本高等学校野球連盟の会長を務めた佐伯達夫の証言を引きながら、戸塚球場をプロ野球に開放する際は飛田も陰で理解を示したとし、そこには信頼していた河野の存在があったのではないか、と述べている(51)。

河野と飛田が疎遠であったことは、河野の長男の通さんや次女の波木井さんの証言から明らかで、飛田が河野を信頼していたというのは少し違う気がする。考えられるのは二つ。一つは、安部磯雄が早大サイドに働きかけた可能性だ。安部は学生野球の浄化にはプロ野球が必要と考え、河野らの運動協会も陰ながら応援していた。飛田の翻意を引き出せるのは恩師の安部以外には考えにくい。

もう一つは、河野が飛田に頭を下げた可能性だ。生涯をプロ野球にかけた河野の生きざまは、野球観は違っても飛田も認めていたはずだ。河野が連盟のために飛田に頭を下げ、飛田もそれを了とした、というのはあってもおかしくはない。もしそうであれば、逆風をまともに受けながら再びいばらの道を歩き始めた河野への手向けであったように思う。

神宮球場が使えず、戸塚球場を借りるのも一苦労。連盟は自前の専用球場を東京に確保することを迫られた。そこで三六年八月には上井草球場、同年一〇月には洲崎球場が泥縄式に建設され、開場した。だが上井草にはアクセスの悪さ、洲崎には大潮のとき浸水するという致命的な弱点があり、三七年九月に後楽園球場が開場すると次第に使われなくなった。

三六年七月下旬に選手権が終了すると、ノースはチームを去り、名古屋軍は大東京軍とともに帯同試合

（オープン戦）の旅に出た。一二戦一一勝一敗。大東京を圧倒した。河野からその報告を受けたオーナーの田中は、渋い顔で言った。(52)「そんなに勝たなくてもいいのに……」。

新愛知新聞主幹の田中は、名古屋軍のオーナーであると同時に新愛知新聞傘下の国民新聞が作った大東京軍のオーナーでもあった。名古屋軍と大東京軍は兄弟チームで、名古屋軍の東京事務所は銀座の国民新聞社屋の地下にあった。河野は田中の言葉に衝撃を受ける。少しは手加減しろと言われたに等しかったからだ。公式戦でそれをやれば片八百長だ。河野の気持ちは急速に冷めていった。

三六年のシーズンが終わると、六月の加入以来、大活躍した松浦一義がチームを去った。日中関係が悪化するなか、息子の徴兵を恐れた父親が米国に呼び戻したのだ。実際、翌三七年一月には巨人の中山武や金鯱の内藤幸三ら一一人が入営。戦争の影はすぐそこまで伸びていた。

4　片翼の鷲

●後楽園とイーグルス

一九三六年一二月下旬、河野は名古屋軍総監督を辞任し、チームを去った。理由は大きく二つある。一つはオーナーの田中斉との確執だ。大東京軍への手加減要求は、チームの強化に力を尽くしてきた河野にとっては屈辱以外の何ものでもなかった。もう一つは、名古屋軍の総監督に就任する前から水面下で進めていた新球場の建設とその付属チームの創設に目途が立ったことだ。河野は押川らとプロ野球経営に再挑戦する計画を進めていたのだ。

河野らの心に再び火をつけたのは、読売新聞の正力が第二回日米野球を機に全日本チームをプロ化する動きだった。河野は三四年六月に実満戦の観戦記を書くために渡満した際、そのことに繰り返し言及していた。刺激を受けていたのは明らかだ。河野と盟友押川らは、遅くとも翌三五年の夏頃までには自前の専用球場を持つ二度目のプロ野球チームの構想に着手したと思われる。河野は同年二月に読売新聞の運動部顧問に就任している。巨人を創設した正力が、阪神電鉄にプロ野球参入を呼びかけたのはこの年の春のことで、五月には阪神もプロ野球参入へと舵を切っている(53)。正力のリーグ戦計画が動き出したことは当然、河野の耳にも届いていたはずだ。

河野と押川は構想を具体化するため早大野球部時代の仲間の山脇正治、森本繁雄らを同志に迎えたほか、橋戸信の紹介で東京日日新聞の事業部長だった久保勘三郎をメンバーに加え、事業を進めることになった。河野らは当初、球場建設の予定地として目黒の競馬場跡を考えていたが、「もっと都心にすべき」という久保の意見で小石川の砲兵工廠跡地へと切り替えた。ここは国有地で払い下げが難しいため候補地から外していたのだが、久保はこの土地を管理する大蔵省に知人がおり、敷地一万坪、坪当たり九〇円、総額九〇万円で話をまとめた(54)。橋戸は翌三六年三月二三日に五八歳で病没。久保の紹介は、河野らの宿願に対する最後の支援になった。

問題は資金で、球場建設には一〇〇万円はかかる。土地代と合わせて約二〇〇万円だ(55)。河野らは運動協会で世話になった阪急の小林一三に頼る。欧米視察に出るため上京した小林を訪ね、支援を懇願するが、協会チームの失敗もあり、色よい返事がもらえなかった(56)。

小林はそのまま渡米、ワシントン滞在中に阪神電鉄のプロ野球参入を知り、「即刻、職業野球団を作り、西宮北口に野球場を建設せよ」と阪急本社に海外電報を打つ。三六年一〇月二五日のことだ[57]。河野らはこの時点で小石川の砲兵工廠跡地の払い下げ交渉を終え、資金調達に奔走していた。河野らの構想は、やはり夏頃までには動き出していたとみるのが妥当だろう。

小林に断られた河野らは、資金調達の目途が立たないまま、同年一二月二日、「株式会社後楽園スタヂアム」の発起人会を開いた。砲兵工廠の敷地の一部は江戸時代、水戸徳川家の上屋敷で、庭園は「後楽園」といった。社名はそれにちなんだ。年が明け、ようやく河野らは早川芳太郎（東京米穀商品取引所理事長）の協力を取り付けた。野球好きの早川は、兜町に話を持ち込み、片岡辰次郎（山二証券社長）など有力者の賛同を得た[58]。小林一三も欧米視察から帰国すると、実弟田辺宗英に「河野を救ってやれ」と指示し、参画することになる[59]。

ここに事業計画は本格始動、一年後の三六年一二月二五日には株式会社後楽園スタヂアムの創立総会が開かれ、役員が決定した。しかしそこに河野や押川の名前はなかった。一株二〇円の株式を二一三〇株取得した早川が取締役社長、一三〇〇株を取得した田辺が専務取締役に就任。また一〇〇〇株取得した正力と小林が相談役に就いた。河野らの仲間で役員に名を連ねたのは、取締役の久保と監査役の山脇の二人だけだった。会社の実権は、一〇〇〇株以上取得した小林一三系と兜町の有力者グループが占め、用地の選定から取得まで話を進めた河野ら野球人は脇に弾き出されてしまった。河野が取得した株は三〇〇株。正力の三分の一にも満たなかった。

河野の次女の波木井さんによれば、河野は預金のほとんどすべてを十五《じゅうご》銀行に預けていた。ところが金融恐慌で十五銀行が潰れてしまった。一万円はあったようだが、その大半を失うことになった。「そのお金があれば、後楽園の株をもう少し買えたはず」と波木井さんは言う。

自前の専用球場を作り、それを本拠地とするプロ野球チームを運営する――。それこそが河野らのめざしたものだったが、資金力不足から球場経営の実権は、多額の資金を出した実業家の手に渡ってしまった。河野らは運動協会の挫折を乗り越え、不死鳥のごとく再生を果たしたが、球場経営という片翼を失い、球団経営に専念せざるを得なくなった。このとき押川は河野の手を取り、「我々は、大正年代から理想のプロ野球チームを求め続けながら、また一敗地にまみれた。残念だ」と男泣きに泣いたという[60]。無念の思いは河野も同じであったに違いない。

一九三七年一月一八日、後楽園スタヂアムの子会社として新球団「株式会社後楽園クラブ」が創立された。取締役社長に押川清、常務取締役に河野安通志と山脇正治、取締役に久保勘三郎、監査役に森本繁雄などが就任した。ペットネームは鷲の威風にあやかり「イーグルス」とし、総監督河野安通志、監督森茂雄(前タイガース監督)、マネジャー小玉与太郎、主将杉田屋守に決まった。同年二月五日、連盟への加盟が認められた。これで連盟は八球団になった。東京、大阪で四チームに分かれて同時にリーグ戦が行えるようになり、日程編成が容易になった。

後楽園スタヂアムは三七年二月竣工、同年九月一一日に開場した。渡米してヤンキー・スタジアムを視察するなどした山脇正治の構想をもとに、スタンドのどこからでも首を曲げずに白球が追える設計がなされた。当初の計画では七万五〇〇〇人収容でナイトゲームもできるはずだった。河野らの希望が詰まった夢のスタジアムだったが、日中戦争の勃発で資材難に陥り、両翼は七八mと狭く、収容人員も三万人にとどまり、照明設備もつくことはなかった。

●チームを支えた移籍選手と日系選手

イーグルスの戦力はどうだったか。後発の新設球団の常で中心は他チームからの移籍選手だった。名古屋軍から河野を慕ってバッキー・ハリス（捕手）、高橋吉雄（遊撃）とともに中根之《すすむ》（外野）が加入した。中根は明大から前年名古屋軍に入り、秋のシーズンで日本プロ野球初の首位打者（三割七分六厘）になった選手だ。当時は「インチキな人が多かった」が、河野は「その紳士的な人柄において野球愛において、別格」だったと中根は後年述べている。(61)

ほかには巨人から畑福俊英（投手）、タイガースから小島利男（外野手）などを移籍で獲得した。畑福は兵役を挟んで四三年までチームに在籍、弱体投手陣にあって通算四一勝（七六敗）をあげた。特に一年目の三七年は一九勝と活躍した。小島は早大で活躍した名選手。先輩の森茂雄を慕ってタイガースに入るが、その森が本拠地甲子園や宝塚での不成績を理由に解任されたことに反発、森を監督に迎えたイーグルスへの移籍を熱望、五月末に加入するまで大揉めに揉めた。二度の兵役を挟み、主軸を務めた。(62)日系選手も重用した。先の高橋のほか、三八年には亀田忠、四〇年には長谷川重一と二人の投手を獲得している。亀田は四一年六月に日米関係悪化で帰国するまでに六五勝（七八敗）をあげ、エースとして活躍した。剛球とカーブと荒れ球が持ち味で、打者を恐怖に陥れた。ノーヒットノーランを二回記録。四番を打つこともあった。長谷川も亀田と一緒に帰国するまでの実働一年余りで一四勝（一八敗）をあげた。

新人では、三七年夏に関西大学を中退して入団した中河美芳《みよし》が投打にわたって大活躍した。またこの春、全静岡から入団した大石綱（投手・島田商）は、小玉が東海製紙の監督時代に育てた選手だった。翌三八年にはセネタースから元協会メンバーの大貫賢が移籍、一年だけプレーした。すでに三二歳になっていた大貫は、衰えが隠せず、同年限りで退団、再び満州の撫順へ渡っている。

これらの選手のなかでイーグルスの看板選手と言えば、何と言ってもバッキー・ハリスと中河美芳だった。二人は当時のプロ野球でも屈指の人気を誇るスター選手だった。

●「桃太郎」を歌う強肩強打の外国人捕手

ハリスの加入は揉めた。河野は新規入団を主張したが、名古屋軍は移籍だとして譲らず、最終的に移籍料一〇〇〇円で決着を見た[63]。このためハリスの登録は三七年六月下旬と遅れた。

ハリスは身長約一七〇cmで日本人と大差なかったが、がっちりした体格で、帰国する三八年までの三年間で通算打率三割九厘、本塁打一三本と圧巻の数字を残した強肩強打の捕手だった。日本語の習得に熱心で、小学一年生の国語の教科書を持ち歩き、試合中もマスク越しに「モーモタロサン、モモタロサン」と節をつけて歌った。河野に日本語の勉強を手伝うように言われたマネジャーの小玉が、それなら童謡がいいだろうと教えたのが「桃太郎」だった[64]。

ハリスは名古屋軍に在籍中に米国から婚約者を日本に招き、名古屋で結婚した。ハリスがイーグルスに移籍すると、河野は日本語ができず、友だちもいないハリスの妻を気づかい、英語の勉強をしていた長女の勝子に遊び相手をさせている。懐妊したのを機にハリスの妻は三八年春に米国へ帰り、出産した。ハリスの月給は五〇〇円。日本プロ野球で一番の高給取りだったが、その多くを米国の妻子と老いた両親に送金していた。ただし仮に四〇〇円送っても米ドルでは一二〇ドル程度にしかならず、妻はハリスに宛てた手紙で生活の窮状を訴えていた(65)。

ハリスは三八年秋のシーズンが終わるとイーグルスを退団し、米国へ帰った。妻と一緒に米国で子育てをしたいというのが理由だったが、金銭的なこともあったのだろう。

あるいは河野の次女の波木井さんのこんな証言も関係していたかもしれない。

「父は、ハリスさんを各地の試合に連れて行くのに、スパイと疑われないように、いちいち警察に移動の届けを出すのがとても面倒だった、と言ってました。ハリスさんは父に、私がスパイをやったら、イーグルスの給料はいりません、と冗談で言ったそうです」

日中戦争に突入して以降、日本による米国砲艦パナイ号撃沈事件(三七年一二月)や米国による日米通商航海条約破棄通告(三九年七月)などで日米関係は急速に悪化していく。そのような時期にあって、ハリスが翌年以降も日本でプレーすることに不安を感じたとしても不思議ではない。ハリスがイーグルスの選手や関係者に見送られながら横浜港から帰国の途に就いたのは三八年一二月八日。出航間際に、ハリスは船から河野に向かって六枚の五〇銭銀貨を重し代わりに包んだ白いハンカチを投げてよこした。なかには小さく折り畳んだ手紙が入っていた。カタカナでこうあった(66)。

「カナシクテ、カナシクテ、サヨナラガ、イエマセン」

ハリスが再び日本の地を踏むのは、三八年後の一九七六年一〇月下旬のこと。日本の野球関係者の招きで日本シリーズに合わせて来日したのだ。戦前の閑古鳥の鳴く球場しか知らないハリスは、五万人の観衆で埋まった後楽園のスタンドを見て感慨無量であったという(67)。

このとき、河野の次女の波木井さんは後楽園球場の近くで開かれたハリスの歓迎会に出席している。河

バッキー・ハリス（提供：河野わか子さん）

野はすでに亡く、ハリスは残念がっていたという。またマネジャーだった小玉は、新聞社から「ハリスが会いたがっている」と連絡があり、帝国ホテルで会っている。小玉の次女の草場厚子さんによれば、「終戦直後にハリスさんが使い古しの硬式球をたくさん送ってくれたことがあって、その住所に日本へ行くので会いたいと手紙を出したようなんですけど、そこはもう引っ越した後で届かなかったんですね。それで新聞社に頼んだようでした」と事情を説明する。

「戦後まもなく届いたボールは破れてボロボロでした。両親は戦争に負けて日本は物がないだろうから、なかの毛糸を使ってほしいと、気にかけて送ってくれたんだろうと思ったようです。それで母は、なかの毛糸を取り出し、染めて、セーターを作ってくれました」

それは河野の願いでもあったであろう、野球が紡いだささやかな日米親善だった。

●「タコ足の中河」と呼ばれた男

戦前戦中のプロ野球を知る人に「記憶に残る選手」をたずねると必ず名前があがるのが、イーグルスの中河美芳だ。それも誰もが決まって言うのが、どんな難しい送球でも見事に捕球して見せたという一塁守備のその超絶ぶりである。名古屋で同じ一塁手だった大沢清さんは言う。

「中河は左利きでね。本塁寄りにそれたショートバウンドの送球は逆シングルの捕球になるんだけれど、これをサッとすくいあげるんだよね。それから難しいハーフバウンドの送球のさばきが見事だった。あとはファーストミット。親指と人差し指の間に自分で網を張っていた。一時、違反だと問題になったけど、その後はみんなあれになった。中河が元祖ですよ」

中河は片足をベースにつけ、もう片方の足を思いきり前に突き出し、一八〇度全開脚で捕球ができるほど身体が柔らかかった。そして一塁ベースにつけた足をけっして離すことがなかった。このアクロバティックなプレーぶりから、中河には「タコ足の中河」の異名がついた。

中河美芳（提供：河野わか子さん）

この不世出の一塁手を見出したのも実は河野安通志だった。中河は一九三七年春に鳥取一中から関大に進むが、プロ野球に入りたくて鳥取一中の先輩でタイガースの強打者だった藤井勇に相談した。藤井は、タイガースからイーグルスの監督へ転じた森茂雄に紹介状を書いた。それを受けて七月半ばに上井草球場で入団テストが行われた。イーグルスとセネタースが練習していたときのことだ。セネタースの苅田久徳はその場面をこう書き残している。(68)

一人の青年がイーグルスの練習を見ていた河野を訪ねてきた。投手志望だという。河野は青年にたずねた。「ツーストライク後に君は何を投げるかね」「ウェストします」。それだけの問答があり、投球練習などのテストが行われた。苅田はそれを見て、「これは駄目だ、投手の見込みはない」と思ったという。ところが「河野さんは、どんな目算があったのか、その場で採用を決心された」。それがのちの名一塁手中河美芳のプロ入りの瞬間であったと——。

少年だった西沢道夫にきらりと光る何かを見たように、おそらく中河美芳にも優れた何かを河野は感じたのだろう。たんに投手の駒不足といった理由ではなかったと思う。

中河を紹介したタイガースの藤井は、鳥取一中時代は特別守備のうまい選手ではなく、イーグルスで鍛えられてうまくなった、と述べている[69]。イーグルスの練習場は、現在の蒲田駅の西口の近くにあった[70]。イーグルグラウンドと言った。近くに住んでいた俳優の小沢昭一が「泥にまみれて、グラウンドでやってる姿を見て、なんであんなにやらなきゃならないのかなと思った」と述べている[71]。中河もその泥まみれの練習で空前の技量を身につけたのだろう。

中河は球界一の一塁手であったが、もともと投手で、イーグルスの投手陣も弱体であったことから、しばしばマウンドにものぼった。持ち球は並み以下の遅い直球と超スローボールとスローカーブ、この三つだけ。名古屋軍の四番だった大沢清さんは、「球が遅すぎて待ちきれずに突っ込んじゃうんだよ。でもコントロールはよかった。超スローボールの後に遅い直球が来るとそこそこ速く感じるからね。人を食った投球をする男だったよ」と中河の投球を振り返る。

このピッチングに巨人の強力打線も手を焼いた。「それは中河の意地だったかもしれませんね」と国民新聞の記者だった金子家基さんは言う。「実は中河が最初に売り込んだのは巨人なんです。でも相手にされなかった。それでイーグルスの門を叩いた」というのだ。門前払いにした青年が、球界を代表するスター選手になり、人を食った投球で巨人打線を翻弄する。巨人としては面白くなかっただろう。

中河が超スローボールで巨人の選手を三振に取るとイーグルスのファンは大喜びした。なかでも「ホースケラッパ！」と奇妙な弥次を飛ばす私設応援団は後楽園の名物だった。メンバーには外科医山内吉雄、産婦人科医小倉多喜男、鉄工所主朝倉富造、製本業主矢崎幸作、製版業主宮下正吉、海苔店主大久保邦雄、大和製作所社長佐伯謙吉、ヂーゼル自動車工業(現・いすゞ自動車)社長弓削《ゆげ》靖、中央気象台長和達《わだち》清夫、代議士喜多壮一郎などの面々がいた(72)。

応援団入りが縁で、弓削はイーグルスの監査役になり、佐伯は経営難に陥ったイーグルスを一九四二年九月に引き受け、チーム名を大和《やまと》に改称、翌四三年一月には社長に就任している。しかし戦局の悪化や経営難などから河野は同年一二月にチームを解散、連盟から離脱した。居場所をなくした全選手を引き取ったのも弓削だった。このあたりのことはまた後で述べる。

●後楽園スタヂアムとの絶縁

イーグルスの成績はどうだったのだろう。最初のシーズンとなった一九三七年春のリーグ戦は、寄せ集めの急造チームの悲しさで最下位に終わった。しかし秋のリーグ戦は一気に三位へ躍進した。六本塁打の四番高橋のほか、途中加入のハリス、小島、中河らの活躍が大きかった。

翌三八年の春のリーグ戦は四位、秋のリーグ戦は七位と順位を落とした。同年一月に高橋と小島が軍隊にとられ、戦力が大幅ダウンしたのに加え、秋のシーズン中にハリスの退団と親会社の後楽園スタヂアムがイーグルスを手放すことが伝わり、チームに動揺が走ったのが響いた。

プロ野球は人気がなく、経営はどの球団も苦しかった。三七年秋のリーグ戦では竣工したばかりの後楽園球場で八〇試合が行われたが、一試合平均の入場者数は一七五〇人に過ぎない。後楽園ができる前の同年春のリーグ戦は、洲崎、上井草、甲子園、西宮（三七年五月開場）の各球場で二二四試合を行い、一試合平均一二三〇人の集客しかなかった(73)。洲崎球場のイーグルス対金鯱の試合では観客わずか四〇人という最低入場者数も記録している(74)。

日中戦争は泥沼化の様相を呈し、野球どころではない時局へ変貌しつつあった。観客動員の好転に望みはかけられず、開業以来、手がけてきた各種の娯楽興行もかんばしくない。売店の売り上げも上がらず、広告収入も増えない。赤字続きのイーグルスを抱えていては共倒れになる——。

親会社の後楽園スタヂアムはそう考えるようになった。三八年六月に内部対立から兜町グループが抜け、小林一三の東宝系の会社に経営体制が一新された(75)。このこともその判断に影響を与えた。こうして同年一〇月、親会社の後楽園スタヂアムは、同社保有の株式会社後楽園クラブの株を河野らに無償で譲渡し、無条件でこれを切り離した。絶縁であった。その後のイーグルスについて金子家基さんはこう話す。

「河野さんは後楽園と切れると、大日本麦酒（現・アサヒグループホールディングスおよびサッポロホールディングス）の社長の高橋龍太郎さんにスポンサーになってもらった。あの人は早稲田の大ファンでね。それでポケットマネーでイーグルスを支援するようになったんです」

高橋龍太郎はイーグルスの応援団の佐伯謙吉と親交があった(76)。支援は佐伯の頼みもあってのことだったのだろう。戦後の一九五四〜五六年にプロ野球のパ・リーグに存在した高橋ユニオンズ（五五年だけトンボユニオンズ）も高橋龍太郎がオーナーだった。

三九年春、連盟は名前から「職業」を取って「日本野球連盟」と改称した。「商売人」のイメージを消すためだ。また連盟はこの年、ファン獲得のため『野球の妙技』[77]と『秀子の応援団長』[78]という二つの映画製作に全面協力している。しかし集客につながることはなかった。

5　日中戦争下のプロ野球

●強まる野球統制

一九三七年七月七日、北京郊外の盧溝橋で日中両軍が衝突（盧溝橋事件）、第一次近衛文麿内閣の不拡大方針をよそに戦火は上海に飛び火し、日中全面戦争へ突入する。

同年九月には挙国一致、尽忠報国、堅忍持久を国家スローガンに己を犠牲にして国家に尽くせ（滅私奉公）という国民精神総動員運動が始まる。翌三八年五月には国家総動員法が施行され、人的・物的資源のすべてが総力戦遂行のために投入されるようになる。

こうしたなか安部磯雄の平和思想も暗転していく。満州事変の前までの安部は、日本人の中国人への差別や中国への内政干渉などに極めて批判的だった。ところが満州事変以降、自身が党首を務めた社会民衆党や社会大衆党の党内右派に引きずられ、ずるずると反戦平和の思想を後退させ、日中戦争が始まると軍事侵略の追認や戦争協力へと転じ、ついにはこれを「聖戦」と擁護するに至る[79]。安部を師と仰いだ河野に与えた影響も少なくなかったと思われる。

日中戦争勃発直後の三七年八月一三日に開幕した第二三回夏の甲子園大会は、皇国日本の戦時体制に国民を動員する役割を自ら担った。開会式では選手や大会関係者、観衆が天皇の住む東京と伊勢神宮に向かって東方遥拝《ようはい》を行い、各試合の開始と終了の合図は従来のサイレンから進軍ラッパに変わった。「○市○町○番地の○○さん、軍務公用です。すぐお帰り下さい」——。軍に召集された人を呼び出す場内放送が流れると、観客は応召者を拍手で見送った(80)。

主催の大阪朝日新聞社は、三七年七月二〇日に社告を打ち「軍用機献納運動」を始めた。甲子園球場の正門入り口付近には「挙国一致　航空報国　千機！　二千機　吾等の汗で」の大垂れ幕が下げられた(81)。同年一二月、日本軍は南京を攻略。その際、虐殺事件を起こす。蔣介石は重慶に政府を移し、以後、徹底抗戦、日中戦争は泥沼の長期戦に陥る。

翌三八年の第二四回夏の甲子園大会。選手宣誓は掛川中(静岡)の投手村松幸雄が行った。「一つ、吾々は武士道精神にのっとり正々堂々と試合し誓って中等学校野球の精華を発揮せんことを期す。一つ、吾等は時局の重大に鑑み益々心身を鍛錬し銃後学生の本分を尽くし必ず国家の良材たらんことを期す」——。会場の全選手が村松に続いて一句一句唱和した。村松は三九年に名古屋軍に入り、エースとなる。開会式の最後を飾ったのは、国民精神総動員のために作られた「見よ東海の空あけて」と歌う『愛国行進曲』の大合唱だった(82)。

日中戦争の長期化で蔣介石政権を支援する米英との関係が悪化するなか、二・二六事件の青年将校らが属した陸軍皇道派の領袖荒木貞夫は、三八年に第一次近衛内閣の文部大臣に就任すると、国民精神を教化し戦争遂行に動員するため、外来スポーツ批判を強め、武道の奨励と学生野球の統制を進めた。荒木は、命がけの武士の精神で競技は行われるべきとする「一本勝負論」を提唱、これを受けた文部省は三九年八月、平日試合の禁止を各大学野球連盟に通達。圧力に屈した大学は、従来の三回戦制を翌四〇年春には二回戦制に、秋には一回戦制に改めた(83)。

三二年に発令された当時の野球統制令は、若者の赤化防止への期待もあり、国家の統制下で弊害の多い野球をうまく利用しようとするものだったが、日中戦争が始まって以降は軍主導で外来スポーツ批判と武道の奨励が進み、学生野球の利用価値や許容度は急速に低下していった。飛田穂洲は、荒木のような国粋主義や排外主義に基づく外来スポーツ批判、野球批判に対しては呆れるようにこう反論した(84)。

「文化の吸収に外国語を必要とし、洋服を便利とするならば、少なくとも舶来スポーツにも同等の待遇を与へねばならぬし、飽くまでこれを排撃せんとするならば、日本人の総《すべ》ては丁髷《ちょんまげ》、裃《かみしも》の時代に還元せねばならぬ。しかも洋装や英書以上に困難なものは軍隊であって、日本の軍隊は洋式調練を排して、鎧兜に身を固め、槍薙刀をおっ取って練兵場を馳駆《ちく》せねばならぬであろう」

また武道に比べたら野球など遊びにすぎないと見る風潮に対しては、一八九〇年代初頭に一高の野球部が撃剣部から「野球は子どもの遊び」と揶揄され、これに反論したのを踏まえ、「約半世紀昔に闘はされた議論を、今更蒸し返へす必要に迫られた事は一種の悲哀」と述べている。

そのうえで飛田は、野球の練習は、遊びどころか苦痛に満ちたもので、それこそ「此《こ》れ以上は僅かに死あるのみ」という「忍耐の最大限」まで行う。極限の練習は精神を鍛練するのみならず、運動神経も鍛えてくれる。「運動神経の鋭敏さが、戦争場裡にどれ程役立つか」と、野球選手は戦場でも大いに役立つとまで踏み込んでいる。四〇年四月、国民体力法公布。「体力報国」が叫ばれるなか、飛田の学生野球擁護の論理は、戦場での戦闘能力にまで射程を伸ばすようになった。

●戦争協力と徴兵延期

日中戦争が始まり、外来スポーツへの風当たりが強まると、スポーツ界は国家の思惑を先取りして戦争協力の姿勢を示すことで、自らの存在意義をアピールするようになる。

夏の甲子園大会を主催する大阪朝日新聞の軍用機献納運動はそれを象徴するものであったが、野球界で真っ先にこれに取り組んだのはプロ野球だった。大阪朝日新聞が軍用機献納運動の社告を出す二日前の一九三七年七月一八日、日本職業野球連盟は洲崎球場に全八球団が集まり、一日四試合の「国防費献金東西対抗大野球戦」を行った。入場者数一万二九四人、諸経費を差し引いた献納金は四三八一円六二銭。プロ野球による軍への戦争協力のこれが最初だった(85)。三九年九月一日に興亜奉公日が創設されると、連盟では早速、翌一〇月一日には興亜奉公日寄付金を行っている(東京六三四円八〇銭、大阪二九八円二一銭)。

プロ野球は、世間から野球の商売人と蔑まれていた。学生野球以上に戦争協力の姿勢を示す必要を感じていたのは間違いないが、理由はほかにもあったのではないかと思う。

日中戦争が始まった一九三七年のシーズンが終わると、軍隊にとられる選手が相次ぐようになる。三八年一月一〇日、巨人の沢村栄治やタイガースの山口政信など一九名の選手が入営、戦場へと送られた。イーグルスからも高橋吉雄、小島利男ら四名が召集された。高橋と小島はチームの中心選手で離脱は痛かった。二人は一度除隊となり、チームに復帰するが、間もなく再召集を受け、四三年に帰還。河野がチームを解散するまで打線の中軸を担った。

徴兵は平時なら二年だが、戦時ではいつ除隊になるかわからない。何より本人にも周囲にも戦死、戦傷の覚悟を強いる。三七年七月末には名古屋軍の一塁手だった後藤正が戦死、三八年一月には同じく名古屋軍の前田喜代士の訃報が戦場から届く。二人とも河野が総監督時代に名古屋軍結成とともに参加した選手で、後藤は正力の読売主導で始まったプロ野球初の戦死者となった。

プロ野球の各チームは、戦線の拡大と戦争の長期化で所属選手がこれから先も続々と兵隊にとられる事態を覚悟しなければならなくなった。そこで各チームは少しでも長くプレーできるように所属選手を大学の夜間部に入学させ、兵隊にとられるのを先延ばしにした。大学生には二六歳まで徴兵猶予の特典が認められていたからだ。ただし一部を除けば、授業に出る選手は稀であったから、徴兵逃れを疑われる恐れがあった。プロ野球が戦争協力に熱心だったのは、その批判をかわす狙いもあったのではないか。

当時選手だった人に、大学の夜間部に籍があった頃の話を聞いた。国学院大学を本科二年になる春に中退して名古屋軍に入団した大沢清さんは、専修大学の夜間部に籍があった。

「ぼくは昭和一六年（一九四一年）までプレーしたけど、ほんとうは一五年で卒業だった。でも、まだ二五歳だったから球団の指示でわざと一年落第したんです。授業料は球団が負担したので一銭も払ってません。憲兵に睨まれるから試験だけは受けたけど、授業にはほとんど出なかった」

大沢さんによれば、名古屋軍のほかの選手は日本大学の夜間部が多かったという。イーグルスも中河美芳をはじめ多くが日大の夜間部に籍を置いた。また三八年に熊本工業から巨人に入った川上哲治さん（※八二歳）によれば、「巨人はみんな日大の夜間部だった」という。

「徴兵猶予のために球団がしたことですから、自分では在籍したとは思っていません。講義なんか聞いたこともないのに試験だけは行って答案を出したのを覚えています。試験を受けた痕跡だけは残しておかないと憲兵隊に徴兵忌避で引っ張られるという話がありましたから。昭和一六年だったと思いますけど、大学に籍だけ置いて徴兵を延期してる連中は徴兵忌避だと言って憲兵隊が調べ出したという話があったんですよ。それで早く兵隊に行かないと憲兵にやられると言って、吉原（正喜）や千葉（茂）なんかは、まだ徴兵を延期できるのに急遽一六年限りでユニフォームを脱いで兵隊に行ったんです。私は一七年（一九四二年）まで野球をやってそれから兵隊に行きました」

セネタースの選手はほとんどが法政大学の夜間部に籍を置いた。三七年夏と翌三八年春に甲子園を連覇した中京商業のエースで、三九年に入団した野口二郎さん（※八三歳）はこう話す。

「法政は後楽園から近いので、なるべく授業には出るようにしていました。昭和一七年に卒業するときは中等学校の商業の教師の資格を取っています。プロ野球なんかこの先どうなるかわからない時代でしたから、教師の資格だけは取りたいと思って大学にも通ったわけです」

セネタースは、法政を世話してくれた同大ＯＢの指導もあり、「授業に出る選手が多かった」と野口さんは言う。実際、栃木商業から中島飛行機（太田遊飛倶楽部）を経て四〇年にセネタース入りした左腕投手の三富恒雄さん（※八二歳）も「できるだけ授業には出た。地方遠征のときは友人にノートを借りた」と証言する。セネタースは幽霊学生の少ない例外的な球団であった。

関西の球団は大阪布施にあった日大大阪専門部の夜間部に籍を置くケースが多かった。

取材をしたなかに、徴兵忌避を疑われ憲兵隊の呼び出しを受け、「恐ろしい思いをした」という人がいた。自らの意思で大学に入り、ほかの選手より授業にも出ていた。にもかかわらず、「非国民だとこっぴどくやられ、入営後もさんざん痛めつけられた」。それがいまだに忘れられないからと、こう念を押された。「徴兵逃れの非国民だったと誤解されたくない。大学に籍があったことには絶対に触れないでほしい」――。国家＝天皇のために身を捧げて死ぬことが国民の務めとされた時代。非国民とはそれに背く人に貼られた蔑称だ。心に負った傷の深さといまだに逃れられないその呪縛の強さに慄然とした。

●満州へ渡るプロ野球選手

「戦争が廊下の奥に立ってゐた」

一九三九年、俳人の渡辺白泉は忍び寄る戦争の恐怖をそう詠んだ(86)。

日中戦争の泥沼化で戦死、戦傷の報が相次ぐようになると、どうせ兵隊にとられて死ぬなら生きているうちに好きにやった方がいいと刹那的に考える者も出てくる。プロ野球の世界ではそれが八百長の噂となって現れた。給料の安さや将来不安などとともに、いつ戦場で死ぬかもわからないという恐怖が目の前の金品その他の刹那の欲望に走らせた面もあったのではないかと思う。

苅田久徳によれば、八百長試合が云々されるようになったのは日中戦争が始まった三七年からで、翌三八年に南海が加盟し九球団になった頃には巨人以外の八球団すべてが賭屋の蚕食を受けていたという(87)。その苅田が選手兼任監督を務めたセネタースに、戦後自ら八百長をやっていたと告白した柳鶴震《やなぎつるじ》という選手がいた(88)。野口二郎さんは興味深い証言をしている。

「柳という選手は肩はいいし、足も速いし、打撃も割としっかりしたものを持っていたんですね。ただ、守りはお粗末で、ゴロの捕球がうまくなかった。苅田さんがセカンドで、柳はショートでした。大事なところではちょっと信用できない。そんなときは苅田さんの方へ打たせて打ち取るという投球をしました」

柳の失策数は三九年六六、四〇年七五。七五失策はいまだに年間最多失策の日本記録だ。柳はほんとうに八百長をやったのか。野口さんは「噂はあった」と言うにとどめた。

日中戦争が長期化するなかプロ野球を辞めて満州へ渡る選手が現れるようになる。三九年限りでタイガースの西村幸生が新京に渡ったほか、四〇年のシーズンが終わると金鯱の漆原進と阪急の日高得之が大連に渡っている。西村は肩を壊したといって辞めたが、新京電電に加入しエースになった。また漆原と日高は大連実業に加入している。漆原を大連実業につないだのは金子家基さんだ。

「漆原は一時河野さんのイーグルスにもいましたね。その後、金鯱に移ってすぐに辞めてブラブラしていたので、大連実業の田部武雄に頼んだんです」

大連実業にはほかにも青柴憲一（元巨人）や松元三彦（元金鯱）なども加入し、まるで「職業野球団」と言われるようになる。満州国の誕生以降、満州では野球チームの創設が相次ぎ、選手のスカウト活動が活発になった。プロ野球選手が満州へ渡るケースが増えたのは、満州野球界が内地の学生野球の選手だけでなく、プロ野球の選手にも触手を伸ばすようになった証である。

「当時は内地にいるより満州に行った方が兵隊にとられにくいというような話もあったから、少しでも兵隊に行くのを先延ばしにしたいという意識も働いたのかもしれませんね」

金子さんはそう言う。満州野球界は四、五年前には新興プロ野球の草刈り場だった。それがプロ野球選手の新たな移籍先として浮上するようになった。河野安通志が全九球団を率いて満州へ渡り、「満州リーグ」を行うのは、そんな流れが起き始めた一九四〇年夏のことであった。

第5章 「満州リーグ」——紀元二六〇〇年のペルソナ

1940年，満州リーグ開会式のゲートと入場行進

満州の奉天神社に参拝する球団役員と選手一行（いずれも出典：『秋の大リーグ』読売新聞社，1940年9月15日）

1　満州日日新聞からの手紙

●幻の五輪・万博

一九四〇年は、神武天皇が紀元前六六〇年に初代天皇に即位してから二六〇〇年に当たる節目の年であるとして、数多の祝賀の事業や行事が行われた年である。国は神武天皇を祀る橿原《かしはら》神宮周辺整備などの奉祝事業を行ったほか、同年一一月一〇、一一日には皇居前広場で天皇皇后臨席のもと紀元二六〇〇年祝典と奉祝会を盛大に挙行、内外から五万人以上を集めた(1)。

官民挙げて行われた記念の事業や行事は膨大な数にのぼる。政府編纂の公式記録『紀元二千六百年祝典記録』に記載されたものだけ見ても、記念事業の総数は一万五四〇五件、記念行事の総数は一万二八二二件。これには朝鮮、台湾、関東州、樺太などの外地における事業が三二〇五件、行事が一六一四件、満州国を含む海外における事業が一四九件、行事が三六八件含まれる(2)。

前述のように、もともと一九四〇年には日本でオリンピック(夏季＝東京、冬季＝札幌)と万国博覧会(東京、横浜)が開催されるはずだった。ベルリン五輪がナチス・ドイツの威容を誇示したように、日本も神武創業の建国神話を世界にアピールするつもりでいたが、日中戦争にともなう資材不足や海外からの開催反対の声もあって三八年七月には大会を返上せざるを得なくなった(3)。

だからこそ国は、日中戦争を戦うために、紀元二六〇〇年の建国神話を用いて「神国日本」「八紘一宇」などをスローガンに国民の団結と物心両面の動員を徹底的にはかろうとした。日本は神の子孫である万世一系の天皇が治める神の国（＝神国日本）であり、八紘（＝全世界）を一宇（＝一つの家）にする使命がある、それを邪魔するものがあれば、退治するのは当然、という「聖戦」の大義を国民に叩き込もうとした。そしてこれに抗う者は容赦なく弾圧した。四〇年二月に相次いで起きた津田左右吉《そうきち》事件（古代神話批判で『古事記及日本書紀の研究』など四冊発禁、出版法違反で起訴）と斎藤隆夫の反軍演説問題はそれを如実に示している。

もっとも数多の記念事業や行事は、必ずしも政府の意図に沿ったものばかりではなかった。たとえば自治体の場合は、紀元二六〇〇年の奉祝をインフラ整備（学校、道路、水路、公会堂、公民館などの建設）の機会ととらえる傾向が強く、記念事業全体の約三分の二を占めた(4)。奉祝に名を借りたある種の便乗であり、神社仏閣の新築改修なども数多く行われている。民間企業の場合は、はっきり商機ととらえた。たとえば百貨店や鉄道、ジャパン・ツーリスト・ビューローなどは、奉祝関連の展覧会などの催事を集客に活用したり、建国神話にまつわる聖地巡礼を旅行商品にしたり、朝鮮や満州などの植民地観光に力を入れたりしている。新聞社や出版社やレコード会社も同様で、さまざまな奉祝企画を行っている(5)。

紀元二六〇〇年関連の愛国商品は売れた。それが大衆の奉祝事業や行事への参加を促し、さらにまた関連消費を刺激する連鎖となって聖戦を戦うためのナショナリズムを下から煽り上げた。便乗であれ何であれ、建国神話の無批判の受容あるいは利用は、政府の意図した国民精神の動員に回収され、戦時下日本に奇妙な祝祭気分を横溢させた。背景には軍事費を中心とした財政膨張による一種のバブル景気があった(6)。

当時の東京銀座をスケッチしたこんな文章が残る(7)。

「非常時日本の表情を、一体何処《どこ》で発見したら良いのであらうか。〔中略〕柳の銀座通りには鹿鳴館時代の古典的な華やかさと、近代的なモダニズムが混然と今咲き競ってゐる。リボンに束髪風な髪に対するパーマ、シュークリームと蜜豆、歌舞伎が超々満員で、レビュー映画がプレミアム附と云ふ。職工風の家族が銀狐を買って颯爽と自動車で帰ったと云ふ。複雑怪奇とは銀座通りだ」

奉祝バブルに浮かれた戦時下日本の、それが対米英戦突入前夜の横顔だった。

●失敗に終わった秘策

日本野球連盟で紀元二六〇〇年の記念事業をどうするか本格的に議論が始まったのは、一九三九年秋からである。連盟の議事録によれば、一一月二四日に甲子園球場事務室で行われた連盟理事会では、記念事業について河野安通志などの理事から次のような提案があった。

鈴木惣太郎／野球記念塔を作り、野球史（日本野球の創始、輸入者、功績等）を後世に伝える。

赤嶺《あかみね》昌志／橿原神宮に奉納試合を行う。

詫摩《たくま》治利／連盟の手で専属球場を建設する。

河野安通志／六大学対連盟の選抜チーム対抗戦を行う。収益は戦闘機献納、国防献金等に充当。

奉祝事業としては、赤嶺の橿原神宮奉納試合が一番それらしい。鈴木の記念塔はともかく、詫摩の球場建設に実現可能性があったとは思えない。河野の提案は野球統制令がネックになる。

三日後の同月二七日、同じく甲子園球場事務室で連盟理事会が開かれ、紀元二六〇〇年記念事業について前回提案のプランを踏まえ、新たに「対内」「対外」の二つの事業案が示された。

［対内的事業］
二六〇〇年記念事業を機に、外来スポーツである野球が日本精神に遵化するよう、選手および監督に日本精神を涵養、注入するための再教育を行う。

［対外的事業］
Ａ　野球に関するもの
一、プロとアマの選抜チームを作り試合を行う。
二、一日に同一場所で中学、大学、プロの三者同志の試合を行う。
三、プロスポーツのオリンピヤードを行う。野球、相撲、拳闘、レスリング。
四、全日本チームを作り、これと対戦する。
五、俳優役者を総動員して野球を行う。
以上、収入は飛行機献納、国防献金等に充当する。
Ｂ　高千穂から橿原神宮まで二月一一日前後に選手による聖火リレーを行う。

まず対内的事業だが、野球に日本精神を注入する「野球の日本化」は、外来スポーツ批判から学生野球への統制が強化されるなど野球界への風当たりが強まったのを受けてのことと思われる。プロ野球を見る世間の目は冷たかった。学生野球が外来スポーツ批判に晒される状況は、連盟理事の間に不安を募らせたに違いない。そこで「野球の日本化」を徹底し、それを外部にアピールすることで批判をかわすつもりだったのだろう。それはたとえば翌一九四〇年三月一四日、シーズン開幕前日に行われた連盟の選手や関係者総勢約二〇〇名による橿原神宮参拝となって現れた。河野はこのとき選手一同を前にこう訓示を垂れている。(8)

「野球の技術を錬磨する事も大切であるに相違ないが、更に大切な事は野球に日本精神を益々打ち込み、全々日本的のものにしなければならぬ」

連盟で最も時局に迎合し、戦争協力をしたのは名古屋軍理事の赤嶺昌志であったとされるが、少なくともこの「野球の日本化」については河野が主要な提案者の一人であった可能性が高い。真意はどこにあったのか。前述のように河野はあるべきショーマンシップの模範として、技術的には最高とは言えないが、闘志を剝き出しにして最後まで真剣にプレーする明大時代の岩本義行をあげている。プロ野球蔑視のため一流選手の獲得が難しかった連盟は、実力的に六大学より下とみられていた。そのプロ野球が六大学より魅力ある試合を見せるには、岩本的な闘志あふれる「日本化した野球」で見る者の心を打つしかないと河野は考えていたのではないか。

河野は一九一六年に早大野球部を率いて第三回米国遠征を行っているが、ウィスコンシン大学と対戦したとき、同大OBの審判から早大が不利になるような不可解な判定を受け、明らかな誤審と激怒し、試合を放棄しようとしたことがある。同大関係者のとりなしで試合は最後まで行ったが、以来、河野は米国野球で学ぶべきは技術面であって、精神面では何ら学ぶべきものはない、と考えるようになった。弥次の汚さや相手が弱いとみれば馬鹿にした態度を取ることにも嫌悪感を抱いていた。稲門クラブが米軍艦チームと対戦したとき、あまりに無礼な振る舞いがあり、審判を務めた河野は、試合没収を宣言し、9-0で稲門の勝ちにしたこともあった(9)。

野球の日本化は自身の経験に基づく以前からの持論であり、そうすることであるべきショーマンシップを根付かせようとしたのではないか。河野なりの奉祝事業への便乗だったように思う。

このとき連盟は、橿原神宮参拝を世間にアピールするためニュース映画（映画館で上映された劇場用ニュース）に取り上げてもらおうと動くが、かなわなかった。当時、連盟の関西支部長だった小島善平は、同年三月の日記にこう書いた。

▽三月八日　同盟、大朝、大毎に橿原参拝、ニュース映画依頼、放送局に通知。

▽三月一〇日　ニュース映画三社共駄目の返事を受く。〔中略〕橿原参拝チーム旗は持参せざる事に成り、連盟旗のみを持参。

期待した取材は入らず、チーム旗も掲げて参拝をアピールする作戦は不発に終わった。

次に対外的事業だが、Aの野球に関する五案のうち三、五は娯楽性が極めて強く、どれだけ真面目に考えたのか疑問。残りの三つはやはり野球統制令などが問題になる。Bの聖火リレーについては、高千穂から橿原神宮まではざっと八〇〇km。二〇〇名で繋げば一人約四km。やればできるとの判断だったのだろう。

しかしこれらの案は実現することはなかった。実は連盟が本気でやろうとしていたのは河野が最初に提案したプロと六大学選抜の試合で、文部省に反対されないように入場料を取らない練習試合という秘策を考え、打診したものの、結局、大学側も文部省も受け入れなかったのだ。河野はこう嘆いた(10)。

「職業選手と学生選手とが野球試合をやってはいけないと云ふ理由がどこにあるかと云ふと、職業選手と一緒になって学生でありながら金を儲けるのがいけないと云ふのでせう。だから金儲けでない練習試合をやらうと云ふのを履違《はきちが》へて、職業野球は学生と、試合しないと云ふ風に云はれるのです。大体どう云ふ理由からか、職業と名の付くうちで野球だけが汚いものにされて居る。〔中略〕立派な職業でありながら、野球と云ふと汚いもの扱ひにされ勝ちなので、さう云ふ偏見を匡《ただ》す為《ため》にも学生野球との試合をやりたいと思ったのですけれども、今度は駄目でした」

河野は連盟の行う紀元二六〇〇年の記念事業をプロ野球への偏見をただすよい機会ととらえ、六大学との練習試合を企画したことがわかる。これもまた河野なりの奉祝事業への便乗であったと思う。日本運動協会以来、プロ野球を蔑む世間の目に苦しめられてきた河野ならではの企画であり、秘策であったが、結局、実現することはなかった。このため対外的な記念事業の議論は暗礁に乗り上げ、代わりになる妙案も浮かばないまま一九四〇年を迎えることになる。

●渡りに船だった満州日日からの提案

事態が動いたのは一九四〇年二月五日、東京銀座数寄屋橋の菊正宗ビルで開かれた理事会だった。議事録によれば、この席で名古屋とライオンの二チームから「満州日報ヨリ紀元二六〇〇年ヲ祝シテ七、八月ニ九倶楽部全部ヲ招キタシ」との手紙が届いた旨報告があった。満州日報は満州日日新聞のことだ。国民新聞の記者だった金子家基さんは、その背景をこう解説する。

「名古屋軍の親会社の新愛知新聞は満州日日新聞と通信提携を結んでいました。ライオンはもともと大東京で、新愛知の子会社の国民新聞が作ったチームです。満州日日は紀元二六〇〇年の奉祝事業で連盟の九チームを満州に招くために新愛知と国民新聞に話を持ち込んだわけです」

連盟は渡りに船でこれに飛びついた。五日後の二月一〇日、緊急の在京理事会が菊正宗ビルで開かれた。参加者は連盟総務の市岡忠男をはじめ、河野安通志(イーグルス)、鈴木龍二(ライオン)、詫摩治利(セネタース)、赤嶺昌志(名古屋)、飯泉《いいずみ》春雄(巨人)の六人。満州日日新聞の担当者が一五日に連盟を訪ねてくることになり、その対応を協議した。

当初、連盟は全九球団の招聘に応じるつもりはなく「半数」で考えていた。鈴木龍二の回顧録によれば、新たな市場として「プロ野球も満州に進出すべし」と強く主張したのが河野で、鈴木も賛成派、市岡は消極的賛成だったという。人気球団の巨人は、満州まで行かなくても客は入るという自信があったのではないかと鈴木は推察している。また全チームがひと夏満州へ行って、日本のファンにプロ野球を見せなくていいのか、との反対意見もあったという(11)。当初、賛成したのは、この遠征話を持ち込んだ名古屋、ライオンの二球団に河野のイーグルス、それにプラス一、二球団で、残りは反対だったのだろう。だから最初は「半数」の参加で考えた。

満州日日新聞との交渉は二月一五日以降、断続的に行われた。満州日日の担当者は、この満州遠征を企画立案した同社編集庶務課長瀬戸敦。万朝報《よろずちょうほう》から日本電報通信社(電通)に転じ、一九三六年の「電聯合併」を機に満州へ渡り、満州日日に入社した人物だ(12)。

電通時代の瀬戸は社会部の記者で運動記者を兼ねていた。瀬戸は言う(13)。

「入社したときから警視庁詰めでスポーツを担当した。鉄道省、放送局のクラブに入り、芝公園の社会大衆党を担当し、御成門《おなりもん》のそばにあった協調会館にも顔を出した。〔中略〕元来、運動記者でなく遊軍を兼ねた事件屋である。社会部記者がスポーツ記事を書いたというのが実態である」

社会大衆党の委員長は学生野球界の重鎮の安部磯雄。東京運動記者倶楽部には河野や市岡らのちの連盟幹部がいた。野球界には人脈があった。また東京の実業野球の強豪だった東京計器製作所が社外から選手を加えて強化をはかったとき、瀬戸は外野手として迎えられるなど野球人としての顔も持っていた[14]。こうした経歴が満州リーグという企画を生んだのだろう。

交渉には瀬戸のほかに満州日日から事業部長の山内友一や運動部長の熊田敏夫らも加わり、日程、費用その他に関するさまざまな折衝が行われ、二月下旬には大筋合意。連盟側は三月一五日の理事会で正式承認となった。当初連盟は「半数」の参加を主張したが、この場合、残りのチームだけでは夏季の日程が消化できなくなるため、結局、全九球団が参加することになった。契約の細部は河野安通志と鈴木龍二が満州日日新聞社長松本豊三と会い、最終的に取り決めた[15]。

読売新聞が「満州へ進出　大リーグ戦」の見出しで連盟の満州遠征の第一報を報じたのは三月一五日。四月五日には満州日日新聞が「紀元二千六百年慶祝六大記念事業」の一つとして「日本野球連盟招聘　公式満州リーグ戦」を七、八月に挙行の社告を出した。読売、新愛知、国民、満州日日の各紙が、日程を含む詳細決定をいっせいに報じたのは四月二九日のことである。読売新聞は「夏季大リーグ戦　満州国で七十二試合」の見出しでこう書いた。

「各チーム十九名が役員其他を加へて総員二百余名は七月二十六日神戸から乗船大連を経て二十九日奉天に到着、三十日満州朝野の名士高官を迎へて豪華な入場式開会式を挙行後南北に分れ新京、奉天、大連及《および》鞍山の四都市で二十六日間二回総当り七十二試合を挙行、第一回満州選手権及連盟夏季優勝チームを決定する。なほその間哈爾浜、吉林、撫順、錦県、安東等に随時約十回の帯同遠征を行って在満将兵及邦人慰問試合を催す筈《はず》である」

満州日日新聞は、四月二九日の朝刊一面中央に大きな社告を打ち、「第一回満州リーグ戦」の開催を伝えたほか、関連記事を三、七面でも取り上げている。社告ではこう書いた。

「皇国日本が〔中略〕光輝ある紀元二千六百年を迎へましたに際し、我が社はこれが奉祀記念事業として大陸スポーツ界画期的壮挙たる日本野球連盟満州リーグを創設し、今夏第一回大リーグ戦を主催することになりました。〔中略〕連盟加盟の全チームを招聘し大規模な公式リーグ戦と帯同試合を挙行し、至上の野球を渇仰しつつあるファンの輿望《よぼう》に応へ、大陸社会人野球の向上を図り、更に新たな野球ファンの獲得を期して、凡《あら》ゆる困難を排除し、犠牲を忍んで敢《あえ》てこの大計画を実行し、併せて聖戦下体位向上の一端に資することとなったのであります」

「第一回」とあるように主催の満州日日新聞は、満州リーグを毎年開催するつもりでいた。社告や関連の記事により同社は、「満州リーグ戦」を主催する理由として、①至上の野球を渇望しつつあるファンの輿望に応える、②社会人野球の向上に寄与する、③新たな野球ファンの獲得を期す、④聖戦下体位向上の一端に資する、⑤日満スポーツ交換の重大な役割を果たす、などをあげている。このほか、新聞の宣伝拡販やプロ野球を招くことで日本内地の人たちの目を満州へ向けさせ移民を促進するという目的があったのも間違いないだろう。

満州日日新聞は満鉄の機関紙であり、主催するイベントはそのまま国策に沿ったものだ。日刊スポーツ新聞で長く記者を務めた田口雅雄さん（七一歳）は、「戦時下の日本で連盟の全球団が一カ月も満州遠征するには必ず国や軍の許可が必要だったはずだ。遠征が実現したことこそ国策に沿うイベントだった証だろう」と言う。また金子家基さんは、「招聘元の満州日日新聞が皇軍慰問などを名目にして関東軍のお墨付きをもらったのだろう」と推察する。実際、満州リーグでは球場に傷病兵を招いたり、関東軍への献金試合なども行っている。

満州リーグを国策という観点から見た場合、おそらく最も重点が置かれたのは、満州在住日本人への上質な娯楽の提供であったように思う。社告で言えば、①至上の野球を渇望しつつあるファンの輿望に応える、である。というのも、毎夏恒例の日本内地の大学野球チームによる満州遠征が、前年の一九三九年から中止になっていたからだ。

外来スポーツ批判に加え、同年五月から九月にかけて満州国とソ連の影響下にあったモンゴルとの国境線をめぐって日本軍とソ連軍が大規模な武力衝突を起こしたノモンハン事件が勃発したため、文部省が各大学の満州遠征を許可しなかったのだ。翌四〇年も満州野球連盟は早明両大学野球部などの招聘要請を満州国政府を通じて日本の文部省に行うが、やはり許可が出なかった(16)。四一年も同様である。満州の野球ファンにとってこれがどれほど寂しいことであったかは、四一年秋に雑誌『野球界』に満州日日新聞の吉田要が寄せた次の一文を見ればわかる(17)。

「文部省の統制令が発布されてから、満州の人々は丸三年間大学ティームの試合に接したことがない。〔中略〕若《も》し大学ティームが来満するやうなことがあれば、それこそ全満球界は沸騰するだろう。〔中略〕満州国には銀座もない、日劇もない、或《あるい》は日本のそれのように文化に恵まれてもいない。そして、吾々は時にそういった日本の一面の文化を欲する」

満鉄は創業直後から満州経営を支える大事なツールとしてスポーツ、わけても野球の発展に力を入れてきた。娯楽のない満州で暮らす日本人にとって野球は無聊を慰める何よりの楽しみで、夏に内地からやってくる大学チームを満州の野球ファンは毎年心待ちにしていた。それが三九年に中止になったとき、野球など各種のスポーツイベントを主催し、その振興を担ってきた満州日日新聞は、日本内地における軍主導の外来スポーツ批判や学生野球への統制強化、長期化する日中戦争の影響などから今後は大学チームの招聘は難しいと考えたのだろう。それで大学チームの遠征に代わる毎夏恒例イベントとして、プロ野球全球団の招聘を企画した。娯楽の必要性は関東軍も認めていたのだ。

なお鈴木龍二によれば、満州球界の重鎮であった中沢不二雄は、満州リーグに反対だったという(18)。連盟が満州日日と交渉を行っていた当時、中沢は満鉄の東京支社勤務で、満州リーグ開幕直前の七月上旬に満州日日の東京支社長に転じている。満州リーグがらみの人事かと思うが、同月二九日付の同紙で発表された大会役員一覧に中沢の名前はない。中沢はアマチュア球界の顔役でもあり、プロ野球が満州で大規模な興行をするのが面白くなかったのだろうと鈴木は推察している。

●アジールとしての満州

連盟が満州日日新聞の申し出を受けた一番の理由は、新しい市場としての満州への期待であったのは間違いない。六大学野球全盛の時代でプロ野球は人気がなかった。そこへ外来スポーツ批判でさらに逆風が吹き始めていた。当初、反対していたチームも含めて最終的に全球団の参加がなったのは、新たな興行先としての満州に「賭けてみるか」という思いがあったからだろう。

では河野は、なぜ満州への進出を誰よりも強く主張したのか。新市場への期待以外に何か思うところがあったのだろうか。河野の次女の波木井優子さんはこんな指摘をしている。

「父は害毒論で叩かれたし、運動協会でも差別され、失敗しているので、この先、内地で試合ができるか不安だったと思うんです。ほかの理事の方とは危機感が全然違っていたはずです。その点、満州は運動協会のときから職業野球を歓迎してくれました。だから満州なら安心して試合ができると考えたんじゃないですか。一種の避難先のような思いもあったのかもしれません」

山室信一『キメラ』(中公新書)は、左翼の転向者などが数多く渡った満州は「日本近代のなかにあった唯一のアジール(Asyl 庇護空間)だったのかもしれない」と述べている。[19] 満州にはこの時期、弾圧や統制を逃れて映画人や音楽家なども数多く渡っている。河野も満州にプロ野球のアジールを見たのかもしれない。

ただしそこはもともと中国人の土地で、日本が奪ったところだ。それについて河野はどう考えていたのだろう。河野の長男の通さんがこんな逸話を話してくれた。

「ぼくは軍国少年でしたから、国策を信じて、みんなで満州へ行こうよ、と父に言ったことがあるんです、移住するつもりでね。そうしたら即座に、何を言ってるんだ、と怒られまして。自分が野球の興行に行く場所ではあっても、家族が住むべき場所とは思っていなかったようです」

安部磯雄がそうであったように、おそらく河野も日本の差別的な植民地政策には批判的だったが、植民地統治そのものは認めていたのだろう。だからこそ大陸遠征も行ったし、その目的は現地在住日本人の無聊を慰め、大陸政策の宣伝に寄与することであり、その限りにおいて興行も許されると理解していた。しかし一方で、現地の日本人の生活が被植民者の犠牲の上にあることもわかっていた。家族を抑圧者として暮らす満州の日本人にしたくなかったのではないか。

河野にはもう一つ、満州リーグに期待することがあった。四月二九日の満州日日新聞の社告で同紙は、プロ野球への差別に苦しんできた連盟の苦難の道のりに触れ、こう書いた。

「結成以来五ヶ年、学生野球黄金時代において〝職業〟の二字から受ける誤解と財政的困難とに逢着しながら、他日ある日を期して荊棘《けいきょく》の道を邁進し来った真摯な精神は遂《つい》に報いられて、今や内容、外観共にプロ野球としての完成圏に一歩を踏み込むことを得たのであります」

同じ日の同紙七面に、連盟理事を代表して河野が次のようなコメントを寄せている。

「野球は正に国民的文化事業であり絶好なる国民の趣味教育であるに拘はらず日本内地には未だ我らの真意を解せず、理由なくして野球の事業化を異端視する偏見者が今尚ほ存在する時、満州日日新聞社がこの挙に出《い》でられた御英断は〔中略〕私共理事の感謝措《お》く能《あた》わざる次第であります」

六大学選抜との練習試合が大学側や文部省の理解が得られず頓挫していただけに、満州日日新聞の「英断」には余計に感謝の思いが強かったのだろう。河野は雑誌『野球界』でこうも述べている(20)。満州日日新聞が「日本の職業野球九チーム全部を招《よ》んでくれることは〔中略〕偏見のないことが非常に歓《よろこ》ばしいと思う。その新しい気持ちを日本内地に逆輸入する意味に於ても嬉し」いと。

「新しい気持ち」とは、偏見を捨て去った進んだ考え方、という意味だろう。つまり河野は、プロ野球に偏見を持たない満州だからこそ今度の満州遠征は実現したのであり、満州の日本人のその「新しい気持ち」をぜひ日本の内地に逆輸入する機会にしたいと考えていたことがわかる。プロ野球への差別意識を解消しない限り、変態化した学生野球の浄化も、学生野球に集中しているファンをプロ野球に移すこともできない。河野はそう考え、満州の野球ファンを鏡として内地の誤ったプロ野球観をただすために満州リーグを利用しようとしたのだ。

このほか、チームによっては満州リーグを選手のスカウトの機会として考えていたケースもあった。たとえば一九三八年に加盟した最後発の南海は、この年の都市対抗に出場した撫順満倶のエース川崎徳次を満州リーグのあとに獲得している。撫順の監督は運動協会にいた尾崎昇治郎、同僚には同じく元協会選手でイーグルスにも在籍した大貫賢がいた。川崎は大貫らに相談して南海入りを決めたという(21)。またタイガースの松木謙治郎は、大連実業で同僚だった松尾五郎を満州リーグの最中に口説いて入団させている(22)。大連実業もこの夏の都市対抗に出場、二回戦では一回戦を勝ち上がった川崎の撫順満倶を破り、決勝まで進出するが、野村武史の全京城に0-4で敗れている。実業の中心は田部武雄。大会を通じていまだ健在を示す活躍ぶりだった。

満州リーグに関する連盟の公式見解は、あくまで紀元二六〇〇年の記念事業であり、新聞社など関係各方面に送った挨拶状には、次のようないかにもの文言が並ぶ(23)。

「当連盟加盟倶楽部九球団二百名の選手審判員役員は大挙して満州国に移動し各員或《あるい》は大地に跪《ひざまず》いて父祖が滲血《しんけつ》の土に塗《ま》みれ或は熱砂に伏して硝薬の残臭を嗅ぎ或は斜陽に立って同胞遠征の心を憶《おも》はば其処《そこ》に必ずや脈々たる祖国精神の息吹きを感ずるであらう、かくして舶来スポーツたる野球技に日本精神を注入し導入する、これこそ無比絶好の記念事業と云ひ得るでありませう。

更に又《また》当連盟の今回の企画が単に満州国内に於て施さるるに止《とど》まらず此《この》聖なる年を起点として広く東亜全土にまで拡大し実現せんことを希《ねが》ふものであります。これぞ誠に建国の宏謨《こうぼ》八紘一宇の大精神を我等が野球報国運動に具現するものと堅く信ずるものであります、国内及び在満朝野の諸賢冀《こいねがわ》くば当連盟の微意を嘉《よ》しとせられ此《この》事業の完達に御支援の程偏《ひとえ》に御願致します」

満州リーグを機に舶来スポーツの野球技に日本精神を注入し、聖戦の大義を具現化すべく東亜に飛躍する――。満州に新市場を拓くための、それが連盟のかぶったペルソナ(仮面)であった。

2 機構改革と渡満の準備

●巨人の影響力排除

一九三九年秋以降、連盟にとって紀元二六〇〇年記念事業は大きな課題であったが、実はこの時期、もう一つ重要案件となっていたのが機構改革だった。三六年四月に連盟初代理事長に就任し、三七年二月の規約改正で初代総務に選任された巨人理事の市岡忠男は、四〇年二月に任期満了を迎えることになっていた。その後任問題から機構改革が浮上した。

金子家基さんによれば、「連盟の創設者である読売の正力さんは、連盟に対して絶大な影響力があって、総務の市岡さんはその力を後ろ盾にかなり強引な運営を行うところがあった」という。このため創設から二年、三年と時間を経て各チームが次第に運営に習熟してくると、巨人の連盟支配に不満を持つ理事が出てくるようになり、それが「市岡の総務再選阻止＝市岡排除の機構改革」という動きとなって現れた(24)。市岡は任期満了で総務退任を余儀なくされ、理事も退いた。

後任の巨人理事には正力松太郎の指名で野口務が就いた。野口は京大法学部時代にマルクス主義の立場に立つ社会科学研究会の中核メンバーだったが、治安維持法で三度検挙され過酷な拷問を経験し転向、卒業後は亡父淳吉の警視庁警務部長時代の部下だった正力の世話で警視庁(文書課統計係)に入り、正力が巨人を創設するとスタッフに迎えられた。(25) 芥川賞作家の堀田善衛は野口の従弟であり、堀田の『若き日の詩人たちの肖像』(集英社文庫)に登場する主人公の従兄は野口がモデルとされる。

連盟は市岡の退任を機に総務制を廃し、新たに九球団の各理事が、業務、経理、企画、技術の四部門に分かれて業務を担当する「委員制」を創設した。各部門の委員は次のように決まった。

業務委員/委員長・鈴木龍二(ライオン)、富樫興一(タイガース)、詫摩治利(セネタース)
経理委員/委員長・富樫興一(タイガース)、清水浩(南海)、山口勲(金鯱)
企画委員/委員長・詫摩治利(セネタース)、鈴木龍二(ライオン)、赤嶺昌志(名古屋)
技術委員/委員長・河野安通志(イーグルス)、村上実(阪急)、飯泉春雄(巨人)

野口務は後年、「詫摩、鈴木、富樫の三氏が二つの委員を兼ねているところに、このときの改革の推進力がどこにあったかがよくうかがえる」と述べ、この三人が市岡(巨人の影響力)排除の中心勢力であったことを示唆している。(26)

この委員制は結局うまくいかなかった。チームの運営で忙しい各理事が連盟事務局に常勤できるはずもなく、また四委員長対等の資格では統制を取るのも難しかった。巨人の影響力が排除されたことに強い不満を持っていた正力は、六月半ば、委員制がうまくいかないと見るや、各チームの親会社の幹部を集めた会合で、連盟事務局の運営を東宝にまるごと委任するという仰天プランをぶち上げる。正力の逆襲であったが、後述する「新体制運動」が秋に起こり、それに対応するためこのプランは消滅し、別の機構改革が

実現することになる。(27)

市岡排除を決行した連盟の機構改革は、この夏の満州リーグにも影響を与えずにはおかなかった。もともと満州リーグに消極的だった市岡は「連盟幹部の顔を見るのは嫌だ」と言って渡満団に参加しなかった。代わりに巨人を率いたのは理事の野口務で、満州リーグの開幕前後に河野ら他球団の連盟理事と日程編成をめぐる不満から衝突事件を起こすことになる。(28)

当時の市岡と河野の関係について、河野の次女の波木井さんは興味深い証言をしている。

「父と市岡さんは、いろいろありましたけど、表立って喧嘩をしていたわけではないんです。それどころか、うちの娘は頌栄《しょうえい》(高等女学校)に入れるから、お宅もどうか、と市岡さんから父に話があって、それで私は頌栄に入ったくらいで、市岡さんのお嬢さんとは同級生ですから。昭和一四年(一九三九年)のことです。その頃まではプライベートの交流があったわけです。そのあとですよ、おかしくなったのは」

波木井さんは機構改革が原因ではないかと推察する。野口は詫摩、鈴木、富樫の三人を反市岡勢力の中心としていたが、過去のいきさつから河野もその一人と市岡は考えたのかもしれない。

●忌まわしい噂

一九四〇年三月一四日、橿原神宮に参拝した全九球団の選手関係者一同は、翌一五日、新しいシーズンの開幕を甲子園球場で迎えた。愛国行進曲で入場、整列。君が代吹奏、国旗掲揚、宮城遥拝、戦没将士への黙禱などの後、河野の発声で天皇陛下万歳奉唱――。野口務はのちに、「軍国調はなやかなりし頃の状況を思い起こさせて、苦笑をもよおさせるものがあろう」と書いた。(29)

開幕から三週間。関西支部長の小島善平は、客が集まらない悩みを日記に記している。
▽四月六日　曇天時々雨、外苑戦車博覧会始まる
▽四月七日　久々の快晴なれど客は博覧会に集中
外苑戦車博覧会とは西宮球場の外苑を会場に四月六日〜五月一二日まで開催された「近代機械化兵器野外大展覧会」のことで、主催は大阪朝日新聞社だった。会期中、客は展覧会に流れた。それだけに展覧会最終日の五月一二日の日記には「機械化兵器展終了。十四、五、六の三日間ようやく野球の天下に成る」と安堵の気持ちを吐露している。西宮球場(および外苑)では一九三八〜四三年まで毎年この種の国威発揚の戦争関連の催事が行われた。そのほとんどは大阪朝日の主催だった。

日中戦争は四年目に入り、各チームとも兵隊に取られる選手が増えた。悲惨を極めたのはタイガース。三九年限りで景浦将《かげうらまさる》、門前真佐人、御園生崇男《みそのおたかお》ら主力が軒並み入営、西村幸生は満州へ去った。そうしたなか巨人は主力が健在で、六月には沢村栄治が戦場から復帰。七月六日の名古屋戦では4-0で自身三度目のノーヒットノーランを達成している。川上哲治さんは、この試合をよく覚えていた。

「私が巨人に入ったとき、沢村さんはもう兵隊でしたから、剛速球を投げていた全盛期は見てないんです。昭和一五年(一九四〇年)に帰ってこられて初めて一緒になったんですけど、鉄砲かついだり、手榴弾投げたりして肩を壊してしまって、もう速い球は投げられませんでしたね。投げ方もオーバースローではなくてサイドスローでした。それでも制球がよくてピッチングはうまかった。この試合もカーブをうまく使って打たせてとってました。技巧派のピッチャーになってましたね」

夏季前半戦で首位に立ったのはセネタースで、一六勝六敗二分のうち野口二郎が一人で一一勝二敗と大

車輪の活躍を見せた。だが後述のように野口が故障で失速。年間では四位にとどまった。

夏季前半戦の総評を大和球士が都新聞《みやこ》に書いているが、そのなかに気になる記述がある。(30)試合総数一〇八のうち約三分の一が完封試合で、こんな馬鹿げたシーズンはこれまであった試しがなく、それを選手が悔しがるわけでもなければ、お客さんにすまないと思うふうでもない、これはいったいどうしたことかと嘆き、こう書いた。

「プロ野球を愛してゐるファン諸君は「何《ど》うも変だ」と直感を働かす。その直感に触れて来たものが〝忌はしい或種の噂〟だった。七月七日の事変記念日、西ノ宮球場で観戦したファンは、試合終了直後可《か》成《な》り多数の人間が地元警察署差し廻しの大型自動車へ詰込まれて行かれた嫌な場面を見たに相違ない。この場面と関連がないとは云へないものが「忌はしい噂」の本体である」

大和球士は明らかに八百長を疑っていた。ただし当時は、戦時下の物資統制で得点力の低下に直結する粗悪なボールが使われていたのも事実である。連盟の記録員だった広瀬謙三は、使用球の質の低下に加え、検品体制の不備や経費節減のため低廉な粗悪球を求めた連盟の姿勢が打撃不振と完封試合の多発を招いたとしている。(31)粗悪球は満州リーグでも大問題になる。

●渡航準備に追われる関西支部長

小島善平の日記に初めて満州リーグに関する記述が登場するのは一九四〇年五月五日。「阪急軍村上氏より満州行選手のブレザーコート、西宮試合中に、阪急洋服部に、名古屋選手をのぞく外のチームの作成数と寸法を取る通知されたしとの依頼を受く」とある。満州リーグでは連盟の役員、審判、選手などが揃いのブレザーなどを着用した。満州リーグ挙行決定の連盟発表を受けて、その直後より阪急百貨店の洋服部でその製作に取りかかっていたことがわかる。

セネタースにいた三富恒雄さんによれば、「ブレザーは国防色(カーキ色)でズボンは白っぽいグレー。銀色の地に青線のレジメンタルのネクタイと、麦わらのカンカン帽がお揃いで用意された」という(32)。「ブレザーは生地が麻でした。夏でしたから軽くてさらっとしていて着心地がよかったですよ。カンカン帽は大連の港を出るとき船から見送りの人に投げました。みんなそうしてましたね」

六月に入ると、渡満手続きが急ピッチで進む。同月一七〜二一日の小島善平の日記には連日、各球団や大阪商船の担当者との乗船手続きに関するやりとりが記されている。実現はしなかったが、満州遠征をするなら日本統治下の山東省青島まで足を延ばしてオープン戦をしてほしいという要請があったこともわかる。かつて河野らが協会チームでやった遠征パターンだ。

六月の下旬にはコレラやペストなどの予防接種が行われた。セネタースの野口二郎さんは「球団から日にちを指定されて、選手みんなで一緒に三種か四種のワクチンを打ちに行った。場所は後楽園球場だったような気がする。満州の皇帝が日本に来ていたときだった」という。

溥儀が紀元二六〇〇年慶祝のために訪日したのは六月下旬から七月中旬。帰国後の七月一五日には帝位の安泰を求めて日本と満州国は一体である(=日満一如)ことを示すために天照大神を祭神とする建国神廟《しんびょう》を新京に創建する。これにより満州国は日本と同じ神を祭る国になった(33)。

満州日日新聞が満州リーグの前売券の発売開始を伝えたのは建国神廟創建の二日前の七月一三日。一流の試合を渇望していた満州の野球ファンは、奉天、大連、新京の前売券発売所に殺到、わずか数十分で六万円分を売り尽くし、完売になった[34]。

七月一四日には満州リーグ戦壮行会として巨人対阪神など三試合が後楽園球場で行われた。観衆約二万人。この日、全九球団の選手や関係者は新調したブレザーなどを着て登場した[35]。また同月二一〜二三日には全九球団が参加して「満州遠征記念東西対抗リーグ戦」（満州日日新聞社東京・大阪両支社主催）が西宮球場で開催され、通算八勝一敗で西軍が圧勝した。

小島善平の日記は、七月上旬から中旬にかけて各チームや審判、記録員などの乗船申込書に関する記述で埋め尽くされている。各チームから届く書類に不備があったり、約束の期日までに提出しない球団があったりと、小島の苦労は絶えない。それでも同月二〇日には何とか全球団および審判、記録員などの乗船申込書が揃い、大阪商船に届けることができた。二三日には乗船切符を各チームに届け、審判員などの分は出船当日に渡している。

二四日には東西対抗三日分の分配金を神戸銀行より引き出し、各チームに分配。二五日には満州リーグの使用球を大連運送店に引き渡し、渡満準備完了。小島は翌二六日の日記にこう書いた。

「渡満野球団一行一八五名無事出発」――。

3 異郷の白球譜

●渡満団一行、神戸から大連、奉天へ

一九四〇年七月二六日、連盟渡満団一行は、日満両国旗を胸に縫い付けた国防色のブレザー、白ワイシ

大連港に入港した吉林丸．船体には各球団の団旗が飾られていた（出典：『秋の大リーグ』）

ヤツにネクタイ、カンカン帽という揃いのいでたちで午前一〇時に神戸埠頭に集合。第一突堤に並んだ選手は、遠征団長の河野安通志から「連盟の名誉も一に諸君の奮闘如何《いかん》にかかっている」と訓示を受け、一一時に大阪商船「吉林丸」に乗船、正午に神戸港を出帆した[36]。ライオンの坪内道則は「吉林丸のデッキの周りには大きな球団旗をいっぱい張りめぐらせ、いかにも、国策で満州へ乗り込むんだ——といわんばかりの仰々しい出発だった」と書いた[37]。

小島善平は渡満団一行一八五名と記したが、『満支旅行年鑑　昭和十七年度』に掲載された「鮮・満・支視察団」の「東京鮮満支案内所取扱　昭和十五年度七月分」には「日本野球連盟渡満団　二〇三名」とある。記者などを含むこれが渡満団の総数と思われる。

吉林丸は二六日正午に神戸を発つと、船中泊で翌二七日朝六時半に門司に寄港した[38]。船室は、理事は二等だが、選手などは三等で環境は劣悪だった。セネタースの野口二郎さんによれば、「雑魚寝もできないほどの詰め込み状態で、足も伸ばせなかった。ずっと膝を抱えていた」という。食事への不満から、門司に寄港した際には、上陸して食料を仕入れた選手が多かったようだ。

正午に門司を発ち、船中二泊。細雨に煙る大連港外に着いたのは二九日朝七時五〇分だった。船内で満州日日新聞社の役員より贈られた「満州公式リーグ参加役員、選手章」をブレザーの胸につけた渡満団一行は、午前九時、吉林丸の着埠と同時に連盟旗を先頭に各球団旗に従い颯爽と上陸。同社社員や大連の野球関係者、ファンら多数の出迎えを受けた。一行は埠頭待合所玄関前に整列、同社役員の歓迎の挨拶を受け、団長の河野が答辞を述べた。

その後一行は、同社の用意したバス六台に分乗し、大連神社と忠霊塔に参拝した後、大連駅に向かい、小憩、一〇時半発の普通列車で開会式を行う奉天へ向けて一路北上、一八時四〇分、奉天駅着。漸《よう》く雨が上がった奉天駅頭で社旗を手にした満州日日の社員やファンの歓呼の声に迎えられ、同社社長松本豊三と団長河野が挨拶を交わした。一行はバスに分乗して忠霊塔と奉天神社に参拝した後、各チームそれぞれの宿舎に入った(39)。いずれも日本旅館で食事も日本食だった(40)。満州事変後の在満邦人の急増は、旅館に象徴的に見られるように満州各都市の内地化をもたらした。このため内地から来た観光客のなかには、満州情緒を味わえないと不満を抱く者もあった(41)。

満州日日新聞は七月二九日の朝刊に満州リーグの大会役員を発表した。主催の満州日日と連盟の関係者が名を連ねる一方で、前述のように満州日日の東京支社長に就任した中沢不二雄の名前はない。また審判員に元協会メンバーである阪急の片岡勝と満州日日の記者で元法大投手の吉田要の名前があるのが目を引く。審判が足りないため二人に連盟審判職を委嘱したのだ。

●機構改革の遺恨

無事に奉天に着いた連盟渡満団一行であったが、満州リーグの開幕前後にひと騒動があった。七月二八日、吉林丸船中の理事会の席での不可解な会話が波乱の予兆だった。

巨人の野口務が満州リーグの日程をたずねた。日程編成の責任者であるセネタースの詫摩治利は開幕直

大連に上陸した選手一行(出典：『秋の大リーグ』)

前であるにもかかわらず、「まだわからない」と答えた。野口は、巨人に見せられない事情があるに違いない、と不信感を強めた。機構改革で巨人は詫摩らと衝突した。「満州遠征では、きっとやっかいなことや、トラブルが起きる」と予測し、野口は正力と市岡から「場合によってはチームを連れて、途中で帰国することも許されていた」という[42]。

　野口が満州リーグの日程表を詫摩から渡されたのは翌二九日朝、大連港に着いてからだ。それを見た野口や選手は、巨人だけ移動距離が長く、過酷な日程を強いられていると激怒した。「班長」と呼ばれた中島治康は、ナインに向かって「セネタースを倒せ！」と煽り立てた[43]。夏季前半首位のセネタースを勝たせるために詫摩が仕組んだ策略と考えたのだ。

　確かに巨人の日程はきつかった。満州リーグの移動距離は巨人が約七五〇〇〇kmに達したのに対し、阪急と金鯱は六〇〇〇〇km台、イーグルスと名古屋は五〇〇〇〇km台、残りのタイガース、南海、セネタース、ライオンは四〇〇〇〇km台だった[44]。

　しかしそれは序盤に雨に祟られて何度か日程変更を余儀なくされた影響が大きく、変更前の当初の日程では移動距離にそれほど極端な差はなかった。戦前から野球記者として鳴らした石崎龍は、私家版にまとめた日本野球史の大部のなかで次のように述べている[45]。

「「他所の花は赤い」というが、色目でみるといかにもセネタースが有利に見える。詫摩が同球団の選出理事だったところから、「意識的にこんな日程を組んだ」と非難するものが出た。〔中略〕九チームがすべて満足するような日程の組めるわけがない。巨人やタイガースが引っ張りだこになっても、金鯱や南海の歓迎されるわけがない。主催者に興行権を委ねた以上、先方の言い分も可能な限りは容認しなければならない。その結果が不公平だという非難になってハネ返ったから、詫摩は憤慨した。日程組み替えの話が出たとき詫摩はあっさりと責任者の地位から下り、あとのことを阪急選出理事の村上実に任せた」

石崎は、巨人の移動距離が増えたのは、雨天中止にともなう日程変更に加え、人気チームであったのと主催の満州日日新聞の意向が働いたからで、詫摩が作為的にそうしたものではないと、巨人の主張する詫摩陰謀論を否定している。しかし、「巨人は、日程を組んだ詫摩さんのことを、さんざんこき使われたと言って後々まで相当恨んでいた」と金子家基さんは言う。

「詫摩さんとしては精一杯頑張ってなるべく不公平にならないように組んだ日程だったと思いますよ。それでも巨人は、なんでおれたちだけと許せなかった。わがままなところがあったから」

詫摩の陰謀を疑った野口務は、少しでも移動の負担を減らすため、日程表で巨人のスケジュールが三〇日は奉天で開会式、翌三一日は同じく奉天で金鯱と対戦、八月一日は大連に戻ってイーグルス、名古屋とダブルヘッダーとなっているのを確認すると、監督の藤本定義と相談のうえ、沢村とスタルヒンは一日の大連で登板させることにして、開会式に出るだけの奉天には連れて行かず、マネジャーの飯泉と捕手の隈《くま》部《べ》一郎を付き添わせて大連に残すことにした。沢村は戦地で罹《かか》ったマラリアが再発して熱があり、スタルヒンは満州国へ入国するために大連の満州国外務局弁事処で査証を取得する必要がある――、というのがその理由だった(46)。

一九一七年のロシア革命に巻き込まれたスタルヒンは、二歳のとき両親に連れられロシアから満州のハルビンへ逃れ、その後日本へ亡命した無国籍者だった。日本の傀儡国家だった満州国への入国に際しては、日本人は旅券も査証も不要だったが、スタルヒンは外国人扱いで旅券と査証が必要だった。スタルヒンは国家の発行する旅券の代わりに国際連盟が難民救済のために発行した身分証明書「ナンセン・パスポート」と警視庁発行の「身元証明書」を所持していた(47)。八月二日に試合がないことを確認した野口は、沢村とスタルヒンを大連に残し、一日のダブルヘッダーに二人を登板させ、翌二日にスタルヒンを連れて同弁事処で査証を取得するつもりだった。

しかし野口の説明は少し不自然だ。奉天での開幕は最初からわかっていたことで、ならばなぜ事前に査証を取得しておかなかったのだろう。もともと大連に着いたらそのままスタルヒンを残して査証の発給を受け、開会式を行う奉天には連れて行くつもりがなかったのではないか。

それでもマラリアと査証が理由であれば、二人を大連に残す理由になるし、他球団の理事も納得したはずだ。ところが野口は、なぜかこれを他球団の理事に諮らなかった。

二九日に大連から奉天へ移動する列車内で沢村、スタルヒン、隈部の三人の不在に気づいた他球団の理事たちがこれを問題視し、巨人の野口や監督の藤本らが食堂車で食事をしている間に巨人を除く八球団の理事で秘密理事会を開き、三人を即刻奉天に呼ぶべしと決定した。団長の河野は、巨人の野口に理事会の決定であるとして「三選手をすぐに呼ぶように」と申し渡した。野口は「沢村はマラリアで、スタルヒンは査証がないので呼べない」と答えるが、そのやりとりを横で聞いていた巨人の中島治康が、やおら立ち上がると、河野の言葉は非礼であると激高し、殴りかかりそうになった。監督の藤本が慌てて止めなければ、大騒動になるところだった(48)。

それにしても中島が早大野球部の大先輩である河野に対してそこまでやるとは尋常ではない。市岡の巨人が河野をどう見ていたか推察するのに十分な逸話である。野口は二人を呼べと言われても無理だとして理事会の要求に応じなかった。議論は奉天到着後の翌三〇日に持ち越された。

●査問懲戒騒動

三〇日は午後二時から満州リーグの入場式と開幕第一戦が予定されていた。午前中、各チームの監督、理事、主将ら三九名は、連盟渡満団一行を代表して鉄道総局、市公署、省公署、満州野球連盟、満州日日新聞本社などに挨拶まわりを行った。その後、渡満団一行は奉天ヤマトホテルで開かれた満州日日新聞主催の歓迎昼食会に招かれ、出席している。団長の河野は「新たなるプロ野球ファンを満州の地に獲得するため「真剣に正々堂々あくまで戦」うと挨拶した(49)。

この日の奉天は朝から雨が降ったり止んだりで、午後二時から奉天満鉄球場で始まった入場式も小雨そぼ降る生憎の天気のなか挙行された。全チームの選手と審判は、三塁側スタンド前より反時計回りにバックネット前、一塁側スタンド前を行進、さらに外野を半周してスコアボード右側に設けた国旗掲揚台前に整列すると、各チームの主将が日満両国旗を掲揚。その後、皇居遥拝、建国神廟並びに帝宮を遥拝し、皇軍将兵の武運長久を祈り、戦没兵士に黙禱を捧げた。満州日日新聞社長松本豊三の開会の挨拶に続き、河野が連盟総裁大隈信常の挨拶を代読、セネタースの苅田久徳が選手宣誓を行った。引き続き午後三時半から開幕第一戦のセネタース対南海の試合が予定されていたが、雨脚が強まり降雨中止となった(50)。
入場式後、満州日日新聞社から団長の河野に満州球界への功労を称えて感謝状と記念品が贈られた(51)。長男の通さんの自宅にあったのはこのときもらった感謝状である。記念品について通さんは「家には残っていない。どういうものだったかもわからない」という。

午後四時から奉天の満州日日新聞本社の会議室で連盟の緊急理事会が開かれた。満州リーグ開催中、連盟は同社内に臨時の本部を置いていた(52)。この席で沢村とスタルヒンが奉天に来ないなら、八月一日の大連の試合には出場すべきではない、という意見が相次いだ。野口は「善処する」とだけ述べ、出場遠慮の言質を与えなかった(53)。これがまた後日大問題になる。

他球団理事の巨人野口への反発は強く、この緊急理事会の席で、

一、公式試合は勿論《もちろん》帯同遠征試合にも絶対にチーム全選手が出場すること

一、万一病気のため参加不能の場合は、満州日日新聞社所定の医師の診断を要すること

の二点につき厳重な申し合わせが行われている(54)。「全選手が出場」とは「必ずベンチ入り」の意だろう。また病気不参加には満州日日所定の医師の診断を要するとあることから、沢村のマラリア発熱を他球団は疑っていたようだ。

三一日午後四時、奉天満鉄球場の巨人対金鯱の試合でいよいよ満州リーグが開幕した。満州リーグは各都市とも一日二試合行った。第一試合は午後四時開始、第二試合は第一試合の終了二〇分後に開始(目途は午後六時開始)というのを基本にしていた。当時の試合は一時間半もあれば終わったので、第二試合の試合終了は午後七時から八時くらいであった。よく満州は夜になっても明るかったといわれるが、それは本

来一時間の時差があるのに日本時間を使っていたからだ。もっとも満州国で日本時間が使われるようになったのは満州リーグの行われるわずか三年前のことで、一九三六年一二月三一日午後一一時が一九三七年一月一日午前零時と改められたのだった。[55]

始球式を行ったのは満鉄理事で満州野球連盟理事長の猪子一到。ボールには満鉄総裁大村卓一のサインがあった。[56] 記念すべき開幕戦に巨人は4-6で敗れた。満州リーグで審判を務めた吉田要の長男の純さん(※六五歳)によれば、「巨人ベンチに沢村もスタルヒンもいないことに気づいたファンから、「スタルヒンを出せ！ 沢村を出せ！」と弥次が飛んだと父から聞いた」という。吉田はこの日の第二試合(ライオン5-4イーグルス)で塁審を務めるため球場にいた。巨人の敗戦に他球団の理事は「ザマミロ」という顔をしていたという。[57]

球場には白衣の勇士(傷病兵)が招かれ、第二試合の始まる前にはライオン、イーグルスの両軍選手から深い感謝の礼を受け、「気をツケー、敬礼」の号令で答礼した。[58]

巨人一行はこの夜午後九時三五分発の普通列車で奉天を発ち、翌八月一日朝七時一〇分大連着。午後四時よりイーグルス、名古屋とダブルヘッダーにのぞんだ。[59] 巨人は河野のイーグルスとの第一試合には沢村、名古屋との第二試合にはスタルヒンを先発させ、5-3、1-0で連勝した。[60] 当時、大連満倶にいた武宮敏明さん(※八〇歳)は、「巨人には川上(哲治)、吉原(正喜)、鈴木田(登満留)という熊本工の先輩がいたので大連の巨人戦は全部見た」という。

「満州リーグは前人気が高く、満倶球場はお客さんで一杯でした。大連の初戦で沢村さんを見ましたけど、聞いていたようなスピードボールはなくなっていましたね」

武宮さんは戦後、巨人に入団し、引退後は二軍の監督、コーチのほか合宿所の寮長を長く務めた。「満州リーグで凄い速球を投げていたのはライオンの菊矢（吉男）。あれは速かった」という。

七月三〇日の緊急理事会で沢村とスタルヒンの登板自粛を要請された野口は「善処する」と応じたが、ハナからそのつもりはなく、二人を投げさせた。それも遠征団長の河野のイーグルスにマラリアで発熱しているはずの沢村をぶつけてきたのだから、河野は歯噛《はが》みする思いではなかったか。

すぐに約束違反として理事会にかけたかったはずだが、連日、満州各地で試合があるためなかなか理事が揃わない。この件で理事会が開かれたのは十日後の奉天で、八月一一日夜と翌一二日午前の二回行われた話し合いでは、野口を査問にかけ懲罰すべきとの声が相次いだ。野口は、「それならこちらも重大な決心をする」と巨人の帰国をほのめかし、抵抗した。

人気チームの巨人が抜けたら満州リーグは崩壊する。脅しは覿面《てきめん》に効いた。野口の責任問題は結論が出ないまま、結局、うやむやのうちに沙汰やみとなった。野口務はこれを専横を極めた市岡排除の勢力が衰えた証としている。

●憲兵に捕まったスタルヒン

話を大連に戻す。ダブルヘッダーを行った翌二日、巨人は試合がなかった。野口はかねての計画通りスタルヒンを連れて駐大連満州国外務局弁事処を訪ね、満州国へ入国するための査証を取得した。これでスタルヒンの満州国入国問題は解決したはずだった。

巨人は大連で三、四日にタイガース（0-1）と阪急（6-0）と対戦、五日は次の試合地の新京へ移動するため午前一〇時の急行「はと」で北上した。スタルヒンも一緒だった。列車は普蘭店を越えると関東州から満州国の国境のまち瓦房店に入る。野口は北上を続ける車窓にどこまでも同じ風景が続く満州の原をのんびり眺めていた。そこへ巨人の選手から衝撃の知らせが届いた。「スタルヒンが満州国の憲兵に捕まった」――。野口は、そんな馬鹿な、と思った。

スタルヒンはナンセン・パスポートと警視庁発行の身元証明書、それに取得したばかりの満州国の査証を所持している。何かの間違いだろうと思いながら、憲兵に連行されたという車両に急ぎ駆けつけ、説明を求めた。憲兵は言った。「満州国は国際連盟に加盟していない。ナンセン・パスポートは通用しない」(61)。しかしこれはおかしい。スタルヒンは一九三六年七月末から八月下旬の「鮮満遠征」で満州国を訪れているが、そのときは何の問題もなかったからだ。

野口はこの事件について「これには全く困った」と言うばかりで、スタルヒンがその後どのように解放されたかについては触れていない。ただし列車は夜八時二〇分に新京に着いたとしている。野口の説明ですぐに拘束を解かれたか、あるいは新京到着後に身元確認が行われ解放されたか。その場合は満州野球連盟や満州日日新聞社の関係者が解放に動いたのだろう。

スタルヒンの拘束について国民新聞の記者だった金子家基さんは、「書類の不備は拘束するための方便でしょう。スタルヒンは内地でも敵性外国人として監視されていた」としてこう続ける。

「彼は有名な野球選手で各地を移動しますね。それがひと夏、ロシアと地続きの満州でしょう。ロシアとは前年にノモンハン事件で武力衝突を起こしていますからね。満州国の憲兵や特高警察は彼に接触する人間、近づいてくる人間を警戒していたんじゃないですか」

スタルヒンは、戦時下の日本で、この先も理不尽な苦難に翻弄されることになる。

●雨と粗悪球が招いた貧打

満州リーグでは奉天、新京、大連、鞍山の四都市で夏季公式戦後半の七二試合が行われた。これとは別に満州各地で帯同試合が九試合と紅白戦(オールスター戦)が四試合行われている。それらの結果については本書巻末に掲載したので見ていただくとして、ここから先は満州リーグで特筆すべき逸話や記録などについてまとめてみたい。まずは雨と粗悪球について。

「全く気も滅入《めい》り込むような今日この頃のなが雨だ」――。そう新聞が嘆くほど満州リーグの序盤は雨に祟られた(62)。雨天中止が相次ぎ、何度か日程変更を余儀なくされたため各チームとも過酷な日程や移動に苦しんだ。結果的に人気球団の巨人が一番被害を被ったわけだが、雨の影響は深刻なボール不足も招いた。水を含んだり、破損したりして使えるボールが急減したのだ。連盟関西支部長の小島善平の日記にはその対応に追われた様子が記されている。

「八月五日　富樫興一氏より満州試合ボール不足に付き四十打《ダース》持参税関手続、運送依頼電報来る(十一日出帆の予定)」――。阪神理事の富樫は、満州リーグの前半は代理を立て、このときは関西を離れ、出張中だったようだ。その富樫に満州の連盟理事たちから「ボール送れ」の至急要請があったのだろう。富樫は一一日に神戸を出帆、渡満する際にボールを持っていくので四〇ダース用意し、税関の手続きと運送の手配をしてほしいと小島に電報を打った。

しかし関西支部にそんな大量のボールはなく、また出帆するまでに用意するのも難しい。その旨小島は返電したと思われる。ならばと、七日に富樫から再度、「甲子園、西宮の残球八日迄《まで》集めよ」との電報が届く。翌八日、小島は記す。「昨日タイガースで打って頂いた許可願を持ち税関出願許可を得、その足で神戸旅行案内所に右許可証を渡しボール送付準備終了。甲子園に於て更に運送屋に電話、手配に念を押す」――。小島は八日までに集められるだけの新球をボールメーカーから調達し、甲子園、西宮両球場の残球もかき集め、満州へ送る手配を終えた。

残念ながら送ったボールの総数は不明。ただし、日記の欄外に「甲子園四打《ダース》、西宮七打四個」とあり、これが両球場の残球（一一ダースと四個＝一三六個）であったと思われる。また一五日の日記に「東京より富樫氏指示によるボールの送付先問合せ状来る」とあることから、富樫は東京の連盟事務局にも満州へボールを送るよう指示していたことがわかる。東京の対応は、送付したボールの総数なども含め不明。

九日の日記には「甲子園にて帰阪せる富樫氏面会。準備終了報告」、一一日の日記には「富樫氏出帆を見送る」とある。富樫が大連に着くのは一四日朝。一五日は休養日で満州リーグの公式戦はなし（ただし巨人と金鯱は吉林で帯同試合を行った）。富樫が持ち込んだボールが試合で使われるようになるのは一六日からで、途端に各試合ともに打撃が活発になる。翌一七日の満州日日新聞の朝刊はこう書いた。

「新京、大連両地方の四試合はともに巨砲長打の連続的炸裂を見せて渡満以来最初の打撃戦を展開した」――。「渡満以来最初」とあるように、それまでは貧打に泣く試合が続いた。雨でボールが濡れたり破損したせいもあるが、何より大きかったのは物資不足と経費節約のために廉価な粗悪球を使用していたことだ。大和球士は都新聞に呆れるようにこう書いた(63)。

「携行したボールが超粗悪品であったのだ。打てども飛ばず、撲《なぐ》れども転がらずという劣悪品であった。

此の粗品が一ダース二十二円位の安物であった」

選手の証言も聞いてみよう。セネタースの三富恒雄さんは言う。「ちょっとオーバーに言えば、握った瞬間にボールがへこんでしまうような感じでしたね。あれでは力のある球は投げられないし、打っても飛びませんよ」。同僚の野口二郎さんも全く同じ指摘をする。「お饅頭をつかむと指が入りますわね、あれと同じ感じです。打つとすぐにボールがいびつになってしまうから、最初は審判に言って替えてもらっていました。そのうちボールがないから辛抱せーやと言われてね。しょうがないからいびつになったボールを握りやすいように直して投げていました」

満州リーグの使用球は、飛ばないだけでなく、投手が投げるにも困るほどの粗悪品であったことがわかる。それが内地から富樫が持って来たボールを使うようになると一転、打撃戦が展開されるようになった。これについて読売新聞は、「南海が持っていた球」が「いわゆるライブリー・ボール(よく飛ぶ球)」で、これを使うようになってから打撃が活発になったとしている(64)。南海が持っていたボールというのは、富樫が内地から持って来たボールのことではないかと思う。

打撃は活発になった。しかし一六日までに満州リーグは、公式戦七二試合のうちすでに四五試合を消化していた。プロ野球ということで豪快なホームランや華々しい打撃戦を期待していた満州の野球ファンは、当てが外れ、大半の試合で貧打戦を見るはめになった。大和球士はそんなファンの嘆きを象徴するような大連満倶の浜崎真二のこんな逸話を紹介している(65)。

「浜崎君がプロ野球の来満を喜んで、前売切符を求めて某都市へ一週乃至《ないし》十日間の泊りがけで現れた相《そう》だ……浜崎君は二日見た丈《だけ》でプイと任地へ戻ってしまった。帰り際に漏らした言葉は「あれがプロ野球か」であった相だ」――。貧打の原因は雨と粗悪球にあった。しかしその汚名は選手が一身に浴びることになった。気の毒であったとしか言いようがない。

●二つの快記録

満州リーグでは二つの快記録が誕生している。最短試合と二度のノーヒットノーランである。

最短試合が生まれたのは八月一一日の大連満倶球場の第二試合、タイガースが1-0で阪急を下した一戦である。タイガースの若林忠志と阪急の森弘太郎が演じた絶妙の投手戦で、投球数は若林が八〇球、森が七七球。試合時間はわずか五六分で、当時の連盟新記録だった。五回に若林の三塁打とスクイズであげた一点を若林が自ら守り切った(66)。この年、同志社高商からタイガースに入団した宮崎剛さん(※八四歳)は、この試合に七番二塁で出場していた。

「阪急の捕手の井野川(利春)さんが突き指をしてベンチで何分間か治療をしたんです。それを入れて五六分。しかもぼくのエラーもあるんです。二塁前のゆるい当たりで、前に突っ込んだのはいいけど、バウンドが合わずにトンネルしちゃってね。それがなかったらもっと早く終わってますよ」

満州リーグのもう一つの快記録は、ノーヒットノーランが二試合も生まれたことだ。まず八月三日の大連満倶球場の第二試合、タイガースの長身左腕三輪八郎(高崎中出身)が巨人相手に達成している。スコアは1-0(四死球四、失策三)(67)。宮崎剛さんに再び登場してもらう。

「二回裏に川上(哲治)さんの強烈なゴロが二塁へ飛んで、これをぼくが弾いてしまった。記録はエラー。あれが強襲安打になっていたら三輪さんのノーヒットノーランはなかったんですよ」

巨人は満州リーグで二敗しかしていない。開幕戦とこの阪神戦である。大連では各チームが南京虫の襲撃に閉口したが、巨人の千葉茂などは三輪に無安打無得点を許したのは南京虫に食われたせいだと戦後になってもこぼしていたという。(68) 実際、川上哲治さんも「大連では南京虫に鼻の横とか目の上とか食われた。ものすごく腫れて、熱っぽくて大変だった」という。満州リーグの半ば過ぎまでは粗悪球を使っていた。このことも記録達成に影響したかもしれない。

もう一試合のノーヒットノーランは、粗悪球の使用をやめた後に生まれている。八月二二日の大連満倶球場の第一試合、阪急の石田光彦がライオン相手に達成したもので、スコアは9-0(四死球四、失策三)。石田にとって自身二度目の快挙だった。(69)

石田は投球の前に胸で十字を切ることで有名だった。当時の選手に聞くと、投げ方は野茂《のも》英雄に似ていたという。奇行と酒乱で知られ、数々の逸話を残す。これについては改めて述べる。

●帰還と応召

満州リーグの最中に戦地から帰還、チームに合流した選手がいる。「あんちゃん」の愛称で親しまれた南海の岩本義行さん(※九一歳)。広島の三次《みよし》中から広陵中に転校、明大に進むと豪打で鳴らし、一九三七年三月の卒業時にはプロ野球全球団が争奪戦を繰り広げた大学球界屈指のスラッガーだった。闘志溢れるプレースタイルで知られ、それを河野が好んだことは既述の通りだ。しかし岩本さんは、「野球はもう飽いた」と言ってすべての球団の誘いを断り、わざわざ野球部のない大同電力(日本発送電の前身)に入社した。株式課に配属された岩本さんの仕事は、新株が発行されると本人確認して株主に渡すというもので、慣れると単調極まりない。すぐに野球の虫が騒ぎ出した。夏には請われて全東京で都市対抗に出たが、どうにも満足できなかった。そんなときふと思い立って上井草球場に出かけてみた。

「明治の同級生で松山道後の尾茂田旅館という温泉旅館の息子で尾茂田叶というのがセネタースに入っておりまして、それで野球は面白いけえ、いっぺん見に来いとよう言われておったんです。それで夏の終わり頃に上井草で初めてプロ野球の試合を見ました。スタンドはガラガラ、打撃は湿りっぱなし。見ていてイライラしてきましてね。自分なら、あんなピッチャーの球、スタンドに放り込んでやるのに――、そう思ったら、無性に野球がやりたくなりましてね」

岩本さんの心境の変化をいち早くキャッチしたのは、翌三八年から連盟に新規加盟する南海だった。岩本さんの明大卒業時に南海球団は存在せず、勧誘したことがなかったのが幸いした。

「熱心に誘ってくれたのにみんな断ったでしょう。それなのにどこかの球団を選ぶと、ほかの球団に悪いですから。プロに行くなら誘われたことのない南海しかなかったんです」

南海への入団が決まった岩本さんは、これでまた思い切り野球ができると思った。ところが南海チームが編成され、その最初の試合を大鉄三笠とやっている最中に召集令状が来た。リーグ戦開幕を一週間後に控えた三八年四月二二日のことだ。岩本さんの手元に残る軍隊手帳にはこう記されてあった。「昭和十三年五月三日　臨時召集ノタメ歩兵第十一連隊ニ応召」――。

「しばらく訓練してから青島に行って、それから南支の方で戦争をやりました。それで足をちょっと傷めたもんだから召集解除になった。やれやれ思うて嬉しかったですよ」

除隊になったのは四〇年七月二五日。広島の三次に帰郷、数日休養して大阪難波の南海球団事務所を訪ねると、「チームはいま満州にいるから、すぐに奉天へ行ってくれ」と言われたという。

「奉天の南海の宿に着いたのは八月四日で、疲れて寝ていたら、監督の高須（一雄）さんに、よう来てくれたなあ、と起こされたのを覚えています」

連盟は五日午後八時から満州日日の本社会議室で緊急理事会を開催し、岩本さんの選手再登録を承認した。(70) 岩本さんは早速、翌六日、新京児玉公園球場で行われた金鯱との一戦に五番センターで出場、四打数一安打（二塁打）、失策を二つ記録している。公式戦に一試合も出場することなく応召した岩本さんにとって、これがプロ野球選手としてのデビュー戦だったが、練習不足は否めなかった。対戦相手の金鯱には広陵中、明大の後輩の秋山正信さん（旧姓・室脇。※八五歳）がいた。

「岩本さんが除隊になって、あとから一人で満州に来たのはよく覚えています。久し振りに先輩に会えたのと、プロ野球界に帰ってきてくれたのが嬉しくてね、新京で試合をする前に挨拶に行って、お疲れさまでしたと、話したのを覚えています」

先輩の前で奮起したのだろう、秋山さんはこの試合、五打数二安打三打点と活躍した。岩本さんが少しずつ本来の調子を取り戻すのは秋のシーズン以降のことである。

満州リーグの最中には、帰還した岩本さんとは逆に応召された選手もいる。名古屋の石田政良である。満州日日新聞は満州リーグの公式戦が最終日を迎えた八月二三日の石田の応召をこう伝えた。(71)

「プロ野球満州公式リーグ戦に名古屋軍、外野陣のホープとしてセンターで活躍していた石田政良君は、二十三日午後五時から鞍山昭和球場で挙行の名古屋軍対金鯱軍の帯同試合を前にしてハリキッていたが軍務公用の通知を受け二十三日午前十一時二十八分奉天駅発興亜《こうあ》〔釜山行の急行列車〕で本社員並びに連盟役員多数の見送りを受けて帰国の途についた」

紙面には奉天駅で日の丸の旗を手に見送りに応える石田の写真が掲載されている。同僚だった大沢清さんは「石田は快足のセンターで、盗塁も捕球も走り出すタイミングが抜群に速くてうまかった。抜けた穴は大きかった」という。石田は夏季シーズン限りで兵隊に取られたが、それまでに三二盗塁を記録。秋のシーズン終了までにこれを抜く者は現れず、盗塁王に輝いている。

●全満中継された満州リーグ

満州リーグは満州電信電話株式会社（満州電電）によって全満にラジオ中継された。満州日日新聞は「球場が満員のため入場し切れぬファンや遠隔地の人達に対しマイクを通じて熱戦の実況放送に大童《おおわらわ》の電々会社」とその様子を伝えている[72]。

満州電電は一九三三年一月、電信・電話・放送の通信事業全般を取り扱う国策会社として発足した。放送では、常に番組に国策を反映させるのが仕事だった[73]。満州リーグが全満に中継されたという事実は、それ自体が国策に沿うイベントであったことの何よりの証左と言えるだろう。

満州リーグのラジオ中継はどのように行われたのだろうか。三八年四月に東京外国語学校（現・東京外国語大学）スペイン語科を卒業して満州電電新京放送局のアナウンサーになった荒井正道さん（※八七歳）は、「いい加減なもんでしたよ」と笑う。

「試合の実況中継はアナウンサー一人と助手と技術が各一人、計三人でやりました。大連は実満戦があったからけっこう中継をやっていたはずですけど、新京では野球の中継なんて滅多にありませんでしたから、きちんとした中継の体制なんてないんですよ。ぼくらの仕事はニュースを読むことと朗読がほとんどでした。それで誰か野球の中継をやらねーか、と言うので、じゃあやりますか、って手をあげてね、それでやることになったんです」

当時の満州新聞のラジオ欄を見ると、荒井さんは新京児玉公園球場で開催された八月六日の第一試合(南海6-1金鯱)など四試合の実況を担当している。同紙のラジオ欄は担当アナウンサーの表記がない日もあり、実際はこれ以外の試合も担当した可能性がある。八月六日の南海対金鯱は「岩本義行帰還復帰」が話題になった試合だが、荒井さんは「全く記憶にない」という。

「残念ながらそんな感慨を抱くほど野球に詳しくなくてね。だから実況もそのレベルですよ。投げました、打ちました、捕りました、そんな簡単な中継でした。手元にある資料だって両チームの選手や監督の名簿くらいのものです。プレーが動いていないときは、球場のスタンドの雰囲気とか、その日の空模様だとか、何かそんなことを適当にしゃべったような気がします」

荒井さんは「東京両国生まれの相撲好き」で、「満州リーグより大相撲の満州場所の方が記憶にある」という。四〇年に関東中学からライオン(三七年に大東京が名称変更)に入団した投手の山本秀男さん(※八三歳)は、「満州リーグが始まってすぐの新京では大相撲と同宿だった」という。大相撲一行は三〇〇人超の大所帯だった。荒井さんは新京場所の実況も担当している。

「満州は娯楽がないですから、内地からやって来る野球や相撲は大変な人気でね。満州の日本人はとても楽しみにしていました。だから野球も相撲もお客さんはいっぱいでした」

荒井さんによれば、「新京放送局には時局講演などの放送のために満州国の大物がよく来た。大杉事件の満映（満州映画協会）の甘粕《あまかす》（正彦、詳しくは第7章参照）や満州国の総務庁次長だった岸信介などはスタジオで一緒になったことがある」と話す。荒井さんはしかし、四一年三月で満州電電を退社している。

「いまだから言えますけど、関東軍なんて頼りにならない、いつどうなるかわからない、という気持ちがどこかにあった気がするんですよ。中国語を勉強してたらまた違ったと思うけど、ぼくはスペイン語だったからね。放送の仕事も満州の暮らしも楽しくなくなった。それでやめました」

荒井さんははっきり言わなかったが、三九年に関東軍がソ連軍に惨敗したノモンハン事件の影響が大きかったようだ。新京放送局は激戦となった戦場を取材している。荒井さんはその情報から関東軍の支配する満州国の危うさに気づき、不審を抱いたようだ。

荒井さんは大学の恩師の関係で天理大学に職を得るが、まもなく兵隊に取られた。戦後復員し、同大に復職。その後、母校の東京外国語大学の教員となり、長くスペイン語学科の教授を務めた。

●興行成功の内実

七月二九日の渡満以来、約四週間にわたって行われた満州リーグは、八月二三日をもって全七二試合の夏季後半戦を終え、同時に夏季シーズンも無事終了を見た。巨人が一四勝二敗で夏季後半戦の満州リーグを制覇するとともに夏季通算の覇権も制した。

夏季前半首位のセネタースは五勝七敗四分で六位に沈み、夏季通算でも三位にとどまった。夏季優勝を狙いセネタースの詫摩治利が巨人に過酷な日程を強いたと恨んでいた野口務は「天罰であった」と嘲罵した(74)。セネタースの不振は大エースの故障に尽きる。野口二郎さんは言う。

「五月頃から胃の調子が悪くて(のちに胃潰瘍と判明)、肩や背中にも痛みがあったんですが、病院でも原因がわからなかった。それで苅田(久徳)さんが球団に頼んでマッサージ師の小森良勝(のちの巨人トレーナー)さんを満州まで連れて行ったんです。おかげで序盤はそれなりに投げられたんですが、八月七日の奉天での試合(ライオン相手に1-0で完封)のあとに肩を壊してしまい、あとはだましだましでろくに投げられませんでした」

河野のイーグルスは七勝八敗一分の五位、夏季通算では六位だった。

満州リーグの首位打者は三割六分五厘で金鯱の濃人渉が獲得した。夏季通算ではライオンの鬼頭数雄とのデッドヒートを制した巨人の川上哲治が三割三分八厘で獲得している。ただし四〇年の年間通算では三割二分一厘で鬼頭が競り勝ち、川上は三割一分一厘で二位に終わった。

「鬼頭君は体は小さかったけれど、いい選手でしたよ。右へも左へも打てるし、足が速いからセーフティバントもできる。戦後、タイガースにいた金田正泰さんに似たタイプでした」

川上さんはそう述べている。最高殊勲選手は二年連続で巨人のスタルヒン。首位打者の鬼頭は記者の得票が伸びず選出されなかった。大和球士はその理由を次のように書いている(75)。

「快速、軽量の鬼頭はしばしばセーフティバントに成功した。現在なら、当然その巧妙な打法を絶賛されるところだが、とうとう日本化の流れは鬼頭に、小策をろうする〝卑怯な打者〟の烙印を押したのである。鬼頭は、「戦場に通じる野球」の不適格者とされた」

外来スポーツ批判への反論として飛田穂洲が言い出した「野球は戦場でも役に立つ」という主張は、ついに野球記者をしてセーフティバントを「卑怯」だと言わしめるに至った。同僚だったライオンの山本秀男さんによれば、「鬼頭さんは、おれはみんなよりできる、という意識の強い人で一匹狼なところがあった。記者の受けはよくなかったかもしれない」という。

満州リーグの首位打者以外の表彰選手は以下の通り。

▽最高殊勲選手賞／吉原正喜（巨人）
▽優勝投手賞／スタルヒン（巨人）
▽優秀内野手賞／中河美芳（イーグルス）
▽優秀外野手賞／堀尾文人（タイガース）

主催の満州日日新聞や日本野球連盟は、満州リーグをどう評価したのだろう。企画者である満州日日の編集庶務課長瀬戸敦は、次のように述べている。(76)

「満州で職業野球の公式リーグ戦を行う計画はその趣旨において万人異口同音に賛成はしたが、その成功を確信した者は極く少なかった。その理由は、〔中略〕余りに大規模に過ぎるというのであった。〔中略〕併《しか》し実際は予想外の好成績、爆発的人気に終始し、紀元二千六百年を記念せんとした主催者満日の目的は十二分に果された。と同時に連盟としても新たなる地盤を獲得した点で確《たし》かに大飛躍を遂げたものだと思う」

前売券は即日完売。当日券も序盤に雨に祟られながらも売行き好調だった。入場者数は一三万七四九九人、収入は二二万九六六〇円にのぼった。(77) 一九四〇年の総入場者数が八七万六八六二人、総収入が五二万三〇五四円であったことを考えれば、満州リーグがいかに興行的に成功したかわかる。(78) 読売新聞は、連盟にとって満州の新天地は「未開拓の沃野《よくや》」であり、「経済的に未《ま》だ未だ開拓の余地がある」と書いた。スタンドを増設すれば、一球場で三〇〇〇人や五〇〇〇人はすぐに観客動員を増やせるとまで述べている[79]。

しかし課題も浮き彫りになった。粗悪球と過酷な日程はその最たるもので、読売新聞は、前者については「悪質の球　好打者を殺す」と断じ、後者については、①前売券を販売していたため契約の履行をせざるを得ず、②結果として猛烈な移動距離を強いられ、③しかも移動の列車はすべて三等で選手のコンディションの維持や回復など及びもつかなかった、と批判している[80]。

遠征団長の河野は、そのような批判を踏まえ、満州リーグをこう総括した。試合日程が過酷ななか選手は精一杯頑張った。まずい飯と南京虫は初めて満州へ来た選手には相当に辛かったに違いない。それに堪えてすべてのスケジュールを全うした選手を褒めてやってほしい、と[81]。

また名古屋軍理事の赤嶺昌志は満州リーグの意義についてこんな発言をしている[82]。

「満州国を吾々の新しき市場であると考へて、満州進出を敢行したのでは断じてない。満州は生々しき日本精神の修養道場である。吾々は選手とともに一修験者となって海を渡るのであると云ふ心の持ち方が、親しく満州の土を踏んで更に激成強化された」

時局柄、プロ野球は満州を金儲けの場所にしている、という批判を恐れたのだろう。

満州リーグは興行的に成功したと言われるが、一方で収益の配分について連盟は大きな不満を抱いたと指摘する声もある。主催の満州日日新聞が、「日本と満州の物価の違いや、移動など実費が予定をオーバーしたためなどと説明して、同じ試合数を日本国内で消化するよりも、はるかに少ない収益分配金しか払わなかった」からだ[83]。

満州リーグを終えた渡満団一行は、後述のように八月末に離満、小倉大会のため門司に上陸する。九月一日、八幡市(現・北九州市)の千草ホテルで理事会が開かれ、満州リーグの清算について話し合いがもたれた。議事録には「千円宛《ずつ》各チームに分配可決」とある。金子家基さんは「満州日日が支払ったお金から連盟の経費を引いたらそれしか分配できなかったということ」と説明する。このため「次の満州行を嫌厭《けんえん》する球団をさえ生じた」と鈴木惣太郎は書いている(84)。

●関東軍献金試合

満州リーグの公式戦が終了した翌日の八月二四日、新京児玉公園球場で名古屋対巨人のオープン戦が関東軍献金試合として行われた。連盟と満州日日の共同主催だった。

名古屋軍は前日の試合地鞍山から夜行で新京に直行したが、大連から向かった巨人は遼陽付近で貨物列車の脱線事故に遭い、八時間以上も立往生、試合開始(午後五時二三分)の直前に新京到着、休む間もなく試合に臨んだ。試合に先立ち両軍選手はホーム前に整列、戦没将士に黙禱。名古屋軍理事の赤嶺昌志が来場の観衆にいまなお語り草となっている一場の挨拶を行った(85)。

「私共は、頭に鉄兜を被らず手に銃剣を握らずと雖《いえど》も、

　国思ふ道にふたつはなかりけり

　戦の庭に立つも立たぬも

との忝《かたじけな》くも明治大帝の御垂示《すいじ》遊ばされました職域御奉公の大御心《おおみこころ》を奉戴致しまして、堂々白日の下大地の上男児が力と智を相挑み相戦う最健全娯楽として、御国に御奉公申上《もうしあ》ぐることを只管《ひたすら》念願致すものでございます」

スタンドで試合を観戦する白衣の傷痍軍人(出典:『秋の大リーグ』)

赤嶺の挨拶の後、関東軍報道班長の長谷川宇一の始球式で試合は始まった。七回まで両チーム無得点。途中から雨が降り出し、攻守攻防息詰まる雨中の熱戦となったが、八回表に巨人が一挙に五点を奪い、そのまま5-0で名古屋を破った。この試合に出場した名古屋の大沢清さんは「白衣を着た傷痍軍人がたくさん来ていた」と言う。「片手のない人もいたし、松葉杖をついた人もいましたよ。明日は我が身の思いがしてね。ぼくも兵隊に行くまであと一年だったから」

試合後、グラウンドで献金式を挙行。この日の入場者三六五八人、売上金二七〇六円五〇銭を赤嶺と満州日日新聞取締役の松岡功の二人より長谷川に手交献金した[86]。赤嶺は雑誌『野球界』にこう記す[87]。

「献金箱を受け取られた〇〇〇報道班長は、いかにも帝国軍人らしく直立不動威儀を正して、選手にも観衆にも聞える程の大声で「有難う」と唯《ただ》一言、申されました」

〇〇〇で伏せられた名前は前述の通り長谷川宇一。赤嶺がそうしたのか、編集部がそうしたのか、検閲でそうなったのか。満州日日新聞では長谷川の名前はそのまま紙面に掲載されている。

ちなみに長谷川は、ソ連軍が満州へ侵攻する一週間前の一九四五年八月二日、関東軍報道部長として新京放送局から「関東軍ハ盤石ノ安キニアル。邦人、トクニ国境開拓団ノ諸君ハ安ンジテ、生業ニ励ムガヨロシイ」と嘘の情報を流し、現地に置き去りにした人物である。(88) 開拓団民は、何も知らされないまま八月九日のソ連軍侵攻を受け、地獄絵の逃避行を続けるなかで、いまなお癒されることのない残留孤児を含む多くの悲劇を生むことになる。

紅白試合(オールスター戦)は、満州日日新聞の紙面を通じてファン投票が呼びかけられ、八月二三日の同紙朝刊で出場する選手が発表された。試合は八月二五日に奉天、二六、二七日に大連、二八日に旅順で行われた。旅順のそれは白玉山奉納試合として挙行された(結果は本書巻末参照)。

●小倉大会

連盟渡満団一行は二便に分かれて帰国した。紅白戦に出場しない選手と理事ら一一八名は八月二八日午前一一時大連出港、三〇日午前七時門司入港の「熱河丸」で、また紅白戦に出場した選手と理事ら六七名は二九日午前一一時大連出港、三一日午前七時門司入港の「鴨緑丸」で無事帰国した。

第二陣を率いた河野安通志は、離満に際して「これを機会に日本職業野球を培《つちか》ふ温い好意により満州のみならず支那大陸にも進出、大陸公式大リーグの実現に御支援願ひたい」と満州日日新聞の取材に答えている。(89) 協会時代に試合をした天津や青島などを想定していたのだろう。

野口二郎さんは「行きの吉林丸はぎゅうぎゅう詰めの三等船室、帰りの鴨緑丸はベッドのついた二等船室で楽だった」という。門司に着いた一行は、休む間もなく九月一日から六日まで小倉到津《こくらいとうづ》球場で全九球団によるトーナメント大会「職業野球優勝大会」(大毎西部支社主催)にのぞんだ。過酷な満州リーグを終えた後だけに、気の抜けた試合が続いた。

決勝戦まで勝ち上がったのはタイガースとセネタース。1-0でタイガースが優勝した。タイガースの宮崎剛さんは、「早く帰りたいのに、試合をやらされて、みんなぶつぶつ言いながらやってましたよ。なのに勝っちゃってね。結局、優勝しちゃった。皮肉なもんです」と笑う。

敗れたセネタースの三富恒雄さんは決勝で好投、惜敗した。「お客さんも少ないし、早く東京へ帰ろうと言ってたんですけど、勝ってしまうんです。こっちが先に一点取ったら相手はもう反撃する気がないですから。決勝で負けましたけど、これで帰れると心底ほっとしました」

連盟渡満団一行の満州遠征は、ここにやっとひと夏の長い旅を終えた。

連盟は、満州リーグの記念品として蓋にバットとボールが浮き彫りにされた石炭製の「たばこ入れ」を作り、選手や関係者に贈った。石炭は満州名物の撫順炭であった。

第6章 総力戦体制への悲しき擬装

巨人軍対大洋軍の試合に先立ち,「米英撃滅」と書かれた標的に向かって,手榴弾投げを行う大洋軍の三富恒雄選手.

軍服姿で待機する大洋軍の選手(いずれも出典:『野球界』32(6),1942年3月号)

1　新体制下のプロ野球

●綱領から消えたフェアプレーの精神

一九四〇年八月末、満州リーグを終えて内地に帰った連盟渡満団一行を待っていたのは、首相の近衛文麿を中心とする「新体制運動（近衛新体制）」の大波だった。

軍を統制下に置く挙国一致の戦時体制確立のためにナチス（あるいはソ連）のような一党独裁による国家社会主義をめざした近衛新体制は、同年一〇月一二日、運動の推進機関である大政翼賛会を発足、総裁には近衛、事務総長にはセネタースのオーナーである有馬頼寧《よりやす》が就任した。ただし翼賛会は、天皇を蔑《ないがし》ろにする「幕府的存在」で、経済政策はアカだと右翼や財界から激しい批判を浴び、国民を戦争協力に動員する政府の外郭団体という役回りに終わる(1)。事務総長の有馬も四一年三月にはその座を追われた。しかし翼賛会のもとに整備された隣組、部落会、町内会、大日本産業報国会などは、戦時下の国民動員組織として後継の東条英機の独裁体制を支えることになる。

新体制運動を日本野球連盟がどうとらえていたかは、正力松太郎の言葉に明らかだ(2)。

「新体制とは何かといふと、全日本の国民全部が臣民の分を尽して臣道を全《まっと》うするにある。即ち天皇即国家の肇国《ちょうこく》以来の本道を体して各々その分を尽し国力を増強するにある」

日中戦争の長期化にともない、中国の蔣介石政権を支援する米英への反発から軍部や右翼を中心に外来文化を敵視し、排斥する動きが一層強まるようになった。野球は敵性スポーツだとしてさらなる逆風に晒されるようになる。プロ野球界は、新体制運動の突風のなかで軍部や右翼から睨まれることを恐れた。連日、理事会を開いて情勢分析と対応を協議した連盟は、一九四〇年九月一二、一三日に綱領を改定、一五日の秋季シーズンの開幕を前に慌ただしく新綱領として発表した(3)。

〔旧綱領〕

一、我連盟ハ野球ノ真精神ヲ発揮シ以《もっ》テ国民精神ノ健全ナル発達ニ協力セムコトヲ期ス

一、我連盟ハ「フェアプレイ」ノ精神ヲ遵守シ模範的試合ノ挙行ヲ期ス

一、我連盟ハ日本野球ノ健全且《か》ツ飛躍的発達ヲ期シ以テ野球世界選手権ノ獲得ヲ期ス

〔新綱領〕

一、我連盟ハ日本精神ニ即スル日本野球ノ確立ヲ期ス

一、我連盟ハ野球ノ神髄タル闊達敢闘協同団結ノ理念ヲ昂揚普及セムコトヲ期ス

一、我連盟ハ模範的野球仕合ヲ挙行シ以テ最健全慰楽ノ提供セムコトヲ期ス

一九三六年二月五日の連盟創設時に策定された旧綱領は、巨人の野口務が名古屋軍の総監督だった河野安通志などの意見と労働農民党の規約を手本に起草したもので、フェアプレーの精神や世界選手権の獲得などは河野の考えが反映されていた(4)。しかし新綱領ではフェアプレーの精神も世界選手権の獲得も消えてしまった。読売新聞は「連盟は従来目標としてきたフェヤー・プレー或は世界選手権という文字を綱領から消失せしめて日本化への決意をみせた」と書いた(5)。

綱領改定の最も重要な狙いは、近衛新体制に寄り添うための「日本化」であり、連盟は新綱領に基づき球団名の日本語化や野球用語の一部日本語化（プレーボール→試合始め、タイム→停止、ゲームセット→試合終わり。のちに監督→教士、選手→選士など）、外国人選手の廃止、引き分け試合を廃止して再試合を行うなど排外主義的な内容を含む運用規則を取り決めた。(6)

連盟は「日本化」の第一段として巨人の外国人選手であるスタルヒンの登録名を須田博へと改め、秋のシーズン開幕二日目（九月一六日）の金鯱戦に須田博の名前で登板させた。

すでに芸能の世界では、この年三月に出された内務省通達により風紀上好ましくないとされた芸名（外国風、不敬、奇をてらったものなど）の改名が行われ、たとえば俳優の藤原鎌足は藤原鶏太、漫才のリーガル千太・万吉は柳家千太・万吉、夫婦漫才のミスワカナ・玉松一郎のミスワカナは玉松ワカナ、歌手のディック・ミネは三根耕一をそれぞれ名乗るようになっていた。(7)

スタルヒンは芸名ではなかったが、連盟は新体制に協力する姿勢を示すために改名を利用した。申し合わせにより外国人選手は日本国籍を取得させることになっていた。須田博への改名はそれを先取りした動きであったと思われるが、再三の申請にもかかわらず、スタルヒンの帰化が認められることはなかった。父コンスタンチンの起こした殺人事件（経営していた喫茶店の女性従業員を刺殺）が影響したとされている。(8)

スタルヒンの改名に続いてチーム名が横文字の球団は、九月下旬から一〇月中旬にかけて、順次、日本語に改めた。(9) タイガースは親会社の「阪神」を名乗るようになった。河野のイーグルスは「黒鷲《くろわし》」へとチーム名を改めた。もともと球団の意匠が黒鷲でユニフォームの袖にも入っていた。セネタースは新球団名を懸賞金一〇〇円で一般公募し、応募総数一万三三九九票のなかから「東京翼軍《つばさぐん》」に決定した。(10) エースだった野口二郎さんは、「あの頃は飛行機が大事な戦力だったからではないか」という。オーナーの有馬頼寧が大政翼賛会の事務総長であったことから翼賛会の翼をイメージした人も少なくなかったようだ。

ライオンは「朝日」へ改称したが、その決定は翌四一年一月にずれ込んだ。ライオン歯磨きの支援を受けており、契約途中での改称ができなかったからだ。ライオン歯磨きの支援終了にともない、球団経営はすでに資本参加していた大阪の繊維会社田村駒のオーナー田村駒治郎の手に移った。

各チームは、ユニフォームからも英文字を追放した。たとえば名古屋軍はユニフォームの胸のマークをナチス風の逆さ卍の〝名〟に変えた。また、タイガースにいた宮﨑剛さんは「それまで帽子についていた大阪の〝O〟のマークが突然なくなった。妙な気持ちだった」という。

●精神総動員の従僕

連盟が「日本化」で英語を追放したのは、日独伊三国同盟が締結(九月二七日)され、紀元二千六百年式典(一一月一〇日)を控えた、米英敵視の敵性語追放にいっそう弾みがつく時期だった。煙草のゴールデンバットが「金鵄《きんし》」に、チェリーが「桜」に変わったのもこの頃だ。

綱領の日本化など一連の連盟の動きについて名古屋軍の赤嶺昌志はこう述べている(11)。

「茲《ここ》にはっきりと強調し度《た》いことは、吾々は、急速な新体制運動の進展に吃驚《びっくり》して、あはてて之《これ》に即応せんとする所謂《いわゆる》バスに乗り遅れない為《た》めの変改でもなければ、水禽《すいきん》の羽ばたきに夢を破られた平家の軍勢の類でもないことである」

赤嶺はわざわざそう述べて時局への迎合を否定してみせた。しかし日本化を象徴する英語禁止について連盟のある幹部はこう述べている。[12]「あれは宣伝のための発表で、どうでもいいのだ」――。連盟はまさに「急速な新体制運動の進展に吃驚して、あはてて之に即応せん」と綱領の改定や英語の禁止などを行い、戦争協力の姿勢をアピールしようとしたのだ。

元NHKアナウンサーの志村正順さんは当時の連盟についてこう話す。

「日本人なのに敵性スポーツの野球を楽しむのはけしからん。国民の士気にかかわる――。そういう軍部や右翼からの批判をかわそうとしたんでしょう。大勢に阿《おもね》ったわけですよ、過剰にね」

新綱領の起草にもかかわった野口務も、「チーム名の日本化、野球用語の日本化でお茶をにごし、一方、あってもなくてもよい連盟綱領を修正して発表した[13]」、「連盟は野球を精神総動員の従僕とした[14]」と後年、自戒を込めて述べている。連盟の日本化は時局迎合ではないと断言した赤嶺昌志はまさにその強力な主導者だった。[15]国民新聞にいた金子家基さんは、「スタルヒンの須田博への改名も名古屋軍の逆さ卍の〝名〟も赤嶺さんのアイデアで、あの人は日本化の急先鋒だった」と証言する。それに強く反対したのが河野だった。河野の長男の通さんによれば、「父は英語を禁止にしてルールまで変えてしまったら野球ではなくなってしまうと嘆いていた」という。また次女の波木井優子さんは、黒鷲に改名が決まった日、帰宅した河野が「まったく困ったものだ」と沈鬱な顔でこぼしたのを覚えている。

橿原神宮での訓話に見るように河野はもともと野球の日本化には賛成だった。ただし河野の言う日本化とは、闘志を全面に出して最後まで諦めずにプレーすることであり、それは日本のプロ野球人として当然あるべき野球に取り組む姿勢やゲームに臨む心構えの問題だった。英語の禁止や規則の変更などは大勢に阿るための見せかけの日本化であり、そのために用語やルールを変えるのは、野球規則の権威でもあった河野からすれば、耐え難いことであったに違いない。

一九四〇年二月、選手との軋轢などからマニラ遠征（三九年一二月中旬～四〇年一月下旬）を最後に巨人を去った鈴木惣太郎も批判の声を上げた（鈴木はのちに連盟の規則委員になる）。鈴木は、連盟が新綱領と運用規則を発表すると、雑誌『野球界』に「重要な規則が、日本化といふ理由によって変更されるならば、それは最早《もはや》野球競技ではなく、他の異なった競技となって仕舞ふ」と投稿するなど日本化の無意味さを訴える論考を相次いで発表した[16]。監督を教士、選手を選士と呼ぶような行き過ぎた日本化に対しては世間の目も冷ややかで、「表面的に遮二無二時世に媚《こ》びてゐるやうで寧《むし》ろお笑ひ草である」と酷評する声まであった[17]。

この秋、読売新聞社の『冬の大リーグ』誌上で全球団の監督と選手代表が一堂に会して「新体制と職業野球」を語る座談会があった。ある人物が日本化についてこんな発言をしている[18]。

「職業野球が新体制にひっかかってどうかうなるといふ疑念の下にやってゐるとすれば非常に僕はそれは考へものであると思ふ。現在の新体制下において副《そ》はないといふことになれば野球をやめて職工にでもなる。自分等の職業を弥縫《びほう》するために、さもしい心で字句に拘泥《こだわ》ってやってゐるといふことは考へものです」

発言者は匿名で不明。名古屋の主将としてこの座談会に出席した大沢清さんも「誰の発言だったか記憶にない」という。ただし「ああいう気持ちが選手の間にあったのは確か。マネジャーを秘書にするとか言いだしたんだからね。新体制なんてどうでもいい。やりたきゃ勝手にやれ、おれたちゃ一生懸命に野球をやるだけだ――、ぼくはそう思っていましたよ」と語る。

英語排斥に象徴される日本化への反対意見の多くは、大沢さんがそうであったように、大事なことはそんなうわべのことではなく、プロとして試合内容を充実させることではないか、という当たり前の主張だった。健全慰楽の提供を謳った新綱領の第三項は、おそらく連盟内のそうした声が反映されたものだ。河野も新聞にこんなコメントを寄せている。(19)

「職業野球は今日の時勢において一般大衆の求める慰安のうちで最も喜ばれる健全なる娯楽として進んで行く覚悟です。近時往々にして各種の娯楽が弾圧されてゆくがこれらは何《ど》れもこの時局下にふさわしくない不健全なものばかりです。我々はこの情勢を見せられていよいよ責任の重大なる事を痛感しますが真剣な試合を通じて大衆への趣味教育を果たす決心です」

河野にとってプロ野球は、もともと大衆が親しむべき最良の趣味教育＝健全な娯楽であり、学生野球を娯楽として楽しむ野球ファンをそっくりプロ野球に移し、変態化する学生野球を浄化するのが、日本運動協会を創設して以来の持論であり、宿願でもあった。

ただし新体制下で使われるようになった「健全な娯楽」は、河野の言うそれとは違う。大政翼賛会の事務総長を務めた有馬頼寧は、「娯楽の本質は何か、と言えば、国民の志気を鼓舞し、更に新たなる意気と、熱とを以って、明日の活動を遂行することが出来る、所謂《いわゆる》、国民総力戦の源泉となり、国策遂行への勇猛心を奮《ふる》い起《おこ》さしうるようなものでなければならない」と総力戦下の健全な娯楽を定義している。(20)一言でいえば、「総力戦下の国策と民衆とを媒介」して国民統合をはかる道具たるべし、ということだ。(21)

先の河野のコメントにある「近時往々にして各種の娯楽が弾圧され」とは、カフェやダンスホールの取り締まりや閉鎖を指していると思われるが、それらを不健全な娯楽と決めつける河野の態度は、かつて菊五郎杯に拒否感を示した姿と重なる。何より残念なのは国民総力戦の源泉かどうかで健全、不健全を組み分け、弾圧する国家の論理をそのまま受け入れてしまっている点である。

河野は連盟の無意味な日本化には強く反対したが、国家の求める健全な娯楽として戦時下日本の国民総力戦の源泉となることにはむしろ積極的で、この点においては時局への迎合意識もあまりなかったのではないかと思う。というのも戦時下、健全な娯楽としてプロ野球に求められたのは、国策遂行への勇猛心を奮い起こさせるような、闘志に溢れ、最後まで諦めずに真摯敢闘する、真剣みのある野球であり、それは河野が持論とする日本化した野球にほかならなかったからだ。

有馬は言う。「選士はグラウンドに出たら、ただ一心不乱に真摯敢闘すればいいのである」[22]。その姿こそが国民の士気を鼓舞するのだと。河野の言う健全な娯楽と有馬の言うそれは違うが、試合において求めるところは結果的に同じだったのだ。連盟は、日本化とともに試合に臨むその姿勢を新綱領に謳うことで、戦時下の日本を生き延びようとしたのである。

●有馬邸の園遊会

大政翼賛会の発足から四日後の一〇月一六日、有馬頼寧は荻窪の私邸に前年七月に続いてプロ野球の選手や関係者(報道関係を含む)を招いて園遊会を催した。有馬の日記にはこうある[23]。

「一〇月一六日(水)曇、雨

二時帰宅。職業野球の選手其他二百五十名程招待。夕五時散会す」

選手はすべて招かれたが、参加しなかった者もいる。たとえば、名古屋軍の大沢清さんは「自分は酒をやらないので、ああいう催しは苦手」と参加しなかったという。

当時の選手や関係者にとってこの園遊会は、よほど印象に残ったとみえて、取材したほとんどすべての人が異口同音にこう語った。広い芝生の庭に模擬店が並び、寿司、そば、おでん、汁粉などおいしい料理やビールの樽などがふんだんに用意され、飲み放題、食べ放題だった、と。

有馬頼寧は旧久留米藩主有馬家一五代当主。世が世なら久留米のお殿様で、大政翼賛会の事務総長に就任したばかりだった。最初はみんな緊張の面持ちで行儀良くしていたようだ。ところが「たらふくご馳走になるうちにご機嫌になって、羽目を外すのが現れた」と野口二郎さんは言う。「奇人で知られた阪急の石田(光彦)さんがすっかり酔っぱらって、芝生でとんぼ返りをするなど騒ぎ始めた」のだという。しまいには有馬の前へ行くなり、「コラッ、有馬のバカモン!」とやってしまった。プロ野球関係者は面目丸つぶれで、平謝りだったという(24)。

大政翼賛会と連盟はどんな関係だったのだろう。翼賛会の宣伝部にいた田家正樹さん(※九二歳)によれば、「翼賛会は新体制の総本山で有馬さんはその事務総長。連盟にとっては心強い後ろ盾だったのではないかと思う人もいるようだが、そんなことはなかったのではないか」という。

「私は政治家や国会議員などの講演をマネジメントして全国各地で時局講演会をやるのが仕事でしたが、有馬さんの講演をセッティングして職業野球の宣伝をしたことは一度もありません。知る限り、翼賛会として職業野球を守るために関わったことはないはずです。ただ戦局が悪化して選手が軍需工場で働きながら週末に野球をやるようになったとき、翼賛会に正力の警視庁時代の後輩だった小林(光政)という人がいて協力したと聞いた。有馬さんは連盟のやった航空機の献納試合に関係したくらいじゃないですか。すぐに事務総長を辞めちゃいましたしね」

田家さんはもともと国民新聞の記者で、入社時の社会部長は鈴木龍二だったという。その後、同社を辞めると東京愛市連盟（選挙粛正、市政浄化をめざした市民運動団体）、国民精神総動員中央連盟（国民精神総動員運動を推進する政府の外郭団体）を経て大政翼賛会に入った。宣伝部には新聞出身者が多く、田家さんもその一人だった。翼賛会に至る経歴について「なぜその道に？」とたずねてみた。「思うところがあって」。田家さんはそれ以上語ることはなかった。

その田家さんが目を伏せながらつぶやくように話した戦争末期の出来事がある。

「戦没者の遺骨が東京駅に帰ってくると大政翼賛会で迎えにいくんですよ。毎日毎日。あれは辛かった」

――。それは語られることのなかった来し方への田家さんの悔恨のようにも聞こえた。

有馬は一九四一年七月七日の日記にこう書いた。(25)

「支那事変（日中戦争）満四年を迎ふ。昭和十二年（一九三七年）七月七日盧溝橋事件を知った時はこんなにならうとは想像しなかった。十万の英霊に対しても何やら済まぬ様な気がする。併《しか》しそれも必然であったのだらう。午後四時靖国神社に独り詣《もう》づ」

有馬は東京駅に帰ってきた遺骨を前にしてもその死は必然だったと言えたのだろうか。

2　第二回満州リーグの中止

●愚戦、凡戦が招いた合併の動き

連盟が新体制下で銃後国民の士気を鼓舞するような真剣卓抜な野球を掲げたのは、時局に迎合するためばかりではなかったように思う。日中戦争の長期化は、物資不足による粗悪球の使用や戦場に取られる選手の増加にともなう戦力の低下で愚戦、凡戦を増やした。

それを象徴するのは失策の数だ。読売新聞は、一九四〇年の夏季シーズンの守備成績を示したうえで、「南海、金鯱、ラ軍の不成績は守備力、特に内野守備の粗悪」によるものと指摘した(26)。最下位の南海の失策数は一〇九で、上位球団の約二倍、文字通りけた違いに多かった。

当時、プロ野球界ではすでに八百長の汚染が広がっていたとされており、下位球団の失策数の多さにはそうした疑惑の目も向けられていたようだ。こうしたなか対戦カードも組みやすいことから、弱小チームを合併させて現状九チームを六チームに削減し、戦力の底上げをはかるべきとの声がにわかに高まるようになった(27)。金子家基さんは言う。

「当時、水面下で合併話があったのは、金鯱、黒鷲、ライオン、名古屋、翼の五チームで、これらを吸収合併して二チームにして、九チームを六チームに減らす動きがあったんです。でも実際にまとまったのは翼と金鯱の合併だけでしたね。有力視されていた黒鷲とライオンの合併話は、田村駒がライオンのオーナーになるので潰れてしまいました」

翼軍と金鯱軍が合併して「大洋」が生まれたのは一九四一年一月一三日。表向き対等合併とされたが、実態は翼軍による金鯱軍の吸収合併だった。この合併について巨人の野口務は後年、「前年より懸案となっていた弱小チームが連盟の寄生虫的存在となっているのを打破するためにチームの整理統合を断行せよという巨人、阪神、阪急等多くの犠牲を払ってチームを強化して来たものの主張が、ようやく実を結んだ」と述べ、弱小チームの合併を強く主張した球団を明かしている(28)。

もっとも、翼軍の野口二郎さんによれば、「金鯱と翼が合併しても戦力不足は深刻だった」という。「合併で頭数は揃ったんですけど、金鯱のエースの中山（正嘉）さんが故障で抜けたりして、結局、前と同じような戦力に戻っちゃったんです。がっかりしました」

総監督には金鯱軍の石本秀一、監督には翼軍の苅田久徳が就任したが、士気と和を重んじ、酒もよく飲んだ苅田と、猛練習で知られた石本の流儀は水と油だった。苅田は四一年限りで監督を辞任。選手も辞めるつもりだったが、有馬のお気に入りだったことから慰留され、翌四二年は一選手として残るものの、石本に冷遇され、結局、シーズン途中でチームを去ることになる。

●不可解なトラブル

この時期、チームの合併とともに連盟の新体制対応で大きな課題となったのは機構改革だ。巨人の影響力排除を狙った一九四〇年春の機構改革（委員制の採用）に怒り心頭だった正力は、連盟事務局の運営を東宝にまる投げするプランを画策するが、秋に新体制運動が起こり、それに対応する必要から計画は立ち消えとなって、新たな機構改革が検討されることになった。

四一年一月七日、新年早々の理事会で、会長制を採用し、会長の下に事務長を置いて、従来、議決機関だった理事会を諮問機関にする、という改革案が出た。(29) 会長によるトップダウンで連盟の運営をはかり、それを事務長がサポートする体制で、会長には台湾総督府の前総務長官森岡二朗、事務長には黒鷲の河野安通志が二月三、四、五日の理事会で内定した。(30)

森岡は朝鮮総督府の警務局長を経て内務省警保局長。三二年一月の桜田門事件（李奉昌《イボンチャン》による昭和天皇暗殺未遂事件。李奉昌は大逆罪で死刑）で懲戒処分を受け、退任。のちプロ野球の大東京（ライオンの旧名）の役員になるが、まもなく台湾総督府の総務長官に就任、四〇年五月までその任にあった。正力とは四高（第四高等学校、現・金沢大学）の同窓、同じ内務官僚出身で以前より親交があった。

一方、河野はプロ野球界の草分けで、野球への情熱や理論で右に出る者はなく、常に正論に身を置いた。鈴木龍二は「森岡、河野のコンビなら、うるさい理事も言うことを聞いて、うまく運営されるだろうと考えた」と述べている(31)。二月二六日に東京の料亭、星岡茶寮《ほしがおかさりょう》で開かれたオーナー会議で森岡会長、河野事務長案は満場一致で承認された(32)。河野は事務長就任にともない黒鷲を離れた。

だが森岡－河野体制はわずか半年しか持たなかった。河野は事務長に就任早々、不可解なトラブルに巻き込まれたからだ。野口務が書き残した事の顛末を整理するとこうなる(33)。

一九四一年の春季は五月末に終了、夏季は六月下旬に開幕する。そこで北海道の小樽新聞が、その休み期間を利用して巨人、阪神、阪急、大洋の前年度上位四球団に合同遠征を招請した。話が持ち込まれたのは二月一九日、各球団と契約が成立したのは一カ月後の三月一九日だった。

ところが、この北海道遠征の話はなぜか連盟事務局に届いていなかった。このため事務局は、新愛知新聞が後から持ち込んだ「六月中旬に全球団を名古屋に招いて優勝大会を開催したい」という申し出を受けてしまった。小樽新聞の北海道遠征と新愛知新聞の名古屋大会が時期的に重なってしまったのだ。会長の森岡が事態の収拾に奔走、先約の小樽新聞の北海道遠征は予定通り行い、新愛知新聞の名古屋大会は九月に延期することで妥協がなった――。

この問題の核心は、小樽新聞の北海道遠征の話が、なぜ連盟事務局に届かなかったのか、だ。野口はその理由について「連盟に落ち度があった」とするのみで詳細を語っていない(34)。

ところが関西支部長の小島善平の日記を見ると、同年五月四日にこんな記述が出てくる。「前日、河野事務長より北海道仕合、新愛知仕合の連盟側の云い分を聞く。連盟を毒する磯本の画策と、弱心事務長の失敗」――。「磯本」は連盟事務局業務部長だった磯本篤郎。巨人の市岡忠男の推薦で事務局に入ったが、前年の機構改革で市岡の総務再選なしとみるや反旗を翻し、市岡の悪評をまき散らすなどしたという(35)。小島は、ダブルブッキングに関してその磯本の「画策」があったことを示唆するとともに、河野の「弱心」が事態の解決を難しくしたと考えたようだ。

連盟の落ち度、事務局の磯本の画策――。そこから浮かび上がるのは、小樽新聞の話は連盟事務局に届けられたが、それを磯本が何らかの理由で握り潰したのではないか、という疑いである。野口務はこの問題で河野が上位クラブと衝突し、窮地に陥ったとしている(36)。河野事務長の体制を快く思っていない人物が背後にいたのかもしれない。真相は不明だ。

いずれにしろ河野は、磯本の画策を知らないまま連盟事務局を無視したとして上位球団を責めたのだろう。ところが後になって実は事務局に話が届いていたことがわかり、河野は立場をなくした。小島が河野を「弱心」と断じたのは、事務局の落ち度(磯本の画策)が明らかになってもそれを河野が適切に処理できなかったからだろう。河野は八月末に事務長を辞任するが、それから一カ月後の九月末、磯本も連盟を退職している。画策が原因と思われる。

河野はもともと大学教員であり、純粋な野球人であって、組織運営や事業経営は得意ではなかった。上位球団と衝突し、窮地に陥ったことで、河野の事務長職への懐疑論は急速に広がっていったようだ。小島は先の日記の記述に続けてこう書いた。「再度吹く連盟の嵐。強く吹け、そして本当の連盟よ生れよ」と。有馬頼寧の五月二九日の日記にもこんな記述が見える。(37)

「ごたごたがたえぬ。〔中略〕河野氏の事務長では駄目の様だ」

河野は連盟の事務長に就任直後から難しい舵取りを強いられた。その立場をさらに厳しいものにしたのは第二回満州リーグの突然の中止だった。

●関特演で潰れた第二回満州リーグ

連盟は、森岡、河野の会長‐事務長体制を内定した二月三、四、五日の理事会で満州リーグ戦を今夏も挙行することを決めた。(38) これを受けて満州日日新聞社との交渉が始まるが、前回、連盟側に不満が残った収益金の分配をめぐり交渉は難航、一時、暗礁に乗り上げた。(39)

前出の石崎龍の大部（私家版）によれば、満州日日新聞社の東京支社長だった中沢不二雄が、「満日主体のシリーズにしたい」と言い出して、連盟理事会の反発を買ったのがその原因であったという。なかでも「連盟の主体性を放棄してまで満州へ出向く必要はない」と強く反対したのが巨人の市岡忠男で、満州行きを推進する事務長の河野と激しく対立した。

それでも小島善平の日記を見ると、五月末には渡満船の予約の話が出てくるので、その頃までには日程その他の大枠の交渉はまとまっていたようだ。満州リーグの実現のために双方が妥協したのだろう。交渉には河野が当たり、自ら満州へ渡って細部を取り決めた。

読売新聞が「今年も満州へ転戦」の見出しで「第二回満州リーグ戦」の決定を報じたのは六月一四日の

朝刊だった。そこには満州からの帰途を利用して平壌、京城、釜山などで「朝鮮リーグ戦」を行う計画も進められている、とある。それは河野が運動協会時代に毎年行っていた「満鮮遠征」そのものであり、立案者はおそらく河野であったろう。

第二回満州リーグの正式な日程が発表になるのはそれからまもなくのことで、七月二五日に大連と奉天で同時に開幕して八月一二日に奉天で終えるまで、大連、奉天、新京、鞍山の四都市で夏季シーズン後半の二回総当たり五六試合を行うことになった(40)。合併で八チームになったので前回に比べて試合数が一六試合減った。検討されていた「朝鮮リーグ戦」は見送りになった。

満州では前売券の発売が始まった。昨夏同様に売行き好調で、河野は満州でのプロ野球への期待の大きさを再確認するとともに興行の成功を確信したに違いない(41)。満州日日新聞は、花形選手や注目の新人を連日紹介してファンの前景気を煽った。小島善平の日記は、六月に入ると渡満準備一色となる。小島が乗船手続きを終え、船賃の支払いも済ませたのは七月八日。一四日には満州リーグの使用球一〇〇ダースの大連への積み出し手続きも終えている。

各チームも六月末になると満州リーグの準備を本格化させた。予防接種を受けたり、壮行会を開くなど渡満に向けた動きが慌ただしくなる。七月一三日には河野が一足先に満州へ向けて東京を出発。現地で主催の満州日日新聞の関係者らと満州リーグの開幕の準備に入った。

ところが直後に事態は急変する。野口務は当時の状況をこう記している(42)。

「日本の軍部は対ソ戦を計画して、関東軍特別大演習——略して関特演という——の下に内地よりも動員相次ぐ状況で、満州の風雲急なるものあり、渡満の是非について連盟内で議論が生じてきた。〔七月〕十五日の球場における在京理事会や十六日夜の日本クラブにおける森岡会長を中心とする会合で遠征可否について両論生じて決定しなかった。七月十七日前半戦終了の日、連盟相談役の正力読売社長は各方面の情報によって渡満中止を考えられてその意向を連盟当局に伝えられ、十八日も連盟理事たる筆者を招きて渡満中止を指示されたが、連盟も同一意見となって、満州行は中止となった」

関特演は正しくは関東軍特種演習、球場は後楽園を指す。六月二二日に独ソ開戦。七月二日の御前会議で、①独ソ戦が日本に有利に展開した場合は対ソ武力行使に踏み切る、②対米英戦を辞さずの決意のもとに南進政策を強力に推進、の二つが決定された[43]。関特演はこれを受けて行われた対ソ戦を想定した大演習で、内地で秘密動員が行われ、満州に大兵力を集結させた。

内地の各師団を満州へ大量輸送するため、一般人の旅行は鉄道輸送の輻輳《ふくそう》と機密保持を理由に極度に制限された。文部省は七月一一日付で直轄学校長、公私立大学・高等学校・専門学校長宛に次官通達(「夏期各種大会及《および》旅行抑制ニ関スル件」)を出した。「極秘」の印が押された通達には「今夏ニ於ケル全国的又ハ数道府県ニ亘《わた》ル体育大会、講習会及《および》其ノ他ノ会合ハ当分ノ間之《これ》ヲ延期シ、再開ニ付《つき》指示ナキトキハ之ヲ中止スヘキコト」とあった[44]。これにより夏の甲子園大会は中止となり、七月二〇日には都市対抗野球大会も中止を決めている。

正力や連盟はこうした情勢を踏まえて満州リーグの中止を決断したわけだが、野口務が七月一五、一六日は「遠征可否について両論生じて決定しなかった」と書いたようにすんなり中止が決まったわけではない。正力が中止の意向を一七、一八日と二日続けて連盟に伝え、ようやく中止に決定した。このため小島善平のもとに連盟から届く情報も錯綜しており、一度は遠征決定の電報を受けている。小島が正式に遠征中止の電報を受け取ったのは一八日の夜八時だった。

満州リーグ中止の報は、先発して渡満中の事務長の河野のもとにただちに届けられたと思われる。野口務は河野や主催の満州日日新聞の主張に一切触れていないが、連盟が遠征の可否を決めるに当たって彼らの意見を聞かなかったはずはない。後述の満州日日の動きを見れば、予定通り遠征を挙行すべしと強く主張したはずである。しかし最後は正力の鶴の一声で中止は決まってしまった。一時暗礁に乗り上げるなど苦労して実現にこぎつけた満州遠征であっただけに、河野の受けた衝撃と落胆は想像に難くない。河野は翌一九日、急遽、大連から飛行機で東京へ帰っている。

「あら、お父様、もうお帰りだ、そう言って母が驚いていたのをよく覚えています。満州の試合がダメになったので大連から飛行機で帰ってきたと父は言ってました。当時はまだ飛行機なんて珍しいですからね。それも満州からでしょう。だから、すごく印象に残ってるんです」

次女の波木井さんはそう言う。当時、大連から東京へは、毎日午前九時三〇分発、午後一時二〇分着の大日本航空の急行便が出ていた。京城、大阪、名古屋経由の便で所要時間は三時間五〇分。料金は一五〇円(45)。銀行大卒初任給が七〇〜七五円の時代である。それだけの出費も厭《いと》わず河野が帰国を急いだのは、満州日日の意向も踏まえた善後策を講じるためであったと思われる。

読売新聞は七月二一日付朝刊で第二回満州リーグの中止とそれにともなう夏季後半日程の決定を報じたが、主催の満州日日は二日後の二三日付朝刊で第二回満州リーグは「延期」で、「実現のため東京で折衝中」と発表している。翌二四日付朝刊では渡満の時期を後ろにずらして夏の後半戦の一部と秋の前半戦を満州で挙行できないか交渉中、と折衝の中身を具体的に報じている。

河野や満州日日が用意したこの善後策は、正力の意向を覆すだけの賛同を得られず潰れるが、第二回満州リーグの実施を満州日日が強く望んでいたのは明らかだし、関特演の最中であったことを考えれば、当然、関東軍もそれを認めていたということだろう。満州日日が関東軍の意向に反して満州リーグの開催に固執することなどあり得ないからだ。連盟が善後策を受け入れていれば、第二回満州リーグは実現していたかもしれないのだ。満州日日が第二回満州リーグの「無期延期」と前売券の払戻しを紙面を通じて発表したのは翌八月一八日のことであった。

●事務長辞任と黒鷲復帰

第二回満州リーグの中止は、河野をひどく落胆させた。長男の通さんによれば、「二度目の満州リーグが中止になったあと、父はひどく元気がなかった」という。

これに追い討ちをかけたのが、六月の小樽新聞主催の北海道遠征に続いて上位四球団（巨人、阪神、阪急、大洋）が九月上旬の後楽園スタヂアム創設五周年記念争覇戦に招かれ、これを推進したことだ[46]。九月にはダブルブッキングで六月から延期になった新愛知新聞の名古屋大会が予定されていた。日程が重なることはなかったが、河野は「またか」と思ったに違いない。

八月二五日、河野は事務長を辞任した。表向きの理由は、盟友である黒鷲社長押川清の病気と事務員の不足であったが、ダブルブッキング問題で上位クラブと衝突して以来、第二回満州リーグの中止など連盟の運営が意のままにならないことに嫌気がさしての辞職であったことは、誰の目にも明らかだった。河野は黒鷲へ復帰し、事務長の後任には鈴木龍二が代行として就任した[47]。

河野の次女の波木井さんによると、「母は父が事務長を辞めたとき、父はそういう仕事には向いていないから、辞めるようにまわりから仕向けられたんだろうと話していた」という。

それを聞いて、河野を慕い一九三七年に名古屋からイーグルスに移籍した中根之のことを思いだした。中根は新人と同じように扱う河野の態度に寂しさと不満を募らせ、翌三八年限りで引退した。[48] 河野はもともと教員であり、誰かを特別扱いするのをよしとしなかったのだろう。

だが、実際に組織を束ねるには大事にすべきカギとなる人物が必ずいる。人をマネジメントし、組織の力を最大化するのが、確かに河野はうまい人間ではなかったようだ。

波木井さんにこの話をすると「いかにも父らしい」と言ってこう続けた。

「人の気持ちがわかるようでわからない人なんです。よかれと思ったことでも相手のためにならないと意味がないですからね。組織の長というのは、人のことがよくわかって、上手に使えないとダメでしょう。やっぱり事務長には向いてなかったんですよ」

3　日米開戦

●「この戦争は負ける」と断言した河野兄弟

日米関係は一九四〇年九月末に日本が日独伊三国同盟を締結したことで一層亀裂を深め、翌四一年になると日本在留の米国人に対して領事館から帰国勧告が出された。同年六月一四日、これに応じた亀田忠(黒鷲)、長谷川重一(黒鷲)、堀尾文人(巨人、阪急、阪神)、亀田俊雄(阪神)の四人の日系人選手が横浜港出航の郵船「鎌倉丸」で帰国の途についた。

黒鷲の亀田兄と長谷川は、弱体投手陣を支える貴重な戦力だった。特に亀田兄は三八年に入団以来、六五勝七八敗と数字を残した。三振か四球かの荒れ球の剛腕で、打者としても四番を打つなど非凡なものがあった。河野は彼らの帰国を惜しんだ。一方、名古屋からイーグルス・黒鷲と河野のもとで活躍した高橋吉雄のように入団時は日米の二重国籍だったが、日本国籍を選び、兵役にも就いた日系人選手もいる。高橋は戦後、実業団いすゞ自動車の監督を務めた。

日系人選手の帰国は、日米関係が風雲急を告げる状況に至ったことを教えていた。悪化する日米関係打開のため一九四一年四月に日米交渉が始まるが、七月末に日本が南部仏印に進駐したことで米国は態度を硬化、在米日本資産の凍結と日本への石油禁輸措置をとった。米国は中国からの日本の撤兵を要求、近衛内閣は妥協点を探るが、陸軍の反対で頓挫し総辞職。一八日に陸軍大将東条英機を首班とする東条内閣が成立した。対米開戦を主張する主戦論が勢いづき、一一月五日には御前会議で「帝国国策遂行要領」が決定され、一二月初頭の開戦が決まった。

一九四一年一二月八日午前七時、ラジオから臨時ニュースが流れた(49)。

「臨時ニュースを申し上げます。大本営陸海軍部、一二月八日午前六時発表。帝国陸海軍は、本八日未明、西太平洋においてアメリカ、イギリス軍と戦闘状態に入れり」

河野の長男通さんは、「あの朝のことはよく覚えている」とこう言う。

「戦争が始まったと知って二階から降りて行き、お父さん、戦争だよって言ったら、これは大変なことだ。これは勝てんぞ、この戦争は負ける、と厳しい顔で呟きましてね。明治の頃から三度も米国に行って、ニューヨークの摩天楼も知っていたわけですから、国力の面でとても太刀打ちできないと思ったんじゃないですか。それから戦争はいけないという思いもあったようです。安部磯雄の教えもあって、多少平和的な方に肩を持っている人でしたから」

次女の波木井優子さんは「伯父の通久郎もこの戦争は負ける」と語っていたという。

「伯父は海外生活が長くて米国のことも父以上によく知っていました。ですから、戦争が始まってすぐに、米国相手に戦争やって勝てるわけがない、と断言してました。外で言うと捕まりますから、家のなかで言うんですけど、馬鹿なことを始めたもんだと思っていたようです」

当時、メディアに対しては治安維持法や新聞紙法、出版法など二〇を超える言論統制の関連法規があり、内閣情報局や陸海軍報道部などによる厳しい検閲が行われた。アジアから太平洋へと拡大した戦争に国民を動員するため、戦争の実態は伝えられず、異論反論は徹底的に封殺された。

ラジオを通じた言論統制や戦争動員も盛んに行われた。内閣情報局の指導・監督下にあった日本放送協会は、開戦直後に二五人の詩人に「愛国詩」の作詩を委嘱し、一二月一四日から毎朝、丸山定夫、中村伸郎、東山千栄子らの俳優陣がこれを朗読した(50)。丸山は築地小劇場の第一期メンバーで、のちに広島で被爆した移動演劇桜隊の隊長。中村は文学座の創設メンバー。東山は築地小劇場の第二期生で、河野の兄通久郎の妻である。愛国詩のなかで最も放送回数が多かったとされるのが尾崎喜八の「此の糧」という作品である(51)。配給の薩摩芋を通して銃後の国民に国や兵士への感謝と報恩の情を想起させる——。そんな愛国詩だった。

尾崎はセネタースのファンで知られ、球団の応援歌の作詩をしたり、井荻の自宅に選手を招くなど親し

河野安通志（右）と兄・通久郎（提供：河野わか子さん）

く交流した。野口二郎さんは、「先生はほんとうに野球が好きで、奥さんと娘さんと一緒によく上井草球場に練習を見に来た。お汁粉やら何やら差し入れもいただいた」と言う。

もともと尾崎は、反戦反ファシズムの作家ロマン・ロランと親交のある自由主義者、平和主義者だった。その尾崎が戦争協力のための詩を書いた。重本恵津子『花咲ける孤独』（潮出版社）によれば、鶴見俊輔は、大正時代にロランに魅せられた多くが「軍国主義の下に思想の衣替え」をしたとして、高村光太郎や倉田百三らとともに尾崎の名前をあげている。ペン部隊や日本文学報国会を見れば、戦争協力しながら恬《てん》として恥じることなく戦後を生きた文学者は少なくない。鶴見がそれらの人物ではなく尾崎らの責任を問うたのは、「ロマン・ロランの直系の弟子」であり、「善良な人々が心から頼みにしたヒューマニストであった」からこそ許されてはいけないと考えたのだろうと重本は記している[52]。非戦の人であった安部磯雄の姿が重なる。

尾崎は戦後の七年間、信州諏訪の富士見村（現・富士見町）にひっそりと暮らすが、戦時中の己の過ちを恥じてのことであったようだ。尾崎は七四年二月四日に八二歳で逝去。中日新聞で追悼記事を書いたのは、戦後、中日でプレーし、引退後、同紙の記者になった三富恒雄さんだった。「先生は戦後、深く自分と向き合った。人として文学者として誠実だったと思う」と述べている。

●急増する選手の入営

プロ野球選手はほとんどが徴兵猶予のため大学に籍を置いたが、一九四一年一〇月、大学学部・予科・高校、専門学校の修業年限短縮に関する臨時措置法が公布され、四二年三月卒業予定者は修業年月が三カ月短縮され四一年一二月に、また四三年三月卒業予定者は六カ月短縮され四二年九月に繰り上げ卒業となった。各チームとも入営する選手が急増するようになる。

一九四二年一月五日、後楽園球場で「入営選手対新人選手対抗戦」が行われた。いまにも雪になりそうな寒い日だったが、入営選手の最後のプレーを見ようと熱心な野球ファンが予想以上に詰めかけた。入営選手が一人一人紹介され、一歩前進、一礼をした。菅、清家、中河(以上、黒鷲)、牧、大沢、村松、服部(以上、名古屋)、森田、長尾、柴田(以上、大洋)の一〇人だった(53)。

この試合に出た大沢清さんは「これで野球もおしまいだなと思った」という。五日後の一月一〇日、大沢さんは青山の近衛歩兵第四連隊(東部第七部隊)の兵舎に入った。道路を挟んで目の前は神宮球場だった。「野球がしたいと毎日思った」と大沢さんは言う。

妻の幸子さんは第一子の出産を間近に控えていた。

「弾に当たらないように塹壕《ざんごう》から指だけ出すようにするからね」

入営する朝、大沢さんは、幸子さんのからだを気遣い安心させるように、そう言って家を出た。一カ月ほどした二月一五日、幸子さんは長男を無事出産した。シンガポールの陥落した日だった。

「おやじが生まれたばかりの子どもを着物の懐に入れて青山の兵舎を訪ねてきてね。我が子の顔を一度も見ずに死んでは不憫《ふびん》と思ったんだな。嬉しかったですよ。子どもの顔を見たら、生きて帰りたいと思った。また野球をやりたいとも思った。そんなことはもちろん口にはしませんよ。戦争に行って立派に死んでこいという時代だからね、非国民と言われちゃう」

大沢さんは、「戦争に行きたいやつなんて誰もいないが、嫌だと言えば豚箱行きだから、みんな死ぬのを覚悟して仕方なく軍隊に入ったんだ」と力を込めた。

「入営が近くなると誰もが必死で軍人勅諭を覚えたもんだよ。陸軍は覚えていかないと入隊してからひどく殴られると聞いていたからね。あれは長くて覚えるのが大変なんです。昭和一六年(一九四一年)の晩秋だったかな。後楽園の巨人戦の前にトイレに行ったら、仕切りの向こうから軍人勅諭を大声で暗唱する声が聞こえてきてね。誰かと思ったら巨人の吉原(正喜)だった」

吉原正喜は四二年三月一〇日、久留米の歩兵第四十八連隊に入営した。ここで一足先に一月一〇日に入営していた熊本工業の後輩で大連満倶の武宮敏明さんと一緒になった。ある日、武宮さんは炊事洗い場でふさぎ込む吉原を見つける。聞けば、「飯盒《はんごう》を盗られた」と言う。武宮さんは員数外の飯盒を持っていたのでこれを吉原にあげた。「それから間もなくでしたね。吉原さんが南方要員で外地へ送られたのは」。四四年一一月、吉原はビルマ(ミャンマー)でのインパール作戦従軍中に戦死した。

大沢さんは入営から半年後、満州北辺にある孫呉の勝武屯(現・中国黒竜江省黒河市)に転属になった。アムール川(黒竜江)がすぐそこを流れるソ満国境のまちだ。ここに一年半ほどいて四四年一月、北支(華北)へ移動になる。このとき孫呉の駅で、黒鷲にいた中河美芳とばったり再会した。

四二年に入営した選手のなかには繰り上げ卒業で兵役に就いた者が少なくないが、一方で徴兵猶予を残しながら自ら志願して軍隊に入った者もいる。中河もそうだった。大学に籍を置いていたのが徴兵逃れと疑われ、憲兵の厳しい監視や過酷な取り調べを受け、自ら入営せざるを得なかったのだ。(54) プロ野球界では球団の方針で選手が大学に籍を置くのは当たり前で、中河のように憲兵に目をつけられたケースは極めて少ない。それだけに球界では憲兵が徴兵逃れを調べ出したと噂になった。巨人の吉原や千葉茂らが徴兵猶予を残して入営したのはそのためだ。金子家基さんは、「中河はスターだったから憲兵がみせしめに利用したのではないか」と言う。

中河は四二年一月一〇日、東京の世田谷連隊に入営、二年半後の四四年七月一二日、ルソン島沖で輸送船が撃沈され戦死した。大沢さんが孫呉の駅で中河に会ったのはその半年前のことだ。

「中河は自動車小隊長で少尉。こっちは上等兵。現役時代の思い出話を一〇分ほど立ち話でしたかな。別れ際に中河が言ったんだ。サワさん、元気に帰ってまた野球をやろうやって。これから南方へ行くと言ってたね。将校だったから、きつい戦場へ連れていかれたんじゃないかな」

大学出の大沢さんは幹部候補生試験を受ける資格があったが、受けなかった。

「甲種に合格すれば甲幹（甲種幹部候補生）で将校ですよ。でもそうなると激戦地へ連れて行かれるからやめた方がいいと上官が教えてくれてね。それで受けなかった。おかげで伍長どまりだったけど、生きて帰れた。兵卒のままなら中河も死なずにすんだかもしれないな」

大沢さんは北支でガソリン、食料、弾薬などを積んだ三〇台ほどのトラック輸送部隊の護衛任務に就いた。「戦闘相手は中国共産党の八路軍。山の上からバンバン撃ってくる。畑に逃げ込むと、プスップスッと近くに弾がめり込む。飛行機の機銃掃射にもあった。怖かったよ」。

大沢さんの部隊は一九四五年八月一五日の敗戦を知らず戦闘を続けた。武装解除になったのは翌四六年二月。復員したのは同年五月。長男は四歳になっていた。

戦後、大沢さんは、中日、東急、大洋、広島でプレーし、五四年に引退。その後、力道山、鶴田浩二がそれぞれ主催する社会人野球チームのコーチや監督を務めた。鶴田のチーム「鶴田ヤンガーズ」では東京代表で国体にも出場している。六〇年に母校国学院大学の文学部の講師に迎えられ野球部の監督に就任、長く務めた。七八年には助教授、八六年には教授となり、翌八七年定年退職。プロ野球出身者で大学教授になった数少ない一人だ。大沢さんは言う。

「戦争なんてやるもんじゃないよ。行ってつくづくそう思った。あの人殺しだけはしたくない。誰にもさせたくない。これから先ずっと。絶対にね」

●忖　度

「かくて日本はすでに毅然たる〝決戦態勢〟に這入《はい》ったのである。〔中略〕今や彼等は敵国であり、野球とベースボールとは完全に決別したのである」

日米開戦の直後、鈴木惣太郎はそう書いた[55]。米国野球通の鈴木があえて米国野球との訣別を宣言したのは、野球に対する敵性スポーツ批判が勢いを増すなか、米国野球を全否定する立場に立つ（あるいは偽装する）ことで、日本のプロ野球の正当性を示し、守ろうとしたのだろう。

だがそんな野球関係者の思いも虚しく、軍はプロ野球に直接干渉するようになる。一九四二年のシーズン開幕を前に連盟事務長の鈴木龍二は、陸軍報道部の山内一郎という大尉から呼び出しを受けた[56]。北海道出身の山内は、幹部候補生試験に合格して予備役編入後、志願して軍務に就いた特別志願将校で、もともとは日大出の弁護士だった[57]。スポーツ界への軍の干渉は主に陸軍省兵務局が行ったが、プロ野球は映画や音楽などと同様に陸軍報道部が担当した[58]。

鈴木は山内から「引き分けは生ぬるい。戦意高揚にならん」「アルファで勝つのもおかしい。九回裏までやれ」と命令調で言われた。後攻チームが勝っている状況で九回裏に攻撃する意味はないからアルファ勝ちの話は無視したが、「戦う以上、勝負がつくまでやれ」というのは勝負の原則でもあり、あくまで勝負をつけることにした、と鈴木は言う[59]。これにより引き分け再試合のルールは廃止され、日没や降雨などを除き、勝負がつくまで試合を続けることになった。伝説の延長二八回の試合は、山内の干渉がなければ生まれることはなかっただろう[60]。

アルファ勝ちの件を見ればわかるように山内は野球のことはよく知らなかったと思われる。それだけに今後どんな要求が飛び出すかわからない不気味さがあった。アルファ勝ちの件を無視したこともあり、連盟として主体的に何かした方がいいのではないか、という空気が生まれた。山内が求めているのは国民の戦意高揚につながるような何かであるのは明らかだった。そこで連盟は、ファンサービスでやっていた遠投などの代わりに手榴弾投げ競争をやることにした。

ただしこのときも河野は、「選手の肩を痛めてしまう、選手の将来を殺してもいいのか」と猛然と反対した[61]。出征する選手が急増していたが、一方で戦地から帰還する選手もいた。手榴弾の投擲で肩を壊した者が少なくなかった。硬式球の重さは約一五〇g。日本軍の九七式手榴弾は約四五〇g。缶ビールの三五〇ml缶より一〇〇gほど重い。河野は戦場でもないのに軍の顔色をうかがうために野球選手の命ともいうべき利き腕を差し出すことが許せなかったのだろう。

河野の反対意見はしかし、山内の意を忖度《そんたく》した連盟の総意の前には無力だった。四二年三月一日、球春到来を告げる後楽園球場の巨人－大洋のオープン戦で手榴弾投げ競争は行われた。両軍選手はわざわざ近衛師団から借りてきた軍服、戦闘帽、短剣を身につけ、グラウンドに片膝をついて待機、合図とともに三〇m走り、そこから三〇m先の的に向かって手榴弾を投げた。的には横に1〜10の数字が振られ、中央の4〜7の上には「米英撃滅」と書かれた標的があった(62)。

大洋の投手だった三富恒雄さんは、この日の手榴弾投げに参加している。

「事前に何も聞いていなくて、後楽園に行ってユニフォームに着替えようと思ったら、手榴弾投げのアトラクションをやるからと軍装を渡されたんです。びっくりしました。まだ軍隊に行く前ですから脚絆(ゲートル)の巻き方も知らないし、手榴弾だってそのとき初めて見たんですから。それまでは形も重さも知らないわけです。どれくらい投げられるか見当もつきませんでした」

幸い三富さんは肩を壊すことはなかったが、河野が心配したのも無理はなかったのである。

三富さんは半年後の九月に法大を繰り上げ卒業、一〇月一日に宇都宮の歩兵連隊に入営した。入営が近づいても栃木の実家に帰らなかったことから、「まさか……」と大騒ぎになった。

「入営する一週間前まで後楽園で投げていたんです。戦争に行けば死ぬと思ってましたから、一日でも長く野球をやっていたかった。これで終わり、もう終わりと区切りをつけるつもりで」

三富さんは幹部候補生試験を受けて甲種合格。豊橋の予備士官学校に入る。その後、陸軍の航空隊へ転じ、歩兵からパイロットになった。那須の飛行場を経て入間の航空士官学校の本校教官になるが、四五年になると空襲が激しくなり、内地では飛行訓練が困難になったため、航空士官学校は満州の牡丹江へ疎開することになった。それから間もなくソ連が参戦した。

「まず生徒を満州から朝鮮へ避難させたんです。その後ぼくら教官はソ連軍に突っ込むことになっていました。ところが関東軍のお偉いさんたちが内地へ送ってくれと言ってきた。急遽、奉天まで飛んで給油して、その人たちを乗せてそのまま内地へ帰ってきたんです。それでぼくの戦争は終わりました」

命拾いはしたが、内地帰還の経緯からいまでも複雑な思いがある、と三富さんは言った。

話を戻す。例の陸軍報道部の山内から、手榴弾投げをするなら、「ルーズベルト、チャーチル、蔣介石のワラ人形を作って標的にしたらどうか」と注文が出た。鈴木龍二は無視した。「もしやっていたらC級G項あたりで戦犯に問われたかもしれない」と鈴木は回想している。(63)

なおこの日、手榴弾投げに出た巨人の選手のなかに、河野の運動協会にいた山本栄一郎の名前があった。山本はこの年の夏季シーズンを最後に巨人を退社し、新たに職を得た大連に去った。

●黒鷲から大和へ

一九四二年九月一二日、秋のシーズンが始まったこの日から、河野の黒鷲はチーム名を「大和」に改めた。(64)後楽園と絶縁して以降、大日本ビール社長の高橋龍太郎の個人的な支援で運営されてきたが、チーム成績は不振続きで下位に低迷、その間につぎ込まれた資金はざっと一〇万円にのぼった。さすがの資産家の高橋も音を上げて、黒鷲への支援を打ち切った。(65)

高橋に代わって支援を引き受けたのは、イーグルス時代から私設応援団の主要メンバーの一人だった大和製作所社長の佐伯謙吉だった。高橋とは親交があり、バトンを渡されたのだろう。佐伯は引き受けるに当たって河野に一つ条件を出した。それは「一年間は毎月千円づつ補助して面倒を見る、が、それでもなお芳しくなければ一切手を切る」というものであった[66]。佐伯が支援者になりチーム名も佐伯の会社の大和へ変わった。ダイワではなく、大和魂のヤマトだ。佐伯の会社は鉄工所で軍需品を扱っていた[67]。

黒鷲が大和に改称されて一カ月後の一〇月一〇日、連盟は大洋の苅田久徳の大和監督就任を発表した[68]。苅田は石本秀一監督とそりが合わず、ベンチを温めることが多かった。苅田は有馬頼寧に身の振り方を一任、決まったのが大和だった[69]。苅田は翌四三年八月に入営。それまで選手兼任監督としてチームの再建に務め、順位を中位まで押し上げている。苅田を可愛がっていた有馬は、苅田に対する大洋球団の仕打ちに激怒し、四二年七月一五日、「今般思うところあり、相談役を辞任し、東京野球協会及び大洋倶楽部両者一切の関係を相絶ち……」と絶縁した[70]。その大洋は同年暮れには西日本鉄道に買収され、西鉄になった。

同年一二月には大和の理事だった山脇正治が退き、河野が就任。翌四三年一月には創立以来社長を務めてきた押川清が退任、新たな支援者になった大和製作所の佐伯謙吉が社長に就いた。また河野が総監督を退き、専務取締役に就任している[71]。

●球界汚染

選手の出征が相次ぐなか、球界の黒い噂が頻々と流れ、連盟はその対応に奔走した。小島善平の一九四二年九月八日の日記に「兵庫県刑事課よりの問合せ。本年一月より八月迄の仕合日、時間、取組、得点、刑事課に速達す」との記述がある。これは、野球賭博の捜査のために連盟が所有する試合に関する詳細な資料の提出を求められたことを意味する。

事務長の鈴木龍二は、聖戦下実に遺憾千万、日本野球の真意が誤解されかねない。選手はあらぬ疑惑をかけられぬよう厳に行動を慎み、自戒せよ――、と各球団に通達した。(72)この年のシーズン終了後、南海は突如として投打の主力を含む大量馘首《かくしゅ》を断行した。鈴木武樹『批判的・日本プロ野球史』(三一書房)は「敗戦以前の八百長球団としてもっとも悪名が高いのは、〔中略〕第九番目の球団、南海である」と書いている。(73)

しかし八百長はなくならなかった。選手が次々に戦場へ送られ、選手不足は深刻だった。四二年のシーズン終了後には黒い噂のあった複数の選手が大和へ移籍している。河野は誰よりもフェアプレーを望んでいた。噂を知らなかったとは思えない。戦時下の選手不足を前にしたとき、球界の自浄作用には自ずと限界があったということだろう。

四三年一月一四日の小島善平の日記は、「兵庫県刑事課より十七年〔一九四二年〕九月一日より十八年〔一九四三年〕一月六日迄、西宮、甲子園、市民球場に於ける仕合、得点、通知せよ」との通達があり、前回提出した四二年九月以降の試合について資料の提出を求められたことを明かしている。同年六月には野球賭博に選手が関与している疑いがあるとして、連盟は選手のスタンドへの立ち入りと見知らぬ人物からの接待を禁止した。(74)不審な行動を疑われる選手は連盟も把握しており、同年八月二〇日には宝塚のホテルで野球賭博に関する緊急理事会を開催、続く二一、二二日には査問委員会を開いている。査問の対象や処分の内容は非公開で不明。八百長は立証が難しい。戦後のプロ野球復活直後の八百長禍を見ても、賭博の根絶につながるような厳しい処分は下せなかったのだろう。

朝鮮出身で早大野球部から四四年に朝日に入団した金永祚が、こんな証言を残している。(75)

「この当時、裏通りのヤクザやごろつきたちの野球賭博に操られ、八百長をしている何人かの選手の内幕をみて、こんなところに長くいては、私も抜け出すことのできないどん底に陥るのではないかと思い、手を引くことにした」

野球賭博の球界汚染は深刻で、連盟は膿を出し切ることができなかった。

●学徒出陣と最後の早慶戦

一九四三年一月、愛知県は「野球をやっていては敵愾心の昂揚は期待できない」として「野球排撃決議」を行った。これに静岡県の中学校長会も追随するなど野球排斥の動きはさらに強度を増した。飛田穂洲はそうした動きに対して野球を排撃するための誤った観念であり悪質言論だと痛烈に批判したうえで、日本野球の伝統を守るために同志よ起《た》てと激烈に呼びかけた(76)。

「先輩の血によって汗によって忍苦によって造られた野球道は、野球宗は、諸君の情熱によって護られなければならない。〔中略〕伝統を失ふことは日本人たるを自ら放棄するものである。先輩も起て、選手も起て、後援者も共に起って自らの母校野球部を守り抜かねばならない。やがて老も若きも共に戦の庭に立たねばならぬ時が来たら、打棒を直ちに銃に代えて、血の一滴まで夷狄《いてき》にそそぎかけねば已《や》まないであろう。しかしそれまでは吾等の信仰を温く抱きしめて置かねばならない」

明治の昔から野球人は、「武道と同じように野球も一朝事あれば国の役に立つ」というのを外来スポーツ批判などに抗するためのロジックとしてきた。しかし実際に戦争が起きて「戦の庭に立たねばならぬ時が来た」とき、野球人はその実践を迫られることになった。もはや野球擁護の論理が意味をなさないと悟ったとき、飛田にできたのは、「同志よ起て！」と檄を飛ばすことだけであった。しかし学生野球界にその叫びに応える野球人はほとんどいなかった。

四三年三月二九日、文部省は全国の大学および専門学校に「戦時学徒体育訓練実施要綱」を通知した。スポーツの要不要を峻別し、必要な訓練内容を盛り込んだスポーツ統制令で、野球は不要なスポーツとされた。球技で必要とされたのは闘球(ラグビー)だけだ。同年四月七日、六大学リーグは文部省により解散を命じられ、二五年の早慶戦復活以来の歴史に幕を閉じた。大和球士は記す(77)。「野球人の弱腰は見すかされていたのである。団結しない野球人は悠々、中央突破された。それが六大学リーグの解散であった」。

四三年一〇月二日、学徒の徴兵猶予を停止する勅令「在学徴集延期臨時特例」が公布された。これにより教員になる者や理工系などの一部を除き大学生の徴兵延期の特例はなくなり、満二〇歳以上の文系学生は休学し、陸海軍とも一二月に入営することになった。学徒出陣である。

一〇月二一日、明治神宮外苑陸上競技場で出陣学徒壮行会が開かれた。冷たい秋雨が降りしきるなか首都圏の七七校、約三万五〇〇〇人が銃を肩にトラックを行進した。スタンドには見送りの学生や父母、動員された女学生など約五万人が詰めかけた。「征く学徒、東京帝国大学以下七七校……」、二時間半にわたってその模様をラジオで実況中継したのは、NHKアナウンサーの志村正順さんだった。志村さんによると、「あの中継は本来ぼくの担当ではなかった」のだという。

「出陣学徒壮行会は靖国神社の招魂式《しょうこんしき》などに次ぐ大放送でしたから、担当にはエースの和田信賢さんが決まってました。ところが和田さんは先の先まで考える人でね。ガダルカナル撤退、アッツ島玉砕なんていう状況で日本が勝てるわけがない。負けるのがわかっている戦争に若者を送り出す気になれなかったんだと思います。それでもおれは中継をやらなきゃいけないのか。そんなことを考えながら夜中に酒を飲み始めたら、つい飲み過ぎちゃった。二日酔いでフラフラになって神宮の競技場に来たんです。放送席に一度は座ったんだ。だけどもやっぱりやる気になれなかった。もう三分もなかったですよ、中継が始まるまで。和田さんが、志村、お前やれ、と言ってね。やらなきゃしょうがない。ほかにいないんだから」

志村さんは、何の準備もないままいきなり大放送の代打を任されたが、放送史に残る実況をやってのけた。中継終了後、和田は「ご苦労さん」と労ったあとにこう続けたという。

「最後に一言、これを言ってほしかった。壮士ひとたび去って復《ま》た還らず、と」

これは『史記』の「刺客伝」に登場する歌だ。中国の戦国時代末期、燕の太子丹から秦王の暗殺を依頼された荊軻《けいか》が、河北省の易水という川のほとりで見送る者たちに別れを告げるとき、「風蕭々《しょうしょう》として易水寒し　壮士ひとたび去って復た還らず」と詠む。荊軻は暗殺に失敗し、殺されてしまう。和田は、悲壮な覚悟を詠んだその歌を最後に入れてほしかった、と志村さんに言った。

「それだけ戦局は悪化していると伝えたかったんですよ、和田さんは。でも、あれを放送に乗せていたら、悲壮感が強すぎて国民の士気を阻喪《そそう》させると軍部から抗議が来たはずです。その点、ぼくは軍国青年らしい放送をやりましたよ。何しろ死地に向かう有為な若者に向かって、《かくして学徒部隊は征く。さらば征け、征きて敵米英を撃て。征き征きて勝利の日まで大勝をめざし戦い抜け……》と声を張り上げたんですから。残酷なことを言ったものです。慙愧《ざんき》に堪えません」

明治神宮外苑陸上競技場で出陣学徒壮行会が行われる五日前の一〇月一六日、早大と慶応の野球部の間で「学徒出陣壮行早慶野球部仕合」、いわゆる「最後の早慶戦」が早稲田の戸塚球場で行われた。六大学リーグは解散に追い込まれたが、対抗戦までは禁止にならなかった。

当日はよく晴れた秋晴れだった。午前一一時五五分に始まった試合は早稲田が10－1と一方的な展開で勝った。試合終了とともに「海ゆかば」の唱和が始まり、球場を包んだ。大伴家持の歌に東京音楽学校(現・東京芸術大学)講師の信時潔《のぶときききよし》が曲をつけたもので、日中戦争開始直後に始まった国民精神総動員運動の一環として日本放送協会が信時に依頼してできた曲だ。飛田穂洲はこれを「出陣の歌」とし、「その渦巻きの中には日本人である喜びが満ち溢れ、君国のため潔く屍を戦場に曝すべき決意が漲《みなぎ》っていた。この忠烈、この決死、戦いに負けるはずがない」と昂る思いを記している(78)。己を殺してチームを生かす飛田の武士道野球はナショナリズムと相性がよく、自身の思想にも国家主義的な側面が色濃くあった。ただし飛田には以下のような逸話もある。

早大の選手が次々入営し合宿所の入所者が一人になると、隣接する海軍鋳物研究所に徴用されるのを恐れて部員の替玉を二人用意して住まわせた(79)。早大を辞めて海軍に志願しようとした野球部員に、海軍士官になった自身の息子の「自分が思っていたほどのところではなかった」という言葉を話して聞かせ、思いとどまらせた(80)。入営する立教大学の野球部員に「死ぬばかりが国のためではない。生きて帰ってこい」と声をかけた(81)――。飛田は君国のために殉ずる気概を説いたが、野球を目の敵にした軍部には批判的だった。

4　レジスタンスなき擬装

●「よし！　一本」の間抜けな野球

愛知県で野球排撃が決議され、六大学リーグが解散、最後の早慶戦が行われた一九四三年、プロ野球への逆風は暴風となって叩きつけた。当時の状況を苅田久徳らはこう述べている(82)。

「後楽園の一角に聳《そび》える講道館の時の館長は、すぐ隣り合せのスタヂアムで職業野球をやるのは実にけしからんとまで言った。そして野球亡国論という怪物が、あたり構はずのさばり出して来た」

当時の講道館館長は元海軍少将南郷次郎。同館創設者の嘉納治五郎の甥だった。

この状況に連盟は、鞠躬如《きっきゅうじょ》として軍部と世間の顔色をうかがい、戦争協力の施策を次々に打ち出した。たとえばそれまでも行っていた無料の慰問試合をさらに積極的に行うようになった。中島飛行機、日立、川崎航空機などの工場へ出向いたほか、それらの工場労働者(産業戦士と呼ばれた)を後楽園や甲子園などに招待した。慰問試合は大日本産業報国会と協力して行った。

連盟は慰問試合のほかにも航空機献納試合、建艦献納試合、防空監視員感謝資金募集試合など数多くの献金、献納試合も行った。六月一二、一三日には有馬頼寧の呼びかけで航空機一万台献納野球(日独伊親善協会との共催)を後楽園球場で開催している。鈴木龍二はこれらの目的が「軍官に協力する、心証をよくする」ことにあったと明言している(83)。

この年連盟が行った戦争協力で最もよく知られているのは、野球用語の完全日本語化である。球春間近のある日、事務長の鈴木龍二が陸軍報道部の山内一郎からまた呼び出しを受け、「野球の用語を日本語にせよ」と言われた。「ストライクもボールもですか」と聞くと、「そうだ」と言う。「強制するわけではない」とは言うものの、応じなければ「つぶれるかもわからん」と鈴木は受け取った(84)。三月二、三日の両日、当時連盟の事務局のあった東京日本橋の出版社博文館内の一室で、この件について話し合いがもたれた(85)。この席で完全日本語化の試案も披露された(86)。

「軍の意向であれば協力するよりない」と名古屋軍の赤嶺昌志が真っ先に賛成した。これに「いかに戦時中だとはいえ流れに屈するもはなはだしい」と大和の河野が猛反発した。「野球はアメリカ伝来ではあるが、いまでは日本の良いスポーツとして完全に淳化《じゅんか》されたものであり、ストライク、ボールにしても、りっぱな日本語である。いま、これを変えたからといって戦意の昂揚となるか」――。温厚な河野がこのときばかりは「卓を叩いて怒った」と後年、鈴木は述べている(87)。

この年一月、内務省と内閣情報局は時局にふさわしくない「米英音楽作品蓄音機レコード一覧」(一一二六枚)を指定、これらの曲はラジオから姿を消した(88)。内閣情報局発行の『写真週報』は「米英レコードをたたき出そう」としてこう書いた(89)。

「耳の底に、まだ米英のジャズ音楽が響き、網膜にまだ米英的風景を映し、身体中から、まだ米英の匂ひをぷんぷんさせて、それで米英に勝たうといふのか」

同様の厳しい視線が野球界にも向けられていた。河野に賛成する声はほとんどなかった。当時連盟の規則委員だった鈴木惣太郎が、この「愚の骨頂」の日本語化に憤慨、二日は中途退席、三日は欠席したのが唯一の波乱だった(90)。職業野球存続のためにはやむなしの声が大勢を占め、野球用語の完全日本語化は決まった。そこには正力松太郎の意向も強く働いたとされる(91)。

三月二、三日の理事会では時局対応のため規則の改正もあわせて行われた。五日にはその旨記した挨拶状が関係各方面に送付された。末尾にはこうあった。「本連盟の野球用語は全面的に国語を採用致し従来の英米語は一切使用を廃止致《いたし》候《そうろう》」(92)。戦争協力のアピールだった。

野球用語の完全日本語化は巨人の野口務が行った(日本語化した用語は本章末尾に掲載)。その様子は堀田善衛『若き日の詩人たちの肖像』(集英社文庫)に描かれている。一九四〇年に新体制運動への対応で用語の一部日本語化を実施したとき、完全日本語化の原案も野口の手でほぼ出来上がっていた。先の会議で披露された試案はこれがベースになった。野口によれば、「よし! 一本」(ストライク)については剣道の達人である連盟会長森岡二朗の示唆によるものであったという(93)。

連盟は野球用語の完全日本語化とともに、①競技者交代は一八名以内とする、②延長戦は一二回までとする、③隠し玉は禁止する、などの規則改正も行った(94)。ベンチ入り可能な選手はそれまで二五名だったが、入営する選手が相次ぎ、それを満たせなくなった。一八名までとしたのはそのためだ。前年、陸軍報道部の山内の要求で採用した延長無制限のルールを一二回までとしたのも選手不足が理由と思われる。隠し玉の禁止は卑怯との批判に応えたものだ。

三月中旬までにはさらに追加で、「帽子は戦闘帽にする」「ユニフォームは国防色にする」「試合前に両軍選手は本塁で審判を挟んで整列挨拶する」などが取り決めになった(95)。

野球用語の完全日本語化が決まった日のことを河野の長男通さんはよく覚えている。

「帰宅した父が、ストライクが「よし! 一本」だなんて、どうしてそんな間抜けなことをするんだ、「よし、一本」なんて野球じゃないだろうと、と吐き捨てるように言ってましたね」

ところが間抜けと呼んだその完全日本語化を、決まったことだからと河野は受け入れ、その定着に努めた。「やるからには剣道ばりに元気にやろう」。河野はそう言うと、審判全員を集めて「よし、一本」の訓練をした(96)。通さんによれば、河野は楠木正成《くすのきまさしげ》を好み、このときも「どんなに反対でも決まったからには最後まで戦って湊川《みなとがわ》で討ち死にするしかない」と話していたという。意に沿わない結論でも、総意であれば従い、全力を尽くす。それが河野の生き方だった。

しかしいくら戦時下とはいえ、次々と流れに屈して「よし！　一本」の間抜けな野球までやるようになったことに葛藤がなかったはずがない。前年の事務長辞任騒動も心の傷になっていただろう。河野は間抜けな連盟の野球と正面から向き合いながらもおそらく深く悩み始めていた。これが運動協会以来、自分がやろうとしてきたプロフェッショナル・ベースボールなのか、と。

●媚態と擬態

一九四一年四月五日、シュルレアリストらの前衛集団「美術文化協会」の中心人物の福沢一郎が、同月二七日から開催予定の第二回展を前に治安維持法違反で逮捕された。シュルレアリスム＝共産主義とされたのだ。協会は第二回展の実現のために露骨すぎるシュールな作品を自主規制するとともに当局に恭順の意を示す声明文を発表、最後をこう結んだ。(97)

「皇国の道に則《のっと》りて臣道実践の誠を致す可《べ》きは我等もとより深く自覚する所であり、その赤誠の一端を第二回展に披瀝して従前の誤解を一掃し、併《あわ》せて邦家の大東亜に於ける指導精神を画業の上に展開致したく、此処《ここ》に大方諸賢の御支援御鞭撻を懇請申し上ぐる次第であります」

これを書いたシュルレアリストの古沢岩美は、後年、こう述べている。(98)

「ある大学の先生に〝なんたる媚態《びたい》〟と書かれましたよ。しかし、わたしたちは会をつぶさないために、わざと当局が気に入る文章を書いたんですよ。つまり擬態なんです。〔中略〕せっかく努力してつくった会だ、ここでつぶされたらもう二度とできない、なんとかしてごまかして会を存続させようということだったんです」

あれは本意ではなかった。会をつぶさないためにあえて擬態(カモフラージュ)をしたのだ――。それは、そのまま当時のプロ野球関係者の主張と重なるのではないか。チーム名を日本語にしたのも、手榴弾投げのアトラクションをしたのも、野球用語を完全日本語化したのも、すべてはプロ野球をつぶされないためにわざと当局が気に入るようにやったのだ、と。

だがそうした時局迎合、戦争協力をしないと、ほんとうにプロ野球はつぶされていたのだろうか。

一九四三年六月中旬、連盟は陸軍から要請のあったフィリピン遠征を拒否している。鈴木龍二の回顧録によれば、当時、マニラを占領した日本軍はフィリピンを独立させて同盟を結ぶ政治工作をしていた。その一環で当地で盛んな野球を宣撫《せんぶ》工作に利用することを考え、兵隊でチームを作り、現地のチームと試合をした。ところが強くて勝てない。これでは宣撫工作にならない。かえって馬鹿にされる。そこで目をつけたのがプロ野球で、フィリピン占領軍の参謀長で陸軍中将の和知《わち》鷹二《たかじ》から「すぐにもフィリピンへ連れて行きたい」と正力松太郎に要請があった。連盟の損失を最小化するためなるべく人数を抑えた選抜チームを派遣するにしても、その間、内地での興行や活動に支障が出るのは避けられない。万が一、戦闘に巻き込まれ、選手に死傷者でも出れば、ただでさえ選手が少ないのに大変な痛手になる。それこそ連盟の存続にかかわる。

だが相手は陸軍報道部の大尉ではない。軍の参謀長で陸軍中将だ。将軍、閣下である。それでも連盟は和知の要請を拒否した。事務長の鈴木龍二は記者時代に懇意にしていた政友会の森恪《つとむ》の人脈で陸軍の青年将校と付き合いがあり、和知とも旧知の仲だった。「宣撫工作も大事だが、銃後も大事」と直談判に及び、断念させたのである。(99) 驚くべき胆力、交渉力だ。

鈴木はこの逸話を戦時下の連盟による軍への抵抗の証として誇らしげに回想するが、では和知中将の要請は直談判までして拒否しておきながら、なぜ山内大尉の要求は「つぶれるかもわからん」と受け入れたのだろう。連盟には鈴木龍二だけでなく各方面にパイプを持つ正力松太郎や有馬頼寧など大物の関係者が控えていた。その気になれば、和知の要求を蹴飛ばしたように、人脈を駆使して山内へも影響力を行使できたようにも思うが、そんなことはしなかった。

結局それは、野球用語の日本語化や一部のルール変更などは、フィリピン遠征のように連盟の存亡にかかわる重大事案ではない。野球の上っ面を少し変えるだけで軍が納得するならそれでいいではないか。軍や世間に対するよいアピールにもなる――。そう考えたからだろう。

国民新聞の記者だった金子家基さんは、野球用語の完全日本語化についてこう述べている。

「よし！　一本」とかああいうのは確かに軍から言われはしたけれど、軍の意向を必要以上に酌んで、自分たちで率先して受け入れた面もあったんじゃないですか。自主規制ですね」

連盟は一九四四年のシーズン開幕を前にユニフォームから背番号を外した。それまで背番号をつけていたのはプロ野球だけであったから――たとえば六大学野球が背番号制を採用するのは戦後の一九五九年のことである――、少しでもプロの興行色を排除するのが狙いだった。手榴弾投げと同じで、これも軍の圧力があってしたことではない。自主規制である。

連盟の行った戦争協力の数々は、媚態ではなく、確信犯的な(あるいは打算に満ちた)擬態であったかもしれない。ただし、そこに野球というスポーツへの軍の不当な介入に抵抗し、これを守ろうとする意識がどれだけあったかは甚だ疑問だ。連盟の総意の前に、河野安通志や鈴木惣太郎の抵抗の意思は無力だった。擬装はしたが、そこにレジスタンスはなかった。連盟が守りたかったのは、プロ野球の興行組織としての連盟であって、野球というゲームではなかったのだろう。

陸軍報道部の山内は、プロ野球のほかに美術界も担当した。戦後、日本美術会は、美術界で戦争責任を負うべき者として二人の文化官僚、二人の軍人、二人の美術ジャーナリストとともに「アッツ島玉砕」などの戦争画を描いた藤田嗣治《つぐはる》ら八人の画家の名前をあげている。軍人の一人は山内一郎、もう一人は言論弾圧で悪名高い鈴木庫三《くらぞう》であった。(100)

●大和の解散

一九四三年九月二三日、政府は男子の就業を禁止する不要不急の一七職種(販売店員、出改札係、車掌、理髪師など)を発表、営業を禁止にし、従業員を軍需産業に徴用した。プロ野球が就業禁止の職種に指定され、解散に追い込まれるのを恐れた連盟は、大政翼賛会の総務局長で正力の後輩だった小林光政の協力を得て勤労報国隊を作り、自ら選手を軍需工場に就業させ、土日に試合をすることにした。東京の巨人、西鉄、大和は東京芝浦電気川崎工場、大阪の阪神、南海は尼崎の川西航空機の工場、阪急は西宮球場の一部を航空機の部品工場にして働いた。(101)

名古屋は中部日本新聞が経営から手を引いたため——一九四三年は同社オーナー大島一郎の個人的な支援で運営された——、赤嶺昌志がチームを小石川にあった軍需産業の理研工業の所属にして球団名も「産業」に改めた。小石川の理研工業に工場はなく、選手は机で事務仕事をやった。

一一月七日、連盟の秋季公式戦終了。大和の年間成績は三五勝四三敗六分の六位だった。前年は年間二八勝しかできず圧倒的な最下位だった。それを考えれば大健闘で、夏に軍隊に召集されるまでチームの立て直しに尽くした苅田久徳の貢献は大きかった。翌八日から各球団の選手は、先に決まった工場などで産業戦士として働き始めた。大和の選手も巨人や西鉄の選手とともに東芝の川崎工場へ通うようになった。

河野が大和の解散を決めたのはそれからまもなくのことだった。鈴木龍二の回想によれば、一二月初旬のある寒い朝、東京洗足の鈴木の自宅を河野が突然訪ねた。客間へ上がるのを辞した河野は、玄関の引き戸を背にしたまま言った。

「鈴木さん、ぼくのチームは解散しました。昨日選手を集めて伝えました」

突然の大和解散宣言に驚いた鈴木は、「いままで苦労して持ちこたえてきたものをなぜやめるのですか」と翻意を促す。「一時休業にして連盟に名前（権利）だけ残してはどうですか」との提案も河野は拒否した。このことが戦後、河野が再起をはかろうとしたとき大きな障害となるのだが、それはまた後で述べるとして、とにかく河野の決意は固かった。

「戦争がこのように激しくなって行くと、日本が焦土になることも覚悟しなければならない。これからは国民の総力を挙げて戦わなければならない時に、選手を徴用工だけにするということは、もう許されないと思う。自分はプロ野球に生涯を賭けて来たものであるが、日本の興亡にかかるいまとなっては、残念ではあるがチームも解散して戦い一筋に進むべきだ」

鈴木は、国の興亡が大事だと数十年の熱球を一灰と捨てた河野の所信を深刻なものと受け止め、チーム解散の届けを受理した(102)。連盟は一二月一一日、大和が一二月末で解散すると発表した。その際、突然の大和の解散決定が他チームの幹部や選手に動揺を与えないように、「解散せる大和軍の選士のうち野球選士として希望する者出る場合は連盟において各クラブの選士陣容とにらみ合せ適所配置することとせり」との発表も行っている[103]。

河野が鈴木に語った大和の解散理由は、一言で言えば、「もはや野球どころではない。チームを解散して戦争協力する」ということだが、そこにはもっと複雑なものが含まれていたようだ。

河野の時局認識をそこまで追い込んだのは、おそらく学徒出陣であり、最後の早慶戦だった。河野が日本運動協会を創設したのは、変態化する学生野球を浄化し、学生野球についているファンをプロ野球へ移すためだった。ところが戦局の悪化と敵性スポーツ批判から六大学リーグは文部省に解散を命じられ、学徒出陣で多くの学生野球の選手も戦場へと送られることになった。浄化すべき学生野球が消えてしまったのだ。最後の早慶戦は、野球害毒論や野球統制令などさまざまな試練を乗り越えて来た学生野球が、国家と戦争に潰されたと映ったに違いない。

しかし楠木正成を好んだ河野は、同時にこうも考えた。長男の通さんは言う。

「この戦争は負けると思ってるわけです、最初から。でも、学生野球を潰してまで戦い抜くと国が決めたのであれば、生涯を賭けてきたプロ野球ではあるけれど、自分も大和を解散して、一人の日本人として最後まで戦って討ち死にするしかない、そう考えたんだと思います。とにかく純粋すぎるというか、大正デモクラシーと国粋主義が奇妙に同居しているふうでしたね」

一方で河野は、時局迎合で用語の日本語化など次々と間抜けな姿を晒すようになった連盟の野球に心を痛めてもいたはずだ。このままいけば、連盟の野球はさらに奇妙な姿に変わっていくだろう。連盟を守るためであれば、野球がどれほど変質しようが誰も気にはしない。河野はそのことに失望し、戦争協力のために野球をこれ以上汚すことに加担したくなかったのではないか。

とどめを刺したのは盟友押川清と支援者佐伯謙吉の相次ぐ病臥であった。四三年秋に押川は食道がんの宣告を受けた。河野の受けた衝撃も大きかったに違いない。押川は表に立つことを嫌い、縁の下の力持ちを好んだ。河野は助けられることが多く、押川のいない大和は考えられなかったのではないか。翌四四年三月一八日、押川は吉祥寺の仮寓にて六四歳の生涯を閉じた。

佐伯が病を得て支援継続が困難になった時点で解散は不可避となった。もともと一年やって芳しくなければ支援打ち切りの約束だった。四五年五月二四日、佐伯は故郷富山で没した。(104)

河野の次女の波木井優子さんは、「父は大和解散後に変わった」と言う。

「大和を解散して間もなく、父が突然、家のなかに神棚を作って皇軍の武運長久とか戦勝祈願とかするようになったんです。父は信仰はありませんでしたが、小児洗礼も受けてキリスト教には親しんで育った。その父が神棚を作って家族みんなに拝ませるわけです。クリスチャンの学校を出ていた姉は、お父様は変わってしまった、と強く反発しました。父は野球で国際スポーツ交流とか語っていた平和主義者でしたから。結局、父は自分を改造しようとしたんじゃないかと思うんです。戦争という狂気の時代に適合するように。野球をやめて戦争協力するにはそうするよりほかなかったんだと思います」

戦時下の日本では程度の差こそあれ誰もが戦争協力を強いられた。そのときに「これは媚態ではない、擬態なのだ」と己を軽々と説得できる人もいれば、そこに己の欺瞞を見て心に深い傷を負う人もいた。河野は己の欺瞞に良心が引き裂かれる前に、国策に殉ずることのできる人間へと自分を変えようとしたのだろう。「そうしないと父はあの狂気の時代に正気が保てなかったのではないか」と波木井さんは言う。「そこまで国と戦争は父を追い詰めたのだ」と。

河野は大和を解散すると、全選手をイーグルス以来の応援団の一員だったヂーゼル自動車工業の社長弓削靖に頼んで引き取ってもらった。解散する前に弓削に相談し、話をつけておいたのだろう。河野自身も弓削の世話でヂーゼルの青年学校の教頭になった。元教員の河野にはうってつけの仕事だったかもしれない。長男の通さんによれば、河野は青年学校で英語を教えたという。

「敵性語でしょう、危ないからやめた方がいいとぼくは言ったんです。それでもやってました。それで生徒が英語をおぼえないとこぼしてるんだから。英語をおぼえるような状況ではないのに」

河野は日常生活から英語を追放して戦争に勝てるなら苦労はないと考えていた。だから野球用語の日本語化にも強硬に反対した。河野は国策に合うように自分を改造しようとしたが、結局、そこまで己を変えることはできなかったのだろう。通さんの家にはいまもヂーゼル時代の「厚生課嘱託」の名刺が残る。

●存続不能

一九四四年、連盟に所属する球団は六つになった。前年の一二月二五日に大和に続いて西鉄も解散を決めたからだ。一月一三日、連盟は「日本野球報国会」へと改称、戦争協力の姿勢をいっそう鮮明にしたほか、解散した大和と西鉄の選手の他チームへの配給を決めた。選手は産業戦士として軍需産業で働きながら野球を続けるが、応召に次ぐ応召と将来不安からの自主退団が増え、シーズン開幕前の六球団の在籍者はわずか七四名、一チーム平均一二名余りにまで激減した。(105)

戦局は悪化の一途をたどり、河野の住む東京品川の大井町では建物疎開が始まった。河野の自宅は二階建ての借家でなかなか大きな家だった。長男の通さんは「立ち退きの命令が出る前に家を空けてどこかに疎開しよう」と河野に訴えたことがあるという。

「引っ越すには荷物が少ない方が楽だから、蔵書は売っ払った方がいいと言ったんです。そうしたら、野球の本だけはだめだ、おれの一生の仕事だから勘弁してくれ、と言われてね」

河野が一生の仕事と言った野球関係の蔵書や資料は、戦後、鈴木龍二が買い取り、のちに野球体育博物館（現・野球殿堂博物館）にすべて寄贈した。[106]

四四年一〇月二三日、六球団のオーナーが東京丸の内の東京会館に集まり、プロ野球の最終処理が話し合われた。その結果、「プロ野球の球団は残すが、仕合は一時停止する。各球団に登録されている選手の登録はそのままとする」ことが決まった。[107]

連盟八年間の歴史はそのほとんどが戦争に翻弄された日々だった。そして、時局への迎合と自主規制の果てにプロ野球は休止となった。同じように排撃され、終焉を迎えた野球でも、文部省の管轄下で弾圧を受けた学生野球とプロ野球では最後の迎え方が違う。高津勝『日本近代スポーツ史の底流』（創文企画）はこう指摘している。[108]「プロ野球は学生野球と異なり、最終的には、「弾圧」ではなく、兵役や軍需産業への徴用と思想統制、いわば戦時動員体制の強化にともなう「兵糧攻め」に屈した」と。連盟は軍部と世間の顔色をうかがい、一貫して戦争協力に努めたが、最後は戦争を遂行するための戦時動員体制そのものに飲み込まれて命脈を絶たれるのである。

[完全日本語化された野球用語]

(一)打者に対する号令	
ストライク——よし！一本，二本，三本	ボール——一ツ，二ツ，三ツ，四ツ
三振——それまで	フェア——よし！
ファウル——だめ	インフィールドフライ——内野飛球
(二)走者に対する号令	
セーフ——よし	アウト——ひけ！
ボーク——反則	ホームイン——生還
インターフェア——妨害	タイム——停止
(三)規則用語	
ストライク——正球	ボール——悪球
フェアヒット——正打	ファウルヒット——圏外
セーフ——安全	アウト——無為
ファウルチップ——擦打	バントヒット——軽打
スクイズ——走軽打	ヒットエンドラン——走打
ボーク——擬投	スチールベース(盗塁)——奪塁
フォースアウト——封殺	リーグ戦——総当たり戦
コーチ——監督	マネジャー——幹事
コーチャー——助令	グラブ，ミット——手袋
アーンドラン——自責点	ホームチーム——迎戦組
ビジティングチーム——往戦組	ファウルグラウンド——圏外区域
フェアグラウンド——正打区域	スリーフィートライン——三尺戦
ファウルライン——境界線	プレイヤースライン——競技者線
(四)文書用語	
ストライク——振	ボール——球
アウト——無為	例——二振三球

第7章

その後の孫孝俊と満州野球界

満州映画協会野球部．後列左から４人目が浜崎真二
（提供：鳥居志津子さん）

1　孫孝俊が作った野球チーム

●幻のプロ化構想

日本野球連盟が満州リーグを行った一九四〇年当時、満州野球連盟には一九チームが加盟していた。連盟発足から五年、関東州大連の満倶、実業の二チームは相変わらず強かったが、内地でのスカウト活動に力を入れたこともあって満州国内のチームの実力も急激に伸びていた。「早晩二部制を実行するに至るだろう」との観測が出るほど満州野球界は拡大しており、前年の三九年四月には審判協会も設立されている。[1]

すでに述べたように日本内地からプロ野球選手を引き抜く動きも活発になり、一九四二年の都市対抗に出場した大連実業は、「青芝（巨人）西村（阪神）田部（巨人）漆原（朝日）松元（金鯱）――と、元職業団の錚々《そうそう》を並べたて」、まるで「職業団の飛入りかと思われる陣容で来征し」、プロ野球に馴染みの深い後楽園の野球ファンの人気を博した。[2] 西村幸生は、一九三九年限りで阪神を退団、四〇年は新京の満州電電、四一年からは大連実業団に籍を置いた。

満州野球界が拡大を続けるなか、セミプロ化やプロ化の必要性を語る声も出るようになる。たとえばタイガースの松木謙治郎は、古巣の大連実業の強化策を聞かれ、こう述べている。[3]

「セミ・プロにすればいいんですよ。チームの収入を選手に分配するんです。多く働いて優秀な成績を示したものには沢山配当する、あまり振るわなかったものには少なく配当する。そして一方には積立金をつくって置いて内地から優秀な選手を呼ぶ際の支度金の準備とする――。実業団を強くするのはこれよりほかにありませんよ」

また、幻に終わった第二回満州リーグを前に、巨人の市岡忠男はこんな夢を語っている(4)。

「満州国には足りないものが一つある。職業野球団の存在せざることである。野球の究極の発達は職業野球である。〔中略〕我々は職業野球が新興満州の地に成立し、我《わが》日本の代表チームと争覇戦を行う日をひそかに夢見て心の躍動するのを覚ゆるのだ」

市岡は連盟として満州へ遠征することには消極的ないしは反対の立場であったが、意外にも満州野球界のプロ化を熱望し、日本と満州の両プロ連盟の代表チームによる日満争覇戦の構想を持っていたことがわかる。満州の野球熱と観客動員力は市岡も認めていたのだろう。満州には大連の実業、満倶をはじめ、奉天、新京、鞍山などにも力のあるチームがあった。荒唐無稽な夢物語ということでもなかったのではないか。巨人の市岡が新聞紙上で語るほどであれば、連盟内でもそうした話が出ていたのかもしれない。

満州野球界は内地からの人材供給に頼る部分が大きく――もちろん人材の流入それ自体は国策にかなうものではあったが――、自前の選手が育たないという積年の悩みがあった。満州野球界のプロ化は、せっかく少年野球に夢中になっても中等学校に入ると受験勉強のために野球をやめてしまう子どもたちに、新たな夢や目標を与える可能性があった。

ただし、満州野球界のプロ化には、気候など諸条件から否定的な見方も多かった。たとえば、大毎で活躍し、南海の初代監督を務めた高須一雄は、こう述べている(5)。

「満州に職業野球を結成しては……といふ意見を出す人があるが僕は不可能だと思ふ。満州は気候の関係でシーズンが短すぎるし地理的に離れてゐるため内地の職業野球と頻々試合をするわけに行かぬから結局成り立つまい」

満州の野球シーズンは四月の頭から九月の中旬頃まで。日本なら三月頭から一一月末までできるから三カ月ほど短い。その分、試合数が少なくなる。内地遠征にしても距離的な問題から容易ではない。だから不可能であると。満州野球界のプロ化にどれほど実現可能性があったかはわからない。知る限りそのような動きが実際にあったわけでもない。

ただしプロ化が語られるほどに満州野球界が拡大を続けていたのは事実で、孫孝俊が立ち上げから深くかかわった安東実業団もそうした満州野球界の発展のなかで生まれたのである。

●安東実業団の誕生

一九三九年四月下旬、鴨緑江を渡ると朝鮮という満州の国境のまち安東（現・丹東）に新しい野球チーム「安東実業団」が誕生した。(6)

それまで安東には安東満鉄を主体とする安東野球倶楽部があったが、これが前年の一九三八年により満鉄色の強い安東満倶に再編成された。これを機に安東野球倶楽部の後援会長だった牡丹江木材の社長伊藤勘三は、安東の野球の発展には大連の実満戦のように満鉄系とその他の実業系の対抗戦が必要と考え、満鉄系以外の満州国各機関や市中の銀行、企業を中心とする安東実業団の結成に動いた。(7)

チームの編成を担ったのは、当時、満州日日新聞安東支局長だった吉田要である。大連実業で活躍し、満州リーグでは審判を務めた、あの吉田だ。

牡丹江木材の社長伊藤らにチーム作りを強く説得された吉田が真っ先に声をかけたのは、当時、満州電業の安東支店に勤務するようになっていた孫孝俊だった。吉田は伊丹中時代に宝塚運動協会と試合をしたことがあり、孫のことは昔から知っていた。満州でも孫が奉天満倶にいたときにたびたび対戦していた。吉田は孫の実力を高く評価していた。だから声をかけたのだ。吉田は、孫が「捕手の役を買って出て」くれて、一緒に「やろう」と言ってくれたので、「チームづくりに踏み切った」と述べている(8)。

吉田は当初、さほど乗り気ではなかったが、孫の熱意に心を動かされたのだろう。その意味では安東実業団は吉田と孫の二人が意気投合して作ったチームと言える。吉田は監督兼一塁手、孫が扇の要の捕手についた。事実上のヘッドコーチだった。新京の満州電業野球部を辞めて以降、孫は仕事に専念、本格的に野球はやっていなかったと思われる。やっても草野球程度だったのではないか。それでも運動協会でプロとして活躍した技量は錆びついてはいなかった。

後援会長には牡丹江木材の伊藤が就任、夏前には伊藤が社長を務める安東種苗会社という別の会社の所有地に専用のグラウンドを作っている(9)。牡丹江木材はどんな会社だったのだろうか。鞍山の昭和製鋼所の野球部史にこうある(10)。

「安東に本社があり、新京、黒河、綏芬河、牡丹江、虎林、北京等にも支社を有した大会社で、関東軍の直轄する特殊会社だった。〔中略〕支社の配置情況も国境付近が多く、何か諜報的活動が想像される。思い過ごしであろうか？　同社社長は、終戦後殺害された」

中国東北部の森林資源収奪の中心的存在であったのは間違いないが、諜報云々については不明。

一九四〇年春、吉田要が監督を退き、チームを離れた。吉田は翌四一年一二月、満州日日新聞の撫順支社長に転じている。後任の監督には孫孝俊が捕手兼任で就任した。ヘッドコーチからの昇格だった。孫は日本人チームの指導者になった。選手はもとより後援会の信頼も厚かったのだろう。四〇年六月一六日には申請していた満州野球連盟への加入が認められている。新監督の孫孝俊率いる安東実業は、前年から始まった安東満倶との定期戦に勝ち越し、都市対抗予選の南満代表を争う第四回南満野球大会へと駒を進めた。満州日日新聞はこう書いた[11]。

「本月十六日連盟へ正式加入を見た安東実業は好敵手安東満倶を過日の五回戦において打破り、堂々千代田原頭に駒を進めることになったが、満州球界最年長者の孫選手の率いるこのチームは対蹠的に若武者揃いなのも興味深いが、結成後日も浅いので力の程は全く未知数である」

千代田原頭とは南満野球大会が開かれる奉天千代田球場のこと。一九〇一年九月生まれの孫は、秋には三九歳。数えではすでに齢四十だ。開会式では君が代を流しながらの日の丸掲揚、皇居遥拝、靖国神社遥拝——。満州奉天の地でありながら、そこはまぎれもなく日本であった。

安東実業の成績は次の通り[12]。

二三日　安東実業1－4撫順満倶
二四日　安東実業1－2昭和製鋼所
二五日　安東実業9－8錦州満倶
二六日　奉天満州国11－1安東実業

優勝したのは四戦四勝の撫順満倶で南満の王座を獲得した。以下、三勝一敗の鞍山、二勝二敗の奉天、一勝三敗の安東実業、四敗の錦州[13]。安東実業は三位に終わった。

ただし撫順満倶は予選を勝ち抜き、この夏の都市対抗に出場した強豪チームで、エースはのちに南海に入団する川崎徳次だった。昭和製鋼所も都市対抗に出場経験のある強者である。1‒2の惜敗は大健闘だろう。一、二戦で好投した栗原、猪口の主戦投手二人が、三、四戦は疲れもあり打ち込まれた。守備に脆さがあり、昭和製鋼所の試合では二失点がともに失策がらみ、奉天満州国の試合では実に八失策を記録して大敗している。

孫孝俊は若手にチャンスを与えた第三戦を除いて四番捕手で出場。攻守で若いチームを牽引した。満州日日新聞も大会の総評でこう書いている[14]。

安東実業と奉天満州国の試合を伝える『満州日日新聞』(1940年6月27日朝刊). 本塁を守るのが孫孝俊.

「初陣の安東軍は孫君が、齢四十にして自ら陣頭に立ち、而《しか》もその攻守に於ける存在が余りにも偉大であるのに今更ながら敬服した。しかしこのティームが今日以上の成績を収めるには、監督孫がベンチにいても充分に試合し得るようになった時であろう」

若手の育成と守備力向上は必須であり、以後、孫は自ら控えに回ることが増える。

孫は翌一九四一年も捕手兼任で監督を務めている。選手の陣容では、投手に注目すべき補強があった[15]。河野のイーグルスにいた大石綱の加入である。小玉与太郎が東海製紙の監督時代に育てた大石は、小玉がマネジャーをしていたイーグルスにスカウトされ、一九三七年に入団するが、翌年兵役でチームを離れ、四〇年に除隊し復帰するものの活躍できないまま一年で退団、安東実業に加入した。孫が小玉に「誰かいないか」と声をかけ、大石を紹介してもらったのだろう。大石はチームの後援企業の牡丹江木材に就職している。他のメンバーも多くは同社に籍を置いていた。

監督二年目は、課題の若手の育成と守備力の向上に取り組んだが、なかなか成果につながらず、守乱から試合の流れを失い、大量失点するケースが相次いだ。たとえば1-20と大敗した五月二〇日の奉天満倶(奉天満鉄球場)との試合では失策が九個を数え、うち六個を遊撃一人で記録していた[16]。それでも孫は若手を我慢して使った。安東は地理や規模の面で大連や奉天、新京など他の都市に比べて選手の獲得には不利で、いい選手はとりにくかった。限られた戦力でチームの底上げを図るにはそうするしかなかった。主砲の孫が控えに回ったことで得点力が落ち、戦績は前年より落ちた。

この年の九月一七日、新京の児玉公園球場に新京各球団が集まり、入営する選手の壮行試合が行われた。「入営軍」は「留守軍」と対戦し、4-2で勝った。入営軍の遊撃はこの春、孫孝俊の古巣の満州電業に明大から入社したばかりの児玉利一さんだった。

「満州で野球をやったのはほんの半年でした。入営は昭和一七年(一九四二年)の一月。大分の実家に帰るために大連で船に乗ったのが一六年(一九四一年)の一二月八日。真珠湾攻撃の日です。米国と戦争を始めたと知って、えらいときに兵隊に行くことになったと目の前が真っ暗になりました」

下関の重砲隊に入ると満州の牡丹江近くの阿城の重砲隊に配属になった。その後ハルビンに転属になり、下関にまた戻って四四年三月に除隊。満州電業に復職し、敗戦は新京で迎えた。

「兵隊は嫌いでね、戦争で死にたくなかった。だから徴兵検査の前には体を壊そうと思って毎日さんざん焼酎を飲んで、たばこも一日四、五十本吸ってました。でもダメ。甲種合格。激戦地を避けるために幹候（幹部候補生）試験は白紙で出した。おかげで上等兵止まり。でも死なずにすみました」

児玉さんは自嘲気味に小さく笑った。満州電業と言えば、児玉さんの明大の後輩である三宅宅三さんが、「昭和一七年九月に繰り上げ卒業で、満州電業に入社が決まっていたが、一〇月に岡山の連隊に入営したので結局一度も出社することはなかった」と話してくれた。三宅さんは幹部候補生試験を受けて甲幹（甲種幹部候補生）になり、北京の南西にある保定（現・河北省保定市）の予備士官学校（保定幹部候補生隊）を出た。その後、原隊復帰で岡山に帰り、敗戦時は宮崎の高鍋にいた。「内地にいたので助かった」。幹候試験の運命もさまざまだ。

入営選手の壮行試合から間もない四一年九月末、安東実業と安東満倶の実満戦が行われた。安東実業は、第一戦は5－1で勝ち、第二戦は3－7で敗れた[17]。一勝一敗なので第三戦が行われたはずだが、確認できなかった。調べた限りでは、この実満戦が孫孝俊の安東実業最後の試合になった。翌四二年の安東実業団の選手・スタッフに孫の名前はない。成績不振の責任をとったか、後援会に解任されたのだろう。

以後、知る限り、満州野球界で孫孝俊の名前が登場することはない。しかし孫孝俊は、「安東の名物男で、どんな試合でも、実業の試合でなくても必ず球場に現れた」と言われた男だ。その後も安東で試合があれば、満倶や実業のグラウンドに姿を見せたに違いない。

安東満倶のグラウンドは桜の名所として知られた鎮江山の下にあった。桜は版図の印として日本人が植えたもので、山中に鎮座していた安東神社は戦後焼き払われた。

孫は安東実業団を辞めた後も満州電業で働いた。甥の孫熙澤さんによれば、「満州にいたときは稼ぎがよくて、ソウルに土地を買うなどいろいろな投資もできたようだ」と言う。日本人に比べると差別賃金ではあったが、朝鮮で働くよりははるかに高い収入が得られた。しかし日本と満州にあわせて二〇年以上も留まったのは、やはり野球を極めたい一心だったのではないか。

孫の満州電業での最終勤務地は朝鮮と国境を接する間島（現・中国吉林省延辺朝鮮族自治州一帯）の延吉だった。[18] 野球で民族崛起を願った男が長い旅路の果てに辿り着いたのは、日本の植民地政策で朝鮮を追われた り、半ば強制的に移住させられた人たちが多く住むコリアン・ディアスポラのまちであった。

2　甘粕の満映野球部

●文化スポーツを支援した甘粕

孫孝俊が安東事業団を去った後の満州野球界で最も異彩を放ったのは、一九四二年春に新たに満州野球連盟への加盟が認められた満州映画協会（満映）の野球部だった。

満映野球部についてお話しする前に、簡単に満映について触れておきたい。

満映が設立されたのは三七年八月二一日。創立時の総務部企画課長は、のちに満州日日新聞の事業部長として満州リーグの実現に動いた山内友一。また、初代の理事には、同じく満州日日新聞の社長になる松本豊三が就いている。[19] 満映は満州国の国策会社で宣撫工作を目的とした。三九年に日活から満映に入った映画編集者の岸富美子さん（※九〇歳）は、「満映は日満親善の宣伝映画を作って中国人を懐柔しようとしたが、うまくいかなかった」という。

「宣伝色が強すぎると見え透いて反発されるので、中国人が喜ぶような娯楽映画を作ろうとしたんです。歓心を買うために。でもそういう作品を満映は結局作れませんでした」

当初満映は新京の大同大街のニッケビル（日本毛織ビル）に本社があり、市内各所に撮影、現像などの部署が点在していた。新京放送局にいた荒井正道さんによれば、「ニッケビルの一階には喫茶店があって文化人の溜り場になっていた。行けば放送局や新聞社や満映などの人間が誰かしらいた。女優もよく来ていた」という。新京神社や満州新聞社、関東軍司令部、児玉公園などが並ぶ大同大街は、アカシヤの木を切り倒せば、飛行機が離着陸できるほど広かった[20]。

市内各所の満映の機能を統合する形で新しい社屋とスタジオが南新京の広大な原野に完成、オープンしたのは三九年一一月一日で、同時に甘粕正彦が二代目の理事長に就任した。甘粕は陸軍憲兵大尉で麴町憲兵分隊長だった二三年九月一六日、関東大震災の混乱に乗じて「大杉栄虐殺事件」（大杉栄、伊藤野枝、橘宗一〈大杉の甥・六歳〉の三人を殺害）を起こした首謀者とされる人物だ[21]。軍法会議で懲役一〇年の判決を受けるが、二年一〇カ月で出獄し、陸軍の費用でフランスへ留学、のち満州へ渡ると満州事変で関東軍の特務工作を担い、満州国建設に一役買った。

甘粕は新任の挨拶を「甘粕です。よろしくお願いします」の一言ですませた。職員を代表して総務部長が挨拶をしたが、甘粕を「建国の功労者甘粕先生」と讃え、「われわれは粉骨砕身、会社に奉仕し、骨を満州に埋める覚悟であります……」と決意を語ったところで、「もうよい」と制止された[22]。阿諛追従《あゆついしょう》を嫌う甘粕は、お世辞はいらない、美辞麗句も心に誠がなければ意味がないと吐き捨て、こう言い放った。

「私たちは日本人ですから、死んだら骨は日本に埋めるのですッ」

満州国には最後まで国籍法がなかった。満州に骨を埋める覚悟などと口では言っても、日本国籍を捨てるつもりの日本人はほとんどいなかったからだ。(23) 甘粕の言葉は、それを雄弁に語っていた。岸さんは「今度の理事長はあの甘粕だ」と噂になったときのことをよく覚えている。

「大杉事件のことはみんな知ってましたからね。満映中がその話でもちきりで、大騒ぎになりました。私も人殺しの下で働くのは嫌だなと思いました」

だが実際の甘粕は、「思っていた人物像とは違った」という。

「不正を働いていた幹部やろくに働かない上職を会社から追い出し、日本人に比べてとても安かった中国人の給料を五、六倍にしました。それまでは日本人が一〇〇円もらうときに中国人は一〇円くらいでした。それを五〇～六〇円にした。満映のスターだった中国人俳優が五〇円くらいしかもらってなかったんです。それを二〇〇円くらいにあげたりね。まだまだ差はありましたけど、中国人は喜んでました。私の給料も日活のときは編集助手で二五円だったのが、満映では一二〇円になりました。あと年に一回、毎年一二月になると蔦で編んだ籠にりんごが五〇個くらい全社員の家庭に届けられました。樽柿のときもあったかな。お餅代わりだったんでしょう」

甘粕は、「社員の文化教養レベルを上げることにも熱心だった」という。

「朝比奈隆が新京交響楽団を指揮して新京公会堂で演奏会をしたし、ソロでは巌本真理、諏訪根自子《ねじこ》(ともにバイオリニスト)、井上園子(ピアニスト)なんかも来ましたね。石井漠《ばく》の舞踊団も呼びました。みんな日本の一流の人ばかりですから嬉しくて観に行きました。社内では男子社員会と女子社員会を作りました。これは要するにクラブ活動です。そのために二階建ての「社員クラブ」も建てました。男の人は将棋、碁、麻雀、野球などの娯楽・スポーツ、女の人はお花、お茶、日本舞踊、洋舞などですね。満州新聞の記者で、女性解放で知られた望月百合子の講話などもありました。社員総出で運動会も盛大にやりました」

甘粕のこうした姿勢について角田房子『甘粕大尉』（中公文庫）は、「本業の映画製作に力を入れただけでなく、音楽、美術、演劇などにも強い関心を示した。その目的が、満州国の文化水準の向上にあったことは明瞭である」と述べている。[24] つくりものの兵営国家であったがゆえに、統治のための宣撫工作にとどまらず、文化・スポーツの仮装をする必要があったのではないか。

満映野球部は、甘粕のこうした文化・スポーツを支援する姿勢のなかで生まれた。

●満映野球部の誕生

新京の満映野球部が満州野球連盟に加盟したのは一九四二年三月である。チーム作りを担ったのは満鉄からヘッドハントされた浜崎真二だった。

浜崎は前年の四一年一一月二、三日に東京の神宮球場で開かれた明治神宮大会一般野球の部に大連満倶の監督兼投手で参加し、八幡日鉄を8‐0、東京藤倉を10‐0で破り優勝した。[25] 一二月一〇日の誕生日が来ると四〇歳の老将浜崎は、戸倉勝城、加藤春雄、伊藤庄七らの強力打線にも支えられ、強豪相手に連続完封をやってのけ、激賞された。第二回満州リーグが関特演で中止になってからわずか四カ月後のことだ。

大連満倶の三塁手で出場した武宮敏明さんは、浜崎についてこう言う。

「年齢で言えば、ぼくらのお父さんみたいなもんですよ。でも慶応の名投手だっただけにコントロールがよかった。変化球を内外角に散らして球速の衰えをカバーしてましたね」

この内地遠征には、奉天満倶と撫順満倶の主力選手も帯同しており、明治神宮大会の後、浜崎は全満鉄軍を編成し、東北、関東、関西、九州を転戦した。大連に帰ったのは一一月二三日のことだった[26]。

六日後の同月二九日、浜崎の満映入社が電撃的に新聞発表された[27]。「日満野球界に快投手として名を馳せた浜崎真二氏(大連満倶監督)は今回満鉄を辞し満映庶務課長に就任することになった」――。武宮さんは、「満倶の選手は浜崎さんの満映移籍を誰も知らなかった」と言う。

また浜崎の長女の佐野慶子さんは、浜崎の満映入社にまつわるこんな逸話を披露してくれた。

「父が満映に入る前に甘粕さんの面接がありました。大連のヤマトホテルで待ち合わせたんですが、その日父は満倶の捕手で主将の桜井義継(明大出身)さんの仲人を引き受けていて、結婚相手の家に結納の品を届けに行ったんです。お相手は私の友人のお姉さんでした。父は大役を果たして約束の五分前にホテルに駆けつけました。ところが甘粕さんから、先に来るべきお前が後から来るとは何事か、と怒鳴りつけられた。時間に遅れたわけでもないのに何をぬかすか、このくそ親父は、と思ったそうです。当時父は大連埠頭局総務部の係長で、面接には局長の折田(有信)さんも立ち会っていて、あとで仲人仕事のことを説明してくれたようです。甘粕さんはそれを聞いて、父が事情があったのに一切弁解しなかったことを評価し、採用を決めたと聞きました」

甘粕は時間を厳守し、人にも強くそれを求めた。多くの人がエピソードを残しており、浜崎のこれもその一つだ。桜井は浜崎の誕生日の一二月一〇日に結婚した。しかし病を得て、それからわずか一年半後の四三年六月二五日に三〇歳の若さで世を去った。

浜崎が内地から帰ったのが一一月二三日で満映移籍の新聞発表が同月二九日ということは甘粕の面接は

その間に行われたことになる。結納は当時であれば、確実によい日どりが選ばれたであろうから、そうなると二六日の大安が結納＝面接日であった可能性が高い。しかし内地から帰ってわずか数日の間に浜崎の引き抜き話が出たとは思えない。その前から話は進んでおり、だからこそ浜崎も満倶の最後の試合と考え、気合を入れて神宮球場で二試合投げたのではないか。

甘粕が浜崎を迎えたのは、満映の宣伝のために都市対抗を狙えるような野球部の創設と監督を任せるためだったと思われる。甘粕は、満州国の高級官僚（総務庁次長）で満州野球連盟の理事でもあった古海忠之と親しく、野球を好んだ。古海が浜崎を薦めたのかもしれない。

都市対抗を狙うには満州野球連盟に加盟しなければならず、それには予算額、選手名簿、球場設備の有無など厳重な審査基準を満たす必要があった(28)。浜崎は四二年の新春から突貫でチーム作りを進めたが、いかにも準備期間が短く、加盟申請の期日までに選手名簿と球場設備の加盟基準を満たせなかった。にもかかわらず加盟申請に踏み切った。球春間近の連盟総会で当然これは問題になった。ところが浜崎は、戦力に関して驚くほど強気の弁を述べ、球場についても必ず出来ると力説し、強引に押し切ることに成功した(29)。古海の力も働いたのだろう。

未整備だった球場について、浜崎によれば、経理部長の判断で予算が下りず、全く整備が進まなかったとき、甘粕の鶴の一声で予算が執行され、たちまち整備されたという。このとき浜崎は、野球部の硬式の野球場だけでなく、軟式の野球場やバレーボール、バスケットボールのコートなども整備している。「満州国の理念である日満一心一徳を実現するには日本人と中国人が一緒にスポーツをやるのが一番」と甘粕に提言、認められてのことであった(30)。

一九四一年に鞍山の昭和製鋼所に入社し、遊撃手として活躍、戦後は富士鉄釜石の監督として都市対抗ベスト4の実績もある渡辺力さん(※八一歳)は、満映の加盟問題についてこう言う。

「ケチをつけたのは新京のチームでしょう。連盟は加盟数を増やしたい。でも新京のチームはライバルが増えて都市対抗の満州の代表権を取るのが大変になる。しかも甘粕大尉の満映でしょう。その気になれば、すぐに強いチームを作りそうだ。それで反対したんです。でも、それは大きな声では言えないから、編成がどうの球場がどうのと別の理由で反対したんだと思います」

都市対抗は、関特演で前年中止になっていただけに各チームとも意気込みが違っていた。新京野球リーグは前年まで五チームだった。それがこの四二年は満映、満州中央銀行、満州興業銀行の三チームが加盟申請をしていた。ライバルは一チームでも少ない方がいい。そのための反対だったが、結局三チームとも加盟が認められ、八チームで戦うことになった。満映の加盟は連盟拡大を象徴していた。

●スカウトに奔走した浜崎真二

浜崎は満映入りすると選手集めに奔走した。即戦力としてまず声をかけたのは、在満各チームの中堅ベテランで、控え選手を中心にある程度の人数を獲得した。主力の引き抜きは必ずトラブルになる。連盟に加入を認めてもらうためにも揉め事は絶対に避けなければならなかった。

次に狙ったのは内地の大学野球部の選手で、明大の三宅宅三さんも浜崎に声をかけられている。

「昭和一六年(一九四一年)の暮れか一七年の頭でした。繰り上げで卒業するのは一七年九月ですから、まだ在学中です。中退する気はなかったし、新設チームだと様子がわからないので断りました」

大連満倶には桜井義継など明大出身者がいたから、そのルートで声をかけたのだろう。ほかにも伝手を頼って精力的に大学野球界でスカウト活動を展開したはずだが、満映入りに応じる者はなかった。そこで浜崎は中等学校の野球部選手にスカウト活動を集中し、三月末までには何とか頭数を揃えることができた。このとき満映に入社した選手に鳥居兵治《ひょうじ》がいる。四一年春の選抜大会で岐阜商がベスト４まで勝ち上がったときの左腕エースで、準々決勝では別所昭（毅彦。のち南海、巨人）の滝川中を延長一四回サヨナラ勝ちで破っている。別所が左腕を骨折しながら投げ、「泣くな別所、センバツの花」と言われた試合だ。鳥居夫人の志津子さん（※八〇歳）によれば、「逓信局に就職が決まっていたのに、急に満映へ行くことになった」のだという。

「米国と戦争が始まって野球をやる者は肩身が狭くなってましたからね。満州なら内地より思い切り野球ができると思ったんじゃないですか。主人は野球が好きでしたから」

岐阜商と言えば、明大から大連満倶に入った加藤春雄がＯＢだ。足掛かりはそのあたりではなかったか。鳥居は満映野球部に入るとすぐにエースとして活躍、投げないときは右翼に入り三番か四番を打った。六月に行われた新京リーグ戦、優勝は六勝一敗で満州電業、満映は二勝五敗で興銀とならんで六位だったが、鳥居は打率三割六分八厘で首位打者（打撃賞）を獲得している(31)。

鳥居は入社すると経理に配属された。志津子さんによると、「甘粕さんには気に入られたようです。お前は目を真っ直ぐ見て話すのがいい。やましいことがあると人は目をそらす――、そう言って褒められたと言ってました」。甘粕はいろいろな意味で恐れられていた。目を真っ直ぐ見て話す人は少なく、それで鳥居を好ましく思ったのかもしれない。

甘粕正彦が鳥居兵治に送った絵葉書．第６回満映運動会で甘粕が挨拶している写真が印刷されていた（提供：鳥居志津子さん）

鳥居が満映でプレーしたのは一年だけで四三年一月には満州で入営、その後、朝鮮に転属になった。甘粕は入営した社員には必ず葉書を出した(32)。志津子さんの手元にも、敗戦間際の四五年七月に甘粕から朝鮮半島南東部の浦項の部隊にいる鳥居に送られた絵葉書が残る。表の宛名の下には「先日満系同志の対抗野球と、満系と日本課長以上の試合をしました。五月三十日雷雨烈風下に鉄兜を背にして錬成大会行いました」とあり、浜崎の提言を甘粕が認め、野球の試合を日本人と中国人の融和の機会にしていたことがわかる。また裏面には文中にある五月末の錬成大会（第六回満映運動会）で甘粕が挨拶している写真が印刷されている。満映特製の絵葉書だ。

「主人は戦争が終わる少し前に朝鮮に転属になったんです。甘粕さんは日本が負けるのをわかっていて、満州に残っているとひどい目にあうからと、おれを朝鮮にやってくれたんだと、主人は言ってました。終戦のときは朝鮮のだいぶ南にいて、それで早く復員できたと言ってました」

鳥居は戦後四六年に投手で阪急に入るが、活躍できないまま一年で退団。中部配電（中部電力の前身）に入社する。ところが翌四七年に満州から帰国して阪急の総監督になった浜崎真二から声がかかり再入団。外野手に転じて主に代打で五〇年まで在籍した。引退後はマネジャーになった。

四二年の満映創設メンバーに栃木商出身の選手が二人いる。深津三郎と日向野長七である。彼らを浜崎に紹介したのは、三七年に横浜専門学校（現・神奈川大学）から東鉄に入社、請われて栃木商の監督になり、同校を三九年春の選抜大会に導いた巻島源一郎さん（※八七歳）だ。深津と日向野はそのときのメンバーだった。三富恒雄さんも教え子に当たる。巻島さんは言う。

「もともと野球の関係で満鉄東京支社にいた中沢不二雄さんを知ってましてね。いつでしたか、麻布の狸穴で中華料理をご馳走になったとき、満鉄の浜崎さんもいて紹介されたんです。それで知り合いになりまして、満映に移ってすぐに、誰かいないかと頼まれたわけです」

巻島さんは、浜崎が満鉄から満映に移ったのも驚いたが、米国と開戦した直後だったので、「こんなご時世に新チームを作るとはたいしたもんだ」と仰天したという。

選手の獲得はさまざまなルートで行われた。二年目には創設メンバーのなかのベテラン選手が母校や出身地で活発なスカウト活動を展開している。たとえば志度商出身の萬木《まんき》文男（外野手、当時三六歳）は、母校の後輩の直島弘、原田勉と高松商の岡村頼雄をスカウトしている。

「実は岡村がスカウトされたとき私もその場に一緒にいたんです」

高松商で岡村と同級生だった遠山静雄さん（七八歳）は、そう話す。

「昭和一七年（一九四二年）一二月で繰り上げ卒業ですから、その前の秋頃でしたね。志度商のOBの萬木さんが、母校で後輩の原田と直島をスカウトして、その足で高松商に募集に来たんですよ。岡村と私ともう一人大島というのが三人校長室に呼ばれました。それでよかったら満映に来ないかと。志度商の直島と原田も来るからと。それで岡村は、ほな、わし、行くわあ、と即答でしたね。私は新京の満州電電から話をもらってましたから、断りました。大島も断った。彼は鞍山の昭和製鋼所に行きました。大学に行ってもすぐに兵隊です。それなら満州に行って召集されるまで好きな野球をやった方がいい。それが私らの本音でした」

遠山さんは、「萬木さんのスカウトで忘れられないのは満映女優のブロマイド」だという。

「李香蘭《りこうらん》とかきれいな女優さんのブロマイドをいっぱい持ってました。それを並べて見せるんですよ。これ、みんな、うちの女優さんや、どや、きれいやろってね。それを見て、みんな、コロッと、行きますって返事をしたんとちゃいますか」。遠山さんはそう言って笑った。

浜崎真二に直接スカウトされた選手もいる。四三年一月に愛知の豊橋商から満映に入社した捕手の伊藤正敏さん(※七八歳)がそうだ。

「豊橋で中等学校の審判をしている小学校の先生がいたんです。浜崎さんは伝手を頼ってその人に相談したようで、満映の話はその人から来ました。浜崎さんが豊橋に来たのは昭和一七年(一九四二年)の秋。駅前の三河屋という旅館で父親と浜崎さんとぼくの三人で会って入社を決めました。当時、中等学校卒の給料は日本で月七〇円くらい。満映は一一〇円でした。ほかに支度金として三〇〇円もらいました。浜崎さんから家に仕送りしろよと言われ、毎月一〇円送りました」

伊藤さんは四二年一二月に繰り上げ卒業で、翌四三年一月一〇日頃に新京へ渡った。前年の創設メンバーの鳥居兵治と愛知の岡崎商出身の辻本信雄(捕手)が新京駅に迎えに来てくれた。二人ともそれから間もなく入営した。伊藤さんによれば、「創立一年目のメンバーが翌年には軒並み兵役が予定されていて、チームが総取り替えになるような状況だった」という。実際、一年目の四二年に試合に出ていた平川、秋山、荏原、志気、橋口などという名前は、四三年の名簿からは消えている。捕手も辻本が入営すれば、代わりまま示している。

がいない状況だった。当時の満州野球界で支度金三〇〇円は破格で、浜崎の伊藤さん獲得への熱意をその

　入社後、伊藤さんは経理に配属された。試合のない日は午前中だけ仕事で午後は練習だった。野球部のグラウンドは満映の社屋の裏にあった。練習や練習試合はそこでやり、リーグ戦は新京児玉公園球場でやった。野球部のグラウンドの南には満映の賓客接待用の湖西会館があり、その先には景勝地の南湖が広がっていた。来満する文士、知名士の多くは湖西会館で甘粕から食事や映画上映などの接待を受けた。関東軍の将校を集めてポルノ映画を上映したりもしたという(33)。

　伊藤さんは、試合には五番捕手で出場することが多かった。鳥居が兵隊で抜けた穴は大きく、しばしば浜崎が、「お前、のけ、俺が放る」と言ってマウンドに上がったという。しかし浜崎がしょっちゅう投げるくらいだから、満映野球部は弱かった。岸富美子さんによれば、「だから、満映グラウンドで練習試合があると、甘粕理事長が社員に応援を命じた」という。

「試合があるときは玄関の黒板に書き出しがあるんですよ。今日は野球部がどこそこと試合だから暇な人は応援に来い、って。それがしょっちゅう書いてあるんです。だから、野球部の人はずいぶん忙しいんだなと思ってました。関東軍とも試合をしてましたね」

　伊藤さんによれば、「関東軍といっても相手は草野球のチームだから、こちらは真剣にはやらない。試合の後はいつも湖西会館でご馳走になった」という。

　一九四四年になると、選手の入営でメンバーが揃わず活動を休止するチームが増えた。「新京で活動を続けたのは、満映のほかには、電電、電業、中銀くらいだった」と伊藤さんは言う。

翌四五年二月、伊藤さんは牡丹江の一二一部隊に入営した。「これから現役で原隊に入ります」と甘粕に挨拶に行くと、日の丸の旗に「武運長久、甘粕正彦」と書いてくれた。それを持っての出征だった。敗戦時、ソ連軍に新京の南の猛家屯に集められ武装解除されるが、その夜のうちに逃げ出し、満鉄職員になりすまして満映まで逃げ帰った。すでに甘粕は自殺した後だった。

3　満州野球界の終焉

●敗戦後の満州で行われた野球大会

一九四四年夏、鞍山の昭和製鋼所は三度にわたり空襲を受け、大きな被害を出した。翌四五年五月には満州で大量の召集があり、多くの満映社員も戦場に引き出されていった(34)。前述の満映の運動会がまさにこの五月で、翌六月には甘粕の発案で新京在住の野球人による野球大会も開かれている。当初は全満の野球人を集める予定だったが、連絡が難しく、新京在住野球人に縮小された。浜崎真二の陣頭指揮で野球人が参集、四〇歳で線を引いて、それ以上とそれ以下の二組に分けて軟式のボールで試合をやった。浜崎は、日本の敗戦を覚悟した甘粕が、最後にみんなを楽しませよう、好きなことをやらせてあげようと思ったのだろう、と推察している(35)。

甘粕と野球と言えば、中沢不二雄がこんな逸話を明かしている(36)。

「ある時、「野球は仲々いい競技だ、大いに興隆させたい。日本のプロ野球も毎年招いたらいいし、〔中略〕アマ・チーム、大学チームも招くべきだ。将来のためにアメリカの大球場に負けないものを新京につくるべきだね」といい出した。〔中略〕平和が立ち返ったら実行、規模はニューヨークのヤンキー・スタジアムに近いものと二人の意見が一致した」

これもまた、かなわぬことを承知の甘粕の夢語りではなかったか。

新京の野球人大会の二カ月後、日本は戦争に敗れた。中沢不二雄は、ソ連参戦〔八月八日宣戦布告〕後の大混乱に陥った新京の様子をこう書いている(37)。

「〔八月〕十日頃から軍と官とその家族達大集団の通化方面〔現・吉林省南部〕、山岳地帯への疎開が開始され、つづいて十二、三日頃から商社、工場、一般民衆の疎開が始まった。十数万の人の波が、新京駅へ、南下の貨物列車へ、山つなみのように、なだれをうって殺到する光景は凄惨の極みであった」

岸富美子さんによれば、このとき満映では一時、社員家族全員が本社に集合し、籠城玉砕の噂まで流れたという。八月一四日午後、岸さんら満映社員家族は集団疎開のため奉天へ向け出発した。一五日昼前奉天着。ここで日本の降伏を知り、再び新京の満映に戻ったのは二一日だった。

満映では敗戦翌日の一六日に、会社裏のグラウンドで日本人と中国人の野球試合が行われている。使われなくなっていたグラウンドは伸び放題の夏草に覆われていた。これを日中の社員が一緒になって刈り取った。試合は日系社員が勝った(38)。

二一日に奉天から満映に戻った岸さんたち満映社員家族一行は、前日の二〇日朝に甘粕が青酸カリを仰いで自ら命を絶ち、夕方には盛大な葬式が行われ、遺体は南湖のほとりに埋葬されたことを知った。享年五四。岸さんは甘粕の自殺は「卑怯」だと言う。

「潔いという見方が許せないんです。死ぬなら、みんなが死んだ後にすべきです。なのにみんなを放っぼりだして自分だけ先に死んだ。社員がこれからどんな苦労をするか、理事長なら見届けるべきでしょう。遭難した船の船長が、乗組員を残して先に死んでどうするんですか」

満映の歴史が語られる際、日本の敗戦と甘粕の自殺をもって幕を閉じられることが多いが、実際にはその後八年もの長きにわたって中国の地で続く。戦後、満映は中国共産党に接収され東北電影公司（のち東北電影制片廠）となるが、中国人だけでは映画が作れないことから監督の内田吐夢《とむ》や木村荘十二《そとじ》をはじめ、岸さんや伊藤さんなど多くの旧満映社員が自らの意志で中国に留まり、一九五三年まで留用された。その間には国民党との内戦を避けるため撮影機材とともに鶴崗（興山）という北の奥地の炭鉱町まで逃避行を続けたり、精簡（精兵簡政）と呼ばれる人員整理にあい、炭鉱などでの過酷な肉体労働も経験している。精簡は日本人による日本人の「選別」であったことから、関係者に深い傷を残した。

岸さんが長春に名を復した旧新京に戻ったのは四九年、伊藤さんは五〇年だった。岸さんは安芙梅《アンフーメイ》の名前で『橋』（一九四九年）、『白毛女』（一九五一年）、『六号門』（一九五二年）など新中国草創期の名作の編集を担当した。伊藤さんは経理の仕事を担った。

当初、中国に残った満映の日本人は約三〇〇人、その半分の約一五〇人が鶴崗へ行くが、四六年八月にその約半分が日本へ帰国したため最終的に鶴崗から長春に戻り東北電影制片廠に参加したのは七五人だった[39]。そのほとんどは五三年四月一一日に日本へ帰国した。このとき岸さんと伊藤さんも日本の土を踏んでいる。伊藤さんは満映の残党の流れをくむ東映に潜り込んでカメラマンとなり、定年まで勤めた。

「実は満州から実家に帰ったら、昭和二十二、三年（一九四七、四八年）の頃に浜崎さんから連絡があったというんです。正敏君は帰っていますかと。阪急の監督でしたから、うちに来いという話だったんでしょう。

満州に残らなければ、また違う人生があったかもしれないけれど、自分で決めたことだから」

岸さんは帰国後、「あれは中国帰りで赤いからダメだ」と言われ、大手の映画会社に入れなかった。中国に残らず日本へ帰った元満映社員が率先して排斥に動いたりもしたようだ。このため「木村荘十二さんなんかと一緒で、独立プロで編集の仕事をするしかなかった」と言う。悪い人でもないのに思想が問われ、追放された。そんな世の中を変えたいと思い、生きて来た――。そう語る岸さんの顔には、癒されることのない苦い記憶の影が浮かんで見えた。

先ほど敗戦翌日に行われた満映の日中社員による野球の試合について書いたが、実は敗戦後の満州では、その後に在満野球人の手で本格的な野球の大会が二つ行われている。

一つは四六年の七月に長春(旧・新京)在住の野球人によって行われた野球大会だ。中沢不二雄が中心になり、長春の野球人を出身地別の三ブロック(東日本、中部日本、西日本)に分け、一一日間、リーグ戦を行った[40]。西日本の選手として出場した児玉利一さんは、「日本人の心を慰めたのは言うまでもないし、有料試合で入場料が稼げたので出場選手の生活費に充てることもできた。児玉公園球場は毎試合、超満員になった。みんな楽しみに飢えていたからとても喜ばれた」と述べている。西日本チームには元運動協会メンバーで大連満倶でも活躍した山口茂次もいた。

観客の約八割は日本人で「残る二割は重慶、広東方面から来た軍人、長春に前から住んでいる土着の人々、それにアメリカの軍人、軍属であった」という。その米軍関係者からの申し入れで米軍チーム対全長春の日米野球も行われた。主審は満州日日の吉田要が務めた[41]。

もう一つは、四六年一一月に大連在住の野球人が「難民救済基金募集」を掲げて行った実満戦である。

浜崎の長女の佐野慶子さんによれば、当時大連にいた浜崎真二や安藤忍ら実満関係者が奔走、日本人組合や大連市などの協力を得て、伝統の実満戦を復活させた。三試合が行われ、入場券の売り上げは、満州の奥地などから引き揚げてきた日本人の生活救済に充てられたという。

満鉄の創設とともに始まった満州の野球は、この実満戦を最後にその歴史を閉じた。

満州野球界に足跡を残し、戦後、日本のプロ野球界でも活躍した主な人たちを記しておく。

[大連満倶]

山田潤二(毎日オリオンズ社長)、猪子一到(近鉄パールス社長)、岸一郎(阪神タイガース監督)、中沢不二雄(パ・リーグ会長)、芥田武夫(近鉄パールス監督)、浜崎真二(阪急選手兼任監督−高橋・トンボユニオンズ−国鉄各監督)、永沢武夫(洋松監督)、戸倉勝城(毎日−阪急。阪急−東京各監督)、加藤春雄(近鉄。近鉄助監督・監督)、伊藤庄七(毎日−東急−中日。阪急コーチ)、宇佐美一夫(国鉄。国鉄二軍監督・一軍コーチ)、水谷則一(宇高レッドソックス−松竹各選手兼任助監督−三菱自動車川崎監督)、竹内愛一(中日監督)、武宮敏明(巨人。二軍監督・コーチ・寮長)、中沢正久(公式記録員)、針原稔(公式記録員)、山口茂次(パ・リーグ審判)

[大連実業]

石本秀一(グリーンバーグ・結城ブレーブス−金星−太陽−広島−西鉄−中日−広島各監督)、松木謙治郎(阪神−大映−東映各監督)、安藤忍(東映監督)、谷口(岩瀬)五郎(巨人コーチ)、浅原直人(東急・東映。東映コーチ)、津田四郎(セ・リーグ審判)、武井正清(セ・リーグ審判)、円城寺満(セ・リーグ審判)、角谷松男(パ・リーグ

審判)、湯浅禎夫(毎日総監督兼任選手)、大貫賢(パ・リーグ審判)

[鞍山昭和製鋼所]
荒川昇治(太陽・大陽・松竹ロビンス－大洋－大洋松竹－毎日)、長野茂(西日本パイレーツ－富士鉄釜石監督)、
片岡博国(毎日オリオンズ。毎日オリオンズ二軍監督－阪急コーチ－近鉄二軍監督)、桑原喜代男(公式記録員)

[撫順満鉄]
川崎徳次(巨人－西鉄。西鉄コーチ・監督－阪神コーチ)、萩原兼顕(セ・リーグ記録部長)

[奉天満鉄]
小島多慶男(パ・リーグ審判－東映コーチ)、寺島公(門鉄－大洋漁業－大洋)

[奉天(日満)実業]
水原茂(巨人－東映－中日各監督)

[満州電業(新京)]
児玉利一(全大分－中日－大洋。中日－大洋各コーチ)

［満州電電（新京）］

上林繁次郎（中日－東急－毎日。高橋・トンボユニオンズコーチ）、稲田茂（パ・リーグ審判－セ・リーグ審判）

［満州中央銀行］

武末悉昌（南海－西鉄－高橋・トンボユニオンズ）

エピローグ――喝采なき栄光

1 見果てぬ夢

●敗戦

一九四五年八月一五日――。日本はあらかじめ河野兄弟が断じた通り戦争に敗れた。大井町の河野の借家は建物疎開にかかったがそのまま壊さずにあった。空襲で周囲は焼け野原になったものの運よく焼けずに残った。この家で河野の家族は玉音放送を聞いた。次女の波木井優子さんは言う。

「重大放送があるとラジオで何度も言っていたので、天皇が一緒に死んでくれと国民に呼びかけるんだと思っていました。でもそうじゃなかった。よく聞き取れなかったけれど、戦争に負けたのはわかりました。途端に、兄が帰ってくると思ってそう口にしたら、母も、ああ、そうね、と言って、急に笑い出したんです。もう空襲の心配もしなくていいわね、と。父は黙っていました。戦争に負けたのを何日か前にすでに知っていたんです」

長男の通さんはこの年の五月に召集され、目黒の兵舎にいた。戦争が終わったのになかなか戻らないので家族は心配していた。除隊になり、大井町の家に帰ったのは九月の半ば頃だった。「ぽつんと一軒だけ残っていた。河野の表札がなければ、そうだとわからなかった」と通さんは言う。

波木井さんには敗戦後の混乱時に河野から言われ、強く心に残る話がある。

「進駐軍が入って来るとき、女はみんな田舎に逃がせ、と盛んに言われました。あのとき父が言ったんです。米国は戦争をやった相手だが、そこまで人は悪くない。夜に出歩くのは気をつけるべきだが、進駐軍を恐れてお前たちが逃げる必要はない、と。米国を知る父らしい言葉でした」

あの噂は日本の軍隊が中国や東南アジアでやったことの写し鏡だったのではないか——。波木井さんは、日本が蹂躙したアジアの惨禍を思わずにいられなかった。

●プロ野球の復興

「久しぶりに、ほんとうに久しぶりに、職業野球の実況中継をお送りします。夜が明けたような気がいたします」

一九四五年一一月二三日、神宮球場からＮＨＫの志村正順さんの晴れやかな声が流れた。戦後初のプロ野球東西対抗戦。秋晴れの神宮球場には一万人近い観衆が詰めかけた。

「あれは喜びでしたね。生き返った気がしました。何より神宮は神聖視されてプロ野球は使えなかったでしょう。それが初めて使えた。国体観念の呪縛から解かれた気分でした」

志村さんはそう言う。当時、神宮球場は進駐軍に接収されて「ステート・サイド・パーク」と呼ばれていた。東西対抗戦は進駐軍の厚意で実現した。

「米国のおかげですよ。占領政策として野球を奨励した。マッカーサーの側近のウィリアム・マーカットが野球好きでプロ野球の復興を助けたんです。戦争に負けて、かえって野球は生き返った。そういう感じでしたね」

同じことを三宅宅三さんも語っている。「あの戦争に日本が勝っていたら野球ができたですかね。負けたから野球ができるようになったんじゃないですか」と。鬼畜米英をやっつけろと言って戦った戦争にもし勝っていたら、戦勝国日本は敵性スポーツの野球をやることを許したか。野球を排撃したからこそ勝てたのだ、武道を奨励したからこそ勝てたのだ。そうした論調にならなかったか――。

「誤解されると困るけれど、こと野球に関しては、戦争に負けてよかったと、ぼくは思いましたね。誰にも文句を言われずに好きな野球がまたできるようになったんですから」

三宅さんは戦後、倉敷工業の野球部監督になり、一九四九年夏の甲子園大会で同校をベスト4まで導いている。五〇年には毎日オリオンズに入団、主力選手として活躍、引退後はスカウトとして名を残した。

●幻の新球団「東京カップス」

プロ野球復興の動きは、東西対抗戦が実現する前から河野の耳にも届いていたに違いない。これが生涯をプロ野球に賭けた男の心に再び灯をともした。通さんは言う。

「父はお国のためにと大和を解散しておきながら、昨日の敵は今日の友で、戦後、またプロ野球をやろうと考えました。明治の昔から米国を知っていて、あの戦争も勝てないのはわかっていた。それでも国ぐるみでやると決めたからには、負け戦であっても自分にできることはやらなきゃいけないと思ったわけです。敗戦は案に違わずで、すんなり受け入れたと思います。だからこそ焼け野原の東京を見ながら、いま一度プロ野球の花を咲かせたいと考えたんでしょう」

河野は世話になっていた弓削靖のヂーゼル自動車工業を敗戦翌月の九月末に退社すると、同じく弓削の世話になっていた旧大和の選手たちを中心に新たなプロ野球チームを創設する準備に入った(1)。日本運動協会、イーグルス(黒鷲・大和)に続く三度目のプロ野球挑戦である。

チーム名は「東京カッブス」——。河野は一九二八年秋に米国で見たシカゴ・カブスの正々堂々とした戦いぶりに大変な感銘を受けていた。カッブスの由来はそれだろう。監督には早大の後輩の竹内愛一、球団代表には雑誌『野球界』の編集長などを務めた旧知の小泉葵南を予定していた。

プロ野球の復活を告げた東西対抗戦から間もない一二月の上旬、チームの構想を整えた河野は、東京銀座に新たに開設された日本野球連盟の事務所に鈴木龍二を訪ね、「東京カッブスというチームを作ります。加盟をお願いにあがりました」と申し出た。大和解散から二年後のことだ。

しかしこの加盟申請は認められることはなかった。鈴木龍二の回顧録にはこうある(2)。

「河野さんはプロ野球の功労者である。ぼくは、河野さんのチームは、なんとか認めてあげたかった。しかし、同じ早大の出身であっても、理想家肌の河野さんとは仲が悪かった巨人の市岡さんの反対もあって、とうとう認められなかった。名前だけでも黒鷲(大和)を残しておけばよかったのだが、戦争中「会社は残しておいたらどうか」というぼくの勧めを振り切って「国が滅びようかどうかという大事のとき、野球どころではない」と言って解散してしまった。これがまずかった。河野さんに同情する人はあっても、新球団として認めるか、となると、実態も定かではない、ということで否定されてしまった」

大和を解散するとき、鈴木の提案を拒否したことが、大きな障害となり、「自分から抜けておいて何をいまさら」という市岡忠男の激しい反発を招いた。巨人が反対なら連盟は動かない。「自分がいち早く解散したことが連盟のみなさんの顰蹙《ひんしゅく》を買ったんでしょうね。この戦争は負けるとわかっていたんですから、権利だけ残しておけば、戦後すぐに復活できたでしょうに」

波木井さんは「融通の利かない父でした」と言って苦笑しながら、こう続けた。

「でも仮に加盟が認められていても成功しなかっただろうと母は言ってました。戦後のプロ野球は急速に発展して大きなお金が動くようになりましたでしょう。いい選手の争奪戦はそれまでとは比べ物にならなかったはずで、父はそういうのが苦手でしたから。それに血圧が高くて薬も飲んでいたので健康に不安もありました。経営の才能はないし体も心配だからやめた方がいいと姉も心配していたんです。でも戦争が終わったら、また野球の血が騒いだんでしょうね」

鈴木は、こんな証言も残している。(3)「竹内君はともかくとして、チームを作ろうとしたその中にまずい人が入っているんだ。それでだいぶ議論し、一部反対があって、ついに認められなかった」。鈴木の言う「まずい人」というのは小泉葵南のことで、球界ではあまり芳しい評判がなかったようだ。このことも河野の東京カップスの心証を悪くした。

連盟が河野の加盟申請を正式に却下したのは翌一九四六年一月二二日の会合でのことだった。河野はその決定を知ることなく同月一二日に脳溢血で急逝した。享年六一。波木井さんは言う。

「血圧が下がったので飲んでいた薬を止めたんです。いまと違って昔は血圧が下がれば薬は出なくなりましたから。それで喜んでお酒を飲むようになったのがよくなかったようです。寝込んでいたわけではなくて、ほんとうに急でした。昼の一二時頃に倒れて夕方の五時に亡くなりました。葬式では弓削さんが社長専用車を貸してくれたので、それで霊柩車の後に着いて行きました」

通さんによれば、河野の最後の言葉は「医者は呼ぶなよ」だったという。

葬式は三日後の一五日に行われた。通さんの家に残る香典帳には、鈴木龍二や鈴木惣太郎らのほか長年確執のあった市岡忠男の名前もある。飛田穂洲は後日弔問に訪れた。

早大の野球部史は河野の死をこう悼んだ。(4)

「一月十二日、稲門クラブの長老河野安通志逝く。

河野君は横浜商業、明治学院を経て、早大に投じ、〔明治〕三十六年〔一九〇三年〕から投手として活躍した。殊《こと》に三十八年〔一九〇五年〕の第一回〔米国〕遠征には、只《ただ》一人二十数回の試合を連日投げ通し、米国西海岸のファンから、日本の鉄腕投手として謳われた。帰朝後、ますますその手腕を発揮し、旧早慶戦には、捕手山脇正治とともに花形選手として声名を馳せた。又同君は早大講師の傍《かたわら》、野球部を指導し、野球の研究家として、殊にルールに明るく、一家を成していた。

日本の職業野球に対しては、押川〔清と〕共に先覚であり、終戦後も再起を計画中、惜しくも脳溢血の為《ため》不帰《ふき》の客となった。惜むべし」

プロ野球のために生涯を尽くした河野は、戦後のプロ野球復興に献身する機会を与えられることなく世を去った。日本の野球史に大きな足跡を残しながら、その評価は不当に低い。

不遇の野球人生を生きた男は東京都港区の都立青山霊園に眠る。

2 野球で民族崛起を願った男

●韓国球界の幹部になった孫孝俊

一九四五年八月一五日、朝鮮は日本の敗戦により植民地統治から解放された。孫孝俊は満州電業の最後の勤務地だった延吉からソウル(解放後に京城から改称)へ戻った。

朝鮮におけるスポーツは、一九三六年に起きた東亜日報の「日章旗抹消事件」以降、総督府のより強固な統制下に置かれるようになり、三八年七月には朝鮮体育会が強制的に解散させられていた。四五年九月五日にはその朝鮮体育会再建のための朝鮮体育同志会が結成された。孫孝俊は、自分を河野安通志に紹介した早大出身の徐相国などとともに評議員の一人に選ばれ、一一月二六日の朝鮮体育会再建に尽力した。翌四六年三月一八日には朝鮮野球協会(のち大韓野球協会)が結成され、会長には徐相国、副会長には宝塚運動協会に孫孝俊とともに最後まで残った咸龍華が就任した。また理事には、宝塚でともにプレーした李鯨九と金貞植などが選出されている。孫孝俊は四八年に協会の理事長に就任。翌四九年には理事長を退き審判長に就いている。その後、五四年から五六年までは協会の副会長、それ以降は顧問を務めた。その間、弟の孫禧俊は理事を務めている(5)。

仕事はどうしたのだろう。甥の孫熙澤さんによれば、電力会社の京城電気(渋沢栄一が創業。のち韓国電力)に迎えられ、野球部の再建に務めたという。孫孝俊は、満州の大電力会社の満州電業に勤めていた。また日本と満州で二〇年以上もレベルの高い野球を経験していた。当時の朝鮮では最も技量、実績ともに優れた野球人であったはずだ。その経歴が買われたのだろう。

京城電気の野球部は、かつて日本統治下の朝鮮では殖産銀行、逓信局、龍山鉄道局の野球部と並ぶ強豪だった。孫孝俊は、日本と満州で培った野球の技術と理論と心構えのすべてを新生大韓民国の若い野球人に伝えていったに違いない。解放後のかの地で民族崛起の一助にと願いながら。

河野がそうであったように孫もまた野球規則に詳しく、協会の要職を務めるだけでなく、大きな試合ではしばしば主審を務めた。プレーができなくなっても、審判ならグラウンドに立てる。いつまでもボールとバットのそばにいたかったのだろう。また満州でそうしていたように、どこかのグラウンドで野球の練習や試合があると、孫孝俊はバックネット裏に立って静かに穏やかな表情でそれを見ていたという。

野球に生涯を捧げた男の至福の時間ではなかったか。

●病を押しての訪日

孫孝俊は戦後たびたび運動協会の仲間に会いに日本を訪れた。片岡勝などが「芝宝会」(芝浦と宝塚からとった名称)というOBの会を作って年に一度集まっており、それに参加したのだ(6)。孫の最後の来日は一九六三年九月初旬。小玉与太郎の次女の草場厚子さんは、そのときのことをよく覚えている。

「父と孫さんは手紙のやりとりはしていたんです。それで娘さんがフランスのソルボンヌ大学に留学していたことも知りました。でも戦後の韓国との関係もあって、なかなか会えなかった。それが運動協会以来初めて会えることになって、父はとても楽しみにしていました。ところが孫さんの訪日直前の八月二四日に脇見運転のタクシーにひかれて亡くなってしまったんです。まだ五九歳でした」

小玉は戦後、佐伯謙吉の興した大和ボーリングの重役を経て印刷会社の大熊整美堂に入り、事故当時は役員だった。小玉はここでも野球部を作り監督になった。会社は文京区の白山にあった。近いので後楽園にはよく足を運んだ。

「孫さんに父が亡くなったことを知らせると、お別れがしたいと、わざわざ家まで弔問に来て下さいました。私は当時高校生で、二学期が始まったばかりでしたから、孫さんには会えませんでした。母によれば、やっと会えると思ったのにと、父の遺影を前に悄然《しょうぜん》としていたそうです」

1949年3月2日に開催された朝鮮野球協会の全国評議員総会で第3代会長に選出された林炳稷(イム・ビョンジク．当時外務部長官)と執行部．前列中央で足を組むのが林炳稷．後列左から4人目が孫孝俊(出典：具本綾他編著『写真で見る韓国野球100年 (1)』セロウンサラムドゥル，2005年3月)

孫孝俊は、このとき東京で、波木井優子さんの家も訪ねている。銀座で広告宣伝関係の会社を経営していた元協会メンバーの児島芳三郎(旧姓・原山)が孫孝俊を案内して行った。

「当時、赤羽に住んでいたんですけど、孫さんは、小玉さんに会いたかったのに、亡くなってしまって残念だと、がっかりしていましたね。父のことは恐縮するほど感謝していただいて、先生のおかげで韓国野球界のいまの自分の地位がある、と言ってました」

甥の孫熙澤さんによれば、孫孝俊は前年の

一九六二年に心臓の病で入院。その後、退院するが、六三年になっても体調はあまりよくなかったという。にもかかわらず、日本の協会時代の友人から連絡が来ると、いそいそと日本まで出かけて行った。それは、芝浦と宝塚で彼らとともに過ごした時間が、孫孝俊にとって、どれほど懐かしく、心を温めるものであったかの証だろう。

孫孝俊は日本から戻ると体調を崩し、娘の慶子が夫の方永千《パンヨンチョン》と暮らす全羅道羅州の病院に入院した。羅州は北に光州が隣接する朝鮮半島南部のまち。方永千はここにある肥料工場の本部長をしていた。孫孝俊が亡くなったのはそれから間もない同年一〇月二六日のことだった。享年六二。

もともと体調がよくなかったのだから、あのとき無理して日本へ行かなければ、もう少し長く生きられたはず——。親族はそう考え、とても残念がったという。それというのも、二週間後には孫熙澤さんの結婚式が控えていたからだ。日本へ行かなければ、式に出られただろうに、と。

「伯父(孫孝俊)も楽しみにしていたのに、あんなことになってしまい、ほんとうに残念だし、困りました。すでに結婚式の案内状を送ってしまっていたのです。親族に相談したうえで、やめるわけにもいかないので、そのまま式を挙げました」

三年後の一九六六年一一月二三日、大韓野球協会は創立二〇周年を記念して野球界の発展に功労の大きかった三三人を顕彰した。協会の副会長を務めた故孫孝俊もその一人として表彰された。

しかし河野安通志がそうであるように、孫孝俊もまた十分に韓国野球史のなかで評価されているとは言い難いものがあるようだ。

韓国で最初にプロ野球選手になった人物であるにもかかわらず、そこに正しくフォーカスされないのは、河野の運動協会の評価が日本でそうであるように韓国においても不当に低いからだろう。韓国が日本統治下にあった時代、孫孝俊は日本と満州で二〇年を超える歳月を過ごした。そのことが孫孝俊の野球人としての評価に何かしら影響を与えているのかもしれない。

あとがき

二〇年ほど前に『プロ野球データ事典』(PHP研究所)という本を作った。プロ野球の各種の記録を調べるために、野球体育博物館(現・野球殿堂博物館)の図書室に一カ月以上毎日のように通った。

そのとき、閲覧室の開架資料のなかに「満州リーグ」と書かれた古いスクラップブックを見つけた。それが、この本を企画するそもそものきっかけになった。取材を始めて一年ほどした頃、知人の紹介である著名なスポーツライターに会った。満州リーグについて調べていると話すと、厳しい口調でこんな指摘を受けた。

「満州リーグ? 調べても何も出てこないよ。あれは満州日日新聞に呼ばれたから行っただけ。まさか軍のお先棒を担いだとか言って、当時の職業野球の戦争責任でも追及しようってんじゃないよね? あの時代、野球は敵性スポーツだと弾圧されていたから、生き延びるのに必死だったんだよ。いまの時代に生きる者が、戦争の時代に生きた者を体制に迎合したと裁くようなことをするのは、あまり気持ちのいいものではない。お前はしなかったのか、と問われたとき、しなかったと言えるほどぼくは強くない」

いやいや、そこまで個々の内心が国家によって追い詰められること自体が問題なのではないか、と口まで出かかった言葉を飲み込み、そんな大それたことは考えていませんよ、と応じたのだが、正直、「またか」と思った。同様の指摘をすでに複数の人からされていたからだ。なぜそんなことを調べるのか、と詰問されたこともあり、まるで触れてはいけないものに触れてしまったような薄気味悪さを覚えたものだ。

実際には、満州リーグにジャーナリスティックな特段の何かがあったわけではない(無論、筆者が知らないだけかもしれない)。紀元二六〇〇年奉祝事業で何をするか悩んでいた連盟が満州日日の招聘企画に飛びついただけのことで、もともと軍のお先棒を担ぐ意識はなかったと思われる。むしろ満州日日の招聘を奇貨として満州の新市場開拓をはかったというのが事の真相だったと言ってよい。便乗である。

そのことに思い至ったとき、実は一度、取材をやめようと思った。自覚的であろうがなかろうが、あるいは便乗であろうがなかろうが、一九四〇年に行われた数多の奉祝事業が、結果的に国家の意図した戦争動員に回収されていった、という事実以上の話を書ける気がしなかったのである。それでも取材を続けたのは、満州リーグの遠征団長だった河野安通志の野球人生を調べるうちに、野球という外来スポーツが不幸にも背負わされてしまった理不尽な排斥や差別の歴史を知ったことで新たな視座を得たからだ。

学生野球は、不当な排斥などを回避するために日本の伝統武術にも劣らない精神修養の方途であると武士道野球を掲げ、撃剣などと同様の神聖性を纏おうとするが、現実には甲子園球場や神宮球場が満員になるほどの興行性を獲得していく。そうした事態を恐れたからこそ河野や押川清らは日本運動協会を創設し、健全なプロ野球市場を育てようと考えたのだが、味方になってくれる野球人は少なかった。野球で稼いで食べるということがひどく不純で自堕落な行為に思えただけでなく、それまで積み上げてきた武士道野球のイメージが、野球商売人のせいで穢れる、との苦々しい思いもあったのだろう。

このため、学生野球界の有力選手は誰一人協会チームに加入することはなかった。そこで河野らが目を向けたのは、孫孝俊をはじめとする日本の植民地統治下にあった朝鮮の野球人だった。このことは野球というスポーツが、満州や朝鮮、台湾で、さまざまな理由から植民地統治に寄り添い、利用されてきたという事実を筆者に教えてくれた。職業野球を賤業視する世間の眼差しは、正力松太郎の主導で始まったプロ野球でも変わることはなかった。満州リーグは、冷たい視線を浴び続けたプロ野球が新天地を求めた一大興行であると同時に、満州統治を支える在満日本人を慰撫するための重要なイベントでもあった。

＊　＊　＊

出版の当てもないまま文献調査を始めたのは二〇〇二年、人物取材にとりかかったのは翌二〇〇三年のことでした。満州リーグを知る方は、当時すでに八〇歳を超えていました。本にできないまま時間ばかりが過ぎ、多くの方が鬼籍に入られました。すべては筆者の力不足と怠慢ゆえのことで恥じ入るばかりです。本書はそんな不甲斐ない筆者の姿に業を煮やしたノンフィクション作家・田中伸尚《のぶまさ》さんの愛情深き叱咤によって生まれました。田中さんに強く背中を押されなければ、本書が世に出ることはなかったでしょう。心より御礼を申し上げます。また本書の編集を担当し、拙稿を適切かつ鋭い指摘で圧縮、整理できるよう長期にわたり辛抱強く導いてくださった岩波書店編集部の田中宏幸さんに深く感謝致します。最後に取材にご協力いただいたすべてのみなさまに衷心より感謝の意を表して擱筆とします。

二〇二〇年六月一四日

坂本邦夫

＊故人となられた取材協力者のなかには、遺族の方が不明のため連絡が取れないケースがありました。お心当たりの方は岩波書店までご連絡下さいますようお願い致します。

注

プロローグ

(1)　飛田穂洲『球道半世記』博友社，1951 年 8 月，138 ページ
(2)　佐藤光房『もうひとつのプロ野球』朝日新聞社，1986 年 1 月，99 ページ
(3)　日本高等学校野球連盟編『日本高校野球連盟三十年史』1976 年 12 月，116 ページ
(4)　『民主新聞』1960 年 9 月 14，21 日
(5)　『朝日新聞』2009 年 10 月 1 日夕刊
(6)　韓国野球史刊行委員会編『韓国野球史』大韓野球協会・韓国野球委員会発行，1999 年 3 月，40 ページ
(7)　岩崎茂編集者代表『白球は鞍山の空高く――昭和製鋼所野球部の回顧と満州の野球界』牟田正孝，1980 年 5 月，113 ページ

第 1 章

(1)　「球界人物スペクトル」『野球界』26(8)1936 年 6 月，75 ページ
(2)　小玉順三『横浜と野球』1987 年 7 月，257-258 ページ
(3)　田代国次郎「横浜孤児院の史的研究」『広島女子大学文学部紀要』(17)1982 年 3 月，4 ページ
(4)　横田順彌『〔天狗倶楽部〕怪傑伝』朝日ソノラマ，1993 年 8 月，62 ページ
(5)　一高同窓会『向陵誌　一高応援団史』一高同窓会，1984 年 12 月，81 ページ
(6)　木下秀明『スポーツの近代日本史』杏林書院，1970 年 9 月，124 ページ
(7)　神奈川新聞運動部『熱球伝説』神奈川新聞社，1990 年 7 月，14 ページ
(8)　河野安通志『野球講話』野球界社，1914 年 10 月，254-255，258 ページ
(9)　明治学院編『明治学院百年史』明治学院，1977 年 11 月，246 ページ
(10)　河野安通志「安部磯雄先生と私」『政界往来』8(10)1937 年 10 月，19 ページ
(11)　井口隆史『安部磯雄の生涯』早稲田大学出版部，2011 年 6 月，87，89 ページ
(12)　河野安通志「安部磯雄先生と私」『政界往来』8(10)1937 年 10 月，19-20 ページ
(13)　飛田忠順編『早稲田大学野球部五十年史』早稲田大学野球部，1950 年 3 月，52 ページ
(14)　弓館小鰐『スポーツ人国記』ポプラ書房，1934 年 6 月，159 ページ
(15)　前掲『早稲田大学野球部五十年史』51，66-67 ページ
(16)　安部磯雄『青年と理想』岡倉書房，1936 年 10 月，249-250 ページ
(17)　伊丹安廣『野球の父　安部磯雄先生』早稲田大学出版部，1965 年 12 月，40，99 ページ
(18)　前掲 井口隆史『安部磯雄の生涯』160 ページ

(19)　安部磯雄「早稲田大学野球選手渡米記　第十四　選手の評判」『東京朝日新聞』1905年6月22日朝刊
(20)　前掲『早稲田大学野球部五十年史』10ページ
(21)　同上『早稲田大学野球部五十年史』63-64ページ
(22)　前掲 横田順彌『〔天狗倶楽部〕怪傑伝』136ページ.
(23)　功刀靖雄『明治野球史』逍遥書店, 1969年9月, 50-52ページ
(24)　北川忠彦「子規と野球」『正岡子規：五十年祭記念』子規五十年祭協賛会編・発行, 1952年11月, 142ページ
(25)　正岡子規『筆まかせ　抄』岩波文庫, 1985年2月, 180ページ
(26)　前掲『向陵誌　一高応援団史』30-31ページ
(27)　前掲 正岡子規『筆まかせ　抄』44ページ
(28)　前掲『向陵誌　一高応援団史』75ページ
(29)　佐山和夫『ベースボールと日本野球』中公新書, 1998年8月, 56-57ページ
(30)　明治学院編『明治学院百年史』明治学院, 1977年11月, 171ページ
(31)　若松英輔『内村鑑三』岩波新書, 2018年1月, 70-71ページ
(32)　前掲『向陵誌　一高応援団史』76ページ
(33)　塩谷時敏「秋季撃剣大会を記し幷せて所感を述ぶ」『校友会雑誌』1891年10月号, 38-41ページ. 中馬庚「ベースボール」『校友会雑誌』1891年12月号, 19-23ページ
(34)　坂上康博『にっぽん野球の系譜学』青弓社, 2001年7月, 87-88ページ
(35)　前掲『向陵誌　一高応援団史』85ページ.「センリョウ」は「点差」の誤りではなく,「センリョウ」=「占領」で, 25点差で敵を制圧したの意ではないか.
(36)　岡本昆石(経朝)『近世百物かたり』岩本武知, 1903年9月, 80-81ページ
(37)　野球年報編集部『野球年報』1902年9月, 216ページ
(38)　文部科学省『学制百年史』(http://www.mext.go.jp/b_menu/hakusho/html/others/detail/1317631.htm　2002年1月31日閲覧)
(39)　中沢不二雄『プロ野球』旺文社, 1959年6月, 9ページ
(40)　中沢不二雄「プロ野球の進歩」『満鉄会報』1959年10月15日, 4ページ
(41)　前掲『向陵誌　一高応援団史』101ページ
(42)　飛田穂洲「野球生活の思い出」『飛田穂洲選集 第1巻』ベースボール・マガジン社, 1986年12月, 39-41ページ
(43)　竹内洋『立身出世主義』世界思想社, 2005年3月, 41ページ
(44)　飛田穂洲『熱球三十年』中央文庫, 1976年8月10日, 7-8ページ
(45)　『野球部史　校友会雑誌号外』第一高等学校校友会, 1903年2月, 104-107ページ
(46)　前掲 飛田穂洲『球道半世記』11-12ページ
(47)　橋戸信『最近野球術』博文館, 1905年11月, 6-8ページ
(48)　前掲 横田順彌『〔天狗倶楽部〕怪傑伝』61-74ページ
(49)　前掲『早稲田大学野球部五十年史』79ページ
(50)　齋藤京之助「東北球界の恩人高崎さん」『野球界』20(16)1930年11月, 53

ページ
(51) 「名選手の行方(五)」『読売新聞』1918年4月24日朝刊
(52) 『読売新聞』1910年4月12日朝刊
(53) 『読売新聞』1910年1月2日朝刊
(54) 『読売新聞』1911年4月6日朝刊．河野は講師兼任．早大初の専任監督は19年12月就任の飛田穂洲．
(55) 「名選手の行方(五)」『読売新聞』1918年4月24日朝刊
(56) 「健全娯楽としての職業野球を語る座談会」『野球界』31(13)1941年6月，71ページ
(57) 「東京朝日の実権渋川の徒に落ち声価漸く地に委せんとす」『サンデー』文星社，1911年12月17日号
(58) 横田順彌『熱血児　押川春浪』三一書房，1991年12月，62-63ページ
(59) 朝日新聞百年史編修委員会『朝日新聞社史　明治編』朝日新聞社，1995年7月，545ページ
(60) 朝日新聞百年史編修委員会『朝日新聞社史　大正・昭和戦前編』朝日新聞社，1995年7月，49-50ページ
(61) 『三高野球部史――創部100年記念』第三高等学校野球部神陵倶楽部，1992年1月，64ページ
(62) 大阪朝日新聞社社員中尾濟「十四年間の回顧」『全国中等学校野球大会史』朝日新聞社，1929年，1，8ページ
(63) 大会委員河野安通志「思想上の訓練」『全国中等学校野球大会史』朝日新聞社，1929年，116ページ
(64) 前掲『早稲田大学野球部五十年史』105-106ページ
(65) 「マニラ瞥見記」『海外之日本』2(4)1912年4月，56ページ
(66) 前掲『早稲田大学野球部五十年史』105ページ
(67) 同上『早稲田大学野球部五十年史』108，126ページ
(68) 「早大野球団帰る」『読売新聞』1916年7月18日朝刊
(69) 『早稲田大学校友会会員名簿　大正14年11月調』早稲田大学校友会，1925年12月，59ページ
(70) 大島勝太郎『朝鮮野球史』朝鮮野球史発行所，1932年12月，1ページ．波荷生「朝鮮野球史(一)」韓国野球史刊行委員会編『韓国野球史』大韓野球協会・韓国野球委員会発行，1999年3月，1517-1518ページ．波荷生は東亜日報の「日の丸抹消事件」で知られる李吉用の筆名．以下，京城基督教青年会チームに関する内容は別途注記がない限りこれらの資料による．
(71) 「ベースボール便り」『早稲田学報』第213号，1912年11月，17ページ
(72) コリア研究所編訳『消された言論・政治篇』未来社，1990年3月，536ページ
(73) 早稲田大学大学史編集所編『早稲田大学百年史　第二巻』早稲田大学出版部，1981年9月，896-897ページ．以下，早稲田騒動に関する記述は別途注記を除き同書による

（74） 前掲 井口隆史『安部磯雄の生涯』217ページ
（75） 佐野眞一『巨怪伝　上』文春文庫，2000年5月，30ページ．『読売新聞』1917年9月14日朝刊
（76） 河野安通志「芝浦時代の思出」『野球界』18(8)1928年6月，35–36ページ
（77） 河野安通志「我職業野球の発案者　小林一三氏」『実業の日本』40(9)1937年5月，29–30ページ
（78） 「早大野球団帰る」『読売新聞』1916年7月18日朝刊
（79） Baseball-Reference（https://www.baseball-reference.com/teams/CHW/1916-schedule-scores.shtml　2002年1月31日閲覧）
（80） 「名選手の行方（五）」『読売新聞』1918年4月24日朝刊
（81） 小泉葵南『野球ローマンス』実業之日本社，1919年12月，24–25ページ

第2章

（1） 『運動界』(9)1920年12月，88ページ
（2） 日本社会人野球協会『都市対抗野球大会40年史』毎日新聞社，1969年12月，3ページ
（3） 『大阪毎日新聞』1917年8月17日朝刊
（4） 小西得郎『したいざんまい』実業之日本社，1957年3月，110–111ページ
（5） 南博・社会心理研究所『昭和文化』勁草書房，1987年4月，518ページ
（6） 梅谷秀一編『製鉄王国スポーツ史　鉄人の譜』市政タイムス社，1954年12月，21ページ
（7） 吉田興山（昌興）『野球叢書　第1編　ベースボール』美津濃，1921年9月，208–209ページ
（8） 『運動界』2(4)1921年4月，120–137ページ．以下，協会の設立に関する内容は別途注記がない限りこの資料による．
（9） 前掲 河野安通志「芝浦時代の思出」『野球界』18(8)1928年6月，36ページ
（10） 河野安通志「大和魂で野球を」『スポーツ年鑑　昭和3年版　Aの巻』大阪毎日新聞社・東京日日新聞社，1928年3月，A48–49ページ
（11） 週刊朝日編『値段史年表』朝日新聞社，1988年6月，51ページ．以下，物価の比較は本書による．
（12） 『読売新聞』1920年11月22日朝刊
（13） 『運動界』2(8)1921年8月，口絵
（14） 関東戒厳司令部『大正震災写真集：大正十二年九月』偕行社，1924年3月，「空中ヨリ見タル芝浦糧秣配給所　其二」
（15） 河野安通志「職業選手の日常」『野球界』12(3)1922年2月，18ページ
（16） 橋戸頑鉄「三田稲門戦の由来」『スポーツ年鑑　昭和3年版　Aの巻』大阪毎日新聞社・東京日日新聞社，1928年3月，A57–58ページ
（17） 『読売新聞』1921年2月23日朝刊
（18） 「運動協会の二チーム招聘」『野球界』12(3)1922年2月，24ページ
（19） 『協和：満鉄社員会機関誌』満鉄社員会，1931年1月15日，14ページ

(20)　『東京朝日新聞』『読売新聞』1921年7月19日朝刊
(21)　橋戸頑鉄「職業野球団設立の主旨」『野球界』11(12)1921年9月，63ページ
(22)　河野安通志「選手の詮衡は厳重にする」『野球界』11(12)1921年9月，48ページ．『運動界』2(9)1921年9月，67ページ
(23)　前掲 河野安通志『野球界』12(3)1922年2月，17ページ
(24)　芥田武夫『わが熱球60年史』恒文社，1981年2月，24ページ
(25)　阪急ブレーブス・阪急電鉄株式会社編『阪急ブレーブス五十年史』阪急ブレーブス，1987年1月，12ページ．前掲 佐藤光房『もう一つのプロ野球』33ページ．小川勝『幻の東京カップス』毎日新聞社，1996年4月，32-33ページ
(26)　山本栄一郎「野球生活二十六年」『春の大リーグ』読売新聞社，1941年3月25日，40-41ページ
(27)　前掲 河野安通志『野球界』12(3)1922年2月，17-18ページ．以下，合宿生活に関する内容は別途注記がない限りこの資料による．
(28)　前掲 中沢不二雄『プロ野球』17ページ
(29)　「チーム選手の人格本位の教養　学術方面にも力をそそぐ」『読売新聞』1923年4月12日
(30)　立石武三，宮崎愿一，安藤忍共編『大連実業野球団二十年史』安藤商店発行，1932年7月，33ページ
(31)　前掲 佐藤光房『もう一つのプロ野球』44-46ページ
(32)　前掲 押川清「満戦野球旅行所蔵」『運動界』3(9)1922年9月，143ページ
(33)　矢田眞太郎「協会軍満鮮征記――到る処健棒縦横」『運動界』3(8)1922年8月，93-99ページ．同「協会軍満鮮征記(其二)――連戦敵を屠って寧日なし」『運動界』3(9)1922年9月，129-142ページ．原山芳三郎「満鮮遠征通信(一)」『野球界』12(11)1922年8月，106-107ページ．同「満鮮遠征通信(二)」『野球界』12(12)1922年9月，98-103ページ．以下，第1回大陸遠征に関する内容は，別途注記がない限りこれらの資料による．
(34)　『京城日報』1922年6月29日朝刊．矢田や原山の遠征記では三塁への進塁を三塁打としている．
(35)　姜在彦『朝鮮近代史』平凡社選書，1986年1月，99-113ページ
(36)　作／尹錫山，訳／柳生眞『天道教』天道教中央総部，2013年3月，17ページ
(37)　趙景達『異端の民衆反乱』岩波書店，1998年12月，360ページ
(38)　波多野節子『李光洙』中公新書，2015年6月，11，15ページ
(39)　前掲 趙景達『異端の民衆反乱』363-367ページ
(40)　三・一運動直後の『読売新聞』(1919年3月16日朝刊)に本書で紹介した孫秉熙の誕生日の写真と同じものが「朝鮮暴動首魁孫秉熙一家」として掲載されている．孫在鏞を孫秉熙の「長男」とするなどそのキャプションには誤りが多い．
(41)　『日本陸軍とアジア政策　陸軍大将宇都宮太郎日記3』岩波書店，2007年12月，221ページ
(42)　前掲『天道教』18ページ

(43) 『東京朝日新聞』1922年6月6日夕刊
(44) 皇城YMCAチームは，朝鮮総督寺内正毅暗殺を企てたとして尹致昊(ユン・チホ)ら秘密結社「新民会」の関係者などが大量逮捕された1911年の「105人事件」で総務のジレットが尹致昊らの逮捕は不当だと批判したことから総督府に睨まれ，その幕を閉じる．事件は新民会を潰すためのでっち上げだったとされる(前掲 姜在彦『朝鮮近代史』180-181ページ．小野容照『帝国日本と朝鮮野球』中公叢書，2017年1月，133-134ページ)
(45) 朝鮮から日本への留学は，日本が大韓帝国を保護国化した1905年以降，留学経験と日本語能力が出世に有利となり，私費留学が増え，1909年には323名を数えた(前掲 波多野節子『李光洙』21-22ページ．『在本邦清韓国留学生員数表』戦前期外務省記録，B-3-10-5-9)．
(46) 武井一『皇室特派留学生』白帝社，2005年12月20日，124-125ページ
(47) 東京留学生は野球の技術だけでなく正確なルールなども祖国へ持ち帰った．このため韓国の野球用語は，日本語の「野球」を韓国語読みで「ヤグ」としているようにその多くはいまも日本のそれを借用している．同様のことは日本への留学生が持ち帰った各分野の専門用語などにも広範に見られる．
(48) 前掲 大島勝太郎『朝鮮野球史』．前掲『韓国野球史』．以下，朝鮮野球史に関する内容は別途注記がない限りこれらによる．
(49) 三代川正秀「東洋協会の植民地実業教育について」『拓殖大学経営経理研究』(110)2018年1月，5，9ページ，
(50) 前掲 コリア研究所編訳『消された言論・政治篇』2ページ
(51) 前掲『天道教』91-99ページ．以下，新文化運動の内容は同書による．
(52) 李光洙は朝鮮近代文学の祖とされる人物．ともに東京留学生だった歴史家の崔南善(チェ・ナムソン．三・一運動の独立宣言書を起草)や天道教の崔麟(チェ・リン．三・一運動の参謀役)らとともに実力養成運動のなかで親日派に転じた．朝鮮人には虚偽，私欲，怠惰，怯懦，無信，社会性の欠如などの道徳的欠点があり，全面的に改造すべきとする「民族改造論」を『開闢』に発表，大きな議論を巻き起こした．
(53) 『中央日報』1980年9月12日(https://news.joins.com/article/1546038　2020年1月31日閲覧)
(54) 前掲『早稲田大学野球部五十年史』172-173ページ
(55) 松尾尊兊『民本主義と帝国主義』みすず書房，1998年3月，178ページ
(56) 「職業野球団　六月下旬に入城する」『京城日報』1922年5月30日朝刊
(57) 河野安通志「日本職業野球今昔物語」『野球界』28(5)1938年3月，179ページ
(58) 原山芳三郎「日本運動協会選手　冬期練習日記」『野球界』13(5)1923年4月，127-128ページ
(59) 原山芳三郎「日本運動協会チーム夏期活動成績」『野球界』12(13)1922年10月，130ページ
(60) 四州生「協会チームの初陣」『運動界』3(11)1922年11月，62-66ページ

(61)　前掲『韓国野球史』33 ページ
(62)　木造龍蔵「大毎野球団を哭す」『野球界』19(9)1929 年 7 月，22，25 ページ
(63)　「球界噂の聞き書き」『野球界』13(4)1923 年 3 月，33 ページ．深江碧「関西球界二大明星の近状」『野球界』19(5)1929 年 4 月，56 ページ
(64)　前掲 原山芳三郎『野球界』13(5)1923 年 4 月，127 ページ
(65)　「早大対日本運動協会戦記」『野球界』13(6)1923 年 5 月，112-118 ページ
(66)　原山芳三郎「日本運動協会軍　北海東北遠征記」『野球界』13(9)1923 年 7 月，113-114 ページ．「協軍早大を破る」『運動界』4(7)1923 年 7 月，173-175 ページ
(67)　大平昌秀『異端の球譜』サワズ出版，1992 年 5 月，41，44 ページ
(68)　菊幸一，古薗井昌喜「大正期の野球におけるプロフェッショナル・イデオロギーの萌芽に関する研究」『体育学研究』37(1)1992 年 6 月，8 ページ
(69)　前掲 大平昌秀『異端の球譜』139，145，163，172 ページ
(70)　尾崎昇治郎「朝鮮満州遠征記(一)」『野球界』13(10)1923 年 8 月(特大号)，136-137 ページ．尾崎昇治郎「朝鮮満州遠征記(中)」『野球界』13(12)1923 年 9 月，106-107 ページ．
(71)　押川清「満戦遠征所感」『運動界』4(9)1923 年 9 月，93 ページ
(72)　「協会軍天勝を破る」『野球界』13(13)1923 年 10 月，17 ページ
(73)　同上『野球界』13(13)1923 年 10 月，17 ページ．前掲 大平昌秀『異端の球譜』215 ページ
(74)　前掲『阪急ブレーブス五十年史』14-15 ページ
(75)　「協会選手消息」『運動界』4(10)1923 年 10 月，85 ページ
(76)　東京都港区『港区史　下巻』東京都港区，1980 年，842-853 ページ
(77)　原山芳三郎「合宿日記」『運動界』5(2)1924 年 2 月，106 ページ
(78)　前掲 佐野眞一『巨怪伝　上』98-100 ページ
(79)　吉村昭『関東大震災』文春文庫，2014 年 10 月，303 ページ
(80)　原山芳三郎「協会軍仙台に威を揮う」『運動界』5(1)1924 年 1 月，97-98 ページ．前掲 原山芳三郎『運動界』5(2)1924 年 2 月，106-111 ページ
(81)　太田志蹴「運動界小言」『運動界』5(3)1924 年 3 月，3-4 ページ
(82)　「無断で借りた儘明渡さぬ内務省，運動協会が芝浦運動場を早くもどせと請求」『読売新聞』1924 年 3 月 5 日朝刊
(83)　「日本運動協会の解散に就いて」『野球界』14(4)1924 年 3 月，64 ページ
(84)　「横暴株主が妨害して流会，日本運動協会の総会」『東京朝日新聞』1924 年 2 月 16 日朝刊
(85)　前掲 太田志蹴『運動界』5(3)1924 年 3 月，4-5 ページ
(86)　前掲『阪急ブレーブス五十年史』17 ページ
(87)　前掲 河野安通志『実業の日本』40(9)1937 年 5 月，30 ページ
(88)　「宝塚グラウンド抜き」『野球界』12(12)1922 年 9 月，152 ページ
(89)　前掲『阪急ブレーブス五十年史』19 ページ
(90)　「幸ある移植」『運動界』5(4)1924 年 4 月，103 ページ

(91) 津金澤聰廣『宝塚戦略』講談社現代新書，1991年4月，126，159ページ
(92) 伊丹安廣『野球の父　安部磯雄先生』早稲田大学出版部，1965年12月，206ページ
(93) 東田一朔『プロ野球誕生前夜』東海大学出版会，1989年1月，23，46ページ
(94) 前掲『運動界』5(4)1924年4月，103-104ページ
(95) 大和球士『新説　日本野球史〈昭和篇その3〉』ベースボール・マガジン社，1978年7月，34-35ページ
(96) 前掲 東田一朔『プロ野球誕生前夜』46ページ
(97) 前掲『阪急ブレーブス五十年史』18ページ
(98) 前掲 東田一朔『プロ野球誕生前夜』46-47ページ
(99) 河野安通志「野球元祖物語」『野球界』30(21)1940年11月，188-189ページ
(100) 読売新聞社社会部編『われら野球人』読売新聞社，1977年12月，185ページ
(101) 伊藤黎二「大毎宝塚協会決戦記」『野球界』16(9)1926年7月，76ページ
(102) 六甲生「宝塚運動協会の末路」『野球界』19(13)1929年11月，49ページ
(103) 弘田親輔「運動協会軍を評す」『運動界』1924年2月，37-41ページ
(104) 「宝塚協会軍の里帰り——稲門，早大，立教と善戦す」『運動界』1924年7月，96-97ページ
(105) 『野球界』15(1)1925年1月，133-141ページ
(106) 尾崎昇治郎「宝塚協会鮮満遠征記(二)」『運動界』1924年11月，121-125ページ
(107) 前掲『大連実業野球団二十年史』165ページ
(108) 前掲 河野安通志『野球界』28(5)1938年3月，181ページ
(109) 『岩波講座　近代日本の文化史6　拡大するモダニティ』岩波書店，2002年6月，159ページ．永井良和『ホークスの70年』ソフトバンククリエイティブ，2008年10月，16ページ．北川鉄夫『マキノ光雄』汐文社，1958年5月，110ページ
(110) 岸井良衛編『亡き人のこと　六代目菊五郎の思い出　寺島千代述』演劇出版社，1953年4月，39ページ．
(111) 前掲 河野安通志『野球界』28(5)1938年3月，181ページ．六代目尾上菊五郎「なぜ慶応が好きか？」『中央公論』1928年11月，144ページ
(112) 越智正典『物語　ジャイアンツの歴史』ベースボール・マガジン社，1961年4月，36-41ページ
(113) 前掲 山本栄一郎『春の大リーグ』41ページ
(114) 前掲『亡き人のこと　六代目菊五郎の思い出　寺島千代述』51ページ
(115) 「宝塚運動協会選手略歴」『野球界』15(1)1925年1月，73ページ
(116) 野原五郎「私が宝塚運動協会へ加入する迄」『野球界』15(3)1925年2月，14-15ページ．『満州日日新聞』1926年7月27日朝刊
(117) 洪淳一編『韓国野球人名辞典』韓国野球委員会，2001年3月

(118)　前掲『全国中等学校野球大会史』41 ページ
(119)　『大阪朝日新聞(鮮満版)』1923 年 7 月 31 日
(120)　前掲『三高野球部史——創部 100 年記念』83 ページ．水野直樹「朴錫胤——植民地期最高の朝鮮人エリート」『講座　東アジアの知識人　4』趙景達，原田敬一，村田雄二郎，安田常雄編，有志舎，2014 年 3 月，327-332 ページ
(121)　「全国中等学校野球大会　本社選手合評」『大阪毎日新聞』1923 年 8 月 22，24，26，28 日
(122)　『朝鮮新聞』1924 年 7 月 31 日．「海峡を結んだ白球(1)」『朝日新聞』2009 年 9 月 8 日夕刊
(123)　「宝塚協会だより」『運動界』6(6)1925 月 6 月，128 ページ
(124)　前掲『韓国野球史』40 ページ
(125)　「野球場に於ける野次に就て　京城のファン諸君に告ぐ」『朝鮮及満州』29(213)1925 年 8 月号，60 ページ
(126)　前掲『韓国野球史』39-40 ページ
(127)　前掲『講座　東アジアの知識人　4』332-334，338，341 ページ
(128)　「健棒縦横鮮満敵なし」『運動界』6(9)1925 年 9 月，114-118 ページ．「遠征全勝の新記録」『運動界』6(10)1925 年 10 月，94-99 ページ．「二十六戦二十五勝」『運動界』6(11)1925 年 11 月，127-130 ページ．
(129)　小山黎二「宝塚運動協会に惨敗記」『野球界』15(14)1925 年 11 月，91-92 ページ．『野球界』15(15)1925 年 12 月，156 ページ
(130)　『朝鮮新聞』1925 年 10 月 17 日．『東京朝日新聞』1925 年 10 月 20 日朝刊．「宝塚だより」『運動界』7(1)1926 年 1 月，119-120 ページ
(131)　『京城日報』1925 年 10 月 25 日．『京城日報』1925 年 10 月 29 日
(132)　『朝鮮新聞』1925 年 10 月 16～19 日
(133)　「鎮座祭の佳き日に京城運動場開き」『京城日報』1925 年 10 月 16 日
(134)　川村湊『異郷の昭和文学』岩波新書，1990 年 10 月，3 ページ
(135)　薗田稔，橋本政宣編『神道史大辞典』吉川弘文館，2004 年 7 月，1211 ページ
(136)　前掲『韓国野球史』226，230 ページ
(137)　『野球界』15(15)1925 年 12 月，26-29 ページ．『東京朝日新聞』1925 年 10 月 20 日朝刊
(138)　前掲『早稲田大学野球部五十年史』247 ページ
(139)　同上『早稲田大学野球部五十年史』262 ページ
(140)　「宝塚通信(一)」『野球界』15(15)1925 年 12 月，94 ページ
(141)　前田米一「宝塚協会だより」「運動界」7(4)1926 年 4 月，113-114 ページ
(142)　相良俊輔『赤い夕陽の満州野が原に』光人社 NF 文庫，1996 年 1 月 15 日，103-107 ページ
(143)　前掲『韓国野球史』229 ページ．『東亜日報』1926 年 8 月 17 日
(144)　「宝塚の東都戦績」『運動界』7(6)1926 年 6 月，154-157 ページ
(145)　松本幽谷「宝塚一人一言」『運動界』7(5)1926 年 5 月，118-119 ページ

(146) 前掲『野球界』16(9)1926年7月，76-78
(147) 前田米一「宝塚協会大連遠征記」『運動界』7(10)1926年10月，118-121ページ．前掲『大連実業野球団二十年史』241-243ページ
(148) 前掲 佐藤光房『もうひとつのプロ野球』167ページ
(149) 前掲『運動界』7(10)1926年10月，118-121ページ
(150) 前掲 姜在彦『朝鮮近代史』231-232ページ
(151) 金應教『韓国現代詩の魅惑』新幹社，2007年11月，20ページ
(152) 「宝塚の鮮人達　歌劇生や野球選手もいる」『大阪毎日新聞』1926年12月10日朝刊
(153) 「花形とうたはるる朝鮮から来た二少女」『大阪毎日新聞」1926年4月22日朝刊．『歌劇』歌劇発行所，1926年5月号(74号)，28ページ
(154) 前掲 佐藤光房『もうひとつのプロ野球』133ページ
(155) 「宝塚決勝に勝つ」『運動界』8(6)1927年6月，132ページ
(156) 前掲『スポーツ年鑑　Aの巻』A26-27ページ
(157) 前掲『大連実業野球団二十年史』274-278ページ．『満州日日新聞』1927年8月28日朝刊，29日朝刊
(158) 『運動界』8(12)1927年12月，184ページ．『運動界』9(2)1928年2月，189ページ
(159) 『朝鮮及満州』33(251)1928年10月，298ページ
(160) 『野球界』12(13)1922年10月，90-91ページ
(161) 「宝塚協会チームの現況」『野球界』18(9)1928年7月，35-36ページ
(162) 「宝塚投手　丸山君戦死」『東京朝日新聞』1928年5月23日朝刊
(163) 「地方球界美談集」『野球界』18(13)1928年11月，20ページ
(164) 「大毎宝塚戦問答」『野球界』18(11)1928年9月，68-69ページ
(165) 前掲『大連実業野球団二十年史』309-312ページ
(166) 「宝塚協会東都奮戦記」『野球界』18(12)1928年10月，108-109ページ．「宝塚協会東都奮戦記(二)」『野球界』18(13)1928年11月，35-39ページ．「宝塚協会チームの東上」『運動界』9(10)1928年10月，148-152ページ
(167) 河野安通志「ワールドシリーズを観て」『スポーツ年鑑　昭和4年版』大阪毎日新聞社・東京日日新聞社，1929年3月，16-20ページ
(168) 前掲『大連実業野球団二十年史』386ページ
(169) 前掲『阪急ブレーブス五十年史』26ページ
(170) 前掲『野球界』19(5)1929年4月，59ページ
(171) 浜崎真二『48歳の青春』ベースボール・マガジン社，1983年8月，39ページ
(172) 前掲『野球界』19(9)1929年7月，25ページ
(173) 前掲『野球界』19(5)1929年4月，58ページ
(174) 木造龍蔵「宝塚運動協会の末路」『野球界』19(11)1929年9月，24ページ
(175) 前掲 佐藤光房『もうひとつのプロ野球』143ページ
(176) 前掲『野球界』19(5)1929年4月，57ページ

(177)　前掲『野球界』19(11)1929年9月，23ページ
(178)　前掲『野球界』19(5)1929年4月，57ページ
(179)　前掲『大連実業野球団二十年史』364-368ページ
(180)　『協和：満鉄社員会機関誌』満鉄社員会，1929年8月1日，13-14ページ
(181)　前掲『阪急ブレーブス五十年史』27ページ
(182)　六甲生「宝塚運動協会の末路」『野球界』19(13)1929年11月，49ページ
(183)　前掲 佐藤光房『もうひとつのプロ野球』151ページ
(184)　「河野氏早大野球部総務となる」『野球界』19(12)1929年10月，86ページ

第3章

(1)　北川鉄夫『マキノ光雄』汐文社，1958年5月，110-111ページ
(2)　玉川四郎「野球と映画と色々様々漫話短章」『野球界』21(6)1931年5月，124ページ
(3)　『京都日出新聞』1929年12月9日夕刊
(4)　前掲『韓国野球史』271ページ
(5)　大井廣介『物語プロ野球史』大蔵出版，1954年11月，3ページ
(6)　『マキノプロダクション』(40)1930年5月，358-359，445，485ページ
(7)　『キネマ旬報』(364)1930年5月，114ページ
(8)　「映画人の野球」『野球界』21(5)1931年4月，57ページ
(9)　『マキノプロダクション』(36)1930年1月，75ページ．『読売新聞』1957年9月4日夕刊
(10)　『読売新聞』1929年8月29日朝刊
(11)　「映画人の野球」『野球界』21(5)1931年4月，57ページ
(12)　『京都日出新聞』1930年5月12日朝刊，10月6日朝刊，1931年5月4日朝刊
(13)　橋戸頑鉄「全日本都市対抗野球大会に就て」『東京日日新聞』1927年7月15日朝刊
(14)　『東京日日新聞』1932年7月22日朝刊
(15)　『東京日日新聞』1930年8月8日夕刊
(16)　『東京日日新聞』1930年8月8日夕刊
(17)　「都市対抗野球戦総記」『野球界』21(15)1931年10月，136ページ
(18)　「マキノキネマ従業員　四百名に給料不払ひ」『京都日出新聞』1930年8月7日．前掲 北川鉄夫『マキノ光雄』127-131ページ．マキノ雅弘『マキノ雅弘自伝 映画渡世・天の巻』平凡社，1977年6月，173-178ページ
(19)　「野球界の好漢　孫孝俊君を送る」『毎日申報』1932年3月10日
(20)　『東亜日報』1932年3月9日．前掲『毎日申報』1932年3月10日
(21)　『朝鮮新聞』1930年9月27，28日
(22)　『東亜日報』1932年3月9日
(23)　秦源治『わが国球界をリードした大連野球界』20世紀大連会議，2009年12月，9ページ

(24)　満州写真通信社編『満州野球大鑑』満州写真通信社，1922年8月，44，60ページ．塚瀬進『満州の日本人』吉川弘文館，2004年9月，28ページ
(25)　前掲『満州野球大鑑』61ページ
(26)　夏目漱石『夏目漱石全集7』ちくま文庫，1988年4月，443，447-448ページ．平岡敏夫編『漱石日記』岩波文庫，1990年4月，104ページ
(27)　前掲 夏目漱石『夏目漱石全集7』559ページ
(28)　「満州の盛んな運動熱」『読売新聞』1916年6月28日朝刊
(29)　猪子一到「満倶生れて二十年〔第二回〕 球界の覇者になるまで」『協和：満鉄社員会機関誌』満鉄社員会，1933年4月15日，33-34ページ
(30)　前掲『読売新聞』1916年6月28日朝刊
(31)　前掲 塚瀬進『満州の日本人』37，171-172ページ
(32)　澤野雅彦『企業スポーツの栄光と挫折』青土社，2005年6月，68-72ページ
(33)　小林英夫『満鉄』吉川弘文館，1996年9月，40ページ
(34)　関東局編『関東州国勢調査世帯及人口』関東局，1941年5月
(35)　山室信一『キメラ――満州国の肖像　増補版』中公新書，2004年7月，298-299ページ
(36)　前掲 塚瀬進『満州の日本人』195-196ページ
(37)　井上芳雄「満倶生れて二十年〔第一回〕 野球勃興時代」『協和：満鉄社員会機関誌』満鉄社員会，1933年4月1日，38ページ．前掲『満州野球大鑑』43ページ
(38)　同上『協和：満鉄社員会機関誌』満鉄社員会，1933年4月1日，38-39ページ．小林完一編『満州倶楽部野球史』満鉄会，1969年10月，2ページ．同上『満州野球大鑑』50，53ページ
(39)　前掲『大連実業野球団二十年史』「実業団略史」5ページ，「本文」4，51，82ページ
(40)　同上『大連実業野球団二十年史』．前掲『満州野球大鑑』
(41)　文／小林慶二，写真／福井理文『観光コースでない「満州」』高文研，2005年11月，227-228ページ
(42)　安藤徹『大連百年』アンディ・フォト・オフィス，2000年4月，6ページ
(43)　前掲『読売新聞』1916年6月28日
(44)　前掲『協和：満鉄社員会機関誌』1933年4月15日，33ページ
(45)　前掲『満州野球大鑑』52ページ
(46)　前掲『早稲田大学野球部五十年史』130，133-134ページ
(47)　岸一郎「満倶生れて二十年〔第三回〕 野球王時代」『協和：満鉄社員会機関誌』満鉄社員会，1933年4月15日，18ページ
(48)　前掲『大連実業野球団二十年史』「本文」107ページ
(49)　市岡忠男「早大初の満州遠征1」『満州日日新聞』1941年4月26日
(50)　森秀雄「満州遠征記」『野球界』9(13)1919年11月，20ページ
(51)　前掲 塚瀬進『満州の日本人』104ページ
(52)　中沢不二雄「球界群雄伝――満州の野球と日本のプロ野球」『野球界』45(2)

1955年2月，184ページ
(53) 「満鉄本社の両野球団招待会」『満州日日新聞』1926年8月12日朝刊
(54) 前掲 浜崎真二『48歳の青春』116ページ
(55) 『東京日日新聞』1931年7月30日朝刊
(56) 前掲 秦源治『わが国球界をリードした大連野球界』12ページ
(57) 田中幹雄編『蘇る熱球――大連朝日小学校　少年野球史』田中幹雄，1992年3月，1ページ
(58) 前掲 塚瀬進『満州の日本人』112-113ページ
(59) 「春の中等野球展望　衰頽の路辿る満州」『読売新聞』1940年3月14日朝刊
(60) 清岡卓行『アカシヤの大連』講談社文芸文庫，1988年2月，71ページ
(61) 中島敦『中島敦全集1』ちくま文庫，1993年1月，343-373ページ
(62) 前掲 清岡卓行『アカシヤの大連』324ページ
(63) 前掲『都市対抗野球大会40年史』7ページ
(64) 『Sports spirit 21 No. 17　古今東西「ベースボール伝説」』ベースボール・マガジン社，2004年7月，79ページ
(65) 前掲 中沢不二雄『野球界』45(2)1955年2月，184ページ
(66) 前掲 安藤徹『大連百年』68ページ
(67) 早川孜『ぼくの大連』新潮社，1983年4月，93-94ページ
(68) 前掲 相良俊輔『赤い夕陽の満州野が原に』540-541ページ
(69) 柳沢遊『日本人の植民地経験』青木書店，1999年5月，172-173ページ．前掲 塚瀬進『満州の日本人』80，146ページ
(70) 中沢不二雄「最近の大連球界」『野球界』17(9)1927年7月，117ページ
(71) 前掲 柳沢遊『日本人の植民地経験』172-173ページ
(72) 持永只仁『アニメーション日中交流史　持永只仁自伝』東方書店，2006年8月，56-57ページ
(73) 尾崎盛光『日本就職史』文芸春秋，1967年7月，201ページ
(74) 前掲 柳沢遊『日本人の植民地経験』248-249ページ
(75) 小林英夫，張志強編『検閲された手紙が語る満州国の実態』小学館，2006年6月20日，130ページ
(76) 松村高夫，解学詩，江田憲治編著『満鉄労働史の研究』日本経済評論社，2004年4月，125，140-141ページ
(77) 『朝鮮新聞』1932年3月5日夕刊
(78) 『社員録』南満州鉄道株式会社総務部人事課，1934年12月
(79) 『満州日報』1932年9月26日朝刊．『満州日報』1932年7月27日朝刊
(80) 『満州日報』1933年5月29日朝刊，6月5日朝刊
(81) 松田秀一「百花繚乱　満州の野球」『野球界』24(11)1934年9月，83ページ
(82) 前掲 中沢不二雄『野球界』45(2)1955年2月，184ページ
(83) 前掲 松田秀一『野球界』24(11)1934年9月，83ページ
(84) 中沢不二雄「満州建国十周年　満州の野球」『野球界』32(5)1942年3月，165ページ

(85) 前掲『白球は鞍山の空高く――昭和製鋼所野球部の回顧と満州の野球界』37-38ページ.『昭和十八年度　満州野球連盟名簿』
(86) 前掲『協和：満鉄社員会機関誌』1935年6月15日, 33ページ
(87) 満州電業外史編さん委員会編『思い出の満州電業　第二巻』満州電業会, 1982年11月1日, 112ページ. 前掲 浜崎真二『48歳の青春』121ページ
(88) 「球談に花咲き　中沢氏送別会」『満州日報』1934年7月5日朝刊
(89) 前掲 中沢不二雄『野球界』32(5)1942年3月, 165ページ
(90) 石原厳徹「大陸弘報物語(4)」『満鉄会報』1967年5月15日, 11ページ
(91) 「中沢氏新聞界入り」『読売新聞』1940年7月10日朝刊
(92) 前掲『協和：満鉄社員会機関誌』1935年6月15日, 33ページ
(93) 『満州日報』1935年6月8日朝刊
(94) 『満州日報』1933年6月11日朝刊
(95) 前掲『思い出の満州電業　第二巻』83, 115ページ. 以下, 満州電業野球部に関する内容は別途注記がない限り, 本書による.
(96) 『満州日報』1935年4月7日朝刊
(97) 『大新京新聞』1936年6月16日朝刊
(98) 前掲『協和：満鉄社員会機関誌』1934年5月15日, 18ページ
(99) 清岡卓行『大連港で』福武文庫, 1995年5月, 303-304ページ

第4章

(1) 梅原猛, 小松左京, 多田道太郎『野球戯評』講談社文庫, 1982年3月, 22ページ
(2) 柳家金語楼, 三遊亭金馬, 林家正蔵『名作落語三人選』東洋堂, 1941年7月, 130-142ページ
(3) NHK編『放送の五十年』日本放送出版協会, 1977年3月, 323ページ
(4) 前掲 南博, 社会心理研究所『昭和文化』517ページ
(5) 小汀利得「野球経済学」『改造』13(6)1931年6月, 93ページ
(6) 前掲 伊丹安廣『野球の父　安部磯雄先生』62ページ
(7) 虫明亜呂無「忘れじの「巨-神戦」名場面あれこれ」『現代』8(8)1974年8月, 324p
(8) 佐伯達夫『佐伯達夫自伝』ベースボール・マガジン社, 1980年8月, 96ページ
(9) 「野球選手と就職口」『野球界』16(1)1926年1月, 119ページ
(10) 飛田穂洲『ベースボール　外野及び練習編』実業之日本社, 1928年7月, 105ページ
(11) 玉野浮庵「学生野球の堕落相」『文芸春秋』13(5)1935年6月, 205ページ
(12) 小野容照『帝国日本と朝鮮野球』中公叢書, 2017年1月, 274-275ページ
(13) 鯉城散史「あけてくやしや玉手箱」『野球界』22(6)1932年6月, 172-175ページ
(14) 中村敏雄, 出原泰明, 等々力賢治『現代スポーツ論』大修館書店, 1988年6

月，205 ページ
(15)　「野球統制実現に先づ委員会設置」『東京朝日新聞』1932 年 2 月 2 日朝刊
(16)　前掲 佐野眞一『巨怪伝　上』333-334 ページ
(17)　野口勉編修『プロ野球読本』プレス東京，1964 年 10 月，48 ページ
(18)　前掲 佐野眞一『巨怪伝　上』407 ページ
(19)　同上『巨怪伝　上』264-265 ページ
(20)　『読売新聞』1929 年 8 月 29 日朝刊
(21)　前掲 越智正典『物語　ジャイアンツの歴史』19-20 ページ
(22)　山本茂『七色の魔球　回想の若林忠志』ベースボール・マガジン社，1994 年 10 月，58 ページ
(23)　小川勝『幻の東京カップス』毎日新聞社，1996 年 4 月，151 ページ
(24)　『満州日報』1934 年 6 月 6 日朝刊，6 月 9 日朝刊
(25)　『満州日報』1934 年 6 月 9 日朝刊．以下，河野の渡満中の内容は同紙および同紙 1934 年 6 月 29 日朝刊，7 月 6〜8 日朝刊による．
(26)　「大連野球人の引っこ抜きに　東京野球倶楽部の三宅氏　注視を浴び来連」『満州日報』1934 年 7 月 9 日
(27)　水原茂『私の歩んだ野球生活』全国書房，1962 年 7 月，72 ページ
(28)　前掲 越智正典『物語　ジャイアンツの歴史』36，40-41 ページ
(29)　後楽園スタヂアム社史編纂委員会『後楽園の 25 年』後楽園スタヂアム，1963 年 10 月，96 ページ
(30)　前掲 水原茂『私の歩んだ野球生活』10 ページ
(31)　前掲 野口勉編修『プロ野球読本』127 ページ
(32)　前掲 中沢不二雄『プロ野球』19 ページ
(33)　太田四州「学生野球と職業野球」『改造』19(4)1937 年 4 月，226 ページ
(34)　文野光翁『猛将　大岡虎雄の生涯　上巻』北九州自費出版センター，1987 年 12 月，136-140 ページ
(35)　前掲 水原茂『私の歩んだ野球生活』108 ページ
(36)　リストの作成には，主に以下の資料を用いた．木部三太「プロ野球満州組」『ベースボールニュース』(669)1951 年 2 月 15 日号．中沢不二雄「球界群雄伝——満州の野球と日本のプロ野球」『野球界』45(3)1955 年 3 月，192-193 ページ．永田陽一『ベースボールの社会史』1994 年 7 月，249 ページ．『平安野球部史』1985 年 10 月，20，29，49 ページ．
(37)　『読売新聞』1935 年 2 月 15 日朝刊
(38)　河野安通志「日本職業野球への註文」『中央公論』50(4)(569)1935 年 4 月，142-148 ページ
(39)　『別冊一億人の昭和史　日本プロ野球史』毎日新聞社，1980 年 4 月，106 ページ
(40)　飛田穂洲『野球道』話社，1948 年 3 月，16 ページ
(41)　岡邦行『長嶋茂雄をつくった男』三一書房，1984 年 6 月，127 ページ．『週刊ベースボール』67(11)3099，2012 年 3 月，72 ページ

(42) 鈴木惣太郎「日本野球建設の道程」『野球界』30(21)1940年11月, 174-175ページ
(43) 小島善平「プロ野球の宣伝」『宣伝会議』2(1)(10)1954年12月, 17ページ
(44) 『大阪朝日新聞』1941年2月20日夕刊. 大道文『プロ野球謎とロマン②』に鬼頭数雄が所轄の警察署に技芸者届を提出した逸話があるが, 何かの事情で球団の手続きに漏れるなど例外的なケースではなかったか.
(45) 野口務「プロ野球二十年　草分けの苦労　⑯」『日刊スポーツ』1956年1月26日
(46) 大和球士『プロ野球三国志　第二巻』ベースボール・マガジン社, 1973年5月, 75, 77ページ
(47) 鈴木龍二『鈴木龍二回顧録』ベースボール・マガジン社, 1980年10月, 51, 57ページ
(48) 前掲 大和球士『プロ野球三国志　第二巻』78-80ページ
(49) 前掲 永田陽一『ベースボールの社会史』217-231ページ. 以下, 米国から獲得した選手に関する内容は別途注記がない限り同書による.
(50) ベースボール・マガジン社編『日本プロ野球記録大全集』ベースボール・マガジン社, 1985年6月, 240-247ページ
(51) 前掲 鈴木龍二『鈴木龍二回顧録』35, 163ページ
(52) 前掲 大和球士『プロ野球三国志　第二巻』226-227ページ
(53) 阪神タイダース編『阪神タイガース　昭和のあゆみ』阪神タイガース, 1991年3月, 3ページ
(54) 大和球士『真説　日本野球史　昭和篇その三』ベースボール・マガジン社, 1978年7月, 24-25ページ
(55) 前掲 鈴木龍二『鈴木龍二回顧録』65ページ
(56) 前掲 大和球士『真説　日本野球史　昭和篇その三』24-25ページ
(57) 前掲『阪急ブレーブス五十年史』36ページ
(58) 株式会社後楽園スタヂアム社史編纂委員会『後楽園スタヂアム50年史』1990年4月, 14-28ページ. 以下, 後楽園スタヂアムに関する内容は別途注記がない限り同書による.
(59) 前掲 大和球士『真説　日本野球史　昭和篇その三』26ページ
(60) 大和球士『プロ野球三国志　第五巻』ベースボール・マガジン社, 1975年7月, 7ページ
(61) 大道文『プロ野球謎とロマン①』ベースボール・マガジン社, 1978年10月, 99ページ
(62) 前掲『阪神タイガース　昭和のあゆみ』20ページ. 大和球士『新説　日本野球史〈昭和篇その二〉』ベースボール・マガジン社, 1978年7月, 121-122ページ. 小島千鶴子『小島利夫と私』ベースボール・マガジン社, 1994年10月, 39-46ページ
(63) 野口務「プロ野球二十年　草分けの苦労⑮」『日刊スポーツ』1956年1月25日

(64)　前掲 大和球士『プロ野球三国志　第二巻』224 ページ
(65)　河野安通志「ハリス選手を送る」『野球界』29(1)1939 年 1 月，150 ページ
(66)　大和球士『プロ野球三国志　第六巻』ベースボール・マガジン社，1975 年 7 月，81–83 ページ
(67)　池井優「帰ってきた外人選手第一号」『文芸春秋』54(12)1976 年 12 月，354 ページ
(68)　苅田久徳，大下弘，白木義一郎『プロ野球放談』京北書房，1948 年 8 月，124–125 ページ
(69)　関三穂編『プロ野球史再発掘　5』ベースボール・マガジン社，1987 年 4 月，127 ページ
(70)　地域情報誌編集委員会『かまにし』第 46 号，地域力推進蒲田西地区委員会，2012 年 12 月，4 ページ
(71)　小沢昭一『道楽三昧』岩波新書，2009 年 7 月，72 ページ
(72)　大和球士『真説　日本野球史《昭和篇その四》』ベースボール・マガジン社，1979 年，160–161 ページ
(73)　前掲 大和球士『プロ野球三国志　第五巻』126 ページ
(74)　前掲 大道文『プロ野球謎とロマン①』105 ページ
(75)　田辺宗英伝刊行委員会編『人間田辺宗英』株式会社後楽園スタヂアム，1969 年 3 月，150–151 ページ
(76)　前掲 鈴木龍二『鈴木龍二回顧録』128 ページ．前掲 小川勝『幻の東京カップス』67 ページ
(77)　『野球の妙技』は当時のプロ野球界を代表するスタルヒン，若林忠志，水原茂，苅田久徳，中河美芳らによる投球，打撃，守備の妙技をまとめた 15 分の短編作品．公開／1940 年 4 月 24 日，製作／東京日日新聞社，大阪毎日新聞社，配給／朝日映画配給部．「指導」として河野安通志の名前がクレジットされている．
(78)　『秀子の応援団長』は南旺映画撮影所の作品．人気絶頂の高峰秀子を主人公に，架空の球団「アトラス」の応援団長を務める彼女を中心に描かれる青春映画．監督／千葉泰樹，主演／高峰秀子，公開／1940 年 1 月 31 日．
(79)　前掲 井口隆史『安部磯雄の生涯』418–420 ページ
(80)　久保田高行『高校野球 100 年』時事通信社，1976 年 4 月，175 ページ
(81)　朝日新聞社編『全国高等学校野球選手権大会 50 年史』朝日新聞社，1968 年 12 月，215 ページ
(82)　進藤昭『戦場に散ったエース』同時代社，1995 年 5 月，76 ページ
(83)　中村哲也，功刀俊雄「学生野球の国家統制と自治」坂上康博，高岡裕之編『幻の東京オリンピックとその時代』青弓社，2009 年 9 月，359–362 ページ
(84)　飛田穂洲『野球清談』東海出版社，1940 年 10 月，169–172，176，178 ページ
(85)　前掲 鈴木龍二『鈴木龍二回顧録』84–85 ページ
(86)　富沢赤黄男，高屋窓秋，渡辺白泉『富沢赤黄男　高屋窓秋　渡辺白泉集』朝日文庫，1985 年 5 月，231 ページ

(87) 鈴木武樹『批判的・日本プロ野球史』三一書房，1971年12月，83ページ
(88) 柳鶴震「私はプロ野球の八百長選手だった」『週刊新潮』4(18)(169)1959年5月4日，36-40ページ

第5章

(1) 古川隆久『皇紀・万博・オリンピック』中公新書，1998年3月，188ページ
(2) 『紀元二千六百年祝典記録』第七冊12，13ページ．『紀元二千六百年祝典記録』第九冊317，332ページ．『紀元二千六百年祝典記録』第十冊，460，607ページ．『紀元二千六百年祝典記録』第十一冊，12ページ
(3) 前掲 古川隆久『皇紀・万博・オリンピック』147，148ページ
(4) 同上 古川隆久『皇紀・万博・オリンピック』152ページ
(5) ケネス・ルオフ，木村剛久訳『紀元二千六百年』朝日選書，2010年12月，134，138-139ページ
(6) 筒井清忠編『昭和史講義――最新研究で見る戦争への道』ちくま新書，2015年7月，214ページ
(7) 「二千六百年の日本」『満州日日新聞』1940年1月12日朝刊
(8) 河野安通志「米国式野球を弔う」『野球界』32(7)1942年4月，115ページ
(9) 同上『野球界』32(7)1942年4月，113-117ページ
(10) 「職業野球の躍進を語る」『野球界』30(11)1940年6月，218ページ
(11) 前掲 鈴木龍二『鈴木龍二回顧録』104-105ページ
(12) 電聯合併とは，満州事変による国際的孤立で国策通信社の必要性を痛感した政府と軍部が，電通と新聞聯合社(聯合)の通信部門を合体させて「同盟通信社」を設立したことをいう．電聯合併にともない電通の広告部門は聯合の広告部門を吸収，広告専業の現在の姿となった．
(13) 電通通信史刊行会『電通通信史』電通通信史刊行会，1976年9月，58ページ
(14) 前掲 東田一朔『プロ野球誕生前夜』52ページ
(15) 前掲 鈴木龍二『鈴木龍二回顧録』105ページ
(16) 戦前期外務省記録「日本学生野球団招聘ノ件 昭和十四年六月」B05015839300，アジア歴史資料センター．前掲『早稲田大学野球部五十年史』428ページ．駿台倶楽部，明治大学野球部史編集委員会編『明治大学野球部史』駿台倶楽部，1974年8月，463ページ
(17) 吉田要「満州球界の実力」『野球界』31(21)1941年10月，52-53ページ
(18) 前掲 鈴木龍二『鈴木龍二回顧録』105ページ
(19) 前掲 山室信一『キメラ――満州国の肖像 増補版』355ページ
(20) 前掲『野球界』30(11)1940年6月，218ページ
(21) 川崎徳次『戦争と野球』ベースボール・マガジン社，1997年8月，18ページ
(22) 松木謙治郎『タイガースの生いたち』恒文社，1973年3月，229ページ
(23) 日本野球連盟「紀元二千六百年記念事業日本野球連盟満州リーグ戦につい

て」『野球界』30(13)1940年7月，219ページ
(24) 野口務「巨人軍二十年史　連載337」『オールスポーツ』1955年11月13日．野口務「正力さんの思い出(15)」『日本公聴新聞』1971年3月15日
(25) 前掲 岡邦行『長嶋茂雄をつくった男』45，46，48，76，98，99ページ
(26) 野口務「巨人軍二十年史　連載318」『オールスポーツ』1955年10月18日．野口務「巨人軍二十年史　連載321」『オールスポーツ』1955年10月22日
(27) 「職業野球の東宝委任案登場」『国民新聞』1940年6月14日朝刊．野口務「巨人軍二十年史　連載325」『オールスポーツ』1955年10月28日
(28) 野口務「正力さんの思い出(18)」『日本公聴新聞』1971年7月15日
(29) 野口務『巨人軍物語』スポーツ世界社，1949年4月，100ページ
(30) 大和球士『都新聞』1940年7月23日朝刊
(31) 広瀬謙三『日本野球十二年史』日本体育週報社，1948年7月，98ページ
(32) ネクタイについて，審判で参加した島秀之助は「グレーの地に緑の線が二本入っていた」(島秀之助『白球とともに生きて』ベースボールマガジン社，1988年12月，200ページ)と記し，また満州日日新聞(1940年7月30日朝刊)は，連盟の渡満団一行の奉天到着時に「赤線入り鼠地のネクタイ」と書いている．
(33) 高嶋航『帝国日本とスポーツ』塙書房，2012年3月，206ページ
(34) 『満州日日新聞』1940年7月13日朝刊．進藤鎮雄「満州大リーグ戦の印象上」『読売新聞』1940年8月25日朝刊．前掲 鈴木龍二『鈴木龍二回顧録』106ページ
(35) 「二万の大観衆が満州リーグ祝福　東京の壮行会」『満州日日新聞』1940年7月16日朝刊
(36) 前掲 野口務『巨人軍物語』103ページ．「ファン待つ満州へ　賑やかな野球船　リーグの精鋭鹿島立つ」『満州日日新聞』1940年7月27日夕刊
(37) 坪内道則『風説の中の野球半世紀』ベースボール・マガジン社，1987年3月，52ページ
(38) 野口務「巨人軍二十年史　連載326」『オールスポーツ』1955年10月29日．以下，大連着港までの時間はこの資料による．
(39) 前掲 野口務『巨人軍物語』104ページ．「野球船華やかに入満」『満州日日新聞』1940年7月30日夕刊．「大連盟旗を先頭に　感激の奉天入り」『満州日日新聞』1940年7月30日朝刊．「大リーグ“満州陣”けふ奉天に開幕」『読売新聞』1940年7月30日朝刊
(40) 「愈よ満州リーグ開幕」『満州日日新聞』1940年7月30日朝刊．前掲 鈴木龍二『鈴木龍二回顧録』105ページ
(41) 前掲『岩波講座　近代日本の文化史6　拡大するモダニティ』238ページ
(42) 前掲 野口務『日本公聴新聞』1971年7月15日
(43) 前掲 越智正典『物語ジャイアンツの歴史』205ページ
(44) 日本放送協会編『NHK歴史への招待32　太平洋戦争　本土決戦』日本放送出版協会，1988年8月，127ページ
(45) 石崎龍が私家版にまとめた日本野球史の大著．著者名もタイトルも作成日も

記載がない.
(46) 前掲 野口務『日本公聴新聞』1971年7月15日
(47) ナターシャ・スタルヒン『ロシアから来たエース』PHP研究所, 1986年8月, 103ページ
(48) 前掲 野口務『日本公聴新聞』1971年7月15日
(49) 「昂まる熱球戦の前奏曲!」『満州日日新聞』1940年7月31日夕刊
(50) 「満州リーグ　愈よ開幕」『満州日日新聞』1940年7月31日夕刊
(51) 「大連盟旗を先頭に　感激の奉天入り　駅頭に渦巻く歓迎陣」『満州日日新聞』1940年7月30日朝刊
(52) 「日本野球連盟　緊急理事会」『満州日日新聞』1940年7月31日朝刊. 「日本野球連盟, 本社に移動」『満州日日新聞』1940年7月30日朝刊
(53) 前掲 野口務『日本公聴新聞』1971年7月15日
(54) 「雨上りの爽空に絢爛の球宴ひらく」『満州日日新聞』1940年8月1日朝刊
(55) 満州事情案内所編『満州の栞』満州事情案内所, 1939年9月
(56) 前掲『満州日日新聞』1940年8月1日朝刊
(57) 前掲 野口務『日本公聴新聞』1971年7月15日
(58) 前掲『満州日日新聞』1940年8月1日朝刊
(59) 前掲 野口務『日本公聴新聞』1971年7月15日. 以下, スタルヒンの拘束に関する内容は別途注記のない限りこの資料による.
(60) 「満州大リーグ戦」『満州日日新聞』1940年8月2日朝刊
(61) 牛島秀彦『もう一つの昭和史②　風雪日本野球　V・スタルヒン』毎日新聞社, 1978年7月, 126–127ページ
(62) 「恨みの雨よ何時まで降る」『満州日日新聞』1940年8月5日朝刊
(63) 大和球士「職業野球本年度回顧　上」『都新聞』1940年12月11日朝刊
(64) 進藤鎮雄「満州大リーグ戦の印象　下」『読売新聞』1940年8月26日朝刊
(65) 前掲 大和球士『都新聞』1940年12月11日朝刊
(66) 『満州日日新聞』1940年8月12日朝刊. 前掲『阪神タイガース　昭和のあゆみ』76ページ
(67) 『満州日日新聞』1940年8月4日朝刊. 前掲『阪神タイガース　昭和のあゆみ』75ページ
(68) 前掲 松木謙治郎『タイガースの生いたち』234ページ
(69) 『満州日日新聞』1940年8月23日朝刊
(70) 『満州日日新聞』1940年8月7日夕刊
(71) 「名軍石田選手公用帰国」『満州日日新聞』1940年8月24日夕刊
(72) 『満州日日新聞』1940年8月9日夕刊
(73) 貴志俊彦, 川島真, 孫安石『戦争・ラジオ・記憶』勉誠出版, 2006年3月, 114ページ
(74) 前掲 日本放送協会編『NHK歴史への招待32　太平洋戦争　本土決戦』126ページ
(75) 前掲 大和球士『真説　日本野球史《昭和篇その四》』68ページ

(76) 瀬戸敦「招聘の計画者として」『秋の大リーグ』読売新聞社，1940年9月15日
(77) 進藤鎮雄「満州大リーグ戦の印象　上」『読売新聞』1940年8月25日朝刊
(78) 野口務「日本野球繁盛記(中)」『読売スポーツ』4(3)1951年3月，49ページ
(79) 前掲 進藤鎮雄『読売新聞』1940年8月25日朝刊
(80) 前掲 進藤鎮雄『読売新聞』1940年8月26日朝刊．前掲 進藤鎮雄『読売新聞』1940年8月25日朝刊
(81) 河野安通志「ファンよ，褒めて下さい！　成功だった満州遠征」『読売新聞』1940年8月26日朝刊
(82) 赤嶺昌志「日本的野球の確立」『野球界』30(23)1940年12月，168ページ
(83) 中野晴行『球団消滅』筑摩書房，2000年3月，59ページ
(84) 鈴木惣太郎「新発足の日本野球に与ふ」『野球界』32(5)1942年3月，131ページ
(85) 前掲 赤嶺昌志『野球界』30(21)1940年11月，190ページ
(86) 「新京献金試合　美技，快技に満場陶然」『満州日日新聞』 1940年8月25日朝刊
(87) 赤嶺昌志『野球界』30(21)1940年11月，190ページ
(88) 坂本龍彦『孫に語り伝える「満州」』岩波ジュニア新書，1998年1月20日，164ページ
(89) 「さらば又戦うまで　九球団華やかに離満」『満州日日新聞』1940年8月30日夕刊

第6章

(1) 前掲 筒井清忠編『昭和史講義――最新研究で見る戦争への道』220-222ページ
(2) 「"新体制下に健全な娯楽" 有馬伯，正力本社社長野球団を激励」『読売新聞』1940年10月17日朝刊
(3) 『都新聞』1940年9月21日朝刊．前掲 日本放送協会編『NHK歴史への招待32　太平洋戦争　本土決戦』127ページ．「職業野球大綱の大転換　綱領の核心的日本化」『野球界』30(20)1940年10月(第2号)，98ページ
(4) 前掲 野口務『日刊スポーツ』1956年1月28日
(5) 「職業野球の大転換　革新綱領を発表」『読売新聞』1940年9月14日朝刊
(6) 前掲『野球界』30(20)1940年10月(第2号)，98ページ．『プロ野球二十五年』報知新聞社，1961年8月，77ページ
(7) 矢野誠一『エノケン・ロッパの時代』岩波新書，2001年9月，152ページ
(8) 前掲 牛島秀彦『もう一つの昭和史②　風雪日本野球　V・スタルヒン』30，126ページ
(9) 前掲 大和球士『真説　日本野球史《昭和篇その四》』62ページ
(10) 『読売新聞』1940年9月29日朝刊，10月15日朝刊
(11) 前掲 赤嶺昌志『野球界』30(23)1940年12月，168ページ

(12) 前掲 鈴木惣太郎『野球界』30(21)1940年11月，174ページ
(13) 前掲 野口務『巨人軍物語』110ページ
(14) 前掲 日本放送協会編『NHK歴史への招待32 太平洋戦争 本土決戦』128ページ
(15) 前掲 野口務『オールスポーツ』1955年11月3日．前掲 岡邦行『長嶋茂雄をつくった男』173ページ
(16) 鈴木惣太郎「職業野球革新強化のために」『野球界』30(24)1940年12月(第2号)，110-111ページ
(17) 三宅正夫「新体制をカメラで覗く」『冬の大リーグ』読売新聞社，1941年1月5日
(18) 「監督選手座談会 新体制と職業野球」『冬の大リーグ』読売新聞社，1941年1月5日，6ページ
(19) 「職業野球の新体制 “健全な娯楽”として面目一新」『読売新聞』1940年9月13日朝刊
(20) 有馬頼寧「日本野球の進路」『野球界』31(22)1941年10月(第2号)，38ページ
(21) 前掲『岩波講座 近代日本の文化史6 拡大するモダニティ』153ページ
(22) 前掲 有馬頼寧『野球界』31(22)1941年10月(第2号)，39ページ
(23) 尚友倶楽部，伊藤隆編『有馬頼寧日記4』山川出版社，2001年9月，398ページ
(24) 前掲 坪内道則『風説の中の野球半世紀』90ページ
(25) 前掲 尚友倶楽部，伊藤隆編『有馬頼寧日記4』504ページ
(26) 「大リーグ秋の展望」『読売新聞』1940年9月13日朝刊
(27) 鈴木惣太郎「職業野球への提案①」『読売新聞』1940年9月7日朝刊．「職業野球にも慌だし新体制」『都新聞』1940年12月6日朝刊
(28) 前掲 野口務『巨人軍物語』122ページ
(29) 前掲 鈴木龍二『鈴木龍二回顧録』110ページ
(30) 前掲『プロ野球二十五年』84ページ
(31) 前掲 鈴木龍二『鈴木龍二回顧録』110ページ
(32) 野口務「巨人軍二十年史 連載336」『オールスポーツ』1955年11月12日．前掲『プロ野球二十五年』84ページ
(33) 野口務「巨人軍二十年史 連載338」『オールスポーツ』1955年11月15日
(34) 前掲 野口務『巨人軍物語』128ページ
(35) 野口務「正力さんの思い出(15)」『日本公聴新聞』1971年3月15日
(36) 野口務「巨人軍二十年史 連載340」『オールスポーツ』1955年11月17日．前掲 野口務『巨人軍物語』128ページ
(37) 前掲 尚友倶楽部，伊藤隆編『有馬頼寧日記4』488ページ
(38) 「日本野球 満州，地方へ進出 本年度の方針決る」『読売新聞』1941年2月6日朝刊
(39) 「日本野球回覧板」『野球界』31(15)1941年7月，78ページ

(40)　広瀬謙三「満州国と野球」『野球界』31(17)1941年8月，83ページ
(41)　「指定席売切れ　通し券もあと僅かの大盛況　全満に咲く球華前奏」『満州日日新聞』1941年6月15日朝刊
(42)　野口務「巨人軍二十年史　連載339」『オールスポーツ』1955年11月16日
(43)　吉田裕『アジア・太平洋戦争』岩波新書，2007年8月，7-8ページ
(44)　仲田均，八木洋行『球音が消えた夏　しずおか文化新書13』静岡文化財団，2013年5月，33-34ページ
(45)　日本鉄道旅行地図帳編集部編『満州朝鮮復刻時刻表』新潮社，2009年11月
(46)　前掲 野口務『巨人軍物語』128ページ
(47)　野口務「巨人軍二十年史　連載340」『オールスポーツ』1955年11月17日
(48)　河野安通志「指導者の心」『野球界』31(25)1941年12月(特輯号)，75ページ
(49)　NHK戦争証言アーカイブス「戦時録音資料」昭和16年12月8日のラジオ(一)午前7時の臨時ニュース「太平洋戦争開戦」(https://www2.nhk.or.jp/archives/shogenarchives/sp/movie.cgi?das_id=D0001400316_00000　2020年1月31日閲覧)
(50)　前掲 NHK編『放送の五十年』97ページ
(51)　中野敏男『詩歌と戦争』NHK出版，2012年5月，250ページ
(52)　重本恵津子『花咲ける孤独』潮出版社，1995年10月，178-179ページ
(53)　大和球士「ネット裏放談　第十回」『野球界』32(4)1942年2月，159ページ
(54)　前掲 大道文『プロ野球謎とロマン①』113-114ページ
(55)　鈴木惣太郎「戦時日本野球論」『野球界』32(2)1942年1月，126，129ページ
(56)　前掲 鈴木龍二『鈴木龍二回顧録』124ページ
(57)　同上 鈴木龍二『鈴木龍二回顧録』132ページ．宇佐美承『池袋モンパルナス』集英社文庫，1995年1月，495ページ．松原慶治編『終戦時帝国陸軍全現役将校職務名鑑』戦誌刊行会，1985年8月
(58)　高嶋航「戦時下の日本陸海軍とスポーツ」『京都大学文学部研究紀要』(53)2014年3月，116ページ
(59)　前掲 鈴木龍二『鈴木龍二回顧録』124ページ
(60)　1942年5月24日，大洋対名古屋(後楽園)．先発は大洋が野口二郎，名古屋が西沢道夫．8回を終わって大洋が4-2でリード．試合はこのまま終わるかと思われたが，9回表，5番古川清蔵が起死回生の同点2点本塁打．それから延々とゼロが並び，延長28回，4-4のまま日没引き分けとなった．試合時間は3時間47分．野口，西沢ともに28回完投．投球数は野口344球，西沢311球を数えた．
(61)　前掲『プロ野球二十五年』21ページ
(62)　「春の日本野球戦グラフ」『野球界』32(6)1942年3月，106-107ページ
(63)　前掲 鈴木龍二『鈴木龍二回顧録』127-128ページ
(64)　「黒鷲軍改名　きょうから大和」『読売新聞』1942年9月12日朝刊
(65)　苅田久徳，大下弘，白木義一郎『プロ野球放談』京北書房，1948年8月，

43ページ
(66) 同上『プロ野球放談』44ページ
(67) 前掲 鈴木龍二『鈴木龍二回顧録』128-129ページ
(68) 「大和軍監督に苅田」『読売新聞』1942年10月11日朝刊
(69) 苅田久徳『天才内野手の誕生』ベースボール・マガジン社, 1990年9月, 226-229ページ
(70) 鈴木惣太郎「日本野球"秋の陣"展望」『野球界』32(18)1942年9月, 121ページ
(71) 野口務「巨人軍二十年史 連載349」『オールスポーツ』1955年11月28日
(72) 山室寛之『背番号なし 戦闘帽の野球』ベースボール・マガジン社, 2016年8月, 67ページ
(73) 鈴木武樹『批判的・日本プロ野球史』三一書房, 1971年12月, 83ページ
(74) 前掲 山室寛之『背番号なし 戦闘帽の野球』67ページ
(75) 大島裕史『韓国野球の源流』新幹社, 2006年10月, 51ページ
(76) 飛田穂洲「日本球界への要望——誤れる観念を撃砕せよ」『相撲と野球』33(5)1943年3月, 90-95ページ
(77) 前掲 大和球士『真説 日本野球史《昭和篇その四》』201-202ページ
(78) 笠原和夫, 松尾俊治『学徒出陣最後の早慶戦』恒文社, 1980年4月10日, 212ページ
(79) 前掲 飛田穂洲『球道半世記』172-173ページ
(80) 前掲 笠原和夫, 松尾俊治『学徒出陣最後の早慶戦』39ページ
(81) 好村三郎「飛田先生とともに過ごした日々」『飛田穂洲選集 別巻 回想の飛田穂洲先生』ベースボール・マガジン社, 1986年12月, 63ページ
(82) 前掲 苅田久徳, 大下弘, 白木義一郎『プロ野球放談』26ページ
(83) 前掲 鈴木龍二『鈴木龍二回顧録』149-150ページ
(84) 同上 鈴木龍二『鈴木龍二回顧録』132ページ
(85) 前掲 小川勝『幻の東京カップス』75ページ
(86) 前掲 山室寛之『背番号無し 戦闘帽の野球』20ページ
(87) 前掲『プロ野球二十五年』21ページ
(88) 櫻本富雄『歌と戦争』アテネ書房, 2005年3月20日, 249-250ページ
(89) 『写真週報』(257), 1943年2月3日, 4-5ページ
(90) 波多野勝『日米野球の架け橋』芙蓉書房出版, 2013年11月, 117ページ
(91) 前掲 小川勝『幻の東京カップス』75ページ
(92) 前掲 鈴木龍二『鈴木龍二回顧録』136ページ
(93) 前掲 日本放送協会編『NHK歴史への招待32 太平洋戦争 本土決戦』129ページ
(94) 島秀之助『白球とともに生きて』ベースボール・マガジン社, 1988年12月, 195ページ
(95) 同上『白球とともに生きて』197ページ
(96) 前掲『プロ野球二十五年』21ページ

(97) 前掲 宇佐美承『池袋モンパルナス』454-459 ページ
(98) 同上『池袋モンパルナス』460 ページ
(99) 前掲 鈴木龍二『鈴木龍二回顧録』151-155 ページ
(100) 佐藤卓己『言論統制』中公新書，2004 年 8 月，394 ページ
(101) 前掲 鈴木龍二『鈴木龍二回顧録』155-157 ページ
(102) 前掲『プロ野球二十五年』21-22 ページ．前掲 鈴木龍二『鈴木龍二回顧録』161-162 ページ
(103) 野口務「巨人軍二十年史　連載 353」『オールスポーツ』1955 年 12 月 2 日
(104) 「訃報　佐伯謙吉」『朝日新聞』1945 年 6 月 8 日朝刊
(105) 前掲 鈴木龍二『鈴木龍二回顧録』165 ページ
(106) 同上『鈴木龍二回顧録』163 ページ
(107) 同上『鈴木龍二回顧録』168-170 ページ
(108) 高津勝『日本近代スポーツ史の底流』創文企画，1994 年 4 月，329 ページ

第 7 章

(1) 前掲『協和：満鉄社員会機関誌』1940 年 4 月 15 日，26 ページ．『満州日日新聞』1939 年 5 月 4 日朝刊
(2) 「都市対抗野球落穂集」『野球界』32(17)1942 年 9 月，91 ページ
(3) 「野球満州を語る⑦」『満州日日新聞』1939 年 5 月 9 日朝刊
(4) 市岡忠男「早大初の満州遠征【完】」『満州日日新聞』1941 年 4 月 30 日朝刊
(5) 「野球満州を語る⑧」『満州日日新聞』1939 年 5 月 10 日朝刊
(6) 「安東実満戦　十四日から開幕」『満州日日新聞』1939 年 6 月 13 日朝刊
(7) 「安東野球倶楽部　陣容を強化　新人六名が参加」『満州日日新聞』1938 年 4 月 5 日朝刊．「安東に実業団側野球チーム　関係者が協議」『満州日日新聞』1939 年 3 月 17 日朝刊
(8) 吉田要「白球人生　その 8」『月刊民主スポーツ』1978 年 7 月
(9) 「安東に六千坪球場」『満州日日新聞』1939 年 5 月 19 日朝刊
(10) 前掲『白球は鞍山の空高く――昭和製鋼所野球部の回顧と満州の野球界』113 ページ
(11) 「南満野球予選大会」『満州日日新聞』1940 年 6 月 21 日朝刊
(12) 『満州日日新聞』1940 年 6 月 24～27 日朝刊
(13) 「四戦四勝の記録　撫順優勝す　南満野球大会終る」『満州日日新聞』1940 年 6 月 28 日朝刊
(14) 「南満州野球大会総評②」『満州日日新聞』1940 年 6 月 29 日朝刊
(15) 「満州野球連盟加盟球団選手表　中」『満州日日新聞』1941 年 5 月 4 日朝刊
(16) 「奉天満倶勝つ　20-1　安東，守備陣の破綻」『満州日日新聞』1941 年 5 月 12 日朝刊
(17) 『満州日日新聞』1941 年 9 月 30 日，10 月 1 日朝刊
(18) 『会員名簿』満州電業会，1969 年 1 月
(19) 胡昶・古泉／著，横地剛・間ふさ子／訳『満映　国策映画の諸相』パンドラ，

1999年9月25日，27，33ページ
(20)　前掲 持永只仁『アニメーション日中交流史　持永只仁自伝』57ページ
(21)　甘粕は法廷で大杉らの殺害は自分一個人の判断と主張したが，軍上層部の関与を疑う声は根強い.
(22)　角田房子『甘粕大尉』中公文庫，1979年5月，236-238ページ
(23)　前掲 山室信一『キメラ――満州国の肖像　増補版』298ページ
(24)　前掲 角田房子『甘粕大尉』254ページ
(25)　「満鉄に凱歌高し」『野球界』31(25)1941年12月(特輯号)，36ページ
(26)　「全満鉄軍・晴の凱旋」『満州日日新聞』1941年11月24日朝刊
(27)　「浜崎真二氏満映に入社」『満州日日新聞』1941年11月29日朝刊
(28)　前掲『白球は鞍山の空高く――昭和製鋼所野球部の回顧と満州の野球界』48ページ
(29)　同上『白球は鞍山の空高く――昭和製鋼所野球部の回顧と満州の野球界』48，116ページ
(30)　前掲 浜崎真二『48歳の青春』158-159ページ
(31)　「新京野球終る」『満州新聞』1942年6月26日
(32)　『映画史研究　No. 19』佐藤忠男，佐藤久子編集発行，1984年，84ページ
(33)　山口猛『幻のキネマ　満映』平凡社，1989年8月，176ページ
(34)　同上 山口猛『幻のキネマ　満映』233ページ
(35)　前掲 浜崎真二『48歳の青春』159-161ページ
(36)　前掲 中沢不二雄『野球界』45(3)1955年3月，192ページ
(37)　中沢不二雄「満州の別離：長春日僑職業野球を回顧して」『スポーツフラッシュ』1(3・4)1947年1・2月(合併号)，36-37ページ
(38)　前掲『映画史研究　No. 19』77ページ
(39)　前掲『満映　国策映画の諸相』257ページ
(40)　前掲 中沢不二雄『スポーツフラッシュ』1(3・4)1947年1・2月(合併号)，36-37ページ
(41)　前掲 中沢不二雄『野球界』45(2)1955年2月，184-185ページ

エピローグ

(1)　前掲 小川勝『幻の東京カップス』124ページ
(2)　前掲 鈴木龍二『鈴木龍二回顧録』227ページ
(3)　関三穂編『プロ野球史再発掘　1』ベースボール・マガジン社，1987年1月，31ページ
(4)　前掲『早稲田大学野球部五十年史』482ページ
(5)　前掲『韓国野球史』400-402，425-426ページ
(6)　前掲 佐藤光房『もうひとつのプロ野球』99ページ

満州リーグの成績

勝率(△は引分)

	試合数	巨	タ	阪	名	イ	セ	金	南	ラ	勝数	引分	勝率
巨人	16	×	1	2	2	2	2	1	2	2	14	0	0.875
タイガース	16	1	×	2	0	2	1	1	2	2	11	0	0.688
阪急	16	0	0	×	2	1	1△	2	2	2	10	1	0.667
名古屋	16	0	2	0	×	1	1△	2	2	2	10	1	0.667
イーグルス	16	0	0	1	1	×	0△	2	2	1	7	1	0.467
セネタース	16	0	1	0△	0△	1△	×	1	0△	2	5	4	0.417
金鯱	16	1	1	0	0	0	1	×	1	1	5	0	0.313
南海	16	0	0	0	0	0	1△	1	×	1△	3	2	0.214
ライオン	16	0	0	0	0	1	0	1	0△	×	2	1	0.133
敗		2	5	5	5	8	7	11	11	13			

打撃ベストテン(8月22日まで)

	試合数	打数	安打	塁打	打率
濃人(金)	16	63	23	33	0.365
岡村(南)	16	59	21	31	0.356
山田(阪)	15	62	20	23	0.323
川上(巨)	16	60	19	28	0.317
上田(阪)	13	52	16	22	0.308
吉田(名)	16	58	17	20	0.293
本堂(タ)	16	60	17	29	0.283
国久(南)	15	50	14	15	0.280
小林(セ)	16	61	17	21	0.279
芳賀(名)	16	54	15	17	0.278

出所:『満州日日新聞』1940年8月24日朝刊をもとに作成

1940年夏季通算の成績

大リーグ勝率(夏季通算)

	試合数	巨	タ	セ	阪	名	イ	南	金	ラ	勝数	引分	勝率
巨人	40	×	2	3	4	5	5	5	2	5	31	0	0.775
タイガース	40	3	×	2	3	0△	3	5	3△	5	24	2	0.632
セネタース	40	2	3	×	2△	2△	3△	2△	3△	4△	21	6	0.618
阪急	40	1	2	2△	×	4	2△	4	4	4	23	2	0.605
名古屋	40	0	4△	2△	1	×	2△	3	3△	5	20	4	0.556
イーグルス	40	0	2	1△	2△	2△	×	3	5	3	18	3	0.486
南海	40	0	0	2△	1	2	2	×	3△	1△	11	3	0.297
金鯱	40	3	1△	1△	1	1△	0	1△	×	1△	9	5	0.257
ライオン	40	0	0	0△	1	0	2	3△	3△	×	9	3	0.243
敗		9	14	13	15	16	19	26	26	28			

個人打率(夏季通算　打数115以上)

	試合数	打数	安打	塁打	打率
川上(巨)	40	151	51	77	0.338
鬼頭(兄)(ラ)	40	151	46	61	0.305
千葉(巨)	35	121	35	46	0.289
濃人(金)	40	145	41	57	0.283
山田(阪)	39	145	41	45	0.283
上田(阪)	31	118	32	42	0.271
田中(タ)	39	139	36	44	0.259
堀尾(タ)	34	133	34	46	0.256
国久(南)	38	125	32	36	0.256
小林(セ)	35	118	30	37	0.254

出所：『満州日日新聞』1940年8月25日朝刊をもとに作成

満州リーグの都市(球場)別入場者数

試合地	人員	金額(税共)
奉天	24,528	75,148.35
新京	24,548	48,419.00
大連	47,996	75,195.95
鞍山	23,991	13,816.80
撫順	5,246	5,709.10
安東	3,689	3,749.10
錦県	2,175	2,182.50
吉林	1,717	1,704.20
ハルビン	3,609	3,735.30
計	137,499	229,660.60

出所：野口務「巨人軍二十年史　連載 32」『オールスポーツ』1955 年 11 月 3 日

日本野球連盟の年度別入場者数

年	試合数	入場者数(人)	1 試合平均(人)
1936	153	248,058	1,621
1937	426	527,978	1,239
1938	324	462,678	1,428
1939	432	614,967	1,423
1940	468	876,862	1,873
1941	332	869,849	2,620
1942	426	833,513	1,956
1943	336	799,292	2,378
1944	不明	不明	不明

野口務「日本野球繁盛記(中)」『読売スポーツ』1951 年 3 月

満州リーグ全72試合と帯同試合9試合

7月31日

［奉天満鉄球場］

100102000 4　巨人　(敗)中尾輝三 14勝 6敗
13010100X 6　金鯱　(勝)中山正嘉 7勝17敗

000004000 4　イーグルス　(敗)亀田　忠 15勝13敗
32000000X 5　ライオン　(勝)菊矢吉男 7勝14敗

8月1日

［新京児玉公園球場］

102010400 8　タイガース　(勝)若林忠志 11勝10敗
021010000 4　金鯱　(敗)中山正嘉 7勝18敗

000100000 1　タイガース　(敗)亀田敏夫 2勝 1敗
11020000X 4　セネタース　(勝)三富恒雄 2勝 2敗

［大連満倶球場］

002001101 5　巨人　(勝)沢村栄治 4勝 0敗
000000003 3　イーグルス　(敗)玉腰忠義 1勝 1敗

000000001 1　巨人　(勝)スタルヒン 19勝10敗
000000000 0　名古屋　(敗)松尾幸造 8勝 9敗

8月2日

［新京児玉公園球場］

000000102 3　南海　(勝)政野岩夫 6勝 9敗
000200000 2　ライオン　(敗)近藤　久 3勝12敗

8月3日

［大連満倶球場］

200000000 2　金鯱　(敗)中山正嘉 7勝19敗
20100000X 3　名古屋　(勝)村松幸雄 13勝 7敗

100000000 1　タイガース　(勝)三輪八郎 10勝 2敗
000000000 0　巨人　(敗)スタルヒン 19勝11敗

8月4日

［大連満倶球場］

0000000001 1　名古屋　(勝)西沢道夫 10勝 5敗
0000000000 0　イーグルス　(敗)玉腰忠義 1勝 2敗

300000003 6　巨人　(勝)中尾輝三 15勝 6敗
000000000 0　阪急　(敗)浅野勝三郎 3勝 4敗

8月5日

［奉天満鉄球場］

100100000 2　南海　(敗)政野岩夫 6勝10敗
000000003$_{X}$ 3　イーグルス　(勝)亀田　忠 16勝13敗

0000001000 1　セネタース　野口二郎
0010000000 1　イーグルス　長谷川重一

8月6日

［奉天満鉄球場］

300000000 3　名古屋　(敗)村松幸雄 13勝 8敗
00000220X 4　阪急　(勝)森弘太郎 19勝 6敗

00000000000 0　名古屋　岡本敏男
00000000000 0　セネタース　浅岡三郎

［新京児玉公園球場］

100002210 6　金鯱　(勝)中山正嘉 8勝19敗
000100000 1　南海　(敗)政野岩夫 6勝11敗

001001310 6　タイガース　(勝)三輪八郎 11勝 2敗
000100020 3　南海　(敗)劉　瀬　章 2勝 6敗

8月7日

［奉天満鉄球場］

0000000001 1　セネタース　(勝)野口二郎 23勝 6敗
0000000000 0　ライオン　(敗)菊矢吉男 7勝15敗

000100000 1　セネタース　(敗)三富恒雄 2勝 3敗
00200000X 2　タイガース　(勝)若林忠志 12勝10敗

［新京児玉公園球場］

002002100 5　金鯱　(敗)古谷倉之助 4勝12敗
20003201X 8　巨人　(勝)スタルヒン 20勝11敗

310000000 4　イーグルス　(敗)玉腰忠義 1勝 3敗
01004410X 10　阪急　(勝)森弘太郎 20勝 6敗

8月8日

［奉天満鉄球場］

000000100 1　南海　(敗)清水秀雄 7勝13敗
00000002X 2　名古屋　(勝)大沢　清 1勝 1敗

000000000 0　ライオン　(敗)福士　勇 6勝13敗
00000500X 5　タイガース　(勝)藤村隆男 1勝 2敗

［新京児玉公園球場］

0000200202 6　イーグルス　(勝)長谷川重一 8勝 4敗
0000210010 4　金鯱　(敗)古谷倉之助 4勝13敗

10100000000 2　阪急　(敗)森弘太郎 20勝 7敗
0200000001X 3　巨人　(勝)スタルヒン 21勝11敗

8月9日
[奉天満鉄球場]
00010000000 1　南海　政野岩夫
00000001000 1　セネタース　浅岡三郎

000000010 1　名古屋　(勝)西沢道夫 11勝 5敗
000000000 0　タイガース　(敗)三輪八郎 11勝 3敗

8月10日
[奉天満鉄球場]
0001002000 3　タイガース　(敗)木下　勇 10勝 9敗
0020000101X 4　金鯱　(勝)中山正嘉 9勝20敗

020010100 4　名古屋　(勝)村松幸雄 14勝 8敗
000200100 3　金鯱　(敗)中山正嘉 8勝20敗

[大連満倶球場]
000010000 1　南海　(敗)清水秀雄 7勝14敗
00002010X 3　阪急　(勝)石田光彦 7勝 8敗

000000000 0　南海　(敗)劉　瀬　章 2勝 7敗
00200010X 3　巨人　(勝)スタルヒン 22勝11敗

8月11日
[新京児玉公園球場]
010000000 1　セネタース　(敗)野口二郎 23勝 7敗
21000002X 5　名古屋　(勝)西沢道夫 12勝 5敗

000000020 2　ライオン　(敗)菊矢吉男 7勝16敗
30400200X 9　名古屋　(勝)岡本敏男 1勝 0敗

[鞍山昭和球場]
200000000 2　イーグルス　(勝)亀田　忠 17勝13敗
000000100 1　南海　(敗)政野岩夫 6勝12敗

000100000 1　イーグルス　(敗)中河美芳 5勝10敗
00003020X 5　巨人　(勝)中尾輝三 16勝 6敗

[大連満倶球場]
100013001 6　阪急　(勝)浅野勝三郎 4勝 4敗
001000000 1　金鯱　(敗)内藤幸三 2勝 7敗

000000000 0　阪急　(敗)森弘太郎 20勝 8敗
00001000X 1　タイガース　(勝)若林忠志 13勝10敗

8月12日
[奉天満鉄球場]
000000200 2　阪急　(勝)石田光彦 8勝 8敗
000000010 1　名古屋　(敗)松尾幸造 8勝10敗

000000001 1　ライオン　(敗)菊矢吉男 7勝17敗
00300000X 3　巨人　(勝)沢村栄治 5勝 0敗

[安東満倶球場]
▽帯同試合　南海 0－2 イーグルス

8月13日
[大連満倶球場]
200000000 2　セネタース　(勝)三富恒雄 3勝 3敗
000010000 1　金鯱　(敗)中山正嘉 9勝21敗

000000400 4　セネタース　(敗)金子　裕 1勝 4敗
00333103X 13　巨人　(勝)スタルヒン 23勝11敗

[撫順永安臺球場]
▽帯同試合　ライオン 4－3 タイガース

8月14日
[奉天満鉄球場]
000000020 2　セネタース　(敗)三富恒雄 3勝 4敗
00000005X 5　阪急　(勝)森弘太郎 21勝 8敗

000010000 1　タイガース　(勝)若林忠志 14勝10敗
000000000 0　阪急　(敗)浅野勝三郎 4勝 5敗

[大連満倶球場]
00001020000 3　ライオン　近藤久，福士勇
00000030000 3　南海　政野岩夫

100102000 4　イーグルス　(勝)亀田　忠 18勝13敗
000000000 0　名古屋　(敗)西沢道夫 12勝 6敗

8月15日
[吉鉄球場]
▽帯同試合　金鯱 2－1 巨人

8月16日
[新京児玉公園球場]
000150000 6　阪急　(勝)石田光彦 9勝 8敗
010000000 1　南海　(敗)政野岩夫 6勝13敗

240122001 12　金鯱　(勝)中山正嘉 10勝21敗
000000000 0　セネタース　(敗)金子　裕 1勝 5敗

[大連満倶球場]
000003200 5　イーグルス　(敗)長谷川重一 8勝 5敗
02220200X 8　タイガース　(勝)木下　勇 11勝 9敗

000104300 8　名古屋　(勝)村松幸雄 15勝 8敗
002010000 3　ライオン　(敗)近藤　久 3勝13敗

8月17日
[新京児玉公園球場]
000001000 1　セネタース　(敗)三富恒雄 3勝 5敗
00220030X 7　南海　(勝)清水秀雄 8勝14敗

010000000 1　金鯱　(敗)古谷倉之助 4勝14敗

00001010X 2　阪急　(勝)森弘太郎 22勝 8敗

[大連満倶球場]

100000010 2　名古屋　(敗)岡本敏男 1勝 1敗
00507000X 12　巨人　(勝)沢村栄治 6勝 0敗

011020100 5　タイガース　(勝)藤村隆男 2勝 2敗
000000000 0　ライオン　(敗)菊矢吉男 7勝18敗

8月18日

[新京児玉公園球場]

000100010 2　巨人　(勝)中尾輝三 17勝 6敗
000000100 1　南海　(敗)政野岩夫 6勝14敗

001001000 2　巨人　(勝)スタルヒン 24勝11敗
000000000 0　セネタース　(敗)野口二郎 23勝 8敗

[鞍山昭和球場]

100003002 6　金鯱　(勝)中山正嘉 11勝21敗
210000000 3　ライオン　(敗)福士　勇 6勝14敗

010000201 4　阪急　(勝)石田光彦 10勝 8敗
100000000 1　ライオン　(敗)山本秀男 0勝 1敗

[大連満倶球場]

000001000 1　タイガース　(敗)若林忠志 14勝11敗
12000000X 3　名古屋　(勝)西沢道夫 13勝 6敗

8月19日

[新京児玉公園球場]

006001100 8　名古屋　(勝)村松幸雄 16勝 8敗
200200000 4　南海　(敗)清水秀雄 8勝15敗

11010210200 8　阪急　森弘太郎
00102001400 8　セネタース　村松長太郎，金子裕

[大連満倶球場]

103100000 5　タイガース　(勝)木下　勇 12勝 9敗
001000000 1　イーグルス　(敗)亀田　忠 18勝14敗

8月20日

[大連満倶球場]

000200000 2　金鯱　(敗)中山正嘉 11勝22敗
000000003X 3　イーグルス　(勝)長谷川重一 9勝 5敗

010000000 1　金鯱　(敗)古谷倉之助 4勝15敗
00110000X 2　ライオン　(勝)福士　勇 7勝14敗

[哈爾浜八区球場]

▽帯同試合　セネタース 2－3 名古屋

[撫順永安臺球場]

▽帯同試合　巨人 0－2 阪急

8月21日

[大連満倶球場]

010000000 1　イーグルス　(勝)亀田　忠 19勝14敗
000000000 0　ライオン　(敗)菊矢吉男 7勝19敗

500000001 6　巨人　(勝)沢村栄治 7勝 0敗
000100000 1　ライオン　(敗)山本秀男 0勝 2敗

8月22日

[新京児玉公園球場]

300001121 8　南海　(勝)清水秀雄 9勝15敗
002100010 4　金鯱　(敗)中山正嘉 11勝23敗

100000100 2　イーグルス　(敗)長谷川重一 9勝 6敗
01011200X 5　セネタース　(勝)野口二郎 24勝 8敗

[大連満倶球場]

400030200 9　阪急　(勝)石田光彦 11勝 8敗
000000000 0　ライオン　(敗)福士　勇 7勝15敗

000010100 2　巨人　(勝)スタルヒン 25勝11敗
000000000 0　タイガース　(敗)若林忠志 14勝12敗

8月23日

[奉天満鉄球場]

013010000 5　阪急　(敗)石田光彦 11勝 9敗
30003011X 8　イーグルス　(勝)中河美芳 6勝10敗

000021000 3　ライオン　(敗)菊矢吉男 7勝20敗
00410000X 5　セネタース　(勝)金子　裕 2勝 5敗

0010010010 3　南海　(敗)清水秀雄 9勝16敗
0003000001X 4　タイガース　(勝)若林忠志 15勝12敗

[鞍山昭和球場]

▽帯同試合　金鯱 3－2 名古屋

8月24日

[新京児玉公園球場]

▽関東軍献金試合　巨人 5－0 名古屋

[安東満倶球場]

▽帯同試合　ライオン 1－6 阪急

[錦県満倶球場]

▽帯同試合　イーグルス 1－3 タイガース

[鞍山昭和球場]

▽帯同試合　南海 2－12 セネタース

満州リーグ閉幕後に奉天，大連，旅順で行われた紅白試合

紅軍…巨人，セネタース，名古屋，ライオン
白軍…阪神，阪急，南海，イーグルス
第一戦：8月25日　紅軍11－3白軍(奉天満鉄球場)
第二戦：8月26日　白軍2－0紅軍(大連満倶球場)
第三戦：8月27日　紅軍6－1白軍(大連満倶球場)
白玉山奉納試合：8月28日　白軍5－7紅軍(旅順市営球場)

坂本邦夫
1958年，埼玉県生まれ．明治大学商学部卒．業界紙，情報誌，編集プロダクションを経てフリーライター．ビジネス書を中心に幅広いジャンルで取材，執筆．日本のプロ野球や米国大リーグに関する書籍の製作にも多数かかわる．著書に『プロ野球データ事典』(PHP研究所，2001年)などがある．

紀元2600年の満州リーグ——帝国日本とプロ野球

2020年7月21日　第1刷発行

著　者　坂本邦夫《さかもとくにお》

発行者　岡本　厚

発行所　株式会社　岩波書店
〒101-8002　東京都千代田区一ツ橋2-5-5
電話案内　03-5210-4000
https://www.iwanami.co.jp/

印刷・理想社　カバー・半七印刷　製本・松岳社

ISBN 978-4-00-061416-0　　Printed in Japan